Rod Dreher

Die Benedikt-Option

Rod Dreher

DIE BENEDIKT-OPTION

Eine Strategie für Christen
in einer nachchristlichen Gesellschaft

fe

Rod Dreher, amerikanischer Kolumnist und Schriftsteller, geboren 1967 im US-Bundesstaat Louisiana, gilt als Vordenker christlich-wertkonservativer Gesinnung.

Das Buch erschien 2017 in amerikanischer Sprache
unter dem Titel „The Benedict Option"
bei *Penguin Random House LLC*, New York

Aus dem Amerikanischen
von Tobias Klein

Vollständige Taschenbuchausgabe

3. Auflage 2023

www.fe-medien.de

Umschlaggestaltung & Satz: Manuel Kimmerle

Cover-Foto: dpa

Druck: orth-druk, Bialystok (Polen)

ISBN 978-3-86357-221-1

Printed in EU

Stehen wir also endlich einmal auf!
Die Schrift rüttelt uns wach und ruft:
„Die Stunde ist da, vom Schlaf
aufzustehen.“ (Röm 13:11)

Aus der Ordensregel
des Hl. Benedikt

Inhaltsverzeichnis

Vorwort

von Erzbischof Georg Gänswein

„Das Nine/Eleven der Kirche"

Rod Dreher beginnt sein Buch mit den Worten: „Niemand hatte die große Flut kommen sehen." In seiner Danksagung hat Rod Dreher sein Buch auf besondere Weise Papst Benedikt XVI. gewidmet. Und er hat es – wie mir scheint – in weiten Teilen quasi im stillen Dialog mit dem schweigenden Papa emerito verfasst, unter Berufung auf dessen analytisch-prophetische Kraft, wo er sagt: „Im Jahr 2012 sagte der damalige Pontifex, die spirituelle Krise, die den Westen ergreift, sei die gravierendste seit dem Untergang des Römischen Reiches gegen Ende des fünften Jahrhunderts. Das Licht des Christentums ist überall im Westen am Verlöschen."

Auch ich will Rod Drehers „Benedikt-Option" mit einigen Worten aus dem Mund Benedikt XVI. begleiten, die mir in seinem Dienst unvergesslich wurden und im Lauf der Lektüre wieder durch den Kopf gegangen sind, etwa aus jener Stunde am 11. Mai 2010, als er auf dem Flug nach Fatima den mitfliegenden Journalisten folgendes anvertraute: „Der Herr hat uns gesagt, dass die Kirche auf verschiedene Weise immer leiden würde bis zum Ende der Welt… Unter dem Neuen, das wir heute (im dritten Geheimnis der Botschaft von Fatima) entdecken können, ist auch die Tatsache, dass die Angriffe gegen den Papst und die Kirche nicht nur von außen kommen. Sondern die Leiden der Kirche kommen gerade aus dem Inneren der Kirche. Sie kommen von der Sünde, die in der Kirche existiert. Auch das war immer bekannt, aber heute sehen wir es auf wahrhaft erschreckende Weise: Die größte Verfolgung der Kirche kommt nicht von den äußeren Feinden, sondern erwächst aus der Sünde innerhalb der Kirche."

Da war er schon fünf Jahre lang Papst. Mehr als fünf Jahre zuvor – am 25. März 2005 – hatte Kardinal Ratzinger auf dem Kreuzweg am Karfreitag am Kolosseum vor dem sterbenden Johannes Paul II. an der 9. Station schon folgende Worte gefunden: „Müssen wir beim dritten Fall Jesu unter dem Kreuz nicht auch daran denken, wie viel Christus in seiner Kirche selbst erleiden muss? Wie oft wird das heilige Sakrament seiner Gegenwart missbraucht, in welche Leere und Bosheit des Herzens tritt er da oft hinein? Wie oft feiern wir nur uns selbst und nehmen ihn gar nicht wahr? Wie oft wird sein Wort verdreht und missbraucht? Wie wenig Glaube ist in so vielen Theorien, wie viel leeres Gerede gibt es? Wie viel Schmutz gibt es in der Kirche und gerade auch unter denen, die im Priestertum ihm ganz zugehören sollten? Wie viel Hochmut und Selbstherrlichkeit? All das ist in seiner Passion gegenwärtig. Der Verrat der Jünger, der unwürdige Empfang seines Leibes und Blutes, muss doch der tiefste Schmerz des Erlösers sein, der ihn mitten ins Herz trifft. Wir können nur aus tiefster Seele zu ihm rufen: Kyrie, eleison – Herr, rette uns!"

Vom heiligen Johannes Paul II. hatten wir davor gelernt, dass in unserer geschichtlichen Stunde die wahre und vollendete Ökumene die Ökumene der Märtyrer sei, wo wir die heilige Edith Stein neben Dietrich Bonhoeffer als Fürsprecher im Himmel in unseren Nöten anrufen dürfen. Doch wie wir inzwischen wissen, gibt es auch eine Ökumene der Not und der Verweltlichung und eine Ökumene des Unglaubens und der gemeinsamen Flucht vor Gott und aus der Kirche quer durch alle Konfessionen. Und eine Ökumene der allgemeinen Gottesverfinsterung. Jetzt erleben wir die Wasserscheide eines Epochenwandels, den Dreher zuvor schon prophetisch vorgestellt hat. Er hatte die große Flut kommen sehen!

Er hält aber auch fest, dass Gottesfinsternis eben nicht heißt, dass es Gott nicht mehr gibt, sondern dass viele Gott nicht mehr erkennen, weil sich Schatten vor den Herrn geschoben haben. Heute sind es die Schatten der Sünden und Vergehen und Verbrechen aus dem Raum der Kirche, die seine leuchtende Gegenwart für viele verdunkeln. Die Volkskirche, in die wir noch hinein geboren wurden, und die es in Amerika nie so gab wie in Europa, ist im Prozess dieser Verfinsterung schon lange gestorben. Klingt Ihnen das zu dramatisch?

Die Austrittzahlen sind dramatisch. Noch dramatischer erscheint allerdings ein anderes. Von den Katholiken, die in Deutschland noch nicht aus der Kirche ausgetreten sind, treffen sich nach jüngsten Erhebungen nur noch 9,8 Prozent am Sonntag in ihren Gotteshäusern zur gemeinsamen Feier der Allerheiligsten Eucharistie.

Das erinnert mich wieder an die erste Reise Papst Benedikts nach seiner Wahl, als er den großenteils jugendlichen Zuhörern am 29. Mai 2005 am Ufer der Adria folgende Erinnerung ans Herz legte: Der Sonntag sei als ein „wöchentliches Ostern" Ausdruck der Identität der christlichen Gemeinschaft und Mittelpunkt ihres Lebens und ihrer Sendung. Das Thema des Eucharistischen Kongresses („Ohne den Sonntag können wir nicht leben") führe aber zurück in das Jahr 304, als Kaiser Diokletian den Christen unter Todesstrafe verbot, die Heilige

Schrift zu besitzen, am Sonntag zur Feier der Eucharistie zusammenzukommen und Räume für ihre Versammlungen zu errichten.

„In Abitene aber, einem kleinen Dorf im heutigen Tunesien, wurden eines Sonntags 49 Christen, die im Haus des Octavius Felix zusammengekommen waren, überrascht, als sie die Eucharistie feierten und sich damit den kaiserlichen Verboten widersetzten. Sie wurden festgenommen und nach Karthago gebracht, um vom Prokonsul Anulinus verhört zu werden. Bedeutsam war unter anderem die Antwort eines gewissen Emeritus an den Prokonsul, der ihn fragte, warum sie dem strengen Befehl des Kaisers zuwidergehandelt hätten. Er antwortete: ‚Sine dominico non possumus'. Das bedeutet: Ohne uns am Sonntag zur Feier der Eucharistie zu versammeln, können wir nicht leben. Es würden uns die Kräfte fehlen, uns den täglichen Schwierigkeiten zu stellen und nicht zu unterliegen. Nach grausamer Folter wurden diese 49 Märtyrer von Abitene getötet. So bezeugten sie mit dem Vergießen ihres Blutes ihren Glauben. Sie starben, haben aber gesiegt: Wir gedenken ihrer jetzt in der Herrlichkeit des auferstandenen Christus."

Das heißt: Was wir als Kinder in den so genannten Volkskirchen noch als so genannte „Sonntagspflicht" kennen gelernt haben, ist in Wahrheit das kostbare Alleinstellungsmerkmal der Christen. Und es ist viel älter als alle Volkskirchen. Es ist also eine wahrhaft endzeitliche Krise, in der sich die katholische Kirche inzwischen seit langem schon befindet...

Dabei bin ich offensichtlich nicht allein. Im Mai 2018 hat auch der Erzbischof von Utrecht in Holland, Kardinal Willem Jacobus Eijk, gestanden, dass ihn die gegenwärtige Krise an „die letzte Prüfung der Kirche“ erinnere, wie sie der Katechismus der katholischen Kirche im Absatz 675 mit den Worten beschreibt, dass die Kirche sie vor der Wiederkehr Christi durchmachen müsse, als Prüfung, „die den Glauben vieler erschüttern wird“. Und wo es im selben Katechismus weiter heißt: „Die Verfolgung, die die Pilgerschaft der Kirche auf Erden begleitet, wird das ‚Mysterium der Bosheit‘ enthüllen.“

Mit diesem „Mysterium iniquitatis“ ist auch Rod Dreher vertraut wie ein Exorzist, wie er mit seinen Berichten im Jahr 2018 bewiesen hat, in denen auch er die Aufklärung der Skandalgeschichte des ehemaligen Erzbischofs von Newark und Washington wie vielleicht kaum sonst ein Journalist befördert hat... Deshalb legt Dreher auch keinen apokalyptischen Roman vor wie den berühmten „Herrn der Welt“, mit dem der britische Geistliche Robert Hugh Benson im Jahr 1906 die angelsächsische Welt erschütterte. Eher gleicht Drehers Buch einer praktikablen Anleitung zum Bau einer Arche, weil er weiß, dass es keinen Staudamm gibt, mit dem sich die große Flut noch aufhalten ließe, die nicht erst seit gestern dabei ist, das alte christliche Abendland zu überschwemmen, zu dem für ihn wie selbstverständlich auch Amerika gehört.

Das macht auch gleich einen dreifachen Unterschied zwischen Dreher und Benson deutlich: Als waschechter Amerikaner ist Dreher erstens praktischer als der etwas spleenige Brite aus Cambridge in der Epoche vor dem Ersten Weltkrieg. Zweitens ist Dreher als Bürger Louisianas hurrikan-erprobt. Und drittens ist er überhaupt kein Geistlicher, sondern ein Laie, der nicht in fremdem Auftrag, sondern aus ureigenem Willen und Eifer für das Reich Gottes wirbt, das Jesus Christus für uns ausgerufen hat. In dem Sinn ist er ein Mann ganz nach dem Gefallen und Geschmack von Papst Franziskus, der wie wohl kaum ein zweiter in Rom weiß, dass die Krise der Kirche in ihrem Kern eine Krise des Klerus ist. Und dass nun die Stunde der souveränen Laien geschlagen hat, vor allem in den neuen und unabhängigen katholischen Medien, wie sie Rod Dreher geradezu verkörpert.

Die Leichtigkeit seiner Darstellung hat wohl mit den noblen Erzähltraditionen der Südstaaten Amerikas zu tun, denen Mark Twain einmal globalen Rang verliehen hat... Bei Rod Dreher geht es nicht um Träume, sondern um Fakten und um Analysen, die er zu Sätzen wie diesem verdichtet: „Der psychologische Mensch hat auf ganzer Linie gesiegt und beherrscht nun unsere Kultur – einschließlich der meisten Kirchen – so sicher, wie einst die Ostgoten, Westgoten, Vandalen und andere Eroberungsvölker die Überreste des Weströmischen Imperiums beherrschten." Oder: „Unsere Wissenschaftler, unsere Richter, unsere Fürsten, unsere Gelehrten und Schriftsteller arbeiten daran, den Glauben, die Familie, die Geschlechterordnung, ja sogar die Definition, was es heißt, Mensch zu sein, niederzureißen. Die Barbaren unserer Zeit haben die Tierfelle und Speere der Vergangenheit gegen Designeranzüge und Smartphones eingetauscht."

Kapitel 3 seines Buches beginnt er mit den Worten: „Man kann nicht in die Vergangenheit zurückreisen, aber man kann nach Norcia reisen." Kurz danach fährt er dann – prophetisch aktuell, doch überhaupt nicht hämisch – folgendermaßen fort: „Eine Legende besagt, in einem Streitgespräch mit einem Kardinal habe Napoleon darauf hingewiesen, dass es in seiner Macht stünde, die Kirche zu vernichten." „Majestät", entgegnete der Kardinal, „wir – die Geistlichkeit – haben seit

1800 Jahren unser Möglichstes getan, die Kirche zu zerstören. Es ist uns nicht gelungen. Und Euch wird es auch nicht gelingen." Vier Jahre, nachdem die Benediktiner aus ihrem Kloster in Norcia vertrieben worden waren, lag Napoleons Reich dann in Trümmern, und der anmaßende Kaiser selbst war im Exil. Heute sind in der Heimatstadt des heiligen Benedikt hingegen erneut gregorianische Choräle zu hören ...

Im selben Norcia war allerdings zuletzt auch das Brüllen aus der Tiefe in jenem großen Erdbeben zu hören, das im August 2016 die Stadt erschütterte und die Basilika des heiligen Benedikt in wenigen Sekunden bis auf die Frontfassade in Trümmer legte. Zur etwa gleichen Zeit setzten Wolkenbrüche aber auch die Heimatstadt Rod Drehers am Oberlauf des Mississippi unter Hochwasser.

Es sind zwei dramatische Schlüsselszenen, die nun wie nach einem himmlischen Drehbuch am Anfang und am Ende seines Buches stehen – und wie zur Illustration einer These, die Dreher im ersten Kapitel so formuliert: „Die Realität unserer Situation ist in der Tat alarmierend, aber wir können es uns nicht leisten, in eine Untergangshysterie zu verfallen. Es steckt ein verborgener Segen in dieser Krise, wenn wir ihn nur wahrnehmen wollten. ... Der kommende Sturm könnte das Mittel sein, mit dem Gott uns rettet." Der Begriff des Erdbebens war in den letzten Monaten häufig innerhalb der Kirche zu hören für jenen Zusammenbruch, von dem ich sage, dass damit nun auch die katholische Kirche ihr „Nine/Eleven" erlebt hat.

Rod Dreher beschreibt die Antwort der Mönche von Norcia auf die Katastrophe, die ihre Abtei am Geburtsort des heiligen Benedikt in Trümmer gelegt hat, hingegen mit wenigen

Worten, die ich Ihnen vorlesen muss, weil sie so sprechend sind:

„Die Benediktinermönche von Norcia sind auf eine Weise zum Zeichen für die Welt geworden, die ich nicht vorhersehen konnte, als ich begann, dieses Buch zu schreiben. Das Beben schlug mitten in der Nacht zu, aber die Mönche waren wach, um die Matutin zu beten. Sie verließen das Kloster fluchtartig und brachten sich auf der offenen Piazza des Ortes in Sicherheit. Rückblickend merkte Pater Cassian an, das Erdbeben könne als Symbol für den Zusammenbruch der christlichen Kultur im Westen gesehen werden, aber es habe in jener Nacht noch ein zweites, hoffnungsvoll stimmendes Symbol gegeben. Dieses zweite Symbol war die Versammlung der Menschen rund um die Statue des heiligen Benedikt auf der Piazza und ihr gemeinsames Gebet. Das ist der einzige Weg zum Wiederaufbau."

Nach diesem Zeugnis Pater Cassians darf ich Ihnen verraten, dass sich auch Benedikt XVI. seit seinem Rücktritt als alter Mönch versteht, der sich nach dem 28. Februar 2013 vor allem dem Gebet für die Mutter Kirche und seinem Nachfolger Papst Franziskus und das von Christus selbst gestiftete Petrusamt verpflichtet weiß. Aus dem Kloster „Mater Ecclesiae" hinter der Petersbasilika würde der alte Mönch im Blick auf das Werk Drehers deshalb wohl auf eine Ansprache verweisen, die er als amtierender Papst am 12. September 2008 im Collège des Bernardins in Paris vor der geistigen Elite Frankreichs gehalten hat. Diese Rede will ich Ihnen in Auszügen noch einmal kurz vorstellen:

Im großen Kulturbruch der Völkerwanderung und der sich bildenden neuen staatlichen Ordnungen waren die

Mönchsklöster der Ort, an dem die Schätze der alten Kultur überlebten und zugleich von ihnen her eine neue Kultur langsam geformt wurde, sagte Benedikt XVI. damals und fragte: „Aber wie ging das zu? Was hat die Menschen bewegt, die sich an diesen Orten zusammenfanden? Was wollten sie? Wie haben sie gelebt? Da ist zunächst und als erstes ganz nüchtern zu sagen, dass es nicht ihre Absicht war, Kultur zu schaffen oder auch eine vergangene Kultur zu erhalten. Ihr Antrieb war viel elementarer. Ihr Ziel hieß: quaerere Deum – Gott suchen. In der Wirrnis der Zeiten, in der nichts standzuhalten schien, wollten sie das Wesentliche tun – sich bemühen, das immer Gültige und Bleibende, das Leben selber zu finden. Sie waren auf der Suche nach Gott. Sie wollten aus dem Unwesentlichen zum Wesentlichen, zum allein wirklich Wichtigen und Verlässlichen kommen. Sie suchten das Endgültige hinter dem Vorläufigen…

Quaerere Deum – Gott suchen und sich von ihm finden lassen, das ist heute nicht weniger notwendig denn in vergangenen Zeiten. Eine bloß positivistische Kultur, die die Frage nach Gott als unwissenschaftlich ins Subjektive abdrängen würde, wäre die Kapitulation der Vernunft, der Verzicht auf ihre höchsten Möglichkeiten und damit ein Absturz der Humanität, dessen Folgen nur schwerwiegend sein könnten. Das, was die Kultur Europas gegründet hat, die Suche nach Gott und die Bereitschaft, ihm zuzuhören, bleibt auch heute Grundlage wahrer Kultur.“ Soweit Papst Benedikt XVI. am 12. September 2008 über die wahre „Option“ des heiligen Benedikts von Nursia.

Danach bleibt mir nur noch dies über Drehers Buch zu sagen: Es enthält keine fertige Antwort. Es findet sich hier kein Patentrezept oder ein Generalschlüssel für alle Tore, die so lange für uns offenstanden und nun wieder krachend ins Schloss gefallen sind. Zwischen diesen beiden Buchdeckeln findet sich aber ein authentisches Beispiel für das, was Papst Benedikt vor zehn Jahren über den benediktinischen Geist des Anfangs gesagt hat. Es ist ein wahres „Quaerere Deum". Es ist jene Suche nach dem wahren Gott Isaaks und Jakobs, der in Jesus von Nazareth sein menschliches Gesicht gezeigt hat...

Nun aber erleben wir nicht nur in Europa, sondern auf der ganzen Erde seit Jahrzehnten wieder eine Völkerwanderung, die niemals mehr an ein Ende kommen wird, wie Papst Franziskus klar erkannt hat und uns allen eindringlich ins Gewissen redet. Deshalb ist diesmal auch nicht alles anders als damals. Wenn die Kirche sich dieses Mal nicht wieder mit Gottes Hilfe zu erneuern versteht, steht deshalb auch wieder das ganze Projekt unserer Zivilisation auf dem Spiel. Für viele sieht es wohl schon so aus, als würde und könne sich die Kirche Jesu Christi nie mehr von der Katastrophe ihrer Sünde erholen, die sie gerade fast zu verschlingen droht.

Und genau dies ist nun die Stunde, in der Rod Dreher aus Baton-Rouge in Louisiana mit seinem Buch mitten in der Gottesfinsternis, vor der wir weltweit erschrecken, vor uns tritt und sagt: „Die Kirche ist nicht tot, sie schläft und ruht nur". Und nicht nur dies. Die Kirche „ist jung", scheint er auch noch zu sagen, und er sagt es so froh und frei, wie Benedikt XVI. es bei der Übernahme des Petrusamtes am 24. April 2005 schon sagte, als er damals noch einmal an das Leiden und Sterben des heiligen Papstes Johannes Paul erinnerte, dessen Mitarbeiter er so viele Jahre lang war. Er rief uns allen auf dem Petersplatz zu: „Durch alle Traurigkeit von Krankheit und Tod des

Papstes hindurch ist uns dies auf wunderbare Weise sichtbar geworden: Die Kirche lebt. Und die Kirche ist jung. Sie trägt die Zukunft der Welt in sich und zeigt daher auch jedem einzelnen den Weg in die Zukunft. Die Kirche lebt. Wir sehen es, und wir spüren die Freude, die der Auferstandene den Seinen verheißen hat. Die Kirche lebt – sie lebt, weil Christus lebt, weil er wirklich auferstanden ist. Wir haben an dem Schmerz, der auf dem Gesicht des Heiligen Vaters in den Ostertagen lag, das Geheimnis von Christi Leiden angeschaut und gleichsam seine Wunden berührt. Aber wir haben in all diesen Tagen auch den Auferstandenen in einem tiefen Sinn berühren dürfen. Wir dürfen die Freude verspüren, die er nach der kurzen Weile des Dunkels als Frucht seiner Auferstehung verheißen hat."

Diese Wahrheit über den Ursprung ihrer Gründung durch den auferstandenen Herrn und Sieger kann auch das satanische „Nine/Eleven" der Katholischen Weltkirche durch den Missbrauchsskandal weder schwächen noch zunichte machen. Deshalb muss ich ehrlich gestehen, dass ich diese Zeit der großen Krise, die heute keinem mehr verborgen ist, vor allem auch als eine Zeit der Gnade wahrnehme, weil uns am Schluss ja nicht irgendeine besondere Anstrengung, sondern nur „die Wahrheit frei machen" wird, wie uns der Herr versichert hat.

Erzbischof Georg Gänswein

Vorwort des Übersetzers

Ich traf Rod Dreher an Fronleichnam 2017 in einem Biergarten in München. Einige Wochen zuvor hatte ich in einem Artikel für die katholische Zeitung „Die Tagespost" die zentralen Thesen seines Buches „The Benedict Option" vorgestellt, das in den USA erhebliches Aufsehen erregt hatte. Ein Leser dieses Artikels hatte daraufhin dieses Treffen arrangiert.

Wir diskutierten einige Stunden lang über Gemeinsamkeiten und Unterschiede zwischen der Situation der christlichen Kirchen und des christlichen Glaubens in Amerika und in Europa sowie über die praktischen Konsequenzen, die daraus zu ziehen wären. Gegen Ende des Gesprächs kam schließlich die Frage auf, ob eine deutsche Ausgabe der „Benedict Option" geplant sei. Rod Dreher verriet, konkrete Pläne gebe es bislang noch nicht – und fügte hinzu: „Aber wenn es eine deutsche Ausgabe gibt, dann möchte ich, dass du das Buch übersetzt."

Es liegt auf der Hand, dass Dreher beim Schreiben des Buches in erster Linie ein US-amerikanisches Publikum vor Augen hatte. So ist es nicht verwunderlich, dass darin politisch-soziale Zustände geschildert werden, die sich zum Teil – soweit sie etwa die Parteipolitik, die Rechtsprechung oder das staatliche Bildungswesen betreffen – nicht eins zu eins auf deutsche oder europäische Verhältnisse übertragen lassen. In der Hauptsache handelt es sich bei diesem Buch jedoch um eine Auseinandersetzung mit Problemen, von denen die Christen im westlichen Europa, und somit auch im deutschsprachigen Raum, in keinem geringeren Maße betroffen sind als jene in den USA: Die christlichen Kirchen verlieren an gesellschaftlicher Relevanz, das Konfliktpotential zwischen christlichen Glaubensüberzeugungen und den Wertvorstellungen des säkularen „Mainstreams“ wächst rapide, und auch unter den Christen selbst schwinden Glaubenswissen und Glaubenspraxis. Die eigentliche Herausforderung beim Übersetzen des Buches für ein deutschsprachiges Publikum lag daher gar nicht so sehr auf der inhaltlichen Ebene – wenngleich ich, in Absprache mit dem Autor, einige Passagen der Kapitel 4 und 7, die sehr spezifisch für die Situation in den USA waren, leicht gekürzt habe –, sondern eher auf der Ebene einiger sprachlicher Besonderheiten.

So verwendet Dreher wiederholt den Begriff „small-o orthodoxy“ für ein überkonfessionelles Konzept christlicher „Rechtgläubigkeit“, das sich in der Treue zur theologischen Tradition der jeweils eigenen Konfession ausdrückt – wohingegen „Orthodoxy“ mit großem O sich auf die ostkirchliche Tradition bezieht. Diese Unterscheidung in der Schreibweise lässt sich im Deutschen nicht nachahmen, weshalb ich den Begriff „orthodox“ nur dann verwendet habe, wenn aus dem Kontext unmissverständlich klar wird, welche der beiden Bedeutungen gemeint ist, und ansonsten Umschreibungen verwendet habe. Ähnliches gilt für einige andere Vokabeln, deren Bedeutung im amerikanischen Englisch entweder enger oder weiter definiert ist als im Deutschen und die daher zu Missverständnissen hätten Anlass geben können.

Darüber hinaus habe ich mich bemüht, nicht nur die inhaltlichen Aussagen des Buches möglichst genau ins Deutsche zu übertragen, sondern auch seinen Tonfall zu treffen. Dass Rod Dreher über religiöse und gesellschaftspolitische Fragestellungen in einem typisch amerikanischen, oft etwas salopp wirkenden Plauderton schreibt, mag für manche deutsche Leser ungewohnt sein, gehört für mein Empfinden aber zwingend zum Charakter des Buches. Das betrifft nicht zuletzt die häufige persönliche Anrede an den Leser. Wenngleich man das englische „you“ sowohl als „du“, „Sie“, „ihr“ oder zuweilen auch unpersönlich als „man“ wiedergeben könnte, habe ich mich in den meisten Fällen für die Du-Form entschieden.

In den USA hat Drehers „Benedikt-Option“ nicht nur kontroverse Debatten ausgelöst, sondern auch den Anstoß zur Gründung christlicher Basisinitiativen zur praktischen Umsetzung der in diesem Buch formulierten „Strategie für Christen in einer nachchristlichen Gesellschaft“ gegeben. Nachdem inzwischen bereits eine französische und eine slowakische Ausgabe erschienen sind und – laut Auskunft des Autors – Übersetzungen ins Italienische, Spanische, Portugiesische, Polnische, Tschechische und Koreanische vorbereitet werden, hoffe ich mit der vorliegenden Übersetzung dazu beitragen zu können, dass eine fruchtbare Auseinandersetzung mit Drehers Thesen auch die christlichen Kirchen des deutschsprachigen Raums erreicht.

Tobias Klein

EINLEITUNG

Das Erwachen

Den größten Teil meines Erwachsenenlebens war ich ein gläubiger Christ und ein engagierter Konservativer. Ich sah keinen Konflikt zwischen diesen beiden Dingen – bis meine Frau und ich im Jahr 1999 unser erstgeborenes Kind auf dieser Welt willkommen hießen. Nichts verändert die Sicht eines Mannes auf das Leben so sehr wie die Notwendigkeit, sich Gedanken darüber zu machen, was für eine Welt seine Kinder erben werden. Und so erging es mir.

Während Matthew zum Krabbelkind heranwuchs, stellte ich fest, dass meine Sicht auf die Politik sich in dem Maße veränderte, wie ich danach strebte, mein Kind nach traditionell christlichen Maßstäben zu erziehen. Ich begann mich zu fragen, was genau der handelsübliche politische Konservatismus eigentlich *bewahren* wollte. Und dabei dämmerte mir, dass einige der bevorzugten Anliegen meiner Mit-Konservativen – und zwar an erster Stelle eine unkritische Begeisterung für die freie Marktwirtschaft – unter bestimmten Bedingungen geeignet sind, gerade diejenige Institution zu beschädigen, die mir aus meiner traditionsorientierten Sicht als die am dringendsten zu bewahrende erscheint: die Familie.

Gleichzeitig gelangte ich mehr und mehr zu der Auffassung, dass die Kirchen – einschließlich meiner eigenen – sich als weitgehend untauglich erwiesen, die Triebkräfte des kulturellen Niedergangs effektiv zu bekämpfen. Traditionelles, geschichtsbewusstes Christentum – ob katholisch, protestantisch oder orthodox – sollte eigentlich eine mächtige Gegenkraft gegen den radikalen Individualismus und Säkularismus der Moderne sein. Doch obwohl über konservative Christen oft gesagt wird, sie würden einen „Kulturkampf" betreiben, war für mich – mit Ausnahme der Themen Abtreibung und Homo-Ehe – nicht viel davon zu erkennen, dass meine Leute irgendwie *kämpften*. Es schien mir, als wären wir zufrieden damit, lediglich die Seelsorgeabteilung für eine dem Konsum verfallene Kultur zu spielen – eine Kultur, die rapide das Verständnis dafür verliert, was es heißt, Christ zu sein.

Im Zuge solcher Überlegungen wurde ich auf die Werke des Philosophen Alasdair MacIntyre aufmerksam, der konstatiert, die westliche Zivilisation habe ihre Verankerung verloren. MacIntyre sagt eine Zeit voraus, in der tugendhafte Männer und Frauen begreifen werden, dass es für sie nicht länger möglich ist, in vollem Maße am Leben der Mehrheitsgesellschaft teilzuhaben, wenn sie ein Leben im Einklang mit traditionellen Tugenden führen wollen. Diese Menschen, so meint der Philosoph, werden daher neue Wege eines Lebens in Gemeinschaft entdecken – so wie der Heilige Benedikt, der Vater des westlichen Mönchtums im 6. Jh., auf den Zusammenbruch der antiken römischen Zivilisation mit der Gründung einer Ordengemeinschaft antwortete.

Ich habe den von MacIntyre prophezeiten strategischen Rückzug *„die Benedikt-Option"* genannt. Der Grundgedanke ist, dass ernsthafte christliche Konservative in Amerika nicht länger ein Leben nach dem Motto *„business as usual"* führen können; dass wir kreative, gemeinschaftsorientierte Lösungen entwickeln müssen, die uns helfen, an unserem Glauben und unseren Werten festzuhalten in einer Welt, die ihnen immer feindseliger gegenübersteht. Entweder entscheiden wir uns für einen entschlossenen Sprung in eine wirklich gegenkulturelle Weise, das Christentum zu leben, oder wir verurteilen unsere Kinder und Kindeskinder zur Assimilation.

Während der letzten zehn Jahre habe ich immer wieder über die „Benedikt-Option" geschrieben, aber das Thema fand keine nennenswerte Resonanz außerhalb recht überschaubarer christlich-konservativer Zirkel. Gleichzeitig begann die Generation der „Millennials" – also der Geburtsjahrgänge von etwa 1980 bis 2000 – sich in einem in der Geschichte der USA zuvor nicht gekannten Ausmaß von der Kirche abzuwenden. Und ziemlich sicher *kannten* diese jungen Leute das, was sie verwarfen, nicht einmal. Neuere sozialwissenschaftliche Studien weisen darauf hin, dass junge Erwachsene nahezu nichts über die Lehren und Praktiken des historischen christlichen Glaubens wissen.

Der stetige Niedergang des Christentums und die stetig zunehmende Feindseligkeit gegenüber traditionellen Werten spitzte sich zu, als der Bundesstaat Indiana im April 2015 ein Gesetz zum Schutz der Religionsfreiheit verabschiedete. Das Gesetz sollte lediglich gewährleisten, dass Personen, die wegen Diskriminierung verklagt würden, sich zu ihrer Verteidigung auf das Grundrecht auf Religionsfreiheit sollten berufen können. Es garantierte nicht, dass sie aufgrund dieser Verteidigung Recht bekommen würden. Aktivisten für Schwulenrechte protestierten lautstark, nannten das Gesetz bigott – und zum allerersten Mal ergriffen Großkonzerne Partei im Kulturkampf und schlugen sich mit Nachdruck auf die Seite der

Schwulenrechte. Unter dem Druck der Wirtschaft knickte der Staat Indiana ein – und eine Woche später auch der Staat Arkansas.

Diese Vorgänge markierten einen Wendepunkt. Sie machten deutlich, dass, sobald Großkonzerne sich einmischen, selbst Republikaner in stark konservativ geprägten Staaten nicht für die Sache der Religionsfreiheit einstehen, nicht einmal in moderatem Ausmaß. Sich zu einem tradierten, biblisch fundierten christlichen Glauben zu bekennen, galt fortan als Ausweis unerträglicher Bigotterie. Konservative Christen standen auf der Verliererseite. Plötzlich lebten wir in einem ganz anderen Land.

Und dann, zwei Monate später, erklärte der Oberste Gerichtshof der Vereinigten Staaten in seinem Urteil im Fall *Obergefell vs. Hodges* die gleichgeschlechtliche Ehe zu einem verfassungsmäßigen Recht. Diese Entscheidung fand hohe Zustimmungswerte in der amerikanischen Bevölkerung, die, was die Einstellung zu Schwulenrechten und gleichgeschlechtlicher Ehe betrifft, innerhalb eines Jahrzehnts einen verblüffenden Wandel vollzogen hatte. Kaum war das Ziel der rechtlichen Gleichstellung der „Homo-Ehe" erreicht, begannen die Aktivisten und ihre politischen Verbündeten – die Demokratische Partei – damit, Forderungen nach *Transgender*-Rechten voranzutreiben.

In der Folge von *Obergefell vs. Hodges* stehen Christen, die an den biblisch fundierten Lehren über Sexualität und Ehe festhalten, kulturell und zunehmend auch rechtlich auf einer Stufe mit Rassisten. Der Kulturkampf, der mit der sexuellen Revolution der 1960er-Jahre begonnen hatte, ist mit einer Niederlage der christlichen Konservativen zu Ende gegangen.

Und die kulturelle Linke – die zunehmend identisch ist mit dem Mainstream der amerikanischen Gesellschaft – hat kein Interesse an einem Verständigungsfrieden. Stattdessen betreibt sie eine harte, erbarmungslose Besatzungspolitik, in der sie noch unterstützt wird von der Planlosigkeit von Christen, die nicht begreifen, was um sie herum passiert.

Ich habe *Die Benedikt-Option* geschrieben, um die Kirche wachzurütteln und dazu zu ermutigen, aktiv zu werden, um sich zu kräftigen, solange noch Zeit dazu ist. Wenn wir überleben wollen, müssen wir zu den Wurzeln unseres Glaubens zurückkehren, im Denken wie auch im Handeln. Wir werden unser Leben – und unsere Sicht auf das Leben – radikal verändern müssen. Kurz gesagt, wir werden *die Kirche sein* müssen, ohne Kompromisse, koste es was es wolle.

Dieses Buch propagiert kein politisches Programm. Es ist auch kein spirituelles Praxishandbuch, und ebenso wenig eine handelsübliche Wehklage über den Untergang des Abendlandes. Zwar übt dieses Buch aus einem traditionell-christlichen Blickwinkel Kritik an der modernen Kultur, aber viel wichtiger ist, dass es die Geschichten konservativer Christen erzählt, die kreative Wege erkunden, den Glauben in diesen dunkler werdenden Zeiten freudig und gegenkulturell auszuleben. Meine Hoffnung ist, dass Du Dich von ihnen inspirieren lässt und Dich in Deinem lokalen Umfeld mit gleichgesinnten Christen zusammentust, um Antworten auf die Herausforderungen zu entwickeln, denen die Kirche sich in der realen Welt ausgesetzt sieht. Wenn das Salz nicht seine Würze verlieren soll, müssen wir handeln. Es ist höchste Zeit. Dies ist keine Übung.

Alasdair MacIntyre sagte, unsere Zeit warte auf „einen anderen, zweifelsohne völlig anderen heiligen Benedikt“[1]. Der

Philosoph meinte damit einen inspirierten, kreativen Anführer, der einen Weg erkundet, die Tradition in Gemeinschaft zu leben, damit sie in einer Zeit großer Prüfungen überleben kann. Der emeritierte Papst Benedikt XVI. sagt eine Welt voraus, in der die Kirche in Zirkeln von engagierten Gläubigen leben wird, die den Glauben intensiv leben und die in gewissem Sinne vom gesellschaftlichen Mainstream abgekoppelt sein müssen, um an der Wahrheit festzuhalten. Lies dieses Buch, lerne von den Menschen, die Dir darin begegnen, und lass Dich inspirieren vom Zeugnis der Mönche. Lass sie alle zu Deinem Herzen und Deinem Geist sprechen – und dann werde vor Ort aktiv, um Dich selbst, Deine Familie, Deine Kirche, Deine Schule und Deine Gemeinschaft zu kräftigen.

Im ersten Teil dieses Buches werde ich meine Sicht auf die Herausforderungen darlegen, die das Leben in einer nachchristlichen Gesellschaft an uns stellt. Ich werde nach den theologischen und philosophischen Wurzeln der Fragmentierung unserer Gesellschaft forschen. Und ich werde erläutern, wie jene christlichen Tugenden, die in der Benediktsregel aus dem 6. Jahrhundert – einem Leitfaden für mönchisches Leben, der eine machtvolle Rolle dabei gespielt hat, die christliche Kultur durch das sogenannte „Dunkle Zeitalter" hindurch zu bewahren – zum Ausdruck kommen, eine Hilfestellung für die Gläubigen von heute bieten können.

Im zweiten Teil werde ich diskutieren, wie die christliche Lebensweise, die die Benediktsregel den Mönchen vorschreibt, für die Lebensumstände moderner konservativer Christen aller Kirchen und Konfessionen adaptiert werden kann. Die Benediktsregel bietet uns wichtige Erkenntnisse zu Themen wie Politik, Glaube, Familie, Gemeinschaft, Bildung und Arbeit. Ich werde ausführlich darauf eingehen, wie diese Lehren sich im Leben einer Reihe ganz unterschiedlicher Christen verwirklicht, von deren Beispiel die gesamte Kirche lernen kann. Und schließlich werde ich darauf eingehen, weshalb es von so entscheidender Wichtigkeit ist, wie Christen sich in ihrem Denken und Handeln den zwei mächtigsten Phänomenen gegenüber positionieren, die das gegenwärtige Leben steuern und die Fundamente der Kirche zu zerreiben drohen: Sex und Technologie.

Zu guter Letzt, so hoffe ich, wirst Du mir zustimmen, dass Christen heute in einer Zeit der Entscheidung leben. Die Entscheidungen, die wir heute treffen, haben Auswirkungen auf das Leben unserer Nachkommen, auf unsere Nation und unsere Zivilisation. Jesus Christus hat versprochen, dass die Pforten der Hölle Seine Kirche nicht überwinden werden – aber er hat *nicht* versprochen, dass die Hölle Seine Kirche *im Westen* nicht überwinden wird. *Das* hängt von *uns* ab – und von den Entscheidungen, die wir hier und jetzt treffen.

Ich lade Dich, Leser, ein, auf Deiner Reise durch die Seiten dieses Buches eines im Hinterkopf zu behalten: Vielleicht, nur vielleicht, könntest der neue und ganz andere Benedikt, den Gott beruft, Seine Kirche neu zu beleben und zu stärken... *Du* sein.

Rod Dreher

KAPITEL 1

Die große Flut

Niemand hatte die große Flut kommen sehen.

Die Zeitungen hatten für dieses Wochenende im August 2016 starke Regenfälle im Süden Louisianas vorhergesagt, aber das war für uns nichts Neues. Louisiana ist ein regenreicher Landstrich, vor allem im Sommer. Der Wettervorhersage zufolge sollten wir uns auf 70 bis 130 Millimeter Niederschlag über einen Zeitraum von fünf Tagen einstellen.

Als der Regen endlich aufhörte, hatte der Wolkenbruch mehr als 750 Millimeter Wasser über der Umgebung von Baton Rouge ausgeschüttet. Orte, von denen niemand je erwartet hätte, dass sie Hochwasser sehen würden, verschwanden unter einer schlammigen Flut, als Flüsse und Bäche gewaltsam ihre Ufer sprengten. Vielen Menschen blieben nur Minuten, um aus ihren Häusern zu fliehen und sich in höhere Lagen zu retten. Einige hatten nicht einmal so viel Zeit und konnten von Glück reden, wenn sie es schafften, mit ihrer ganzen Familie aufs Dach zu klettern, von wo die Rettungsmannschaften sie bergen konnten.

Ich verbrachte den Sonntag der Flut in einer improvisierten Notunterkunft in Baton Rouge. Mein Sohn Lucas und ich halfen dabei, die Geretteten aus Hubschraubern der Nationalgarde auszuladen, und gemeinsam mit Scharen anderer Freiwilliger versorgten wir Tausende von Flüchtlingen, die aus der weiteren Umgebung hereinströmten, mit Nahrung und anderen Hilfsgütern. Männer, Frauen, Familien, Senioren, die Wohlhabenden und die ganz Armen, Weiße, Schwarze, Asiaten, Latinos – alle Arten von Menschen kamen hier zusammen, und praktisch alle wirkten schwer geschockt.

Während wir den hungrigen und verstörten Evakuierten Reiseintopf servierten, hörten wir wieder und wieder dieselbe Geschichte. *Wir haben alles verloren. Wir hätten so etwas niemals erwartet. Da, wo wir herkommen, gab es noch nie Überschwemmungen. Wir waren nicht vorbereitet.*

Dieser Mangel an Vorbereitung war nur allzu verzeihlich. Kaum jemand hatte sich die Mühe gemacht, sich gegen Überschwemmungsschäden zu versichern, aber warum sollten sie auch? Diese Flut war ein meteorologisches Jahrtausendereignis, und so lange schriftliche Aufzeichnungen zurückreichen, hatte noch niemand diesen Landstrich unter Wasser gesehen. Das letzte Mal, als sich in Louisiana etwas Derartiges ereignet hatte, hatte die westliche Zivilisation die Küsten Amerikas noch nicht erreicht.

Uns Christen im Westen droht unsere eigene Jahrtausendflut – oder, wenn man dem emeritierten Papst Benedikt XVI. Glauben schenken mag, eine Eineinhalb-Jahrtausende-Flut: Im Jahr 2012 sagte der damalige Pontifex, die spirituelle Krise, die den Westen ergreift, sei die gravierendste seit dem Untergang des Römischen Reiches gegen Ende des 5. Jahrhunderts. Das Licht des Christentums ist überall im Westen am Verlöschen. Menschen, die heute leben, werden vielleicht noch in ihrer Lebenszeit Zeugen des effektiven Todes des Christentums innerhalb unserer Zivilisation werden. Mit Gottes Gnade mag der Glaube auf der Südhalbkugel und in China weiterhin florieren, aber ohne eine dramatische Umkehrung gegenwärtiger Trends wird der Glaube in Europa und Nordamerika so gut wie verschwinden. Das ist vielleicht nicht das Ende der Welt, aber es ist das Ende *einer* Welt – und man müsste willentlich blind sein, um das zu bestreiten. Lange Zeit haben wir die Anzeichen heruntergespielt oder ignoriert. Jetzt ist die Flut da – und wir sind nicht bereit.

Die Gewitterwolken haben sich schon seit Jahrzehnten am Himmel zusammengeballt, aber die meisten von uns Gläubigen haben sich der Illusion hingegeben, sie würden vorüberziehen. Der Zusammenbruch der natürlichen Familie, der Verlust tradierter moralischer Normen und die allgemeine Fragmentierung der Gesellschaft waren Entwicklungen, die uns zwar beunruhigten, von denen wir aber meinten, sie würden sich wieder beheben lassen. Zumindest sahen wir darin kein Anzeichen dafür, dass mit unserer Herangehensweise an den Glauben etwas Grundlegendes nicht in Ordnung sein könnte. Unsere religiösen Führungspersönlichkeiten versicherten uns, es würde genügen, die Dämme von Gesetz und Politik zu verstärken, um die Flut des Säkularismus abzuwehren. Die allgemeine Auffassung war: Es gibt nichts, was man nicht dadurch in den Griff bekommen könnte, dass man das tut, was Christen schon seit Jahrzehnten getan haben – wozu es insbesondere gehört, die Republikaner zu wählen.

Heute können wir sehen, dass wir an allen Fronten verloren haben, und dass die rasanten und unerbittlichen Ströme des Säkularismus unsere schwachen Barrieren überwältigt haben. Ein feindseliger säkularer Nihilismus hat die Oberhand, und die gesamte Kultur hat sich entschieden gegen traditionsorientierte Christen gewendet. Wir reden uns ein, dass diese Entwicklungen von einer kleinen linksgerichteten Elite betrieben werden – weil wir die Wahrheit nicht ertragen können: Der Mainstream der Gesellschaft *unterstützt* diese Entwicklungen, wenn nicht aktiv, dann zumindest passiv.

Der Vormarsch der Schwulenrechte, und damit einhergehend ein Zurückdrängen der Religionsfreiheit derer, die die LGBT-Agenda nicht akzeptieren, hat sich über Jahre hinweg langsam, aber stetig abgezeichnet. Die Entscheidung des Obersten Gerichtshofs im Fall *Obergefell vs. Hodges* war das Waterloo des religiösen Konservatismus. Es war der Moment, in dem die sexuelle Revolution ihren entscheidenden Triumph feierte und der Kulturkampf, wie wir ihn seit den 1960er-Jahren gekannt hatten, sein Ende fand. In der Folge dieses Gerichtsurteils werden christliche Überzeugungen über die Komplementarität der Geschlechter in der Ehe als verabscheuungswürdige Vorurteile angesehen – und in einer wachsenden Zahl von Fällen als strafbar. Der öffentliche Raum ist verloren.

Und nicht nur den öffentlichen Raum haben wir verloren, sondern auch das vermeintliche Hochplateau unserer Kirchen ist kein sicherer Boden mehr. Man könnte ja denken: Na, was macht das schon, wenn die Leute um uns herum unsere Moralvorstellungen nicht teilen? Wir können unseren Glauben und unsere Lehren immer noch innerhalb unserer Kirchenwände bewahren. Aber diese Annahme setzt ein ungerechtfertigtes Vertrauen in die Gesundheit unserer religiösen Institutionen. Die Veränderungen, die den Westen in der modernen Zeit ergriffen haben, haben absolut *alles* revolutioniert – sogar die Kirche, die nicht mehr *Seelen formt*, sondern *Egos verpflegt*. Wie der konservative anglikanische Theologe Ephraim

Radner es ausdrückte: „Für das Leben als Christ gibt es keine geschützten Räume mehr, nicht in der Welt und auch nicht in unseren Kirchen. Es ist eine neue Epoche.“[2]

Lass Dich nicht täuschen von der großen Zahl von Kirchen, die es heute gibt. Eine noch nie dagewesene Zahl junger Erwachsener in Amerika bekennt sich dazu, keinerlei religiöse Bindung zu haben. Dem *Pew Research Center* zufolge hat sich ein Drittel der 18- bis 29-jährigen von der Religion abgewandt – sofern sie überhaupt jemals religiös gewesen sind.[3] Wenn die demographischen Trends sich fortsetzen, werden unsere Kirchen bald leer sein.

Und was noch beunruhigender ist: Viele Kirchen, die weiterhin offen bleiben, werden von einer heimtückischen Art von Säkularismus ausgehöhlt, der dazu führt, dass dort eine Version von „Christentum“ gelehrt wird, der jedwede Kraft und Lebensfähigkeit fehlt. In den meisten Kirchen hat dieser Prozess bereits eingesetzt. Im Jahr 2005 untersuchten die Soziologen Christian Smith und Melinda Lundquist Denton das religiöse und spirituelle Leben amerikanischer Teenager aus einer Vielzahl unterschiedlicher Herkunftsmilieus und stellten fest, dass die meisten der befragten Teenager einer schwammigen Pseudoreligion anhängen, für die die Forscher die Bezeichnung „Moralistisch-Therapeutischer Deismus“ (MTD) prägten.[4]

MTD umfasst fünf grundlegende Glaubenssätze:

Ein Gott existiert, der die Welt erschaffen hat und in Ordnung hält und über das Leben der Menschen auf der Erde wacht.

Gott will, dass die Menschen gut, freundlich und fair miteinander umgehen, wie es die Bibel und die meisten Weltreligionen lehren.

Das wesentliche Ziel des Lebens ist es, glücklich und mit sich selbst im Reinen zu sein.

Es ist nicht nötig, Gott einen besonders bedeutenden Platz im eigenen Leben einzuräumen, außer man braucht Ihn, um ein Problem zu lösen.

Gute Menschen kommen in den Himmel, wenn sie sterben.

Dieses Glaubensbekenntnis ist, wie die Forscher feststellten, besonders unter katholischen und klassisch-protestantischen Jugendlichen verbreitet. Evangelikale Jugendliche schnitten signifikant besser ab, aber auch diese erwiesen sich als weit entfernt von historischer, biblisch fundierter Rechtgläubigkeit. Smith und Denton stellten die These auf, dass MTD die bestehenden christlichen Kirchen unterwandert, das biblisch fundierte Christentum von innen her zerstört und es durch ein Pseudo-Christentum ersetzt, das „nur dürftig mit der eigentlichen historischen Tradition des Christentums zusammenhängt".

MTD ist nicht ganz und gar falsch. Immerhin existiert Gott tatsächlich, und Er will wirklich, dass wir gut sind. Das Problem mit MTD, in seiner progressiven wie auch in seiner konservativen Variante, ist, dass es darin hauptsächlich darum geht, das eigene Selbstwertgefühl und das subjektive Glücksgefühl zu steigern und gut mit anderen auszukommen. Es hat wenig mit dem Christentum der Schrift und der Tradition zu tun, das Buße, aufopferungsvolle Liebe und Reinheit des Herzens lehrt und *Leiden* – den *Weg des Kreuzes* – als Weg zu Gott empfiehlt. Obwohl oberflächlich christlich, ist MTD die natürliche Religion einer Kultur, die das Ego und materielles Wohlergehen anbetet.

So trostlos Christian Smiths Forschungsergebnisse von 2005 auch waren: Seine nachfolgenden Studien, deren dritte Folge 2011 veröffentlicht wurde, ergaben ein noch düstereres Bild. Bei der Untersuchung der moralischen Anschauungen von 18- bis 23-Jährigen stellten Smith und seine Mitarbeiter fest, dass nur 40 Prozent der befragten jungen Christen angaben, ihre persönlichen Moralvorstellungen gründeten auf der Bibel oder irgendeiner anderen Form religiösen Bewusstseins.[5] Selbst von diesen Gläubigen ist kaum anzunehmen, dass ihr Glaube biblisch kohärent ist. Viele dieser „Christen" sind in Wirklichkeit entschiedene moralische Individualisten, die eine kohärente biblisch begründete Moral nicht einmal kennen, geschweige denn praktizieren.

Erstaunliche 61 Prozent der kommenden Generation von Erwachsenen hatte keinerlei moralische Vorbehalte gegenüber Materialismus und Konsum-Mentalität. Weitere 30 Prozent äußerten gewisse Bedenken, kamen letztlich aber zu dem Schluss, es lohne sich nicht, sich darüber besondere Sorgen zu machen. In dieser Sichtweise, so stellten Smith und Denton fest, erscheint die menschliche Gesellschaft lediglich als „eine Ansammlung autonomer Individuen, die darauf aus sind, das Leben zu genießen".

Dies sind keine schlechten Leute. Vielmehr sind es junge Erwachsene, die von ihrer Familie, ihrer Kirche und anderen Institutionen, die ihr Gewissen und ihre Vorstellungskraft gebildet oder vielmehr gerade *nicht* gebildet haben, furchtbar im Stich gelassen wurden.

MTD ist die faktische Religion nicht nur der amerikanischen Teenager, sondern auch der amerikanischen Erwachsenen. Zu einem signifikanten Grad haben die Teenager lediglich die religiösen Haltungen ihrer Eltern übernommen. Wir sind schon seit einiger Zeit eine MTD-Nation.

„Amerika hat allzu lange von seinem oberflächlichen christlichen Anstrich gezehrt, teilweise wohl bedingt durch den Kalten Krieg", sagte Smith mir in einem Interview. „Aber selbst dieser dünne Anstrich schwindet jetzt dahin – durch die Kombination aus auf Massenkonsum basierendem Kapitalismus und liberalem Individualismus."

Die von Smith und anderen Forschern erhobenen Daten machen deutlich, was so viele von uns verzweifelt zu leugnen versuchen: Die Flut steigt den Kirchen bis ans Dach. Jede einzelne Kirchengemeinde muss sich fragen, ob sie so große Kompromisse mit der Welt eingegangen ist, dass sie damit ihre Glaubenstreue kompromittiert hat. Ist die Art und Weise, wie wir unseren christlichen Glauben innerhalb der Familie, der Kirchengemeinde und darüber hinaus praktizieren, ein Weg zu einer tieferen Bekehrung, oder dient uns unsere Glaubenspraxis bloß dazu, uns gegen die Ernsthaftigkeit der Anforderungen, die das Evangelium an unseren Glauben stellt, zu immunisieren?

Niemand außer den verblendetsten „Religiösen Rechten" alter Schule glaubt noch daran, dass diese kulturelle Revolution wieder zurückgedrängt werden könnte. Die Welle kann nicht aufgehalten werden, man kann sie nur reiten. Mit wenigen Ausnahmen sind christlich-konservative politische Aktivisten so ineffektiv wie exilierte russische Aristokraten, die in ihren Pariser Salons sitzen, Tee aus Samowaren trinken und Pläne zur Restauration der Monarchie schmieden. Man wünscht ihnen alles Gute, aber tief im Innern weiß man, dass diese Leute nicht die Zukunft sind.

Es widerstrebt dem amerikanischen Charakter, Niederlagen einzugestehen oder Einschränkungen jedweder Art zu akzeptieren. Aber amerikanische Christen werden sich mit der grausamen Tatsache abfinden müssen, dass wir inmitten einer Kultur leben, aus deren Sicht das, woran wir glauben, immer weniger Sinn ergibt. Wir sprechen eine Sprache, die die Welt um uns herum entweder nicht hören kann oder die ihre Ohren beleidigt.

Könnte es sein, dass der beste Weg, die Flut zu bekämpfen, darin besteht... die Flut *nicht* zu bekämpfen? Aufzuhören, Sandsäcke aufzutürmen, und stattdessen eine Arche zu bauen, die Schutz bietet, bis das Wasser zurückweicht und wir unsere Füße wieder auf trockenes Land setzen können? Statt unsere Energie und Ressourcen in politischen Kämpfen zu verschwenden, die wir nicht gewinnen können, sollten wir daran arbeiten, Gemeinschaften, Institutionen und Netzwerke des Widerstands aufzubauen, die die feindliche Übermacht überlisten, überdauern und schließlich überwinden können.

Habt keine Furcht! Wir sind schon einmal in einer solchen Situation gewesen. In den ersten Jahrhunderten des Christentums überlebte und wuchs die frühe Kirche unter römischer Verfolgung, und ebenso nach dem Zusammenbruch des Imperiums im Westen. Wir Christen einer späteren Zeit müssen von ihrem Beispiel lernen – und ganz besonders vom Beispiel des Heiligen Benedikt.

*

Eines Tages nahe der Wende vom 5. zum 6. Jahrhundert nahm ein junger Mann namens Benedikt Abschied von seinem Heimatstädtchen Nursia, einem kleinen, felsigen, abgelegenen Ort in den Sibyllinischen Bergen Mittelitaliens. Als Sohn des Statthalters von Nursia beabsichtigte Benedikt, nach Rom zu gehen, um dort – wie viele junge Männer mit vielversprechenden Aussichten, die ihren Platz in der Welt suchten – seine Ausbildung zu vervollständigen.

Damals hatte die Stadt Rom die Zeit ihrer imperialen Glorie – wenngleich sich die kollektive Erinnerung an diese Zeit über die offizielle Christianisierung des Imperiums infolge der Bekehrung Kaiser Konstantins hinaus erhalten hatte – längst hinter sich. Etwa siebzig Jahre vor Benedikts Geburt war die Ewige Stadt von den Westgoten geplündert worden. Der Fall der Stadt Rom war für die moralische Verfassung der Bürger des einst mächtigen Imperiums ein niederschmetterndes Ereignis.

In jener Zeit wurde der westliche Teil des Reiches von Rom aus regiert, das schon seit Langem im Niedergang begriffen war, und der östliche Teil von Konstantinopel, das florierte. Doch im gesamten Reich betrauerten Christen die Plünderung Roms, denn diese konfrontierte sie mit einer furchtbaren Realität: Die Welt, die sie und ihre Vorväter gekannt hatten, brach vor ihren Augen zusammen.

„Meine Stimme bleibt mir im Hals stecken, und während ich diktiere, erstickt Schluchzen meine Worte“, schrieb der Hl. Hieronymus in der Folge dieser Katastrophe. „Die Stadt, die die ganze Welt erobert hat, wurde selbst erobert.“ Der Schock war so groß, dass der Hl. Augustinus, ein Zeitgenosse von Hieronymus, als Reaktion darauf sein berühmtes Werk *„De ci-*

vitate Dei" („Vom Gottesstaat") verfasste, das den Fall Roms zum Anlass nahm, auf die Unergründlichkeit des Willens Gottes zu verweisen und das Denken der Christen auf das unvergängliche himmlische Königreich auszurichten.

Die Stadt Rom verschwand nicht, doch zu der Zeit, als Benedikt dort eintraf, war sie nur noch ein erbarmungswürdiger Schatten ihrer selbst. Einst war sie die größte Stadt der Welt gewesen – ihre Einwohnerzahl zur Zeit ihrer höchsten Machtfülle im 2. Jahrhundert wird auf eine Million geschätzt –, aber in den Jahrzehnten nach der Plünderung stürzte die Bevölkerungszahl jäh ab. Im Jahr 476 wurde der letzte römische Kaiser des Westens von Barbaren abgesetzt. Um die Wende zum 6. Jahrhundert hatte sich die Bevölkerung Roms weitgehend zerstreut, nur noch etwa einhunderttausend Seelen hausten in den Ruinen vergangener Größe.

Der Sturz des weströmischen Reiches bedeutete keine Anarchie. Im Gegenteil, in Italien ging im Wesentlichen alles so weiter, wie es seit Jahrzehnten gewesen war. Theoderich, der Gotenkönig, der zu Benedikts Zeit von seiner Hauptstadt Ravenna aus über Italien herrschte, hing einer häretischen Variante des Christentums – dem Arianismus – an, aber im Jahr 500 unternahm er eine Pilgerreise nach Rom, um dem Papst seinen Respekt zu erweisen. Der König sicherte den Römern sein Wohlwollen und seinen Schutz zu. In Wirklichkeit war das beste, was er tun konnte, den Niedergang Roms zu verwalten.

Wir wissen im Detail nur wenig über das soziale Leben im von Barbaren beherrschten Rom, aber die Geschichte lehrt, dass auf den Zusammenbruch einer seit Langem bestehenden Ordnung üblicherweise eine beträchtliche Lockerung der

Moral folgt. Man denke an das Ausmaß der Dekadenz, die nach dem I. Weltkrieg in Paris und Berlin oder in den Jahren nach dem Zusammenbruch des Sowjet-Regimes in Russland herrschte. Papst Gregor der Große hatte Benedikt nie persönlich kennengelernt, verfasste aber eine Biographie des Heiligen auf der Basis von Gesprächen, die er mit vier seiner Anhänger geführt hatte. Darin schreibt er, der junge Benedikt sei von der Lasterhaftigkeit und Korruption, die in der Stadt herrschten, so schockiert und abgestoßen gewesen, dass er dem privilegierten Leben, das ihn als Sohn eines Regierungsbeamten in Rom erwartete, den Rücken kehrte. Er zog sich in einen nahen Wald und später in eine gut 60 Kilometer östlich gelegene Höhle zurück, wo er drei Jahre lang das dem Gebet und der Kontemplation gewidmete Leben eines Einsiedlers führte.

Diese Lebensweise war in den ersten Jahrhunderten des Christentums nicht ungewöhnlich, und vereinzelt gibt es sie auch heute noch. Im 3. Jahrhundert zogen sich Männer (und einige wenige Frauen) in die ägyptische Wüste zurück und entsagten allen leiblichen Annehmlichkeiten, um durch eine abgeschiedene, von Stille, Gebet und Fasten geprägte Lebensweise Gott zu suchen. Sie trieben die Befolgung der biblischen Aufforderung, dem eigenen Selbst zu sterben, um in Christus zu leben, ins Extrem und befolgten die Weisung Christi an den reichen Jüngling, allen Besitz zu verkaufen, den Erlös den Armen zu geben und Ihm nachzufolgen. Der Hl. Antonius von Ägypten (ca. 251-356) gilt als der erste christliche Eremit. Seine Anhänger begründeten das in Gemeinschaft gelebte christliche Mönchtum, aber die Figur des Eremiten blieb ein Bestandteil des monastischen Lebens und seiner Praktiken.

Während der drei Jahre, die Benedikt in der Höhle verbrachte, wurde er von einem Mönch eines nahen Klosters, der Romanus hieß, mit Nahrung versorgt. Als Benedikt schließlich aus der Höhle herauskam, stand er bereits im Ruf der Heiligkeit, und eine Gemeinschaft von Mönchen ersuchte ihn, ihr Abt zu werden. Im Laufe der Zeit gründete Benedikt zwölf eigene Klöster in der Region. Seine Zwillingsschwester Scholastika trat in seine Fußstapfen und begründete ihre eigene Gemeinschaft von Nonnen. Um die Mönche und Nonnen in einer schlichten, geordneten, Christus geweihten Lebensweise zu unterweisen, verfasste Benedikt ein schmales Buch, das heute als die Benediktsregel bekannt ist.

Für die frühen monastischen Gemeinschaften war eine Ordensregel nichts anderes als eine Anleitung zum Leben in christlicher Gemeinschaft. Die von Benedikt verfasste Ordensregel ist eine gemäßigtere Abwandlung einer sehr strengen Regel aus dem Osten der christlichen Welt. Benedikt selbst beschrieb das Kloster als eine „Schule für den Dienst des Herrn“. In diesem Sinne kann man die Benediktsregel als ein simples Trainingshandbuch verstehen. Heutige Leser, die erwarten, darin mystische Lehren von unergründlicher spiritueller Tiefe vorzufinden, werden enttäuscht sein. Benedikts Spiritualität ist ganz und gar praxisorientiert – und er schrieb seine Regel ursprünglich nicht für Kleriker, sondern für Laien.

Als er Rom verließ, um sich in die Wildnis zurückzuziehen, ahnte Benedikt nicht, dass seine Gründung von *Schulen für den Dienst des Herrn* im Laufe der Zeit so dramatische Auswirkungen auf die westliche Zivilisation haben würde.

Das Europa des frühen Mittelalters schwankte unter dem Eindruck des unglückseligen Untergangs des Imperiums, in dessen Folge unzählige lokale Kleinkriege geführt wurden, in denen verschiedene barbarische Stämme um die Vorherrschaft rangen. Der Fall Roms hatte ein katastrophales Ausmaß an materieller Armut hinterlassen, einerseits bedingt durch den Zusammenbruch des komplexen römischen Handelsnetzwerks und andererseits durch den Verlust technischer und intellektueller Bildung.

Unter diesen kläglichen Umständen war die Kirche vielfach die stärkste – und nicht selten wohl die einzige – ordnungsstiftende Instanz für die Menschen. Unter dem weiten Mantel der Kirche bot das Mönchtum der bäuerlichen Bevölkerung eine dringend benötigte Hilfe und Hoffnung, und dank Benedikt veranlasste eine erneuerte Konzentration auf das geistliche Leben viele Männer und Frauen dazu, die Welt zu verlassen und sich innerhalb der Mauern eines Klosters und unter der Ordensregel ganz Gott zu widmen. Diese Klöster erhielten in ihren Mauern Glauben und Gelehrsamkeit am Leben, evangelisierten barbarische Völker, lehrten sie, Feldfrüchte anzubauen und Gebäude zu errichten. Im Laufe der folgenden Jahrhunderte bereiteten sie die verwüsteten Gesellschaften des nachrömischen Europa auf eine Wiedergeburt der Zivilisation vor.

All das wuchs aus dem Senfkorn des Glaubens, das ein gläubiger junger Italiener gepflanzt hatte, der nichts anderes wollte, als in einer gläubigen Gemeinschaft, die errichtet worden war, dem Chaos und Verfall zu widerstehen, die sie umgaben, Gott zu suchen und Ihm zu dienen. Benedikts Beispiel gibt uns heute Hoffnung, denn es zeigt, was eine kleine

Truppe von Gläubigen ausrichten kann, wenn sie kreativ auf die Herausforderungen ihrer Zeit und ihrer Umgebung antwortet, indem sie die Gnade, die sie in Folge ihrer radikalen Offenheit für Gott durchströmt, weitergibt und diese Gnade in einer spezifischen Lebensweise zum Ausdruck bringt.

*

In seinem Buch „*Der Verlust der Tugend*" vergleicht der Philosoph Alasdair MacIntyre den gegenwärtigen Zustand der Kultur mit dem Untergang des römischen Imperiums im Westen. Er legt dar, dass der Westen die Vernunft und das traditionelle Verständnis von Tugend zugunsten eines Relativismus aufgegeben habe, der unsere Welt heute überflutet. Wir werden weder vom Glauben noch von der Vernunft oder irgendeiner Kombination dieser beiden beherrscht, sondern von etwas, das MacIntyre *Emotivismus* nennt: die Vorstellung, alle moralischen Entscheidungen seien nichts anderes als der Ausdruck eines individuellen *Gefühls* dafür, was richtig sei.

MacIntyre meint, eine Gesellschaft, die sich gänzlich nach emotivistischen Prinzipien organisieren würde, würde der modernen westlichen Welt sehr ähnlich sehen, in der die Befreiung des individuellen Willens als das höchste Gut angesehen werde. Im Gegensatz dazu zeichne sich eine *tugendhafte* Gesellschaft dadurch aus, dass ihre Mitglieder den Glauben an objektive moralische Werte teilen und dass eine solche Gesellschaft über kulturelle Praktiken verfügt, die es den Menschen ermöglichen, diese Werte im Rahmen der Gemeinschaft zu verwirklichen.

Nach dem „*Verlust der Tugend*" zu leben, bedeutet demnach, in einer Gesellschaft zu Hause zu sein, in der es nicht nur keinen Konsens mehr darüber gibt, welche Überzeugungen und

Verhaltensweisen als tugendhaft gelten können, sondern die sogar bezweifelt, dass Tugend *existiert*. In einer *„nach-tugendhaften"* Gesellschaft verfügt das Individuum über maximale Freiheit im Denken und Handeln, und die Gesellschaft als Ganze wird zu einer „Ansammlung Fremder, von denen jeder unter minimalen Einschränkungen den eigenen Interessen nachjagt"[6].

Eine solche Gesellschaft erreicht man, indem man
objektive moralische Standards aufgibt;

sich weigert, irgendwelche religiös oder kulturell verankerten Narrative zu akzeptieren, die man nicht selbst hervorgebracht oder zumindest selbst gewählt hat;

Erinnerungen an die Vergangenheit als irrelevant zurückweist; und

sich von der Gemeinschaft wie auch von nicht selbst gewählten sozialen Verpflichtungen abkoppelt.

Eine solche Geisteshaltung kommt dem Zustand nahe, den man Barbarismus nennt. Wenn wir an Barbaren denken, stellen wir uns wilde, räuberische Horden vor, die durch die Städte toben und ohne Sinn und Verstand die Strukturen und Institutionen der Zivilisation zerstören, einfach *weil sie es können*. Barbaren werden einzig von ihrem Willen zur Macht beherrscht, und von dem, was sie vernichten, haben sie weder eine Ahnung, noch kümmern sie sich darum.

So verstanden, leben wir in der modernen westlichen Welt, trotz all unseres Wohlstands und unserer hohen technologischen Entwicklung, im Zustand des Barbarismus – auch wenn wir das nicht erkennen. Unsere Wissenschaftler, unsere Richter, unsere Fürsten, unsere Gelehrten und Schriftsteller arbeiten daran, den Glauben, die Familie, die Geschlechterordnung, ja sogar die Definition, *was es heißt, Mensch zu sein*, niederzureißen. Die Barbaren unserer Zeit haben die Tierfelle und Speere der Vergangenheit gegen Designeranzüge und Smartphones eingetauscht.

Am Schluss seines Buches blickt MacIntyre zurück auf die Situation des Westens nach dem Umsturz der römisch-imperialen Ordnung durch die Barbaren. Er schreibt:

„Es stellte einen entscheidenden Wendepunkt in der älteren Geschichte dar, als Männer und Frauen mit guten Absichten Abstand davon nahmen, das Römische *Imperium* zu stützen und aufhörten, den Fortbestand der Zivilisation und der moralischen Gemeinschaft mit dem Fortbestand dieses Imperiums gleichzusetzen. Statt dessen machten sie sich daran, oft ohne genau zu erkennen, was sie taten, neue Formen von Gemeinschaft aufzubauen, in denen das moralische Leben aufrechterhalten werden konnte, so daß Moral und Zivilisation die heraufziehende Zeit der Barbarei und Finsternis überleben konnten."[7]

Nach MacIntyres Verständnis war das nachrömische System bereits über den Punkt hinaus, an dem es noch hätte gerettet werden können. St. Benedikt hatte den Zustand Roms zutreffend eingeschätzt. Er handelte weise, indem er die Gesellschaft verließ und eine neue Form der Gemeinschaft begründete, durch deren Praktiken der Glaube durch die kommenden Wirren bewahrt werden konnte. Obwohl MacIntyre, als er dies schrieb, kein Christ war, appellierte er an traditionsbewusste Menschen, die noch an Vernunft und Tugend glauben, und rief sie dazu auf, Gemeinschaften zu bilden, in denen eine gelebte Tugend das lange Dunkle Zeitalter, das uns bevorsteht, überleben kann.

Die Welt – so sagt MacIntyre – erwartet „einen anderen, zweifelsohne völlig anderen heiligen Benedikt". Christen, die von den reißenden Fluten der Moderne bedrängt werden, warten auf jemanden wie Benedikt – jemanden, der Archen baut, die sie und den lebendigen Glauben durch das Meer der Krise tragen können – durch ein Dunkles Zeitalter, das Jahrhunderte andauern könnte.

In diesem Buch stelle ich Männer und Frauen vor, die die Benedikts von heute sind. Manche leben auf dem Land, andere in der Großstadt, wiederum andere in den Vorstädten. Sie alle sind gläubige orthodoxe Christen – und mit „orthodox" meine ich hier: theologisch konservativ innerhalb eines der drei Hauptzweige des historischen Christentums –, und sie wissen: Wenn die Gläubigen nicht aus Babylon ausziehen und sich absondern – zum Teil metaphorisch, zum Teil aber auch wortwörtlich –, dann wird ihr Glaube in dieser Kultur des Todes nicht eine oder zwei weitere Generationen überleben. Sie erkennen eine unpopuläre Wahrheit: Politik wird uns nicht retten. Statt zu versuchen, die gegenwärtige Ordnung zu stützen, haben sie erkannt, dass das Reich, dessen Bürger sie sind, nicht von dieser Welt ist, und haben beschlossen, dieses Bürgerrecht nicht kompromittieren zu wollen.

Das, was diese strenggläubigen Christen derzeit tun, sind die Samenkörner dessen, was ich die „Benedikt-Option" nenne: eine Strategie, die sich auf die Autorität der Schrift und die Weisheit der Alten Kirche beruft, um eine Art „innere Emigration" anzunehmen und dadurch eine lebendige Gegenkultur zu bilden. Da sie die Gifte des modernen Säkularismus wie auch die durch den Relativismus verursachte Fragmentierung der Gesellschaft erkennen, suchen „Benedikt-Options"-Christen in der Heiligen Schrift und in Benedikts Ordensregel nach Wegen, geistliche Praktiken und Gemeinschaften zu kultivieren. Statt in Panik zu geraten oder in Selbstgefälligkeit zu verharren, erkennen sie, dass die neue Ordnung der Dinge nicht ein *Problem* ist, das es zu *lösen* gilt, sondern vielmehr eine *Realität*, mit der man *leben* muss. Diese werden es sein, die lernen, mit Glauben und Kreativität auszuharren, ihr eigenes Gebetsleben zu vertiefen und spirituelle Praktiken aufzugreifen, sich auf Familien und Gemeinschaften zu konzentrieren statt auf Parteipolitik, und Kirchen, Schulen und andere Institutionen aufzubauen, in denen der orthodoxe christliche Glaube inmitten der Flut überleben und gedeihen kann.

Es geht nicht nur um unser eigenes Überleben. Wenn wir für die Welt das sein wollen, von dem Christus will, dass wir es seien, dann werden wir mehr Zeit abseits von der Welt verbringen müssen, in tiefem Gebet und umfangreichem spirituellem „Training" – ebenso wie Jesus sich zum Gebet in die Wüste zurückzog, ehe Er die Menschen lehrte. Wir können der Welt nicht geben, was wir selbst nicht haben. Wären die alten Hebräer von der Kultur Babylons assimiliert worden, hätten sie aufgehört, ein Licht für die Welt zu sein. Und genauso ist es mit der Kirche.

Die Realität unserer Situation ist in der Tat alarmierend, aber wir können es uns nicht leisten, in eine Untergangshysterie zu verfallen. Es steckt ein verborgener Segen in dieser Krise, wenn wir ihn nur wahrnehmen wollten. So wie Gott im Alten Testament Züchtigungen benutzte, um Sein Volk zu rufen, zu Ihm zurückzukehren, so sendet Er womöglich einer Kirche und einem Volk, die durch Egoismus, Hedonismus und Materialismus erkaltet sind, ein ähnliches Gericht. Der kommende Sturm könnte das Mittel sein, mit dem Gott uns rettet.

*

Wenn man im Süden Louisianas aufgewachsen ist, hat man die Erfahrung gemacht: Immer wenn ein Hurrikan herannahte, holte jemand den schmiedeeisernen Kessel heraus, kochte eine Riesenmenge Eintopf und lud, nachdem er die Schotten dicht gemacht hatte, die Nachbarn zum Essen ein. Man erzählte sich Geschichten, feierte fröhlich, und dann zog man gemeinsam hinaus in den Sturm. Diese Einstellung prägte auch die Reaktion auf die große Flut von 2016. Noch während das Wasser anstieg, eilten in ganz Süd-Louisiana kleine Trupps hinaus, um die Eingeschlossenen zu retten, den Obdachlosen Unterkunft und den Hungrigen Nahrung zu geben und die Gebrochenen und die mit gebrochenen Herzen zu trösten.

Das war keine von oben verordnete Reaktion. Sie ergab sich spontan, aus der Liebe, die die Einheimischen für ihre Nachbarn hatten, und aus dem Verantwortungsgefühl gegenüber denen, die von der Flut arm und nackt zurückgelassen worden waren. Tugendhafte Männer und Frauen – Hilfsorganisationen wie die *Cajun Navy*, Leute aus Kirchengemeinden und andere – warteten nicht darauf, dass jemand ihnen sagte, was sie zu tun hätten. Sie erkannten die Schwere der Krise und handelten.

Die schwerwiegende spirituelle und kulturelle Krise, in der wir uns befinden, ist nicht aus dem Nichts gekommen. Zwar hat sie in den letzten fünfzig Jahren an Tempo gewonnen, aber herangereift ist sie über Jahrhunderte. Wenn wir herausfinden wollen, wir wir durch Sturm und Nebel den sicheren Hafen erreichen können, müssen wir verstehen, wie wir dorthin gekommen sind, wo wir uns jetzt befinden. Wir werden feststellen, dass Ideen reale Konsequenzen haben.

KAPITEL 2

Die Wurzeln der Krise

An einem warmen Abend im Spätherbst sitzt eine kürzlich in Rente gegangene Frau auf der Veranda ihrer Nachbarin, und sie unterhalten sich über den allgemeinen Lauf der Welt. Es sind noch zwei Wochen bis zur Präsidentschaftswahl Trump gegen Clinton, und beide Nachbarinnen sind sich einig, dass alles um sie herum zu zerfallen scheint. Sie fragen sich: Wie ist unser Land in diese Situation geraten? Beide Frauen stammen aus der Arbeiterklasse, aber dank der ökonomischen und kulturellen Umbrüche um die Mitte des 20. Jahrhunderts treten sie nun als Angehörige einer bescheidenen Mittelschicht in ihre goldenen Jahre ein. Amerika hat es gut gemeint mit ihnen und ihren Familien.

Doch keine der beiden Frauen blickt optimistisch in die Zukunft ihrer Enkelkinder. Die eine erzählt der anderen, dass sie im Laufe des vergangenen Jahres bei sechs Babypartys junger Frauen aus ihrer Verwandtschaft und ihrem Bekanntenkreis gewesen ist, und keine einzige der werdenden Mütter war verheiratet. Einige hatten bereits mehr als ein uneheliches Kind. Die grauhaarigen Damen kennen das Gefühl von Armut und fehlenden Sicherheiten, und sie können nicht begreifen, dass diese jungen Frauen Kinder in die Welt setzen, ohne deren Vater an ihrer Seite zu haben – wenn man bedenkt, wie sehr solche Umstände das Armutsrisiko der Kinder erhöhen.

Und wo *sind* die Väter dieser Kinder eigentlich? Was ist bloß heutzutage mit den jungen Männern los?

Die beiden Frauen sind christlich-konservativ und *pro-life* eingestellt und würden Abtreibung niemals gutheißen. Selbstverständlich ist es ihnen lieber, diese Babys werden geboren – was es auch kosten mag –, als dass sie im Mutterleib vernichtet werden. Dennoch ist es für sie schwer zu verdauen, wie „*normal*" es geworden ist, uneheliche Kinder zu haben. In den 1940er-Jahren, als sie geboren wurden, lag der Anteil außerehelicher Geburten in der weißen US-Bevölkerung bei 2 Prozent; heute sind es fast 30 Prozent (und in der gesamten Bevölkerung 41 Prozent).[8] „Es ist, als würde die ganze Welt aus den Fugen geraten", seufzt eine der beiden Frauen.

„Ich bin froh, dass ich das nicht mehr werde mitansehen müssen", meint die andere.

Diese Frauen bilden sich nichts ein. Ihre Welt ist tatsächlich dabei, sich aufzulösen. Der Politikwissenschaftler Charles Murray hat diese Entwicklungen 2012 in seinem treffend betitelten Buch „*Coming Apart: The State of White America 1960-2010*" („Aus den Fugen geraten: Der Zustand des weißen Amerika 1960-2010") dokumentiert. Murray konzentrierte sich in seiner Studie auf die weiße Arbeiterklasse, aber die soziokulturellen Trends, die diese Bevölkerungsgruppe heimgesucht haben, beschränken sich nicht allein auf Weiße. Ebenso wenig setzten diese Auflösungsprozesse erst ab den 1960er-Jahren ein – wenngleich dieses Jahrzehnt sehr wohl einen Wendepunkt markierte. Wir leben heute mit den Konsequenzen von Ideen, die schon vor vielen Generationen um sich gegriffen haben, und infolge dieser Ideen verlieren wir unsere Religion

– und dieser Verlust bedeutet eine weitaus größere Krise als lediglich der Verlust der Gewohnheit, in die Kirche zu gehen.

*

Der Begriff *Religion* wird auf das lateinische Verb *religare* zurückgeführt, das „binden" heißt. Aus soziologischer Sicht ist Religion ein kohärentes System von Glaubensüberzeugungen und Praktiken, durch die die Gemeinschaft der Gläubigen sich vergewissert, wer sie sind und was sie zu tun haben. Diese Glaubensinhalte und Praktiken werden als etwas betrachtet, was in einer heiligen Ordnung wurzelt und dieser Ausdruck verleiht – einer Ordnung, die das Sein sowohl begründet als auch überschreitet. Auf diese Weise wird die Überlieferung, die die Gemeinschaft zusammenhält, weitergetragen und dargestellt.

Der Verlust der christlichen Religion ist die Ursache dafür, dass der Westen seit geraumer Zeit dabei ist, sich zu fragmentieren – ein Prozess, der an Geschwindigkeit zunimmt. Wie ist es dazu gekommen? Im Laufe von sieben Jahrhunderten haben fünf bahnbrechende Ereignisse die westliche Zivilisation erschüttert und sie des Glaubens ihrer Vorväter beraubt:

- im 14. Jahrhundert der Verlust des Glaubens an den integralen Zusammenhang zwischen Gott und Schöpfung – oder, in philosophischer Terminologie, zwischen transzendenter und materieller Realität;
- der Zusammenbruch von religiöser Einheit und religiöser Autorität in der protestantischen Reformation des 16. Jahrhunderts;
- die Aufklärung im 18. Jahrhundert, die die christliche Religion durch den Kult der Vernunft ersetzte, das religiöse Le-

ben privatisierte und das Zeitalter der Demokratie einläutete;
- die industrielle Revolution (ca. 1760-1840) und der Aufstieg des Kapitalismus im 19. und 20. Jahrhundert;
- die sexuelle Revolution (1960-heute).

Dieser Abriss westlicher Kulturgeschichte seit dem Hohen Mittelalter lässt zugegebenermaßen eine ganze Menge aus. Zudem ist er voreingenommen zugunsten eines intellektuellen Verständnisses historischer Kausalität. Tatsächlich ist es so, dass materielle Erscheinungen oft erst die Geburt von Ideen ermöglichen. Die Entdeckung der Neuen Welt und die Erfindung der Druckerpresse, beides im 15. Jahrhundert, und die Erfindung der Verhütungspille und des Internets im 20. Jahrhundert ermöglichte es Menschen, sich Dinge vorzustellen, die zuvor unvorstellbar waren, und somit neue Gedanken zu denken. Die Geschichte gibt uns keine sauberen und geraden kausalen Linien, die Ereignisse miteinander verbinden und sie in eine klare Ordnung bringen. Geschichte ist ein Gedicht, kein Syllogismus.

Gleichwohl kann eine skizzenhafte Darstellung der Bedeutung, die *Ideen* – insbesondere Vorstellungen über Gott – für historische Veränderungen haben, uns ein konzeptionelles Verständnis für die Natur unserer gegenwärtigen Krise vermitteln. Es ist wichtig, diese Darstellung – so unvollständig und übersimplifiziert sie auch sein mag – zu begreifen, um zu verstehen, warum der bescheidene benediktinische Weg eine so wirkungsvolle Gegenkraft zu den zersetzenden Strömungen der Moderne darstellt.

*

Die Menschen des Mittelalters lebten, wie der Philosoph Charles Taylor es ausdrückt, in einer „verzauberten Welt"[9] – einer Welt, die der unseren so unähnlich war, dass wir Schwierigkeiten haben, sie uns vorzustellen. Wir Menschen der westlichen Moderne leben an einer fernen Küste, und die Weltanschauung unserer mittelalterlichen Vorfahren liegt jenseits des Horizonts, außerhalb unseres Sichtfelds.

Die mittelalterlichen Menschen erlebten eine viel unmittelbarere Präsenz des Göttlichen in ihrem täglichen Leben als wir. Wie es für die meisten Menschen – Christen und auch andere – während des größten Teils der Geschichte der Fall war, war Religion überall – und, das ist der entscheidende Punkt, sie war nicht nur eine Angelegenheit des Glaubens, sondern auch der Erfahrung. Im Denken der mittelalterlichen Christenheit durchdrangen die geistige und die materielle Welt einander gegenseitig. Die Trennwand dazwischen war dünn und durchlässig. Anders ausgedrückt: Die Menschen des Mittelalters erlebten alles in der Welt als *sakramental.*

Dies ist ein Begriff, den wir für gewöhnlich mit der Kirche assoziieren, und zu Recht. So ist beispielsweise die Taufe ein Sakrament, und ebenso die Eucharistie. Dabei handelt es sich um besondere Rituale, in denen Gottes Gnade auf eine je spezifische Weise präsent ist und eine reale Verwandlung jener bewirkt, die an dem Ritual teilnehmen. Im Denken des Mittelalters hatte das Konzept des Sakramentalen jedoch noch eine breitere und tiefere Bedeutung. Die Menschen jener Zeit fassten alles, was existierte – selbst die *Zeit* – als in gewissem Sinne sakramental auf. Das heißt, sie glaubten, dass Gott überall gegenwärtig war und sich ihnen durch Menschen, Orte und Dinge, die von Seiner Kraft durchdrungen waren, *offenbarte.*

Die Kraft heiliger Orte und der Reliquien von Heiligen hatte für die mittelalterlichen Menschen deshalb eine so große Wirksamkeit, weil Gott nicht bloß in einem vagen spirituellen Sinne gegenwärtig war, etwa wie ein Butler, der in aller Stille ein herrschaftliches Haus hütet. Vielmehr war Er, wie Taylor schreibt, „eine ebenso unmittelbare Realität wie Steine, Flüsse und Berge“[10]. Die spezifische Weise Seiner Gegenwart war ein Mysterium – und auch damals schon ein Gegenstand von Spekulationen und Debatten –, aber *dass* Er wahrhaft gegenwärtig war, war unbestritten. Nur dank ihrer Beziehung zu Gott hatte die materielle Welt überhaupt einen Sinn.

Der mittelalterliche Mensch ging davon aus, dass die Wirklichkeit – die *wirkliche* Wirklichkeit – außerhalb seiner selbst lag und dass er sie in dem Zustand der Finsternis, in dem er infolge des Sündenfalls lebte, nicht gänzlich erkennen konnte. Aber er konnte sich durch Gebet und Betrachtung geistig zu ihr in Beziehung setzen und sie durch die Bekehrung des Herzens kennenlernen. Das gesamte Universum war mit Gottes eigenem Sein verwoben, auf eine Weise, die für moderne Menschen, einschließlich gläubiger Christen, schwer zu erfassen ist. Die Christen des Mittelalters nahmen die Worte des Apostels Paulus in der Apostelgeschichte – „Denn in Ihm leben wir, bewegen wir uns und sind wir“ (Apg 17,18) – und in seinem Brief an die Kolosser – „Er ist vor aller Schöpfung und in Ihm hat alles Bestand“ (Kol 1,17) – erheblich wörtlicher, als wir es heute tun.

Der mittelalterliche Mensch betrachtete sich selbst nicht als fundamental losgelöst von der natürlichen Ordnung; vielmehr war für ihn die Entfremdung, die er empfand, eine Folge des Sündenfalls, einer Katastrophe, die seinem Verständnis zufolge die Menschen daran hinderte, die Schöpfung so zu sehen, wie sie wirklich war. Seine Aufgabe war es, sich mit der Liebe Gottes zu verbinden und seine eigenen Schritte mit dem großen kosmischen Tanz in Einklang zu bringen. Wahrheit war verbürgt durch die Existenz Gottes, dessen *Logos* – das göttliche Ordnungsprinzip – sich in Vollkommenheit in Jesus Christus zeigte, zu einem gewissen Grad jedoch in der ganzen Schöpfung präsent war.

Das mittelalterliche Europa stellte keinen christlichen Idealzustand dar. Die Kirche war in spektakulärem Ausmaß korrupt, und die gewaltsame Ausübung von Macht – zuweilen auch durch die Kirche selbst – schien die Welt zu regieren. Aber trotz der tiefgreifenden Gebrochenheit der Welt trugen die Menschen des Mittelalters in ihrer Vorstellung eine kraftvolle Vision von Ganzheit. Dem mittelalterlichen Konsens zufolge konstruierte der Mensch seine Realität auf eine Weise, die ihn in die Lage versetzte, alle Dinge in einer konzeptuellen Harmonie zu sehen und Sinn inmitten des Chaos zu finden.

Diese mittelalterliche Auffassung der Wirklichkeit ist eine sehr alte Vorstellung, älter als das Christentum selbst. C.S. Lewis, Professor für Mediävistik, erklärte in seinem letzten Buch *The Discarded Image* („Das verworfene Bild"), dass schon Platon davon überzeugt war, zwei Dinge könnten nur vermittelt durch ein Drittes zueinander in Beziehung treten. Im mittelalterlichen „Weltmodell", wie Lewis es nannte, wurde der Zusammenhang alles Seienden mit allem anderen Seienden durch die gemeinsame Beziehung aller Dinge zu Gott hergestellt. Das heißt, unsere Beziehung zur Welt wird vermittelt durch unsere Beziehung zu Gott – und umgekehrt.

Die Menschheit lebte nicht in einem kalten, sinnleeren Universum, sondern in einem *Kosmos*, in dem alles Sinn hatte, weil es am Leben des Schöpfers teilhatte. „Jedes einzelne Faktum und jede Erzählung", so Lewis, „wurde interessanter und ergötzlicher, wenn sie, indem sie den ihr zukommenden Platz im Ganzen einnahm, die Gedanken des Betrachters auf das Weltmodell selbst zurück lenkte."[11]

Für die Menschen des Mittelalters, so betont Lewis weiter, war die Betrachtung des Kosmos vergleichbar damit, „ein großartiges Gebäude" – wie etwa die Kathedrale von Chartres – „anzuschauen, das in seiner Größe überwältigend, in seiner Harmonie aber wohltuend ist".

Das mittelalterliche Weltmodell ging davon aus, dass die ganze Schöpfung in eine komplexe Einheit eingebunden sei, die die Gesamtheit von Raum und Zeit umfasse. Seine höchste Ausgestaltung erreichte dieses Weltmodell in einer hoch komplexen rationalistischen Theologie, die unter der Bezeichnung *Scholastik* bekannt ist und deren bedeutendster Vertreter der brillante Dominikanermönch Thomas von Aquin (1225-1274) war.

Zu den zentralen Lehren der Scholastik gehörte das Prinzip, dass alle Dinge unabhängig vom menschlichen Denken existieren und eine ihnen von Gott gegebene essentielle Natur haben. Diese Auffassung nennt man „metaphysischen Realismus". Aus diesem Prinzip leiten sich laut Charles Taylor die drei Grundpfeiler ab, auf denen die mittelalterliche christliche Vorstellungswelt – das heißt, die von allen rechtgläubigen Christen von der Zeit der frühen Kirche bis ins Hochmittelalter geteilte Wahrnehmung der Realität – ruhten:

- Die Welt und alle Dinge in ihr sind Teil eines von Gott eingerichteten und mit Sinn erfüllten harmonischen Ganzen – und alle Dinge sind Zeichen, die auf Gott hindeuten.
- Die Gesellschaftsordnung ist in dieser höheren Ordnung verwurzelt.
- Die Welt ist aufgeladen mit spiritueller Kraft.

Diese drei Pfeiler mussten erst zerbröckeln, ehe die moderne Welt sich aus den Trümmern erheben konnte, sagt Taylor. Und in der Tat zerbröckelten sie. Das geschah nicht auf einmal und nicht auf geradem Wege, aber es geschah. Der Theologe David Bentley Hart beschreibt den Wandel des Weltbildes als die Öffnung einer „imaginären Kluft zwischen der vormodernen und der modernen Welt. In gewissem Sinne bewohnten die Menschen nun ein anderes Universum als das, das ihre Vorfahren bewohnt hatten."[12]

Der Theologe, der am meisten dazu beitrug, die mächtige Eiche des mittelalterlichen Weltmodells – das heißt, den christlichen metaphysischen Realismus – zu fällen, war ein Franziskaner von den britischen Inseln, William von Ockham (1285-1347). Die Axt, die er und seine theologischen Mitstreiter schmiedeten, um dieses Werk zu vollbringen, war eine große Idee, die später *Nominalismus* genannt werden sollte.

Der Realismus geht davon aus, dass die Essenz eines jeden Gegenstandes ein ihm von Gott verliehener fester Bestandteil seiner Existenz ist und dass sein letztgültiger Sinn durch seine Verknüpfung mit der transzendenten Ordnung verbürgt ist. Diese Auffassung impliziert, dass die Schöpfung mit dem Verstand erfasst werden kann, weil sie von Gott verstandesgemäß geordnet ist und Er sich in ihr offenbart.

„Die Himmel erzählen die Herrlichkeit Gottes und das Firmament kündet das Werk seiner Hände", sagt der Psalmist (Psalm 19,2). Die Auffassung, dass die materielle Welt das Walten der transzendenten Ordnung offenbare, war in der antiken Philosophie und in vielen Weltreligionen präsent, selbst in nicht-theistischen Religionen wie dem Taoismus. Der metaphysische Realismus lehrt uns, dass die Ehrfurcht, die wir im Angesicht der Natur, im Angesicht von Schönheit und Güte empfinden, eine vernunftgemäße Reaktion sei. Diese Empfindung verrät uns nicht, *wer* Gott ist, aber sie versichert uns, dass wir uns nicht bloß etwas einbilden: Irgendetwas – oder jemand – *ist* da.

Thomas von Aquin formuliert es so: „Zu wissen, dass jemand sich nähert, ist nicht dasselbe wie zu wissen, dass Peter sich nähert, auch wenn es tatsächlich Peter ist, der sich nähert."[13] Durch Gebet und Kontemplation können wir auf dieser intuitiven Erkenntnis aufbauen und die Identität dessen kennenlernen, dessen Existenz wir spüren. So ist das in allen Menschen angelegte Verlangen nach Sinn und Wahrheit „schlechterdings ein Ausdruck der metaphysischen Struktur der gesamten Wirklichkeit", schreibt David Bentley Hart.

Aber wenn der unendliche Gott sich in endlicher Materie offenbart, bedeutet das dann nicht eine Beschränkung? Ockham jedenfalls war dieser Meinung. Er widersprach dem metaphysischen Realismus aus Eifer für die Souveränität Gottes. Er fürchtete, der Realismus schränke die Handlungsfreiheit Gottes ein. Ockham lehrt: Wenn etwas *gut* ist, dann deshalb, weil Gott es so *will*. Die Bedeutung aller Dinge hängt von Gottes souveränem Willen ab – das heißt: Sie beruht nicht auf dem Wesen Gottes oder darauf, dass Er am Sein der Dinge

Anteil hat, sondern darauf, was Er befiehlt. Wenn Er dieselbe Sache heute gut und morgen böse nennt, dann hat Er das Recht dazu.

Diese Vorstellung impliziert, dass die Dinge keine ihnen innewohnende Bedeutung haben, sondern nur die Bedeutung, die ihnen *zugeschrieben* wird – und somit keine sinnerfüllte Existenz außerhalb der Welt der Gedanken. Ein Tisch ist bloß ein auf bestimmte Art geformtes Gebilde aus Holz und Nägeln, bis wir ihm eine Bedeutung zuweisen, indem wir diesem Gebilde den Namen „Tisch" geben. (*Nomen* ist das lateinische Wort für „Name", daher die Bezeichnung „*Nominalismus*".)

Im Denken Ockhams ist Gott ein allgewaltiges Wesen, das völlig unabhängig von Seiner Schöpfung existiert. Das müsse so sein, lehrte Ockham, denn sonst wäre Seine Handlungsfreiheit eingeschränkt durch die von Ihm selbst geschaffenen Gesetze. Ein wahrhaft allmächtiger Gott könne durch nichts eingeschränkt sein, meinte er. Gottes Wille ist in dieser Sichtweise wichtiger als Gottes Geist.

Das mag sich nach Spitzfindigkeiten nach Art von „Engeln, die auf der Spitze einer Nadel tanzen"[14] anhören, aber die Bedeutung dieser Idee kann gar nicht hoch genug eingeschätzt werden. Die mittelalterlichen Metaphysiker glaubten, die Natur weise auf Gott hin. Die Nominalisten waren nicht dieser Meinung. Für sie war Sinn *extrinsisch* – das heißt, von außen, nämlich von Gott, zugewiesen – und für den Menschen nur durch den Glauben an Gott und Seine Offenbarung erkennbar.

Wer meint, das klinge ganz vernünftig und einleuchtend, beweist damit im Grunde nur, wie durchschlagend die intellektuelle Revolution des Nominalismus war. Was als radikal neue Theorie begann, wurde im Laufe der Zeit zur Basis der dominierenden Auffassung über das Verhältnis zwischen Gott und Seiner Schöpfung. Der Nominalismus machte die moderne Welt möglich – aber wie wir noch sehen werden, bereitete er auch den Boden dafür, dass der Mensch sich selbst an die Stelle Gottes setzte.

Ideen entstehen nicht im luftleeren Raum. Wie C.S. Lewis es ausdrückt: „Wir alle sind, durchaus zu Recht, an die Vorstellung gewöhnt, dass das menschliche Denken in jedem Zeitalter zutiefst vom als gültig akzeptierten Weltmodell geprägt ist. Aber das ist keine Einbahnstraße: Umgekehrt wird auch das Weltmodell von der vorherrschenden Stimmung des Denkens beeinflusst."[15] Der Nominalismus entstand in einer ruhelosen Zivilisation, in der die Menschen eifrig auf der Suche nach Veränderung waren. Das Mittelalter war geprägt von intensivem Glauben und tiefer Spiritualität, aber wie auch die Kunst und Dichtung des 14. Jahrhunderts erkennen lassen, begann die Menschheit ihren Blick vom Himmel ab- und der diesseitigen Welt zuzuwenden.

In der Nachfolge Ockhams begannen die sogenannten *Naturphilosophen* – Denker, die die Natur studierten, und somit die Vorläufer der modernen Naturwissenschaftler – damit, den metaphysischen Ballast abzuwerfen, der ihnen von Aristoteles und dessen mittelalterlichen Nachfolgern hinterlassen worden war. Sie stellten fest, dass man keine philosophische Theorie über das Wesen eines natürlichen Gegenstandes brauchte, um diesen empirisch zu untersuchen und Schlüsse daraus zu ziehen.

Gleichzeitig trat in der Welt der Kunst und Literatur ein neuer Schwerpunkt auf Naturalismus und Individualismus hervor. Die alte Welt mit ihren metaphysischen Gewissheiten, ihren formalen Hierarchien und ihrem Fokus auf Spiritualität konnte die Vorstellungskraft des abendländischen Menschen nicht länger im Zaum halten. Die Kunst wurde weniger symbolisch, weniger idealisierend, konzentrierte sich weniger auf religiöse Themen und wandte sich verstärkt dem menschlichen Leben zu.

Das mittelalterliche Weltmodell erzitterte unter philosophischen Attacken, aber es wurde auch von grauenhaften Ereignissen von außerhalb der Welt der Künste und Ideen bis auf den Grund erschüttert. Krieg – besonders der Hundertjährige Krieg zwischen Frankreich und England – verwüstete das westliche Europa, das im 14. Jahrhundert obendrein von einer katastrophalen Hungersnot heimgesucht wurde. Am schlimmsten war aber der Schwarze Tod – eine Seuche, die zwischen einem Drittel und der Hälfte der europäischen Bevölkerung dahinraffte, ehe sie sich wie ein Buschfeuer selbst verzehrte. Wohl wenige Zivilisationen könnten solchen traumatischen Erschütterungen standhalten, ohne dass es zu gewaltigen Umbrüchen käme.

All dies trug zum Zusammenbruch des mittelalterlichen Weltmodells bei. Der metaphysische Realismus war besiegt worden. Was nun hervortrat, war ein neuer Individualismus, eine Diesseitigkeit, die die historische Epoche einläutete, die man Renaissance nennt. Die Niederlage des metaphysischen Realismus ebnete einer neuen, dynamischen Phase der abendländischen Geschichte den Weg – und diese sollte in einer religiösen Revolution gipfeln.

Renaissance und Reformation

Renaissance ist ein französisches Wort, das „Wiedergeburt" bedeutet. Der Begriff bezieht sich auf die kulturelle Blüte, die mit der Wiederentdeckung der griechischen und römischen Wurzeln der westlichen Zivilisation einherging. Es ist wichtig zu betonen, dass diese Epochenbezeichnung für die Phase des Übergangs vom Mittelalter zur Neuzeit erst im 19. Jahrhundert aufkam. Der Begriff ist aufgeladen mit der säkular-progressiven Überzeugung, das religiös geprägte Mittelalter sei eine Zeit intellektueller und künstlerischer Unfruchtbarkeit gewesen – eine abstruse, aber einflussreiche Einschätzung.

Gleichwohl markiert die Renaissance tatsächlich einen entscheidenden Wendepunkt in der europäischen Kultur, eine Verschiebung des Fokus von der Ehre Gottes hin zum Ruhm des Menschen. „Wir können werden, was wir wollen", sagte Pico della Mirandola (1463-94), der archetypische Philosoph der Renaissance. Dies war kein offener Akt satanischen Ungehorsams – tatsächlich äußerte Pico diesen berühmten Satz im Zusammenhang einer Warnung davor, Gottes Gabe des freien Willens zu missbrauchen –, aber diese Worte bringen den Optimismus der Renaissance hinsichtlich der menschlichen Natur und ihrer Möglichkeiten exemplarisch auf den Punkt.

Was war es, das in der Renaissance *wiedergeboren* wurde? Der klassische Geist des antiken Griechenlands und Roms, der durch den Zusammenbruch des weströmischen Imperiums im 5. Jahrhundert und den nachfolgenden Anbruch des christlichen Mittelalters verdunkelt worden war. Während das späte Mittelalter sich mit der Wiederentdeckung der Werke griechischer Philosophen befasste, nahmen italienische Gelehrte des 14. Jahrhunderts eine Vorreiterrolle bei der Neuentdeckung antiker Dichtung und Geschichtsschreibung ein. „Der Mensch ist das Maß aller Dinge“, sagte der antike griechische Philosoph Protagoras, und dieser Satz beschreibt auch den Geist des neuen Zeitalters, das nun in Europa anbrach.

Der Renaissance-Humanismus begann die Welt im Licht der Erkenntnisse der klassischen Antike zu betrachten und legte einen Schwerpunkt auf das Studium von Poetik, Rhetorik und anderen Disziplinen, die heute zu den Geisteswissenschaften gerechnet werden. Die humanistische Kultur war weit weniger eng auf den Glauben fokussiert als die vorangegangene mittelalterliche, aber sie war dennoch keineswegs antichristlich. Die Renaissance bereicherte das abendländische Christentum mit einem verstärkten Interesse am Individuum, an der Freiheit und der Würde des Menschen in seiner Eigenschaft als Ebenbild Gottes.

Das mittelalterliche Christentum konzentrierte sich auf das Gefallensein des Menschen, das humanistische Christentum der Renaissance nahm sein *Potential* in den Blick. Der christliche Humanismus war weit individualistischer als alles Vorherige und strebte danach, das klassische Modell des Helden, des tugendhaften Menschen, christlich zu interpretieren. Die Scholastik betonte Vernunft und Verstand als Wege zur Erkenntnis Gottes; der christliche Humanismus konzentrierte sich auf den *Willen*.

Dabei bestand die Gefahr, dass die christlichen Humanisten sich allzu sehr in das Potential des Menschen, in seine Fähigkeit zur Selbsterschaffung verliebten und dabei seine andauernde Neigung zur Sünde aus dem Blick verloren. Die italienischen Humanisten waren besonders anfällig für diese

Versuchung. Es gefiel ihnen nur zu gut, Sack und Asche des mittelalterlichen Asketismus abzulegen und sich an der Pracht und Vitalität des sinnlichen Lebens zu ergötzen. Für die Humanisten des nördlichen Europa galt dies weniger: Diese waren bescheidener in ihrer Frömmigkeit und zurückhaltender in ihrem Optimismus hinsichtlich der menschlichen Natur. Sie fühlten sich stärker zur Heiligen Schrift hingezogen als zur Philosophie, und ihr Hauptinteresse galt einer Reform der Kirche im Sinne einer strengeren Moral und einer demokratischeren Gestaltung des religiösen Lebens. Sie betrachteten die Sinnenfreude, die das Leben Europas – besonders innerhalb der Kirche – ergriffen hatte, mit Skepsis, ja sogar mit Verachtung.

Das Rom der Renaissance war eine Kloake des Lasters, und die Korruption erstreckte sich weit über den päpstlichen Hof und die Mauern des Vatikans hinaus. Viele Bischöfe waren berüchtigt für ihre weltliche Gesinnung, und trunksüchtige, unwissende, dem Evangelium gleichgültig gegenüberstehende Pfarrer erregten den Zorn und die Verachtung ihrer Gemeinden. In dem Maße, wie die spirituelle und moralische Autorität der Kirche ausblutete, schwoll der Ruf nach Veränderung an. Aber die Päpste der Renaissance, gefangen in ihrer eigenen Gier und Prunksucht, verschlossen ihre Ohren. Sie glaubten, das, was sie hatten, würde für immer andauern.

Es blieb einem Augustinermönch namens Martin Luther vorbehalten, ihre Illusionen zu zerschlagen – und zugleich auch die religiöse Einheit des Westens. Die Reformation – wie die von Luther angestoßene Umwälzung genannt wurde – war nicht die erste Protestbewegung gegen die Korruption in der katholischen Kirche, aber es war die erste, die die Axt an die theologischen und ekklesiologischen Wurzeln des römischen Katholizismus selbst anlegte.

Luther baute seine Revolution nicht allein auf Protesten gegen die Korruption in der Kirche auf, sondern auch auf theologischen und philosophischen Entwicklungen, die innerhalb der lateinischen Christenheit bereits im Gange waren. Im Jahr 1517 publizierte er seine „95 Thesen", mit denen er den Verkauf von Ablässen angriff – eine spezielle Ausprägung des katholischen Bußsystems, die es den Lebenden erlaubte, Erleichterungen für verstorbene Verwandte zu erwerben, von denen sie glaubten, dass sie im Fegefeuer litten.

Im Grunde richtete Luther sein beachtliches rhetorisches Geschütz auf die gesamte Architektur der von der römischen Kirche vertretenen Definition von Sünde, Vergebung und kirchlicher Autorität. Im Jahr 1520 wurde Luther vom Vatikan exkommuniziert, weil er sich weigerte, seine Überzeugung zu widerrufen, dass die Heilige Schrift allein – und nicht die Heilige Schrift in ihrer verbindlichen Auslegung durch das Lehramt der römischen Kirche – die Quelle christlicher Wahrheit sei. Dies war die Geburt der protestantischen Reformation.

Wenngleich es ein hohes Maß an lokaler Diversität quer durch Europa gab, war die Treue zur Institution der Römisch-Katholischen Kirche und ihrer Autorität, objektive religiöse Wahrheiten zu verkünden, ein einigendes Prinzip gewesen. Diese Einheit wurde durch die Reformation zerstört – und im Zuge dessen wurden zahlreiche Symbole, Rituale und Vorstellungen hinweggefegt, die das innere Leben der Christen geprägt hatten. Die Christen der Reformationszeit – die Protestanten – sollten sich nicht mehr vor Dingen beugen, die die Reformatoren als Aberglaube und Götzendienst ansahen. Die Heilige Schrift war ihre einzige Autorität in Glaubensfragen.

Dies warf unvermeidlicherweise die Frage auf: Wessen Auslegung der Schrift? Keiner der Reformatoren befürwortete eine private Schriftauslegung, aber es fehlte ihnen an einem überzeugenden Instrumentarium, um festzulegen, wessen Interpretation die richtige war. So stellten die Reformatoren bald fest, dass das Abschütteln der Autorität Roms *ein* Problem gelöst, gleichzeitig aber ein anderes geschaffen hatte. Wie der Historiker Brad Gregory es formuliert: „Weil Christen sich uneinig darüber waren, was sie zu glauben und zu tun hatten, waren sie sich auch uneinig darüber, worin die Früchte eines christlichen Lebens überhaupt bestanden."[16] Und so ist es bis heute.

Da Religion untrennbar von Politik und Religion war, mündeten die Reformation und die katholische Gegenreformation rasch in eine Reihe grausamer Kriege, die Europa in Fetzen rissen. Zwar muss man zugestehen, dass die Religionskriege ebenso sehr politisch, sozial und ökonomisch wie religiös motiviert waren; aber die religiöse Begründung dieser Kriege veranlasste desillusionierte europäische Intellektuelle dazu, nach Wegen zu suchen, wie man trotz des Schismas zwischen Rom und den Reformatoren friedlich zusammenleben könnte.

Die Morgenröte der Aufklärung

Der Aufschwung der Naturwissenschaften schien indirekt einen Ausweg aufzuzeigen.

Noch während die Religionskriege wüteten, machte die naturwissenschaftliche Forschung rapide Fortschritte. Als

„naturwissenschaftliche Revolution" wird eine rund zweihundertjährige Zeitspanne bezeichnet, die mit Kopernikus (1473-1543) begann, der aufzeigte, dass die Erde nicht das unbewegliche Zentrum der Schöpfung ist, und mit Newton (1642-1727) endete, dessen bahnbrechende Entdeckungen die Grundlagen für die moderne Physik legten. Diese Ära stürzte den aristotelisch-christlichen Kosmos um, der ein hierarchisch geordnetes Modell der Realität gewesen war, in dem alle Dinge organisch durch ihre Beziehung zu Gott existierten, und ersetzte ihn durch ein mechanisches, von Naturgesetzen gelenktes Universum, das nicht notwendigerweise einer transzendenten Fundierung bedurfte.

Die meisten führenden Köpfe dieser naturwissenschaftlichen Revolution waren bekennende Christen, aber die Basis dieser Umwälzung lag ohne Zweifel im Nominalismus. Wenn die materielle Welt als etwas in sich Eigenständiges studiert und verstanden werden kann, ohne Bezugnahme auf Gott, dann kann auch die Wissenschaft eigenständig existieren, ohne theologische Auseinandersetzung.

Dieser praxisorientierte Ansatz erlaubte es der Wissenschaft, sich ungehindert von metaphysischen oder theologischen Voraussetzungen zu entfalten. Die Naturwissenschaften konzentrierten sich auf nachweisbare Fakten der materiellen Welt und entwickelten eine empirische Methode zur Überprüfung von Hypothesen, um ihre Annahmen zu beweisen oder zu widerlegen.

Und die Naturwissenschaft *funktionierte*, in einem ganz praktischen Sinne. Von Sir Francis Bacon, einem bedeutenden Philosophen der späten Renaissance und Begründer der modernen wissenschaftlichen Methodik, stammt die berühmte Aussage, wissenschaftliche Erkenntnisse sollten „zur Erleichterung des menschlichen Standes" angewandt werden – das heißt, sie sollten dazu dienen, das Leben der Menschen zu verbessern, indem sie Schmerz, Leiden und Armut lindern. Dies war ein Wendepunkt der Ideengeschichte. Die natürliche Welt galt fortan nicht mehr als etwas, das als eine Art symbolisches Abbild des Göttlichen zu betrachten wäre, sondern als etwas, das der Mensch in seinem eigenen Interesse zu durchdringen und zu beeinflussen habe. So trug der Aufschwung der Naturwissenschaften dazu bei, den Abstand zwischen Gott und Schöpfung in der Wahrnehmung der Menschen zu vergrößern.

Die „naturwissenschaftliche Revolution" erreichte ihren Höhepunkt im Leben und Werk Sir Isaac Newtons, eines Physikers, Mathematikers und unorthodoxen Christen, der ein neues Modell des Universums entwarf, das dessen physikalische Funktionsweise auf rein mechanische Weise erklärte. Sicherlich glaubte Newton daran, dass die Bewegungsgesetze, die er entdeckt hatte, von Gott geschaffen worden seien. Aber im Gegensatz zum Gott der traditionellen christlichen Metaphysik war Newtons Gott lediglich so etwas wie ein göttlicher Uhrmacher, der ein Räderwerk konstruierte, aufzog und dann ablaufen ließ, ohne weiter in dessen Funktionen einzugreifen.

Der explosionsartige Fortschritt der Naturwissenschaft revolutionierte die westliche Epistemologie – die Lehre davon, wie wir wissen, was wir wissen. Der aristotelische Wissenschaftsbegriff, der das Mittelalter dominiert hatte, fußte auf metaphysischen Konzepten über die essentielle Natur der Dinge. Die neue Wissenschaft warf den metaphysischen Ballast über Bord und zog ihre Schlussfolgerungen allein auf der

Basis empirischer Beobachtungen. Der Philosoph und Mathematiker René Descartes (1596-1650) veränderte die Herangehensweise an die epistemologische Frage noch weiter. Während Bacon gelehrt hatte, Modelle durch Schlussfolgerungen aus empirischen Beobachtungen zu entwickeln, wählte Descartes einen im strengeren Sinne rationalistischen Ansatz.

Descartes lehrte, die beste Methode der Erkenntnis bestehe darin, zunächst nur das als wahr anzunehmen, worüber es keinen Zweifel gebe. Man solle nichts auf der Basis von Autorität als wahr anerkennen und sogar den eigenen Sinneswahrnehmungen misstrauen. Wahr sei nur das, dessen man sich absolut sicher sein könne. Und das erste Prinzip dieser Methode lautet: „Ich denke, also bin ich".

Das heißt: Das einzige, was zweifelsfrei feststeht, ist die eigene Existenz. Alles weitere Denken baut auf dieser Grundlage auf, meinte Descartes – der damit das autonom denkende Individuum zum Maßstab der Wahrheit erhob. Dabei war Descartes zwar Rationalist, aber kein moralischer Relativist; tatsächlich sah er sich selbst als gläubigen Katholiken, dem daran gelegen war, Wissenschaft und Glauben miteinander zu versöhnen.

Was Descartes tat und wodurch er zum Vater der modernen Philosophie wurde, war, das mittelalterliche Konzept von Erkenntnis geradewegs auf den Kopf zu stellen. Für die Scholastiker war die Wirklichkeit eine objektive Gegebenheit, und den Menschen kam zunächst einmal die Aufgabe zu, die metaphysische Natur der Wirklichkeit einzusehen. Erst dann konnten Menschen damit beginnen, sich Kenntnisse über die Welt und alle Dinge in ihr anzueignen. Im Gegensatz dazu begann bei Descartes alles Forschen mit einem radikalen Subjektivismus: mit der Erklärung, das erste Prinzip der Erkenntnis sei es, dass das denkende Individuum sich seiner selbst bewusst sei.

Die Philosophie Descartes' ebnete einem weltverändernden Projekt den Weg, das von seinen Propagandisten „Aufklärung" getauft wurde – in gezielter Abgrenzung zu der angeblich düsteren Epoche, in der die offenbarte Religion das westliche Denken fest in ihrem erstickenden Griff hatte. Im Kern war die Aufklärung der Versuch europäischer Intellektueller, eine von der Religion unabhängige gemeinsame Basis dafür zu finden, wie moralische Wahrheit zu definieren sei. Der Fortschritt der Naturwissenschaften veranlasste Moralphilosophen, der Frage nachzugehen, inwieweit die neutrale Vernunft, die sich im naturwissenschaftlichen Bereich als so erfolgreich erwies, auch dazu geeignet sein mochte, dem Westen einen Weg des des konfessionsübergreifenden Miteinanders aufzuzeigen.

Die Philosophen der Aufklärung strebten nach einer neuen, allein auf Vernunft begründeten und von der Vergangenheit abgelösten Fundierung des sozialen und politischen Lebens. Sie versuchten eine säkulare Moral zu etablieren, die jeder vernunftbegabte Mensch einsehen und ihr zustimmen könne, und sie waren überzeugt, dass das möglich sei. Außerdem befürworteten sie Wissenschaft und Technologie als Mittel dazu, die Natur dem menschlichen Willen zu unterwerfen, und sie priesen die Entscheidungsfreiheit des Individuums.

In unserem Zusammenhang ist die Aufklärung deshalb so bedeutsam, weil sie den entscheidenden Bruch mit dem christlichen Erbe des Westens markiert. Gott, sofern überhaupt von Ihm die Rede war, war nicht mehr der Gott Abrahams, Isaaks und Jakobs, sondern die unbestimmte Gottheit des Deismus. Der Deismus war ein rationalistisches Konstrukt, das in der Epoche der Aufklärung aufkam und Gott als einen kosmischen Architekten betrachtete, der das Universum geschaffen habe, aber nicht mit ihm interagiere. Der Deismus verwirft die biblisch fundierte Religion und das Übernatürliche und gründet seine Prinzipien allein darauf, was sich mittels reiner Vernunft über Gott – das „höchste Wesen" – aussagen lässt.

Die meisten Gründerväter der Vereinigten Staaten waren entweder bekennende Deisten – wie etwa Benjamin Franklin, der zugleich auch Freimaurer war – oder zumindest stark vom Deismus beeinflusst wie etwa Thomas Jefferson. Der Deismus war ein mächtiger Faktor im intellektuellen Leben Amerikas im 18. Jahrhundert. John Locke, ein englischer politischer Philosoph, dessen Lehren erheblichen Einfluss auf die Gründung der USA ausübten, war im strengen Sinne kein Deist – sein Glaube an die Möglichkeit von Wundern stand im Widerspruch zur deistischen Vorstellung eines „Uhrmachergottes" –, aber seine Philosophie wies ein hohes Maß an Übereinstimmung mit deistischen Prinzipien auf.

Locke nahm an, das autonome Individuum, das als unbeschriebenes Blatt, ohne eine ihm angeborene Natur, auf die Welt komme, sei die Grundeinheit der Gesellschaft. Der Daseinszweck einer Regierung ist es nach Lockes Auffassung nicht, nach Tugend zu streben, sondern eine soziale Ordnung herzustellen und aufrechtzuerhalten, die es dem Individuum ermöglicht, seinen Willen im Rahmen der Vernunft auszuüben. Die Regierung ist dazu da, das Recht des Individuums auf Leben, Freiheit und Eigentum zu gewährleisten. Die Autoren der Unabhängigkeitserklärung der Vereinigten Staaten von Amerika wandelten diese Formulierung ab zu „Leben, Freiheit und dem Streben nach Glück" – eine Wendung, die jedes amerikanische Schulkind als Bestandteil seines staatsbürgerlichen Katechismus lernt.

Die Verfassung der USA, ein zutiefst von der Philosophie Lockes geprägtes Dokument, privatisiert die Religion, indem sie sie vom Staat trennt. Jedes amerikanische Schulkind lernt, dies als einen Segen zu betrachten, und vermutlich *ist* es auch einer. Dennoch hatte diese Art der Trennung von sakraler und säkularer Sphäre tiefgreifende Auswirkungen auf die Ausformung des religiösen Bewusstseins der Amerikaner.

Bei allem Guten, das der Grundsatz religiöser Toleranz einem jungen Land bescherte, dessen Bevölkerung aus vielfältigen und miteinander zerstrittenen protestantischen Sekten und einer katholischen Minderheit bestand, legte diese Toleranz zugleich auch das Fundament für einen Ausschluss der Religion aus dem öffentlichen Raum, indem sie diese zu einer Frage privater, individueller Wahl erklärte. In der amerikanischen Gesellschaftsordnung kommt dem Staat lediglich die Rolle des Schiedsrichters zwischen Individuen und Interessengruppen zu. Die Regierung hat keine eigene letztgültige Vorstellung davon, was das Gute sei, und sieht ihre Aufgabe als darauf beschränkt an, die Rechte von Individuen zu schützen.

Wenn eine Gesellschaft durch und durch christlich geprägt ist, ist dies ein genialer Weg, den Frieden zu bewahren und allgemeines Wohlergehen zu ermöglichen. Doch von einem christlichen Standpunkt aus gesehen enthielt der Liberalismus der Aufklärung bereits die Samenkörner für den Niedergang des Christentums.

In einen Brief an Soldaten schrieb John Adams, einer der Gründerväter und ein praktizierender Unitarier, im Jahr 1798:

> „Wir haben keine Regierung, die mit einer Macht ausgestattet wäre, die es ihr ermöglichte, sich gegen menschliche Leidenschaften zu behaupten, wären diese nicht durch Moral und Religion gebändigt. Habgier, Ehrgeiz, Rachsucht oder Schmeichelei könnten die festesten Schnüre unserer Verfassung so mühelos zerreißen wie ein Wal ein Fischernetz. Unsere Verfassung ist ausschließlich für ein moralisches und religiöses Volk gedacht. Um ein anderes zu regieren, wäre sie vollkommen ungeeignet."[17]

Adams war sich darüber im Klaren, dass das Konzept von Freiheit unter der Verfassung nur dann wirklich aufgehen konnte, wenn die Menschen tugendhaft waren, das heißt: wenn sie ihre Leidenschaften zügelten und auf das Gute ausrichteten – was für Adams vermutlich gleichbedeutend mit den Lehren seiner rationalistischen Religion war. Infolge der ersten großen Welle der protestantischen Erweckungsbewegung um die Mitte des 18. Jahrhunderts war Amerika glücklicherweise ausgeprägt evangelikal, und die Bürger hatten ausgeprägte gemeinsame Vorstellungen vom Guten und ein gemeinsames Verständnis von Tugend. Unglücklicherweise sollte dies jedoch keinen Bestand haben.

Demokratie, Kapitalismus, Romantik: Das verhängnisvolle 19. Jahrhundert

Um die Mitte des 18. Jahrhunderts begann eine Epoche neuer technologischer Durchbrüche, die dem Menschen eine nie dagewesene Macht über die Natur gaben. Die Folge war ein explosionsartiges Wachstum von Warenproduktion und Handel, was wiederum einen revolutionären Wandel der Gesellschaftsstruktur nach sich zog. Die sozial stabile, auf Landwirtschaft und Handwerk basierende Lebensweise fand ihr Ende. Landarbeiter zogen massenhaft in die Städte und wurden Arbeiter in den neuen Fabriken. Die traditionellen sozialen Hierarchien von Familie und Dorf begannen sich aufzulösen.

Ebenso war es in der Politik. Die Amerikanische Revolution im Jahr 1776 stürzte die Monarchie und führte zur Etablierung einer konstitutionellen Republik. Die wesentlich blutigere Französische Revolution von 1789 war weit radikaler: Sie unternahm den Versuch einer nahezu totalitären Neugestaltung der französischen Gesellschaft im Namen des Republikanismus. Ihre Terrorherrschaft mündete in die Diktatur Napoleon Bonapartes, der die Ordnung wiederherstellte; doch die von der Revolution und ihren Idealen entfesselte Gewalt erschütterte Europa das ganze folgende Jahrhundert hindurch. Sie stürzte Monarchien und etablierte Ordnungen, indem sie die Ideale von Freiheit und Demokratie zur Zerschlagung alter, autoritärer Strukturen einsetzte.

Etwa um dieselbe Zeit begannen Künstler und Intellektuelle gegen den Vernunftbegriff der Aufklärung und gegen die Auswirkungen der industriellen Revolution aufzubegehren. Den Romantikern, wie sie sich nannten, waren viele Aspekte der neuen rationalistischen, mechanisierten Gesellschaft zuwider, aber zugleich hatten sie auch kein Interesse an einer Rückkehr zur alten christlichen Welt.[18] Sie verherrlichten Emotion, Individualität, die Natur und persönliche Freiheit.

Die Romantiker verfochten das Ideal des heroischen, schöpferischen Individuums, das die Enge der Gesellschaft verwirft und seinen Gefühlen und Intuitionen folgt. Sinn und Erlösung von der Hässlichkeit der modernen Gesellschaft suchten die Romantiker in Kunst, Natur und Kultur. Es war eine primitivistische Reaktion auf den kalten Rationalismus der vorangegangenen Epoche.

Der Philosoph Jean-Jacques Rousseau (1712-1778) gehörte zwar dem Zeitalter der Aufklärung an, wurde aber dennoch zum geistigen Vater der romantischen Bewegung. Rousseau vertrat die Auffassung, der Mensch werde von Natur aus gut geboren, jedoch von der Gesellschaft verdorben. Auf Rousseau geht die Auffassung zurück, je freier eine Gesellschaft sei, desto tugendhafter sei sie. Das Volk, insofern es den „allgemeinen Willen" *(volonté générale)* repräsentiert, hat immer Recht.

Alexis de Tocqueville, ein junger französischer Aristokrat, der in den Jahren 1831-32 Amerika bereiste, beobachtete Rousseaus egalitäre Ideale in ihrer praktischen Umsetzung. In seinem Werk *„Über die Demokratie in Amerika"*[19] kam Tocqueville zu dem Schluss, dass auch die Zukunft Europas in der Demokratie liege, stellte jedoch fest, dass sie mit ihrem Streben nach Gleichheit, das dazu tendierte, Normen vom Willen der Mehrheit abhängig zu machen, Gefahr laufe, eben jene Tugenden zu eliminieren, die die Selbstregierung erst ermöglichten. Demokratien könnten nur erfolgreich sein, wenn *vermittelnde Institutionen* – darunter die Kirchen – in ihnen gedeihen.

Die intellektuellen Eliten des 19. Jahrhunderts nahmen wahr, dass die Welt um sie herum rapide zerfiel. „Alle festen, eingerosteten Verhältnisse mit ihrem Gefolge von altehrwürdigen Vorstellungen und Anschauungen werden aufgelöst", heißt es im *Kommunistischen Manifest* von Marx und Engels (1848), das treffsicher die Zerstörung alter Gewissheiten durch die Industrielle Revolution diagnostiziert. Eine Generation nach der Veröffentlichung von Charles Darwins *„Über die Entstehung der Arten"* (1859) interpretierte der deutsche Philosoph Friedrich Nietzsche das Prinzip der natürlichen Auslese dahingehend, dass es keinen göttlichen Plan gebe, der die Entwicklung der Menschheit lenkt. Vielmehr sei der Gang dieser Entwicklung zufällig, einzig basierend auf dem Überleben des Stärkeren. Aufbauend auf Darwin entwarf Nietzsche eine Philosophie, die die Stärke und den Willen des Individuums rühmte.

„Gott ist tot, und wir haben ihn getötet", sagte Nietzsche und sprach damit eine ungeschminkte Wahrheit über den aufkommenden Atheismus des Westens aus. Matthew Arnold fing den Geist jener Zeit in den folgenden Versen seines Gedichts *„Der Strand von Dover"* (1867) ein:

Des Glaubens Meer
war einst auch voll, und an der Erde Rand
lag's wie die Falten eines hellen Kleids.
Jetzt aber hör ich nur
sein melancholisch schwindendes Gebraus,
das weicht, so wie der Hauch
des Nachtwinds längs des trostlos weiten Strands
über den nackten Kieseln dieser Welt.

Allen desillusionierten Künstlern, Philosophen und anderen Kulturproduzenten zum Trotz war das 19. Jahrhundert in England und Amerika eine Zeit großen religiösen Eifers. Das Viktorianische Zeitalter in England erstreckte sich von 1837 bis zur Jahrhundertwende und zeichnete sich durch ein kraftvolles, moralistisches und diszipliniertes populäres Christentum aus. Diese christliche Volksbewegung wies einen auffallend ausgeprägten Bürgersinn auf und legte Wert auf soziale Reformen. Ein solcher reformistischer Evangelikalismus verbreitete sich auch in den Vereinigten Staaten und löste dort die sogenannte „dritte große Erweckungsbewegung" aus, die protestantischen Kirchen ein enormes Wachstum bescherte und die Grundlagen für die spätere „*Social Gospel*"-Bewegung legte. Gleichzeitig spülte ein Anwachsen der Immigration aus Europa Hunderttausende Katholiken in Amerikas Großstädte.

Die eigentlich bedeutenden Veränderungen spielten sich jedoch in den Kreisen der kulturellen Eliten ab. Diese fuhren damit fort, alles abzuschütteln, was noch Ähnlichkeit mit dem traditionellen Christentum hatte. In Amerika betrieben diese Eliten im Zeitraum von etwa 1870 bis 1930 eine „säkulare Revolution", wie der Soziologe Christian Smith es nannte. Sie machten sich die Energien und die Erschütterungen der Industrialisierung zunutze, um die Gesellschaft nach im weitesten Sinne „progressiven" Vorstellungen umzugestalten.

Die Auswirkungen dieser progressiven Bewegung auf das religiöse Leben Amerikas waren gewaltig. Der lang andauernde Prozess der Liberalisierung der protestantischen Großkirchen begann damit, dass ihnen eine Begeisterung für soziale Reformen eingetränkt wurde, die persönliche Frömmigkeit und Evangelisation übertrumpfte oder gegen diese ausgespielt wurde. Progressive Kräfte verdrängten das religiöse Establishment des Protestantismus aus den Universitäten und anderen führenden kulturellen Institutionen. Religion wurde an den Rand des öffentlichen Lebens gedrängt und Wissenschaft als primäre Quelle der Werte der Gesellschaft und Wegweiser zum sozialen Wandel propagiert. Innerhalb des Christentums wurde das religiöse Konzept der menschlichen Person durch ein psychologisches Konzept ersetzt, das das Ich in den Mittelpunkt rückte. Und der politische Eifer der Progressiven für mehr Demokratie und Gleichheit drückte sich im Leben der Kirche dadurch aus, dass die Autorität des Klerus und der Heiligen Schrift ausgehöhlt wurde.

Das 20. Jahrhundert brach inmitten einer Welle des Optimismus bezüglich der Zukunft der westlichen Welt an. Es war eine Zeit der Hoffnung und des Vertrauens auf den Fortschritt. Dieser Traum fand ein katastrophales Ende, als 1914 der mörderischste Krieg ausbrach, den die Welt bis dahin erlebt hatte.

Der Triumph des Eros

Die Massenschlächterei des I. Weltkriegs, vier Jahre zermürbenden Kampfes, die das Leben von sieben Millionen Soldaten und Zivilisten auslöschten, zerschlug Europas Ideale und versetzte den Resten des Christentums einen tödlichen Schlag. Die Nachwirkungen des Krieges beschleunigten die Preisgabe traditioneller Quellen kultureller Autorität. Die Sexualmoral lockerte sich. Neue Kunst- und Literaturstile kamen auf, die einen bewussten und entschiedenen Bruch mit den in Verruf geratenen Werten der Vorkriegsgesellschaft vollzogen.

Die westliche Zivilisation war schon seit einiger Zeit auf dem Weg gewesen, sich vom Christentum abzuwenden, aber zumindest hatte sie noch ein Empfinden für Fortschritt und Bestimmung gehabt, das sie zusammenhielt und den Menschen Orientierung und Ordnung gab. Doch aller Fortschritt – wissenschaftlich, technisch, ökonomisch, politisch und sozial – hatte Europa nicht davor bewahrt, sich in ein riesiges Leichenhaus zu verwandeln.

Was nun folgte, war eine Zeit, in der der Westen nach den Worten des Soziologen Zygmunt Bauman von der „soliden Moderne“ – einer Phase, in der der gesellschaftliche Wandel noch einigermaßen vorhersehbar und beherrschbar war – zur „liquiden Moderne“ überging – unserem gegenwärtigen Zustand, in dem Veränderungen so rasch vor sich gehen, dass gesellschaftliche Institutionen keine Zeit haben, sich zu verfestigen.[20]

Sigmund Freud, der Begründer der Psychoanalyse, fand seine wahre Begabung nicht als Wissenschaftler, sondern als eine quasi-religiöse Gestalt, die das Ich als eine Gottheit erkannte und verkündete, die an die Stelle der christlichen Religion treten sollte. Dabei hing Freuds immense kulturelle Autorität aber gerade von seiner Rolle als Ikone der Wissenschaft ab. In den Kreisen der säkularisierten Eliten, die Freuds Ansichten mit Hilfe der Massenmedien eine weite Verbreitung verschafften, hatte Freuds Vision exakt *deshalb* die Qualität einer Offenbarung, weil die Eliten sie für wissenschaftlich hielten.

Für Freud war Religion nichts anderes als ein von Menschen gemachter Mechanismus, mit dem Leben zurechtzukommen und jene Instinkte zu kontrollieren, die, wenn ihnen freier Lauf gelassen würde, jegliche Zivilisation unmöglich machen würden. Der Mensch der westlichen Welt hatte Gott verloren, und damit auch das Empfinden dafür, dass es eine höhere Autorität gebe, die dem Leben seinen letztgültigen Sinn verleiht. Dennoch musste der Mensch weiterhin irgendwie sein Leben in den Griff bekommen.

Freuds Lösung für dieses Problem bestand darin, die Religion durch Psychologie zu ersetzen. Seiner therapeutischen Vision zufolge sollten wir die fruchtlose Suche nach einer nicht-existenten Quelle von Sinn einstellen und stattdessen Selbsterfüllung suchen. Das Streben nach Glück war keine Suche nach Einheit mit Gott und keine aufopferungsvolle Hingabe an ein Ziel, das größer ist als wir selbst, sondern vielmehr eine Suche nach Befriedigung des Selbst.

In der Vergangenheit hatte man die Antwort auf die Frage, was man mit seinem Leben anfangen sollte, außerhalb seiner selbst gesucht. Aber in der Moderne, mit dem Wissen, dass Religion und überhaupt alle Behauptungen transzendenter Werte bloß Illusionen seien, sollten wir in uns selbst nach dem Geheimnis unseres eigenen Wohlergehens forschen.

Die Psychologie verfolgte nicht unbedingt die Absicht, den Charakter des Menschen zu verändern, wie es die alten christlichen Therapien der Buße und Umkehr taten, die Schritte zur Übereinstimmung mit dem Willen Gottes sein sollten. Vielmehr zielte sie darauf ab, dem Menschen dazu zu verhelfen, sich wohl damit zu fühlen, so zu sein, wie er ist.

Der Soziologe Philip Rieff, der große Deuter Freuds, brachte diese Verschiebung im westlichen Bewusstsein wie folgt auf den Punkt: „Der *religiöse Mensch* war dazu geboren, erlöst zu werden. Der *psychologische Mensch* ist dazu geboren, befriedigt zu werden."[21]

Die 1960er waren das Jahrzehnt, in dem der psychologische Mensch voll und ganz zu seinem Recht kam. In diesem Jahrzehnt wurde die Freiheit des Individuums, der Erfüllung seiner eigenen Begierden nachzujagen, zu unserem kulturellen Leitstern, und in der Folge begann der rapide Abfall der Moral Amerikas von ihrem christlichen Ideal. Trotz eines konservativen *Backlashs* in den 1980ern hat der psychologische Mensch auf ganzer Linie gesiegt und beherrscht nun unsere Kultur – einschließlich der meisten Kirchen – so sicher, wie einst die Ostgoten, Westgoten, Vandalen und andere Erobervölker die Überreste des Weströmischen Imperiums beherrschten.

Im Jahr 1966, am Beginn dieses neuen Zeitalters, veröffentlichte Rieff eine Studie mit dem Titel *„The Triumph of the Therapeutic: Uses of Faith After Freud"* („Der Triumph des Therapeutischen: Der Gebrauch des Glaubens nach Freud"), ein Buch, dessen Voraussicht noch heute Staunen erregt. Rieff, selbst kein gläubiger Mensch, stellte darin die These auf, dass der Westen inmitten eines nie dagewesenen Ausmaßes von Freiheit und Wohlstand eine tiefgreifende kulturelle Revolution durchmache. Der Westen sei nicht atheistisch geworden, sondern habe das Begehren spiritualisiert und sich einem säkularen „Evangelium der Selbsterfüllung" verschrieben.

Den meisten Menschen war bewusst, dass die westliche Kultur sich seit der Aufklärung allmählich vom Christentum entfernt hatte, aber Rieff behauptete, dieser Prozess sei viel weiter fortgeschritten, als die meisten Menschen erkannten.

Rieffs Kulturtheorie besagt, eine Kultur definiere sich dadurch, was sie verbiete. Jede Kultur habe ihre eigene „Therapieordnung", ein System, das die Angehörigen dieser Kultur lehre, was innerhalb ihrer Regeln erlaubt ist, und ihnen geregelte Möglichkeiten eröffnet, den Druck des Lebens unter den Gesetzen der Gemeinschaft abzulassen, die traditionellerweise in einer Religion verwurzelt sind. Zudem, so Rieff, dürfe der Asketismus in einer Kultur – also das Ideal der Selbstverleugnung – kein Selbstzweck sein, denn das würde die Kultur zerstören. Vielmehr müsse es ein „positiver Asketismus" sein, der die individuelle Verneinung persönlicher Begierden mit dem Erreichen eines höheren, positiven, lebensbejahenden Ziels verknüpft.

Das für die Überlebensfähigkeit einer Kultur entscheidendste Element, schrieb Rieff, sei „die Macht ihrer Institutionen, die Menschen im Betreiben ihrer Angelegenheiten zu binden und zu lösen, und dies mit einer Begründung, die sich so tief in das Ich einprägt, dass sie allgemein und vorbehaltlos akzeptiert wird." Eine Kultur beginnt abzusterben, fuhr er fort, „wenn ihre normsetzenden Institutionen es nicht mehr schaffen, Ideale auf eine innerlich überzeugende Weise zu kommunizieren, vor allem gegenüber den kulturellen Eliten selbst."

Mit anderen Worten, die jüdisch-christliche Kultur des Westens starb dahin, weil sie im Tiefsten nicht mehr an die geheiligte Ordnung des Christentums mit ihren „Du sollst nicht"-Geboten glaubte, aber auch über keine anderen Mittel verfügte, sich auf solche „Du sollst nicht"-Gebote zu einigen, wie sie jede Kultur benötigt, um die individuellen Leidenschaften unter Kontrolle zu halten und auf gesellschaftlich nützliche Ziele auszurichten. Das Revolutionäre unserer Situation, so Rieff, lag darin, dass der Westen erstmals in der Geschichte der Menschheit den Versuch unternahm, eine Kultur auf der *Abwesenheit* des Glaubens an eine höhere, unseren Gehorsam einfordernde Ordnung aufzubauen. Anders ausgedrückt: Der Westen war dabei, eine „Anti-Kultur" aufzubauen, die die Grundlagen für eine stabile Kultur verunmöglichte.

Das heißt: Statt uns zu lehren, worauf wir verzichten müssen, um zivilisiert zu sein, haben wir eine Kultur auf dem Kult der Begierde aufgebaut, die uns erzählt, wir würden unseren Sinn und unser Ziel darin finden, uns als selbstbestimmte, frei wählende Individuen von alten Verboten zu befreien.

„In der modernen Gesellschaft muss der Eros auf die Stufe eines religiösen Kultes erhoben werden, nicht weil wir tatsächlich so besessen davon wären, sondern weil der Mythos der Freiheit es verlangt", sagt der politische Philosoph Stephen L. Gardner. „Das moderne Individuum glaubt, in fleischlicher Begierde den höchsten Ausdruck seiner ‚Individualität' zu finden. Der Körper muss zum wahren ‚Subjekt' des Begehrens werden, weil das Individuum der Urheber seines eigenen Begehrens sein muss."[22]

Das romantische Ideal des sich selbst erschaffenden Menschen findet seine Erfüllung in der neuesten Avantgarde der sexuellen Revolution: dem Phänomen *Transgender*. Personen, die sich als *transgender* verstehen, lehnen es ab, sich durch biologische Fakten definieren zu lassen, und haben dabei eine elitäre Bewegung hinter sich, die die neuen Generationen lehrt, *Gender* sei einzig das, was das Individuum sein zu wollen entscheidet. Das Aufkommen der Antibabypille in den 1960ern ermöglichte es dem Menschen, die Eroberung und Unterwerfung der Natur unter seinen Willen auf den menschlichen Körper selbst auszudehnen. *Transgender* ist der logische nächste Schritt, und der Abbau jeglicher Beschränkungen rechtlicher oder sittlicher Art gegenüber frei gewählten polygamen Beziehungen wird folgen.

Sicherlich wird die Ausweitung der sexuellen Revolution ihren Preis haben. Das haben wir in ihrer ersten Phase gesehen. In den 1970er, dem sogenannten „Ich-Jahrzehnt", breiteten sich die Errungenschaften der 1960er über ganz Amerika aus. Die Scheidungsrate, die in den 1960ern signifikant gestiegen war, explodierte in den 1970ern. Abtreibungen schossen in die Höhe. Aber es gab keinen Weg zurück. Die neue Ordnung fand ihre verfassungsrechtliche Bestätigung im Urteil des Obersten Gerichtshofs der Vereinigten Staaten im Fall *Planned Parenthood vs. Casey* aus dem Jahr 1992, mit dem das „Recht auf Abtreibung" bekräftigt wurde. Die von Richter Anthony Kennedy verfasste Urteilsbegründung macht – sicherlich unbeabsichtigt – deutlich, in welchem Maße die sexuelle Revolution auf einem radikalen und sogar nihilistischen Freiheitsbegriff basiert:

> „Es gehört zum innersten Kern der Freiheit, das Recht zu haben, seine eigenen Auffassungen über die Existenz, den Sinn, das Universum und das Geheimnis des menschlichen Lebens zu definieren."

Hier ist der Endpunkt der Moderne erreicht: Das autonome, frei wählende Individuum, das allein in sich selbst Sinn findet.

Der Philosoph Charles Taylor beschreibt die kulturelle Geisteshaltung, die uns alle eingefangen hat, wie folgt:

> „Jeder habe das Recht, seine eigene Lebensweise zu gestalten und sich dabei auf sein eigenes Gefühl für das wirklich Wichtige oder Wertvolle zu stützen. Man sei aufgefordert, sich selbst treu zu bleiben und nach Selbstverwirklichung zu streben. Worin diese Selbstverwirklichung besteht, müsse jeder einzelne in letzter Instanz eigenständig herausbekommen. Kein anderer könne oder solle Vorschriften über den Inhalt der Selbstverwirklichung machen."[23]

Natürlich gibt es zu allen Zeiten moralisch laxe Menschen und solche, die Idealen und höheren Zielen abschwören, um stattdessen den Begierden ihres Herzens nachzujagen. Tatsächlich ist jeder von uns Christen zuweilen so. Man nennt das Sünde. Was unsere Zeit von anderen Zeiten unterscheidet, ist laut Taylor, dass sich heute „viele Menschen dazu *aufgefordert* fühlen, daß sie meinen, sie müßten so handeln, und daß sie spüren, ihr Leben wäre irgendwie vergeudet oder unerfüllt, wenn sie nicht so verfahren würden"[24].

Was ist dieses „so"? Dem eigenen Herzen zu folgen, egal was die Gesellschaft, die Kirche oder sonst jemand sagt. Diese Art zu denken ist verheerend für jede Form sozialer Stabilität, aber für die Kirche gilt das ganz besonders. Die Kirche, als eine Gemeinschaft, die ihre Mitglieder autoritativ lehrt und diszipliniert, kann eine Revolution, die jedes Individuum in letzter Konsequenz zu seinem eigenen Papst macht, nicht aushalten. Kirchen – gleich welcher Konfession –, die nichts anderes sind als lockere Vereinigungen von Individuen, die danach streben, ihre jeweilige individuelle „Wahrheit" zu finden, hören auf, in irgendeinem sinnvollen Verständnis *Kirche* zu sein – denn es gibt in ihnen keinen gemeinsamen Glauben mehr.

In diesem Sinne mögen Christen heutzutage meinen, sie stünden in Opposition zur säkularen Kultur, aber in Wahrheit sind wir ebenso Geschöpfe unserer Zeit wie die säkularen Leute auch. In diesem Sinne schreibt Charles Taylor, die „gesamte ethische Einstellung des modernen Menschen setze den Tod Gottes (und natürlich auch den Untergang des sinntragenden Kosmos) voraus und sei eine Folgeerscheinung jenes Todes"[25]. Wir mögen bestreiten, dass Gott tot sei, aber wenn man den religiösen Individualismus und seinen theologischen Überbau, den Moralistisch-Therapeutischen Deismus, akzeptiert, dann läuft das auf das Bekenntnis hinaus, Gott sei vielleicht noch nicht ganz tot, aber in Hospizpflege und ans Bett gefesselt.

*

Schauen wir noch einmal zurück auf den zeitlichen Ablauf der Ereignisse, die dazu geführt haben, dass der Westen in einem so unwirtlichen Ödland der Vereinzelung, Zerrissenheit und des Unglaubens angelangt ist.

14. Jahrhundert: Die Niederlage des metaphysischen Realismus in der Auseinandersetzung mit dem Nominalismus zerbrach die Achse, die die transzendente und die materielle Welt miteinander verband. Dem Nominalismus zufolge haben Gegenstände und Handlungen in der materiellen Welt keinen anderen Sinn als den, der ihnen zugeschrieben wird. Krieg und Pest brachten das mittelalterliche System zum Einsturz.

15. Jahrhundert: Mit der Renaissance brach eine neue, optimistischere Sicht auf das Potential des Menschen an, die den Blick und die gesellschaftliche Vorstellungskraft des Westens von Gott auf den Menschen verlagerte, der nun als „Maß aller Dinge" betrachtet wurde.

16. Jahrhundert: Die Reformation zerstörte die religiöse Einheit Europas. In protestantischen Ländern resultierte sie in einer unlösbaren Krise der religiösen Autorität, die im Laufe der Jahrhunderte fortwährend neue Spaltungen nach sich zog.

17. Jahrhundert: Die Religionskriege bewirkten eine weitere Schwächung des Ansehens der Religion und begünstigten die Entstehung des modernen Nationalstaats. Der Aufschwung der Naturwissenschaften versetzte dem organischen mittelalterlichen Modell des Kosmos den endgültigen Todesstoß und ersetzte es mit der Vorstellung vom Universum als Maschine. Die von Descartes vertretene Aufspaltung von Körper und Geist unterwarf auch den Körper dieser mechanistischen Vorstellung. Der Mensch wurde von der natürlichen Welt entfremdet.

18. Jahrhundert: Die Aufklärung unternahm den Versuch der Schaffung eines philosophischen Bezugssystems, das das gesellschaftliche Leben unabhängig von Religion regeln sollte. Vernunft wurde zum Leitstern des öffentlichen Lebens erhoben und Religion – als vermeintliche Last und Relikt des finsteren Mittelalters – in den privaten Bereich verdrängt. Die Französische und die Amerikanische Revolution brachen mit alten Regierungsformen und deren Hierarchien und läuteten ein von Demokratie und Gleichheit geprägtes Zeitalter ein.

19. Jahrhundert: Der Erfolg der Industriellen Revolution zerstörte die agrarische Lebensweise, entwurzelte die Volksmassen aus dem ländlichen Lebensraum und trieb sie in die Großstädte. Beziehungen zwischen Menschen wurden zunehmend von Geld bestimmt. Die romantische Bewegung rebellierte im Namen von Individualismus und Leidenschaft gegen diese Entfremdung. Atheismus und marxistisch inspirierte progressive Sozialreform-Konzepte verbreiteten sich in den Kreisen der kulturellen Eliten.

20. Jahrhundert: Die Schrecken zweier Weltkriege erschütterten den Glauben an die Götter der Vernunft und des Fortschritts ebenso massiv wie den Glauben an den Gott des Christentums. Mit dem Aufschwung der Technologie und der Massenkonsumgesellschaft wandten die Menschen ihr Interesse zunehmend sich selbst und der Erfüllung ihrer individuellen Begierden zu. Die sexuelle Revolution erhob das Individuum und seine Begierden zum Zentrum einer neu anbrechenden Gesellschaftsordnung, die ein entkräftetes Christentum ebenso entthronte, wie die Ostgoten im 5. Jahrhundert den glücklosen letzten Kaiser des Weströmischen Imperiums abgesetzt hatten.

Die lange Reise, die in einer mit Leiden belasteten, aber auch mit Sinn erfüllten mittelalterlichen Welt begonnen hat, hat uns an einen Ort einst unvorstellbarer Annehmlichkeiten geführt, dem es aber zugleich an Bedeutung und Zusammenhang mangelt. Der Westen hat den goldenen Faden verloren, der uns mit Gott, der Schöpfung und einander verknüpft. Wenn wir ihn nicht wiederfinden, gibt es keine Chance, den Prozess unserer Auflösung aufzuhalten. Ja, es ist sogar wahrscheinlich, dass der Westen diese Rettungsleine für eine lange Zeit nicht einmal sehen wird. Er sucht nicht nach ihr und hat vielleicht sogar die Fähigkeit verloren, sie zu erkennen. Wir wurden losgebunden, und nun wissen wir nicht, wie wir uns wieder festbinden können.

„Wenn du eine Kerze anzündest, musst du mit dem Schatten rechnen", formuliert die Schriftstellerin Ursula K. Le Guin.[26] Der Schatten des gescheiterten Versuchs der Aufklärung, Gott durch die Vernunft zu ersetzen, hat den Westen in Finsternis gehüllt und uns in ein neues dunkles Zeitalter gestürzt. Es gibt keinen anderen Ausweg als den, zu der wahren Morgenröte vorzustoßen. Wir, die wir den goldenen Faden zumindest noch lose in der Hand halten, müssen ihn fester ergreifen und uns im Interesse künftiger Generationen an ihn klammern, sonst wird er uns aus der Hand gerissen.

Christen wissen, dass es ein Licht gibt, das die Finsternis niemals einschließen oder bezwingen kann, und das ist das Licht, zu dem wir zurückkehren müssen, wenn wir diese Zeit der Drangsal überstehen wollen. Dieses Licht ist Jesus Christus, und dieses Licht erleuchtete die Klöster des Mittelalters und alle, die sich um sie herum versammelten.

Die Benediktiner hatten keine Geheimlehre. Was sie hatten, haben sie noch heute: die Ordensregel des Hl. Benedikt, die zeigt, wie man sein Leben so ordnen kann, dass es so empfänglich wie möglich für die Gnade Gottes wird, sowohl individuell als auch in Gemeinschaft. Während wir darauf warten, dass ein neuer Hl. Benedikt in unserer so ganz anderen zeitlichen und räumlichen Gegenwart erscheint und uns lehrt, wie wir den Bildteppich unseres christlichen Lebens neu weben können, können wir eine Pilgerreise in Benedikts Heimatstadt unternehmen und Zeit mit den geistlichen Söhnen des Heiligen verbringen, die, allen modernen Erwartungen zum Trotz, ein einfaches und doch reiches Leben führen, geleitet von den zeitlosen Lehren ihres alten Meisters.

KAPITEL 3

Eine Regel zum Leben

Man kann nicht in die Vergangenheit zurückreisen, aber man kann nach Norcia reisen. Und der Blick in die christliche Vergangenheit, den man als Pilger dort erhaschen kann, ist, das sage ich voller Zuversicht, auch ein Blick in die christliche Zukunft.

Norcia – wie der Heimatort des Hl. Benedikt von Nursia heute heißt – ist ein von einer Mauer umgebenes Städtchen auf einem Felsplateau am Ende einer Landstraße, die sich fast 60 Kilometer lang durch eine schroffe Gebirgslandschaft windet. Man kann sich ausmalen, wie abgeschnitten von der Welt Norcia in den Tagen Benedikts war – und weshalb, soweit wir wissen, der Heilige diese Berge verließ, um nie mehr dorthin zurückzukehren.

An einem warmen Februarmorgen reiste ich zum Kloster des Hl. Benedikt, der Heimat von fünfzehn Mönchen und ihrem Prior, Pater Cassian Folsom. Pater Cassian, ein 61jähriger Amerikaner, hatte das Kloster im Dezember 2000 mit einer Handvoll Benediktiner-Brüder wiedereröffnet, fast zwei Jahrhunderte, nachdem der Staat die aus dem 10. Jahrhundert stammende Gebetsfestung geschlossen und ihre Mönche vertrieben hatte.

Die Unterdrückung des Klosters von Norcia ereignete sich 1810 auf der Grundlage von Gesetzen, die Napoleon Bonaparte erlassen hatte. Napoleon, der damals über Norditalien herrschte, war ein Tyrann, der das antichristliche Erbe der Französischen Revolution übernommen hatte und darauf aus war, die katholische Kirche in allen vom französischen Kaiserreich unterworfenen Territorien zugrunde zu richten. Napoleon herrschte diktatorisch über einen so entschieden antiklerikalen französischen Staat, dass in Europa Spekulationen umliefen, er sei der Antichrist.

Eine Legende besagt, in einem Streitgespräch mit einem Kardinal habe Napoleon darauf hingewiesen, dass es in seiner Macht stünde, die Kirche zu vernichten.

„Majestät", entgegnete der Kardinal, „wir – die Geistlichkeit – haben seit 1800 Jahren unser Möglichstes getan, die Kirche zu zerstören. Es ist uns nicht gelungen, und Euch wird es auch nicht gelingen."

Vier Jahre, nachdem die Benediktiner aus dem Kloster vertrieben worden waren, das fast ein Jahrtausend lang ihre Heimat gewesen war, lag Napoleons Reich in Trümmern, und er selbst war im Exil. Heute sind in der Heimatstadt des Heiligen erneut gregorianische Choräle zu hören – eine melodische Zurechtweisung an die Adresse des abtrünnigen Kaisers. Wie ein amerikanischer Schriftsteller einmal sagte: Manchmal ist die Vergangenheit gar nicht wirklich vergangen.

Das St.-Benedikt-Kloster von Norcia war nicht das erste Benediktinerkloster der Welt. Mönche ließen sich an diesem Ort erstmals im 10. Jahrhundert nieder – vielleicht auch schon früher, aber die schriftlichen Aufzeichnungen reichen nicht weiter zurück als in die 900er-Jahre. Die meisten der Männer, die das Kloster neu begründet haben, sind junge Amerikaner, die sich entschieden haben, als Benediktinermönche ihr Leben ganz und gar Gott hinzugeben – und nicht einfach als Mönche, sondern als Benediktiner, die entschlossen danach streben, die ganze Fülle ihrer Ordenstradition auszuleben.

Während ich mich nach einem Morgen in Norcia in die Stille meines Gästezimmers im Kloster zurückzog, sinnierte ich darüber, wie unrealistisch es erschien, dass von diesem kleinen Städtchen hoch in den Bergen einmal ein Funke ausgegangen war, der das Licht des Glaubens in Europa durch sehr dunkle Zeiten hindurch am Leben erhalten hatte. Dieser Funke erleuchtete die Welt in einer Zeit, als, in den Worten der Benediktiner-Oblatin Esther de Waal, „das Leben ein drängendes Ringen darum war, einen Sinn in den Dingen zu finden, die geschahen".[27] *So wie heute*, dachte ich, ehe ich einschlief.

Am nächsten Morgen traf ich mich im Kloster mit Pater Cassian zu einem Gespräch. Der Prior ist ein groß gewachsener Mann, seine kurzen Haare und sein Bart sind stahlgrau, und sein Auftreten ist ernst und – nun ja, eben *mönchisch*. Aber wenn er spricht, mit seiner sanften Baritonstimme, dann hat man das Gefühl, man spräche mit seinem eigenen Vater. Pater Cassian spricht voller Wärme und Kraft über die Integrität und die Freude der benediktinischen Lebensweise, die sich so grundlegend von jener unserer fragmentierten modernen Welt unterscheidet.

Obwohl die Mönche der Welt abgeschworen haben, geht es, wie Pater Cassian sagt, „nicht bloß um ein *Nein*; es geht auch um ein *Ja*. Es geht sowohl darum, das abzulehnen, was nicht lebensspendend ist, als auch, etwas Neues aufzubauen. Wir verwenden viel Zeit darauf, aufzubauen, und das sehen die Leute. Deshalb kommen die Leute in Scharen zu unserem

Kloster. Wir sind so beschäftigt mit Gästen und Pilgern, dass es schon kraftraubend ist. Aber das ist es nun mal, was wir tun: Wir *bauen auf.* Das ist das *Ja*, von dem die Leute hören müssen."

Aber *was* baut ihr auf?, fragte ich.

„Um eine Formulierung von Papst Benedikt zu übernehmen – eine, die er viele Male wiederholt hat –, die westliche Welt lebt heute so, als ob es Gott nicht gäbe", sagte er, „Ich glaube, dass das stimmt. Zerrissenheit, Furcht, Orientierungslosigkeit, Umherirren – das sind weit verbreitete Kennzeichen unserer Gesellschaft."

Ja, dachte ich, *das stimmt genau.* In dem Moment, als wir in der Moderne unsere christliche Religion verloren haben, haben wir das verloren, was uns zusammengehalten und mit unserem Nächsten verbunden und uns sowohl in der ewigen als auch in der zeitlichen Ordnung verankert hat. Und nun treiben wir hilflos in der liquiden Moderne umher und finden den Weg nach Hause nicht mehr.

Und nun erzählte mir dieser Mönch, dass er und seine Brüder ihre Aufgabe darin sahen, an der Wiederherstellung des christlichen Glaubens und der christlichen Kultur zu arbeiten. Wie ausgesprochen benediktinisch. Ich beugte mich vor, um mehr zu erfahren.

Dieses Kloster und das Gebetsleben, das in ihm stattfindet, existieren als ein Zeichen des Widerspruchs gegen die moderne Welt, erklärte mir Pater Cassian. Die Leitschienen sind uns abhanden gekommen, die Welt läuft Gefahr, über eine Klippe zu rasen, aber wir sind so gefesselt von den Lichtern und dem Tempo des modernen Lebens, dass wir die Gefahr nicht erkennen. Die zersetzenden Kräfte, die von der populären Kultur ausgehen, sind zu stark, als dass Individuen oder einzelne Familien ihnen aus eigener Kraft widerstehen könnten. Deshalb müssen wir uns in stabile Gemeinschaften von Gläubigen eingliedern.

Die Benediktsregel[28] ist eine detaillierte Zusammenstellung von Anweisungen zur Organisation und Leitung einer monastischen Gemeinschaft, in der Mönche (und, in separaten Klöstern, Nonnen) in Armut und Keuschheit zusammen leben. Dies gilt für alle monastischen Gemeinschaften, aber die Benediktsregel fügt noch drei besondere Gelübde hinzu: Gehorsam, Beständigkeit (*stabilitas* – die feste Zugehörigkeit zur selben Gemeinschaft von Mönchen bis zum Tod) und *Bekehrung des Lebens*, was soviel bedeutet wie die Hingabe an das lebenslange Werk vertiefter Buße. Die Ordensregel enthält auch Anweisungen zur Unterteilung des Tagesablaufs in Zeiten des Gebets, der Arbeit und der Lektüre der Heiligen Schrift und anderer geistlicher Texte. Der Heilige lehrte seine Anhänger, abgesondert von der Welt zu leben, aber auch Pilger und Fremde zu bewirten, die das Kloster besuchen.

Weit davon entfernt, eine Lebensweise für die Starken und Disziplinierten zu sein, ist Benedikts Regel für die Einfachen und Schwachen gedacht, um ihnen zu helfen, im Glauben zu wachsen und stärker zu werden. Zu der Zeit, als Benedikt anfing, seine Klöster aufzubauen, war es eine übliche Praxis für monastische Gemeinschaften, sich eine schriftlich niedergelegte Regel für das gemeinschaftliche Leben zuzulegen, und Benedikts Regel war eine vereinfachte und – wenngleich sie uns heute sehr rigoros erscheinen mag – abgemilderte Version einer älteren Ordensregel. Benedikt hatte ein bemerkenswertes Verständnis und Mitgefühl für menschliche Schwäche;

daher betont er in der Vorrede zu seiner Ordensregel, er hoffe „nichts Hartes und nichts Schweres festzulegen“, sondern lediglich hinreichend streng zu sein, um die Herzen der Brüder dazu zu kräftigen, „in unsagbarem Glück der Liebe den Weg der Gebote Gottes“ zu beschreiten. Er unterwies seine Äbte, als starke, aber mitfühlende Väter zu agieren und die Brüder unter seiner Aufsicht nicht mit Dingen zu belasten, die ihre Kräfte überschreiten.

So sagt Benedikt etwa in seinem Kapitel über die „Ordnung für Handarbeit und Lesung“: „Alles aber geschehe der Kleinmütigen wegen maßvoll.“ Solche Sätze sind charakteristisch für die Weisheit Benedikts. Er wollte seine geistlichen Söhne nicht niederdrücken, sondern aufbauen.

Obwohl die Anweisungen der Benediktsregel sehr detailliert sind, ist sie nicht als eine legalistische „Checkliste“ zu verstehen. „Der Zweck der Regel ist, uns frei zu machen“, sagt Pater Cassian. „Das ist ein Paradox, das vielen Leuten nicht so leicht einleuchtet.“

Wenn ein Feld wegen mangelnder Entwässerung unter Wasser steht, erklärte er mir, dann werden darauf entweder keine Feldfrüchte wachsen, oder sie werden verfaulen. Wenn man das Feld nicht entwässert, entsteht ein Sumpf, und Krankheiten können sich ausbreiten. Baut man aber einen Entwässerungsgraben, kann das Feld gesund und nützlich werden. Und mehr noch, auch das Wasser wird, wenn es durch den Graben geleitet wird, kraftvoll fließen und Nutzen bringen.

„Auf diese Weise wirkt eine Ordensregel“, sagt Pater Cassian: „Sie kanalisiert deine spirituelle Energie, deine Arbeit, deine Aktivität; sie lenkt sie in sinnvolle Bahnen, damit sie nützliche Dinge vollbringen. – Das Leben von Mönchen ist sehr schlicht", fährt er fort. „Außenstehende machen sich vielleicht romantische Vorstellungen, vielleicht weil sie etwas im Fernsehen gesehen haben von Mönchen, die gewissermaßen durch ihr Kloster *schweben*. So etwas *gibt* es, und natürlich wirkt das anziehend, aber im Grunde ist es so: Die Mönche stehen morgens auf, beten, arbeiten, dann beten sie wieder. Sie essen, sie beten, dann arbeiten sie wieder, dann beten sie wieder, dann gehen sie schlafen. Es ist ganz simpel, so wie das Leben der meisten Leute. Das Genie des Heiligen Benedikt besteht darin, die Gegenwart Gottes in der Alltäglichkeit zu entdecken."

Menschen, die besorgt oder verwirrt sind und nach Antworten suchen, neigen oft dazu, in Büchern oder im Internet schnelle und einfache Lösungen finden zu wollen, die „Killer-App" zu suchen, die alles in Ordnung bringt. Aber die Benediktsregel sagt uns: So funktioniert es nicht. Den inneren Frieden und die Ordnung, die Du suchst, kannst Du nur finden, indem Du in Deinem Herzen und in Deinen täglichen Leben einen Raum schaffst, in dem die Gnade Gottes Wurzeln schlagen kann. Göttliche Gnade wird großzügig gewährt, aber Gott drängt sie uns nicht auf. Es bedarf beständiger Bemühungen unsererseits, den Weg für Gott frei zu machen und uns von Seiner Gnade heilen und verwandeln zu lassen. Was wir denken, ist dafür weniger entscheidend als was wir *tun* – und wie gewissenhaft wir es tun.

Ein Mann, der seinen Körper trainieren will und dazu die besten Bücher über Bodybuilding gelesen hat, wird nichts erreichen, wenn er dieses Wissen nicht anwendet, indem er sich gesund ernährt und täglich Sport treibt. Das erfordert Ausdauer und Willenskraft.Mit der Zeit wird er – wenn er diese

Routine getreulich einhält, um sein Ziel zu erreichen – anfangen, das gesunde Essen und das Training so sehr zu lieben, dass er sich nicht mehr durch Willenskraft dazu zwingen muss, sondern aus Liebe dazu gedrängt wird. Das heißt, er wird sein Herz darin geübt haben, das Gute zu begehren.

So ist es auch im geistlichen Leben. Der *rechte Glaube* („*Orthodoxie*") ist essentiell, aber die richtigen Lehren lediglich im Kopf zu haben, nützt wenig, wenn das Herz – das heißt: der Wille – unbekehrt bleibt. Deswegen ist es notwendig, diesen richtigen Glauben durch eine *richtige Praxis* („*Orthopraxie*") in die Tat umzusetzen, wodurch allmählich das Ziel erreicht wird, das Paulus dem Timotheus setzte, indem er ihm auftrug: „Übe dich in der Frömmigkeit!" (1. Tim 4,7).

Der Autor des 2. Petrusbriefs erklärt einleuchtend, wie Geist, Herz und Körper harmonisch für das geistliche Wachstum zusammenwirken:

> „Darum setzt allen Eifer daran, mit eurem Glauben die Tugend zu verbinden, mit der Tugend die Erkenntnis, mit der Erkenntnis die Selbstbeherrschung, mit der Selbstbeherrschung die Ausdauer, mit der Ausdauer die Frömmigkeit, mit der Frömmigkeit die Brüderlichkeit und mit der Brüderlichkeit die Liebe. Wenn dies alles bei euch vorhanden ist und wächst, dann nimmt es euch die Trägheit und Unfruchtbarkeit, sodass ihr Jesus Christus, unseren Herrn, immer tiefer erkennt." (2. Petr 1,5-8)

Obwohl die Benediktsregel in nahezu jedem ihrer kurzen Kapitel die Heilige Schrift zitiert, ist sie nicht selbst das Evangelium. Sie ist eine erprobte Strategie, das Evangelium auf intensiv christliche Weise zu *leben*. Sie ist sozusagen eine Gebrauchsanweisung dafür, das eigene Leben in einer starken Gemeinschaft auf den Dienst Jesu Christi auszurichten. Sie ist keine Sammlung theologischer Maximen, sondern ein praktisches Handbuch, mit dessen Hilfe die Gläubigen ihr Leben durch Gebet, Wort Gottes und ein vertieftes Bewusstsein dafür, dass, wie der Heilige sagt, „Gott [...] immer gegenwärtig" ist und „die Augen des Herrn über Gute und Böse wachen" (Spr 13,5), strukturieren können.

Selbstverständlich ist die Ordensregel für das klösterliche Leben konzipiert, aber ihre Lehren sind einfach genug, dass Laienchristen sie für ihren eigenen Gebrauch adaptieren können. Die Ordensregel bietet Richtlinien für ein ernsthaftes und nachhaltiges christliches Leben, in einer Weise, die uns innerlich neu ordnet, das, was in unseren Herzen zerstreut ist, zusammenfügt und auf das Gebet hin ausrichtet. Wenn man sie auf effektive Weise anwendet, diszipliniert die Regel das Leben, das wir mit anderen teilen, baut Barrieren ab, die die Liebe Gottes davon abhalten, unter uns zu wirken, und macht uns widerstandsfähiger, ohne unsere Herzen zu verhärten.

Mit der Benedikt-Option versuchen wir nicht, siebenhundert Jahre Geschichte ungeschehen zu machen, als ob das möglich wäre. Wir versuchen auch nicht, die Welt zu retten. Wir versuchen lediglich, eine christliche Lebensweise aufzubauen, die als Insel der Heiligkeit und Beständigkeit inmitten des Hochwassers der liquiden Moderne steht. Wir streben nicht danach, den Himmel auf Erden zu erschaffen; wir suchen lediglich nach einem Weg, stark im Glauben zu sein in einer Zeit großer Prüfungen. Die Ordensregel mit ihrer Vision eines geordneten, auf Christus als Zentrum ausgerichteten Lebens und die Praktiken, die sie zur Vertiefung unserer Bekehrung empfiehlt, können uns dabei helfen, dieses Ziel zu erreichen.

Ordnung

Wenn Unordnung ein bestimmendes Charakteristikum der modernen Welt ist, dann besteht der fundamentalste Akt des Widerstands darin, Ordnung zu schaffen. Wenn wir keine innere Ordnung besitzen, werden wir von unseren irdischen Leidenschaften beherrscht – und von äußeren Kräften, die größeren Einfluss darauf haben, die Tiefenströmungen der liquiden Moderne zu lenken, als wir selbst.

Für den traditionsbewussten Christen ist die Schaffung einer inneren Ordnung nicht bloß eine Frage der Disziplin und auch kein bloßer Willensakt. Vielmehr geht es, wie der Theologe Romano Guardini sagte, darum, „wieder das richtige Verhältnis zur Wahrheit der Dinge, zu den Forderungen seines tiefsten Innern und, letztlich, zu Gott [zu] gewinnen“[29]. Es geht also darum, jene Ordnung – den *Logos* – zu entdecken, die Gott selbst in die Natur der Schöpfung eingeschrieben hat, und danach zu streben, in Harmonie mit ihr zu leben. Das umfasst auch die Einsicht in natürliche Grenzen innerhalb der Schöpfungsordnung, im Gegensatz zu der Auffassung, wir könnten die Natur je nach unseren Begierden leugnen oder außer Kraft setzen. Und schließlich bedeutet es auch, das eigene Leben zu disziplinieren, um ein Leben zur Ehre Gottes und zum Wohl unserer Nächsten zu führen.

Ordnung ist nicht allein eine Frage von Gesetzen und deren Durchsetzung. Im klassischen christlichen Verständnis beruht vielmehr das Gesetz selbst auf einem tieferen Verständnis von Ordnung, einer Vorstellung davon, wie die Realität im Letzten strukturiert ist. Diese Ordnung mag unsichtbar sein, aber jene, die in einer Gemeinschaft leben, die sich zu dieser Ordnung bekennt, glauben an sie und verinnerlichen sie. Der Sinn des Lebens – für das Individuum, für die Kirche und auch für den Staat – besteht demzufolge darin, eine Harmonie mit dieser transzendenten, ewigen Ordnung zu erstreben.

Die Welt in rechter Weise zu ordnen, erfordert, dass Christen alle Dinge als Zeichen verstehen, die auf Gott hinweisen. Kapitel 19 der Benediktsregel gibt ein prägnantes Beispiel für die Verknüpfung einer disziplinarischen Regel und der unsichtbaren Ordnung. In diesem Kapitel unterweist Benedikt seine Mönche, ihren Geist auf die Gegenwart Gottes und Seiner Engel zu fokussieren, während sie das Psalmengebet singen, das *„Opus Dei"*, Werk Gottes, genannt wird.

„Überall ist Gott gegenwärtig, so glauben wir, und die Augen des Herrn schauen an jedem Ort auf Gute und Böse (Spr 15,3)", schreibt Benedikt. „Das wollen wir ohne jeden Zweifel ganz besonders dann glauben, wenn wir Gottesdienst feiern." Das Kapitel schließt mit einer Ermahnung an die Mönche, zu bedenken, dass sie vor Gott stehen, wenn sie die Psalmen singen, und dass sie so beten müssen, dass „Herz und Stimme in Einklang sind".

Das Leben eines jeden Mönchs und all seine Arbeiten müssen auf den Dienst Gottes ausgerichtet sein. Die Ordensregel lehrt, dass Gott am Anfang und am Ende aller unserer Tätigkeiten stehen muss. Unsere geistlichen Leidenschaften durch den Rhythmus des täglichen Lebens und seine Disziplinen zu fesseln, und dies gemeinsam mit anderen in unserer Familie und unserer Gemeinschaft zu tun, heißt, ein starkes Fundament des Glaubens aufzubauen, auf dessen Grundlage man ganz Mensch und ganz Christ werden kann.

Infolge ihrer Orientierung auf Christus erkennen die Mönche, dass Er der Schöpfer ist, der Eine, in dem alle Dinge ruhen, und dass der Mensch nicht das Maß aller Dinge ist. Im Gegensatz zu den säkularen Nachfahren der Nominalisten glaubt ein Benediktinermönch nicht, dass die Dinge der Welt nur dann eine Bedeutung haben, wenn der Mensch ihnen eine Bedeutung zuweist. Die Mönche sind überzeugt, dass Sinn objektiv existiert und in die von Gott geschaffene natürliche Welt eingeschrieben ist – und dass er dazu da ist, von dem Menschen erkannt zu werden, der sich von seinen eigenen Leidenschaften gelöst hat und danach strebt, mit den Augen Gottes zu sehen.

„Man darf sich nicht an erschaffene Dinge binden, sonst läuft das darauf hinaus, dass man glaubt, die Dinge seien für einen selbst da", sagt Bruder Evagrius Hayden, 31. „Das ist falsch. Wir sind es nicht, die den Dingen ihren Sinn geben. Gott gibt den Dingen ihren Sinn."

Die Mönche scheuen daher keine Mühe, dafür zu sorgen, dass jedes Detail ihres Lebens Christus als das Ziel und die Quelle allen Sinns widerspiegelt. Einige dieser Bemühungen scheinen erstaunlich unspirituell. So schreibt Benedikt etwa in Kapitel 22 der Ordensregel vor, wie die Mönche zu schlafen haben: „angekleidet und umgürtet mit einem Gürtel oder Strick".

Aber selbst solche vermeintlich willkürlichen Vorschriften dienen einem geistlichen Zweck. Zum Teil haben sie mit ganz praktischen Erwägungen zu tun. So erklärt Benedikt beispielsweise, dass die Bekleidungsvorschriften dazu dienen sollen, dass die Mönche ohne Verzögerung mitten in der Nacht aufstehen können, um das Nachtgebet oder andere festgesetzte Gebete zu verrichten.

Bei anderen Vorschriften ist der dahinterstehende Grund weniger deutlich zu erkennen. Kümmert es Gott wirklich, in was für einem Bett ein Mönch schläft? Oder wie viele verschiedene Speisen beim Abendessen aufgetischt werden? Warum sollte sich jemand freiwillig einer so strikt reglementierten Lebensweise unterwerfen? Pater Basil Nixen, 36, ist der Koch des Klosters und sagt, auch die eher sonderbar erscheinenden Vorschriften der Ordensregel existierten nicht aus reiner Willkür.

„Ein Mönch ist sich zutiefst bewusst, dass in ihm und in den anderen die göttliche Ordnung gestört, ja *zer*stört ist – durch den Sündenfall, die Erbsünde und durch die persönlichen Sünden jedes einzelnen“, sagt Pater Basil. „Der Mönch tritt in dem Wissen ins Kloster ein, dass es nicht leicht sein wird, diese Ordnung wiederzufinden. Man muss darum kämpfen, man muss dafür arbeiten, und man muss geduldig sein, um dieses Ziel zu erreichen. Aber das ist es wert, denn diese Ordnung erfüllt uns mit Frieden.“

Es ist schwer, sich Regeln zu unterwerfen, die man nicht versteht; aber es ist ein gutes Gegenmittel gegen die fleischliche Begierde nach persönlicher Unabhängigkeit. Es mag an und für sich nicht spirituell verdienstvoll sein, sich dafür zu entscheiden, bei einer Mahlzeit nur zwei statt drei Gänge zu essen; aber die Demut, die man dadurch erreicht, dass man sich freiwillig den Entscheidungen eines anderen unterwirft, hat transformierende Kraft.

Die klösterliche Ordnung bewirkt nicht nur Demut, sondern auch spirituelle Widerstandsfähigkeit. In gewissem Sinne sind die Benediktiner von Norcia so etwas wie eine Elitetruppe des religiösen Lebens, die permanent für den geistlichen Kampf trainiert.

„Bei der Struktur des klösterlichen Lebens, den Dingen, die man jeden Tag tut, geht es nicht um stumpfe Wiederholung", sagt Bruder Augustinus Wilmeth, 25, dessen roter Wikingerbart ihm bis auf die Brust reicht. „Es geht darum, dein Herz und deinen Geist zu trainieren. Wenn es darauf ankommt, wenn du dich nicht stark genug fühlst, eine schwierige Situation mit bloßer Willenskraft durchzustehen, kannst du auf dein Training zurückgreifen. Du weißt, du wärst nicht stark genug, wenn du nicht permanent daran gearbeitet und dir alle nötigen Hilfsmittel angeeignet hättest."

Anders ausgedrückt: Dabei, das eigene Tun zu ordnen, geht es letztlich darum, das eigene Herz darin einzuüben, das Richtige, das Wahre zu lieben und zu begehren, ohne darüber nachdenken zu müssen. Es geht darum, sich *Tugend als Gewohnheit* anzueignen.

Wenn man sein Leben durch die Liebe Gottes ordnen lässt – so sagt Bruder Ignatius Prakarsa, der Gästehausleiter des Klosters –, dann kann man nie wissen, wie Gott gerade die Kleinigkeiten eines solchen Lebens für Seinen Dienst nutzt: dafür, evangelisierend zu anderen zu sprechen. Im Sommer füllt sich die zum Kloster gehörende Basilika mit Touristen – darunter viele abgefallene Christen oder Ungläubige –, die still dasitzen und zuhören, wie die Mönche ihre regelmäßigen Gebete in lateinischer Sprache singen. Wenn Bruder Ignatius diese Besucher später auf den Stufen der Kirche trifft, sprechen sie oft davon, wie friedvoll, wie erfüllt von Schönheit dieser Gesang war.

„Ich erkläre ihnen, dass wir einfach nur zum Herrn beten. Wir öffnen bloß unseren Mund, um die Schönheit erklingen zu lassen, die in der Musik bereits vorhanden ist", berichtete er mir. „Alles kann evangelisierend sein. Alles ist auf Gott gerichtet. Man muss alles vom übernatürlichen Standpunkt aus ansehen. Das Leuchten, das von unserem Leben ausgeht, ist nur ein Widerschein Gottes. Aus uns selbst heraus sind wir nichts."

Gebet

Dieses Leuchten ist die Frucht tiefen und regelmäßigen Gebets. Der Apostel Paulus wies die Kirche in Thessalonike an: „Betet ohne Unterlass!" (1. Thess 5,17). Benediktiner betrachten ihr gesamtes Leben als einen Versuch, dieses Gebot zu erfüllen. Im engeren Sinne ist Gebet – ob privat oder in Gemeinschaft – Kommunikation mit Gott. In einem weiteren Sinne bedeutet Gebet, ein ununterbrochenes Bewusstsein der Gegenwart Gottes zu bewahren und bei allem, was man tut, Ihn im Sinn zu haben. Im Leben der Benediktiner steht regelmäßiges Gebet im Zentrum der Existenz der Gemeinschaft.

Gebet heißt, sich der Kontemplation – der inneren Einkehr – zu widmen. Dieses Wort hat für Mönche eine spezielle Bedeutung. Es bezeichnet etwas, das nach ihrer Überzeugung die höchste Form christlichen Lebens ist: sich von der Sorge um fleischliche Dinge frei zu machen, um Gott anzubeten und zu preisen und über Seine Wahrheit nachzusinnen.

Dieses *kontemplative Leben* ist der Gegensatz zum *aktiven Leben*, das darin besteht, in der Welt Gutes zu tun.

Erinnern wir uns an die Evangeliums-Erzählung über die Schwestern Maria und Marta. Als Jesus sie besuchte, fuhrwerkte Marta in der Küche herum, während Maria zu Jesu Füßen saß und Ihm zuhörte. Als Marta sich beklagte, dass Maria ihr nicht half, erwiderte der Herr, Maria habe „das bessere Teil erwählt".

Warum? Weil, wie Jesus sagte, als er die Versuchungen des Satans zurückwies, der Mensch „nicht nur vom Brot" lebt, „sondern von jedem Wort, das aus Gottes Mund kommt" (Mt 4,4). Es ist zwar wichtig, Dinge für den Herrn zu *tun*, aber noch wichtiger ist es, Ihn mit dem Herzen und dem Verstand kennenzulernen. Und darum hat Kontemplation Priorität.

„Gebet ist das Leben der Seele, es ist das Leben jedes einzelnen Mönchs. Es ist der Grund, weshalb wir hierher gekommen sind, um hier zu leben", sagt Pater Basil. „Das Ziel unseres Lebens als Mönche ist es, das Gebetsleben zu vertiefen, im Gebet zu wachsen. Alles, was wir tun, ist so strukturiert, dass es diesem Ziel dient und es fördert. Gebet bringt uns in Kommunikation mit Gott."

Benediktinermönche verbringen eine Menge Zeit mit Gott. Siebenmal am Tag versammeln sie sich um den Altar der Basilika, um die vorgeschriebenen Gebete des Offiziums, auch bekannt als Stundenliturgie, zu singen. Dabei handelt es sich um spezifische Gebete, die katholische Mönche (und andere) seit Jahrhunderten zu festgesetzten Stunden des Tages rezitieren. Sie bestehen aus Psalmen, Hymnen, Schriftlesungen und Orationen.

Für die Mönche besteht Gebet nicht einfach aus den Worten, die sie sprechen. Jeder Mönch verbringt einige Stunden des Tages mit der *Lectio Divina*, einer benediktinischen Form des Bibelstudiums, die darin besteht, einen Abschnitt der Heiligen Schrift zu lesen, darüber zu meditieren, darüber zu beten und schließlich über ihre Bedeutung für die Seele nachzusinnen.

Die Idee dahinter ist, die Bibel nicht zu studieren, wie ein Wissenschaftler es tun würde, sondern sie als eine direkte Anrede Gottes an das Individuum aufzufassen. In diesem Sinne vollzieht der Mönch, der sich auf die von der Benediktsregel vorgeschriebene Weise in die Heilige Schrift versenkt, eine Form des Gebets.

Und das ist nicht die einzige.

„Wir singen beim Gebet, wir stehen, sitzen, verneigen uns, knien, werfen uns zu Boden", sagt Pater Cassian. „Der Körper ist am Gebet sehr stark beteiligt. Es ist nicht bloß eine Art intellektueller Meditation. Das ist wichtig."

Wenn man im Gebet Fortschritte macht – sagt Pater Basil –, dann versteht man allmählich, dass es im Gebet nicht so sehr darum geht, Gott um etwas zu bitten, sondern vielmehr darum, einfach in Seiner Gegenwart zu sein.

Ich erzählte dem Priester, wie mein eigener orthodoxer Priester zu Hause in Louisiana mir – als Reaktion auf eine persönliche Krise – eine strikte Gebetsroutine verordnet hatte: das Jesusgebet („Herr Jesus, Sohn Gottes, hab Erbarmen mit mir, einem Sünder") jeden Tag für ungefähr eine Stunde zu beten. Anfangs war es öde und schwer durchzuhalten, aber ich tat es aus Gehorsam.

Jeden Tag, eine scheinbar endlose Stunde lang, stilles Gebet. Nach und nach jedoch kam mir diese Stunde immer kürzer vor, und ich entdeckte, dass der Friede, an dem es mir so auffallend gemangelt hatte, in meine Seele einkehrte.

Nachdem ich geistlich geheilt war, erklärte mir mein Priester seine Beweggründe dafür, mir dieses simple meditative Gebet aufzutragen: „Ich musste dich aus deinem Kopf herausbekommen."

Er meinte damit meine intellektuelle Neigung, zu versuchen, den Ausweg aus meinen Problemen durch *Denken* zu finden – eine Strategie, mit der ich stets gescheitert war. Was ich tatsächlich brauchte, war, meinen Geist zur Ruhe zu bringen und mein Herz zu beschwichtigen, um es für Gottes Gnade zu öffnen. Der Priester hatte Recht.

„Genau darum geht's", erwiderte Pater Basil. „Das ist Gebet in seiner reinsten Form: in der Gegenwart Gottes sein. Das kann sich auf verschiedenen Wegen verwirklichen, aber wie du mit dem Jesusgebet erfahren hast, braucht es Zeit. Man muss gezielt Zeit dafür reservieren."

Pater Benedict Nivakoff, 38, aus Connecticut hat fast sein halbes Leben in dieser mönchischen Gemeinschaft verbracht. Er sagt: „Wenn man für sich annehmen kann, dass Gottes Wille sich in allem ausdrückt, was man den ganzen Tag lang tut, dann wird das ganze Leben zu einem Gebet."

Wenn wir unsere ganze Zeit mit Aktivität verbringen – selbst wenn diese Aktivität im Dienst Christi steht – und dabei Gebet und Kontemplation vernachlässigen, gefährden wir unseren Glauben. Der 60er-Jahre-Medientheoretiker Marshall McLuhan, ein praktizierender Christ, sagte einmal, bei jedem, den er kannte, der vom Glauben abgefallen sei, habe dieser

Glaubensverlust damit begonnen, dass die betreffende Person aufhörte zu beten. Wenn wir ein in rechter Weise geordnetes christliches Leben führen wollen, muss Gebet die Basis von allem sein, was wir tun.

Arbeit

Das bedeutet nicht, dass das aktive Leben gemieden werden sollte. Vielmehr sollte es in eine Lebensweise integriert werden, deren Ordnung vom Gebet bestimmt ist. Gute Arbeit ist die Frucht eines gesunden Gebetslebens. Wer auch nur irgend etwas über die Benediktiner weiß, wird vermutlich schon einmal gehört haben, dass ihr Motto *ora et labora* – „Bete und arbeite" – laute. Streng genommen stimmt das nicht ganz. Der Hl. Benedikt hat das so nie gesagt, und obwohl heutige Benediktiner dieses Motto für sich selbst in Anspruch nehmen, ist es erst seit dem 19. Jahrhundert gebräuchlich. Dennoch ist es keine schlechte Beschreibung der grundsätzlichen Herangehensweise der Benediktiner an das Leben. „Müßiggang ist der Seele Feind", sagt St. Benedikt im 48. Kapitel der Ordensregel. Der Gedanke dahinter ist, dass Untätigkeit dem Laster der Trägheit Tür und Tor öffnet. Aber Arbeit dient nicht allein dazu, die Mönche beschäftigt zu erhalten, damit sie nicht auf dumme Gedanken kommen. Der Heilige erwartete von jedem seiner Klöster, dass es sich selbst versorgen konnte, und er lehrte – was für einen Römer seiner Epoche ungewöhnlich war –, dass körperliche Arbeit eine heiligende Wirkung haben könne.

Trotz ihrer kontemplativen Ausrichtung dürfen Mönche sich über körperliche Arbeit nicht beklagen, ordnet Benedikt an. „Sie sind dann wirklich Mönche, wenn sie wie unsere Väter und die Apostel von ihrer Hände Arbeit leben."

Darin liegt praktische Weisheit für uns moderne Menschen, die wir dazu neigen, ein gestörtes Verhältnis zu unserer Arbeit zu haben. Einige von uns definieren sich über ihre Arbeit und widmen sich ihr in übertriebenem Maße, auf Kosten der Kontemplation. Andere hingegen betrachten Arbeit als etwas, das man tut, um seine Rechnungen zu bezahlen, weiter nichts; das heißt, sie betrachten Arbeit als etwas vom sonstigen Leben – besonders vom *spirituellen* Leben – Getrenntes.

Das ist ein Fehler, sagt die Benediktsregel. Die Arbeit muss nicht *uns* dienen, sondern *Gott* und *Gott allein*. In einem Kapitel zur Unterweisung handwerklich tätiger Mönche sagt Benedikt, wenn diese Mönche anfangen, ungebührlich stolz auf ihre Arbeit zu sein, muss der Abt ihnen eine andere Aufgabe geben. So wichtig ist christliche Demut. Auch müssen Mönche penibel ehrlich in ihren Geschäften sein, sagt der Heilige. Warum? Weil durch alle Dinge Gott verherrlicht werden soll.

In einem tieferen Sinne betrachten Benediktiner ihre Arbeit als einen Ausdruck der Liebe und Fürsorge für die Gemeinschaft und als einen Weg, die natürliche Welt neu in Harmonie mit dem Willen Gottes zu ordnen. Erinnern wir uns: Für den Mönch ist alles ein Geschenk Gottes und daher als etwas Heiliges zu behandeln. Alle menschlichen Gedanken und Handlungen sind auf Gott hin auszurichten und in Ihm und zu Ihm hin zu vereinigen. Und wir Männer und Frauen sind beteiligt an der Entfaltung von Gottes Schöpfung, indem wir die Welt nach Seinem Willen ordnen.

So gesehen gewinnt die Arbeit eine neue Dimension. Für den Christen hat Arbeit einen sakramentalen Wert.

„Die Schöpfung preist Gott. Wir preisen Gott durch die Schöpfung, durch die materielle Welt und in unseren jeweiligen Arbeitsfeldern", erläutert Pater Martin Bernhard, 32. „Immer wenn wir irgend etwas Neutrales, etwas Materielles nehmen und daraus etwas machen, um dadurch Gott Ehre zu erweisen, wird es zu etwas Sakramentalem: es bahnt einen Weg für die Gnade."

Der Koch des Klosters, Pater Basil, beschreibt seine Tätigkeit der Zubereitung von Mahlzeiten für die Brüder als ein Werk der Reinigung, der Vervollkommnung – sowohl auf einer menschlichen als auch auf einer übernatürlichen Ebene.

„Durch meine Arbeit in der Küche erschaffe ich Ordnung. Ich übe meine mir von Gott verliehene Herrschaft über die Schöpfung aus", sagt er. „Vom menschlichen Standpunkt aus gesehen ist Arbeit deshalb so wichtig, weil sie uns hilft, die Herrschaft über die Erde, die Gott uns anbefohlen hat, zu verwirklichen. Und praktisch gesehen versorgt die Arbeit uns und andere. Es ist wichtig für uns zu wissen, dass wir durch unsere Arbeit einen bedeutenden Beitrag für die Gemeinschaft leisten."

Und auf einer übernatürlichen Ebene?

„Letztendlich dient Arbeit als ein Ausdruck von Liebe, von Nächstenliebe, und nichts anderes sollte sie eigentlich sein", erklärt Pater Basil. „Daran, diese Lektion zu lernen, müssen wir unser ganzes Leben lang arbeiten. Arbeit ist nicht etwas, das ich leiste, um dafür etwas zu bekommen. Die Arbeit ist gut für mich, sie ist grundlegend für meine Glückseligkeit, denn in ihr und durch sie kann ich anderen Liebe erweisen. – Wir sind zur Liebe berufen", fügt er hinzu. „Arbeit ist ein gemeinschaftlicher Weg, Liebe zu erweisen. In diesem Sinne kann sie eine sehr transformierende Kraft entfalten – und das hat auch sehr viel mit Gebet zu tun."

„Allzu oft wird Arbeit als eine Last empfunden, aber das muss nicht so sein. Wenn wir Arbeit als Last ansehen, dann ist *hier* etwas verkehrt", sagt er, auf sein Herz deutend. „Das Problem muss in erster Linie hier behoben werden, in unserem Herzen."

In der nahen Zukunft werden Christen – besonders in bestimmten Berufsfeldern – von den Umständen dazu gezwungen werden, ihre Einstellung zur Arbeit zu überdenken. In einigen Fällen wird man uns wegen unseres Glaubens zur Tür hinausweisen. In anderen Fällen wird sich uns die Tür von vornherein nicht öffnen – oder wenn doch, werden Männer und Frauen, die auf ihr Gewissen hören, nicht hindurchgehen können. Das wird uns Geld und Ansehen und möglicherweise berufliche Zufriedenheit kosten. Unsere Wahrnehmung von Arbeit im benediktinischen Sinne – also auf eine Weise, die Gott in den Mittelpunkt stellt – neu auszurichten, wird uns helfen, die richtige Entscheidung zu treffen, wenn wir am Arbeitsplatz auf die Probe gestellt werden; und es wird uns Kraft geben, wenn wir gezwungen sind, uns einen neuen Beruf zu suchen.

Askese

Der Ausschluss gläubiger Christen von bestimmten Berufen wird schwer zu akzeptieren sein. Tatsächlich ist es für die heutigen Gläubigen schwer, sich das auch nur vorzustellen – zum

Teil deshalb, weil wir als Amerikaner nicht daran gewöhnt sind, unseren beruflichen Ambitionen Beschränkungen aufzuerlegen. Doch der Tag ist nicht mehr fern, an dem das, was christlichen Bäckern, Floristen und Hochzeitsfotografen bereits widerfahren ist, sich in erheblich größerem Umfang ereignen wird. Und viele von uns sind nicht darauf vorbereitet, für ihren Glauben Nachteile in Kauf zu nehmen.

Deshalb ist Askese – das Aufsichnehmen körperlicher Härten im Interesse eines geistlichen Ziels – ein so wichtiger Bestandteil des gewöhnlichen christlichen Lebens. Betrachten wir einmal das Fasten, die wohl gebräuchlichste Form christlicher Askese. Jesus lehrte uns durch Sein eigenes Beispiel, indem Er nach Seiner Taufe 40 Tage lang fastete, um sich auf Sein öffentliches Wirken vorzubereiten. Es war während dieses Fastens, dass der Satan dem Herrn erschien und Ihn in Versuchung führte, einen Stein in Brot zu verwandeln, um Seinen Hunger zu befriedigen. Jesus widerstand, indem Er auf den Vorrang des Wortes Gottes verwies. Damit zeigte Er, dass das Meistern leiblicher Begierden von entscheidender Bedeutung für geistliches Wachstum ist.

Askese, abgeleitet vom griechischen Wort *askesis*, bedeutet soviel wie „Training“. Das Leben, das die Ordensregel vorschreibt, ist durch und durch asketisch. Mönche fasten regelmäßig, leben bescheiden, lehnen Bequemlichkeit ab und unterwerfen sich den strengen Regeln des Klosters. Dabei geht es nicht darum, sich spirituelle Meriten zu erwerben. Die Mönche kennen das menschliche Herz und wissen, dass seine Leidenschaften durch eine disziplinierte Lebensweise im Zaum gehalten werden müssen. Askese ist ein Gegengift gegen die in unserer Kultur weit verbreitete Egozentrik, die uns einredet, die Befriedigung unserer Begierden sei der Schlüssel zum guten Leben. Der Asket weiß, dass wahres Glück nur darin gefunden werden kann, in Übereinstimmung mit dem Willen Gottes zu leben; und asketische Praktiken trainieren Körper und Seele dazu, Gott über das eigene Selbst zu stellen.

Askese, insbesondere das Fasten in festgelegten Zeiten des Kirchenjahres, war für den Großteil der Geschichte des Christentums ein normaler Bestandteil des Lebens jedes Gläubigen. „Du aber salbe dein Haar, wenn du fastest, und wasche dein Gesicht", sagt Jesus im Matthäusevangelium (6,17) und gibt dadurch zu erkennen, dass der religiös motivierte zeitweilige Verzicht auf Essen eine übliche Praxis war. Im ersten Jahrhundert fasteten die Christen mittwochs und freitags, im Gedenken an den Verrat und die Kreuzigung Christi – eine Praxis, die in den Ostkirchen noch heute befolgt wird.

Ein Christ, der Askese praktiziert, übt sich darin, Nein zu den eigenen Begierden und Ja zu Gott zu sagen. Diese Einstellung ist in der modernen Zeit im Westen so gut wie verschwunden. Wir sind ein Volk geworden, das die Bequemlichkeit ins Zentrum stellt. Wir erwarten von unserer Religion, bequem zu sein. Leiden zu ertragen, ergibt für uns keinen Sinn. Und ohne Fasten und andere asketische Disziplinen verlieren wir die Fähigkeit, zu den Begierden unseres Herzens Nein zu sagen.

Den christlichen Asketismus wiederzuentdecken ist eine dringliche Aufgabe für Gläubige, die ihre Herzen – und die Herzen ihrer Kinder – darin einüben wollen, dem Hedonismus und der Konsumorientierung zu widerstehen, die im Zentrum der zeitgenössischen Kultur stehen. Und es ist notwendig, uns bis in unsere Knochen hinein einzuprägen, wie Gott Leiden benutzt, um uns für Seine Zwecke zu reinigen.

Asketisches Leiden ist ein Weg, um zu verhindern, so zu werden wie jene Mönche, die Benedikt in seiner Ordensregel „widerlich" nennt – die schlimmste Art von Mönchen, nämlich jene, deren „Gesetz" das ist, „was ihnen behagt und wonach sie verlangen".

Den Lehren der Wüstenväter zufolge soll jeder Christ darum ringen, alle Begierden aus seinem Herzen herauszureißen, die sich nicht mit dem Willen Gottes in Einklang bringen lassen. Bruder Augustinus erklärt, wie das geht.

„Es hat damit zu tun, deine Willenskraft zu kräftigen", sagt er. „Angenommen, du fastest, und dein Magen knurrt, weil du erst um halb sechs wieder etwas essen darfst. Und dann denkst du: Wenn ich es nicht einmal schaffe, ein paar Stunden lang nichts zu essen, wie kann ich dann erwarten, meine mehr aufs Geistliche bezogenen Leidenschaften – Jähzorn, Neid, Stolz – in den Griff zu bekommen? Wie kann ich erwarten, spirituelle und moralische Disziplin zu entwickeln, wenn ich nicht erst einmal mit den greifbaren, materiellen Begierden anfange?"

Zudem, so merkt Pater Benedict an, kann Askese ein Weckruf gegen spirituelle Trägheit sein. „Oft sind wir weiter von Gott entfernt als uns bewusst ist", sagt er. „Askese dient als eine heilsame Erinnerung daran, wie die Dinge stehen – nicht als Bestrafung dafür, dass wir so weit weg sind."

Eine übergewichtige Person hält nicht deshalb Diät, weil sie sich dafür bestrafen will, dass sie dick ist, sondern um gesünder zu werden. Ein Athlet betreibt nicht Fitnesstraining, weil er sich schuldig fühlt, wenn er vor dem Fernseher herumsitzt, sondern um seinen Körper auf den Wettkampf vorzubereiten. So ist es auch mit den Mönchen und ihrer Askese – und so muss es auch mit uns Christen sein. Wir praktizieren Selbstverleugnung, um uns in der Liebe und dem Dienst an Christus und Seinem Volk zu stärken.

„Leiden ist ein Bestandteil der Nachfolge Christi, der erst gelitten hat und dann verherrlicht wurde", sagt Bruder Ignatius. „Um Gott zu begegnen, muss man leiden – und bereit sein, Leiden auf sich zu nehmen."

Askese neu zu lernen – zu lernen, für den Glauben Leiden zu ertragen – ist eine Übung von hoher Wichtigkeit für Christen in der Welt von heute und der Welt der nahen Zukunft. „Es gibt keine Größe, die nicht auf Überwindung und Entsagung ruhte"[30], schrieb Romano Guardini, der betonte, dass jede Art von Ordnung damit beginnen müsse, sich selbst und seine Begierden zu beherrschen.

„Die christliche Berufung ist ein Paradox: Wir sind dazu aufgerufen, in dieser Welt zu sein, aber nicht von dieser Welt", sagt Bruder Evagrius. „Dieses Paradox wurde exemplarisch in der frühen Kirche ausgelebt, im römischen Imperium, dessen Kultur damals durch und durch heidnisch war. Und inmitten dieser Kultur gab es Einzelpersonen und Familien, die den Ruf Christi spürten und alles aufgaben, um Ihm zu folgen – bis hin zum Martyrium. Solange wir nicht zu diesem Vorbild zurückkehren", betont er, „wird nichts, was wir tun, Frucht bringen."

Beständigkeit

Ein Baum, der wieder und wieder entwurzelt und verpflanzt wird, wird es schwer haben, gesunde Früchte hervorzubringen. So ist es auch mit Menschen und ihrem geistlichen Leben. Wurzellosigkeit ist nicht ausschließlich ein Problem der Moderne. Im ersten Kapitel seiner Ordensegel brandmarkt Benedikt einen Typus von Mönchen, die er „Gyrovagen" nennt.

„Ihr Leben lang ziehen sie landauf und landab", schreibt er. „Immer unterwegs, nie beständig, sind sie Sklaven der Launen ihres Eigenwillens" – und damit, so urteilt der Heilige, sogar noch schlimmer als jene hedonistischen Mönche, deren einziges Gesetz ihre eigene Begierde ist.

Wenn wir geistlich Wurzeln schlagen wollen, so lehrt Benedikt, müssen wir lange genug an einem Ort bleiben, um diese Wurzeln in die Tiefe wachsen zu lassen. Die Ordensregel verlangt den Mönchen ab, ein Gelübde der „Beständigkeit" (*stabilitas*) abzulegen – was bedeutet, dass sie außer unter besonderen Umständen (zu denen es etwa gehört, als Missionar ausgesandt zu werden) für den Rest ihres Lebens in dem Kloster zu bleiben haben, in dem sie ihre Gelübde abgelegt haben.

„Das ist der Punkt, an dem die Benediktinische Lebensweise am entschiedensten gegenkulturell ist", sagt Pater Benedict. „Es ist die Lebensweise der Maria, nicht der Marta: unablässig zu den Füßen Christi zu verweilen, egal welche Vorhaltungen man dir darüber macht, was du alles nicht tust."

Die Bibel zeigt uns, dass Gott manche Menschen dazu beruft, ihre Sachen zu packen und auszuziehen, um Seine Absichten zu erfüllen, räumt Pater Benedict ein. „Dennoch: In einer Kultur wie der unseren, wo jeder ständig in Bewegung ist, kann die benediktinische Berufung, unter allen Umständen zu bleiben wo man ist, neue und bedeutende Wege zu Tage fördern, Gott zu dienen."

Zygmunt Bauman sagt, die liquide Moderne dränge uns, Beständigkeit als unpraktikabel abzulehnen. „Der Dreh- und Angelpunkt postmoderner Lebensstrategien ist nicht der Aufbau von Identität, sondern die Vermeidung von Festlegungen", schreibt er.[31] Laut Baumans erbarmungsloser Analyse ist es, um in der heutigen Welt Erfolg zu haben, notwendig, frei von allen persönlichen Bindungen zu sein, weder durch die Vergangenheit noch durch die Zukunft gebunden, sondern in einer immerwährenden Gegenwart lebend. Die Welt verändert sich so schnell, dass Loyalität gegenüber irgendjemandem oder irgendetwas – und sei es gegenüber der eigenen Identität – ein unkalkulierbares Risiko bedeutet.

Anstatt daran zu glauben, dass Struktur etwas Gutes ist und dass Verpflichtungen gegenüber dem Heim und der Familie uns dazu anleiten, in rechter Weise zu leben, hat die liquide Moderne die Menschen von heute dazu verführt, zu glauben, ihr Lebensziel müsse die Maximierung des individuellen Glücksgefühls sein. Der „Gyrovage", der Bösewicht der Benediktsregel, ist in der Welt der Postmoderne der Held.

Während eines großen Teils meines Lebens war ich jemand, den man mit Recht einen Gyrovagen hätte nennen können. Ich zog von Job zu Job und kletterte dabei die Karriereleiter nach oben. Innerhalb von nur zwanzig Jahren meines Erwachsenenlebens wechselte ich fünfmal den Wohnort und zweimal die Konfession. Meine jüngere Schwester Ruthie dagegen blieb in der Kleinstadt in Louisiana, in der wir aufgewachsen waren. Sie heiratete ihren High-School-Schwarm, wurde Lehrerin an derselben Schule, an der wir Schüler gewesen waren, und besuchte mit ihren Kindern dieselbe ländliche Kirchengemeinde wie wir damals.

Als sie 2010 mit einer tödlichen Krebserkrankung geschlagen wurde, erkannte ich den immensen Wert der Beständigkeit, für die sie sich entschieden hatte. Ruthie verfügte über ein weites und tiefes Netzwerk von Freunden und Verwandten, die sich während ihres 19 Monate andauernden schweren Leidens um sie, ihren Mann und ihre Kinder kümmerten. Die Liebe, die Ruthies Umfeld ihr und ihrer Familie erwies, machte die Mühsal erträglich, sowohl in ihrem Leben als auch nach ihrem Tod. Mitzuerleben, welche Kraft die Tugend der Beständigkeit im Leben meiner Schwester gehabt hatte, bewegte mein Herz so tiefgreifend, dass meine Frau und ich uns entschlossen, Philadelphia zu verlassen und ins südliche Louisiana umzuziehen, um diesen Leuten nahe zu sein.

Natürlich ist nicht jeder dazu berufen, in sein Heimatstädtchen zurückzukehren. Aber jeder sollte ernsthaft über die spirituellen und emotionalen Kosten nachdenken, die die vermeintliche Freiheit des Gyrovagen, die wir als moderne Menschen in der westlichen Zivilisation als unser Geburtsrecht betrachten, mit sich bringt. In gewissem Sinne kann das, was aussieht wie Freiheit, sich tatsächlich als eine Art von Fessel erweisen.

Pater Martin sagt, diejenigen, die meinen, die *stabilitas* laufe darauf hinaus, den Menschen einzuschränken und sein persönliches und geistliches Wachstum zu ersticken, verkennen den verborgenen Wert der Hingabe an die Beständigkeit. Sie verankert dich und gewährt dir eine Freiheit, die darin besteht, nicht dem Wind, den Wellen und den Strömungen des täglichen Lebens unterworfen zu sein. Sie schafft die geordneten Bedingungen, unter denen die innere Pilgerschaft der Seele zur Heiligkeit möglich wird.

Oder, wie Pater Martin es formuliert: „Die *stabilitas* gibt uns die Zeit und die Struktur, um in die Tiefen dessen vorzudringen, was es heißt, ein Kind Gottes zu sein."

Gemeinschaft

Die Wurzellosigkeit des zeitgenössischen Lebens hat Gemeinschaftsbindungen ausfransen lassen. Es ist heutzutage weit verbreitet, dass Leute ihre Nachbarn nicht kennen und das auch gar nicht wirklich wollen. Teil einer Gemeinschaft zu sein, heißt, an ihrem Leben teilzuhaben. Das stellt unweigerlich Anforderungen an das Individuum, die seine Freiheit einschränken.

Die Kirche ist nicht immer ein Zeichen des Widerspruchs gegen diesen modernen Mangel an Gemeinschaft. Im ersten Jahrzehnt meines Lebens als erwachsener Christ verließ ich die Kirche, sobald der Gottesdienst vorbei war. Mit den Leuten dort in Kontakt zu kommen, interessierte mich nicht. Nur Jesus und ich, das war alles, was ich wollte und brauchte – jedenfalls *dachte* ich das. Man könnte sagen, ich war nicht interessiert daran, an ihrer Pilgerschaft teilzunehmen; ich zog es vor, ein Tourist in der Kirche zu sein – und war geistlich zu unreif, um zu begreifen, wie schädlich das war.

Diese Konsumentenhaltung gegenüber der Gemeinschaft der Gläubigen reproduziert die Fragmentierung, die die Christenheit in der gegenwärtigen Welt erschüttert. In benediktinischen Klöstern hingegen sind sich die Mönche stets bewusst, dass sie nicht bloß Individuen sind, die mit anderen Individuen zusammen wohnen, sondern Teil eines organischen Ganzen – eine spirituelle Familie.

Die Instruktionen der Benediktsregel zum Thema Gehorsam sind darauf ausgerichtet, die Verantwortlichkeit füreinander zu festigen. Jeder im Kloster ist von jedem anderen abhängig, und alle wichtigen Entscheidungen müssen gemeinsam und unter Einbeziehung der Interessen aller getroffen werden. In einer echten Gemeinschaft zu leben heißt, das Wohl der anderen über die eigenen Bedürfnisse zu stellen, soweit dies der Wahrheit und Gerechtigkeit dient.

Viele der strikteren Vorschriften der Benediktsregel zielen darauf ab, das Gemeinschaftsleben zu schützen. Benedikt widmet ein ganzes Kapitel dem Thema der Bestrafung von Mönchen, die verspätet zum Chorgebet erscheinen. Der Heilige erklärt, wenn andere ihr schlechtes Beispiel sähen, könnten sie zum Bösen verführt werden. Eine Schule für den Dienst des Herrn kann ihre Aufgabe nicht erfüllen, wenn ihre Schüler häufig unpünktlich sind.

Mehrere kurze Kapitel befassen sich mit Strafen für andere Regelverstöße. Benedikt setzt darauf, die Mönche, die Verfehlungen begangen haben, dazu zu ermutigen, diese umgehend dem Abt zu bekennen und einen Tadel dafür entgegenzunehmen. Wenn der Abt vom Fehlverhalten eines Mönchs erst durch das Zeugnis eines anderen erfährt, muss die Strafe härter sein. Sind die Verfehlungen eines Mönchs so schwerwiegend, dass er dafür vom gemeinsamen Gebet oder von den gemeinsamen Mahlzeiten ausgeschlossen wird, muss er sich, um wieder aufgenommen werden zu können, als Zeichen seiner Reue und Demut vor der ganzen Gemeinschaft niederwerfen und so lange liegen bleiben, bis der Abt ihm vergibt.

Der Zweck solcher Bestimmungen liegt nicht darin, die Mönche zu beschämen, sondern vielmehr darin, sie zu ihrem eigenen Wohl und zum Wohl der ganzen Gemeinschaft zu disziplinieren. Christ zu sein und ein durch Gelübde gebundenes Mitglied einer Ordensgemeinschaft zu sein, bringt gewisse Verpflichtungen gegenüber anderen mit sich. Regeln – und disziplinarische Maßnahmen für jene, die sie brechen – schleifen die rauen Ecken und Kanten des individuellen Egoismus ab, die wie schroffe Felsbrocken auf dem Pilgerweg zur Heiligkeit liegen.

Wie ein weiser und großherziger Vater verstand der Hl. Benedikt, dass das Aufstellen von Regeln für seine geistlichen Kinder und die Durchsetzung von Disziplin kein Akt der Herrschsucht, sondern der Liebe ist und ihnen dabei hilft, in der Nächstenliebe zu wachsen. Er beschloss seine Ordensregel mit der Ermahnung, „Gemeinschaft in Liebe“ anzustreben. In seinem vorletzten Kapitel fordert er von den Brüdern, sie sollen begeistert darin wetteifern, einander zu dienen:

> „Wie es einen bitteren und bösen Eifer gibt, der von Gott trennt und zur Hölle führt, so gibt es den guten Eifer, der von den Sünden trennt, zu Gott und zum ewigen Leben führt. Diesen Eifer sollen also die Mönche mit glühender Liebe in die Tat umsetzen, das bedeutet: Sie sollen einander in gegenseitiger Achtung zuvorkommen (Röm 12,10); ihre körperlichen und charakterlichen Schwächen sollen sie mit unerschöpflicher Geduld ertragen; im gegenseitigen Gehorsam sollen sie miteinander wetteifern; keiner achte auf

> das eigene Wohl, sondern mehr auf das des Anderen; die Bruderliebe sollen sie einander selbstlos erweisen; in Liebe sollen sie Gott fürchten; ihrem Abt seien sie in aufrichtiger und demütiger Liebe zugetan. Christus sollen sie überhaupt nichts vorziehen."

Diesem außergewöhnlichen Maßstab gerecht zu werden, ist in einer Familie kaum zu erreichen, geschweige denn in einer Gemeinschaft von Fremden, von denen viele aus unterschiedlichen Milieus und sogar unterschiedlichen Nationen kommen. Dennoch kann das Kloster nur dadurch, dass sie den Einzelnen wie auch der Gemeinschaft als ganzer dieses hohe Ziel setzt, getreue Diener Christi heranbilden.

Im Leben in einer christlichen Gemeinschaft – sei es eine klösterliche Gemeinschaft oder eine normale Pfarrgemeinde – geht es darum, jene Art von Kameradschaft zu begründen, die jeder von uns braucht, um seine persönliche Pilgerschaft zu vollenden. Wie Dietrich Bonhoeffer in „*Gemeinsames Leben*" – seiner persönlichen Ordensregel, wenn man so will – schrieb:

> „Darum braucht der Christ den Christen, der ihm Gottes Wort sagt, er braucht ihn immer wieder, wenn er ungewiß und verzagt wird; denn aus sich selbst kann er sich nicht helfen, ohne sich um die Wahrheit zu betrügen. Er braucht den Bruder als Träger und Verkündiger des göttlichen Heilswortes."[32]

Gemeinschaftsleben, sagt Bonhoeffer, ist nicht ein traumhaftes Ideal, sondern eine oft schwierige Initiation in die „göttliche

Wirklichkeit" dessen, was die Kirche ist. Das heißt, die Kirche existiert als eine von Christus begründete Bruderschaft, auch dann, wenn es sich gerade nicht danach anfühlt. Der lutherische Pastor und Märtyrer lehrte, dass Konflikte innerhalb der Gemeinschaft eine Gnadengabe Gottes seien, da sie die Mitglieder der Gemeinschaft zwingen, sich mit der Realität ihrer Verwandtschaft, die trotz ihrer Gebrochenheit besteht, auseinanderzusetzen. Eine Gemeinschaft, die sich nicht ihren Fehlern stellen kann und deren Mitglieder einander nicht durch Konflikte hindurch bis zur Heilung lieben können, ist nicht wahrhaft christlich.

„Es ist nicht einfach", gesteht Pater Martin ein. „Wirklich machbar ist das nur durch Gnade, aber gerade darin liegt die Schönheit des Christentums: dass es Menschen unterschiedlicher Blutlinien, Sprachen und Ethnien zusammenführt und uns eine gemeinsame Kultur gibt."

Die Klostergemeinschaft von Norcia umfasst Brüder aus den Vereinigten Staaten, aus Indonesien, Brasilien, Deutschland und Kanada. Das Leben in Gemeinschaft kann sehr schwierig sein, sagen die Mönche, aber es ist unerlässlich zur Erfüllung des benediktinischen Gelübdes der „Bekehrung des Lebens".

Und es lehrt jeden einzelnen Mönch sich selbst besser kennen. „Wenn jemand in ein Kloster eintritt, fallen ihm zuerst die Macken aller anderen auf – das, was mit den anderen nicht stimmt", sagt Pater Martin. „Aber je länger man hier ist, umso mehr fragt man sich: Was stimmt eigentlich mit *mir* nicht? Man geht tiefer in sich, um die eigenen Stärken und Schwächen zu erkennen. Und das führt dazu, auch die anderen zu akzeptieren, wie sie sind."

Pater Basil sagt, in den Jahren seines Lebens als Mönch habe er ein viel klareres Verständnis dafür entwickelt, was es heißt, als Teil des Leibes Christi zu leben: Die Gemeinschaft der Mönche bildet ein organisches Ganzes, vereint in Christus, und jeder einzelne ist in Liebe bemüht, das Seine dazu beizutragen, das Ganze zu stärken.

„Gott hat seine Gnaden auf eine Weise verteilt, dass tatsächlich jeder von uns den anderen braucht", sagt der Priester. „Sicherlich gibt es den alten Adam in mir, der nach Individualismus lechzt, aber je mehr ich in der Gemeinschaft lebe, desto deutlicher sehe ich, dass es ohne sie nicht möglich wäre, treu im Glauben zu sein oder in vollem Sinne Mensch zu sein."

Auf seinen Reisen in Angelegenheiten des Klosters sieht Pater Martin, der Geschäftsführer der Gemeinschaft, eine Leere in den Gesichtern vieler Menschen, denen er begegnet. Sie wirken so angespannt, so beunruhigt, so unsicher. Die Mönche glauben, dass dies die Folge von Einsamkeit, Isolation und einem Mangel an tiefer und lebensspendender Gemeinschaftsbindung ist. Wenn das Leuchten in den Gesichtern der Leute vom Widerschein ihrer Laptops, Smartphones oder Fernsehschirme kommt, dann leben wir in einem dunklen Zeitalter, sagt Pater Martin.

„Ihnen fehlt das elementare Licht, das durch soziale Interaktion in einem Menschen aufleuchten sollte", merkt er an. „Nur daraus kann Liebe entstehen. Ohne echten Kontakt mit anderen Menschen gibt es keine Liebe. Ein so dunkles Zeitalter wie dieses haben wir noch nie erlebt."

Gastfreundschaft

Das Benediktinische Verständnis von Gebet, Arbeit, Askese, Beständigkeit und Gemeinschaft erfordert Praktiken, die die Gemeinschaft der Mönche eng zusammenschweißen. Die daraus resultierende Nähe und Verbundenheit wird durch die Absonderung der Mönche von der Welt verstärkt. Dennoch ermahnt Benedikt sie in der Ordensregel, sich bewusst zu sein, dass sie nicht allein für sich selbst leben, sondern auch dazu, Außenstehenden zu dienen.

Der Ordensregel zufolge dürfen wir niemals jemanden ab weisen, der unserer Liebe bedarf. Eine Kirche oder sonstige „Benedikt-Options"-Gemeinschaft muss offen für die Welt sein – um den Schatz der Liebe Gottes mit jenen zu teilen, denen sie fehlt.

Die Mönche leben überwiegend in Klausur – das heißt, sie bleiben innerhalb der Klostermauern und haben eingeschränkten Kontakt zur Außenwelt. Die spirituelle Arbeit, zu der sie berufen sind, erfordert Stille und Absonderung. Unsere Arbeit erfordert nicht dieselben Strukturen. Als Laienchristen, die inmitten der Welt leben, sind wir berufen, unter gewöhnlicheren gesellschaftlichen Bedingungen nach Heiligkeit zu streben.

Aber selbst die klausurierten Benediktiner praktizieren Gastfreundschaft gegenüber Fremden. Die Ordensregel schreibt vor, dass all jene, die das Kloster als Pilger oder Gäste aufsuchen, „aufgenommen werden wie Christus, denn er wird sagen: Ich war fremd und ihr habt mich aufgenommen (Mt 25,35)". Wer eingeladen wird, mit den Mönchen im Refektorium zu essen, wird bei seinem ersten Besuch mit einer von der Benediktsregel vorgeschriebenen Handwaschungszeremonie begrüßt.

Bruder Francis Davoren, 44, der Braumeister des Klosters, war früher der Refektorar – das heißt, der Aufseher über den Speisesaal. Er widmete sich dieser Aufgabe mit einer sakramentalen Vision.

„Der Hl. Benedikt sagt, Christus ist gegenwärtig in den Brüdern und Christus ist gegenwärtig in unseren Gästen. Also sagte ich mir jeden Tag: Heute kommt Christus zum Essen. Ich bemühte mich, den Besuchern alles so angenehm wie möglich zu machen, um ihnen zu zeigen, dass wir Anteil an ihnen nehmen", berichtet er. „Das ist ein guter Weg, auf Leute zuzugehen: ihnen Respekt zu erweisen, ihre Würde anzuerkennen, ihnen zu zeigen, dass man Christus in ihnen erkennt und ihnen einen Platz in seinem Leben einräumt."

Als Gästehausleiter des Klosters verkörpert Bruder Ignatius den Berührungspunkt zwischen den Pilgern und der Gemeinschaft der Mönche. Er erklärt, warum die Mönche die Worte Christi über die Aufnahme von Fremden so betont ernst nehmen: „Es ist eine Art Warnung: Wenn du im Himmel willkommen sein willst, dann sieh zu, dass du im Hier und Jetzt andere Leute willkommen heißt wie Christus selbst – selbst wenn es dir missfällt, selbst wenn du unter diesen Leuten leidest", sagt er. „Wenn dein Leben darin besteht, Christus zu suchen, dann ist es so: Du findest Erlösung darin, Gäste zu bedienen, denn in ihnen kommt Christus zu dir."

Der Hl. Benedikt verlangt von seinen Mönchen, offen gegenüber der Außenwelt zu sein – bis zu einem gewissen Punkt: Gastfreundschaft muss mit Umsicht und Besonnenheit ausgeübt werden, auf eine Weise, die es Besuchern nicht erlaubt, die

Lebensweise der Mönche zu stören. Zum Beispiel gilt die Vorschrift, bei Tisch zu schweigen, für Gäste wie für Mönche gleichermaßen. Wie Bruder Augustinus es ausdrückt: „Würden wir zulassen, dass die Besucher den Rhythmus unseres Lebens allzu sehr durcheinanderbringen, könnten wir niemanden mehr willkommen heißen." Das Kloster empfängt dauernd Besucher, die alle möglichen Probleme haben und Rat, Hilfe oder einfach ein offenes Ohr suchen, und es ist wichtig, dass die Mönche ihre Ordnung aufrecht erhalten, damit sie in der Lage sind, diese Art von Gastfreundschaft zu gewähren.

Anstatt sich jedoch aus übertriebener Vorsicht zu sehr abzuschließen, meint Pater Benedict, sollten Christen der Welt gegenüber so offen sein, wie es möglich ist, ohne sich selbst dabei zu kompromittieren. „Ich glaube, allzu viele Christen haben entschieden, die Welt sei schlecht und müsse so weitgehend wie möglich gemieden werden. Nun ja, mit dieser Einstellung ist es ziemlich schwer, jemanden zu bekehren", merkt er an. „Es ist viel einfacher, den Leuten zu helfen, wenn man das Gute in ihnen sieht, als wenn man ihnen vorhält, wie schlecht sie sind."

Die Kraft der populären Kultur ist so überwältigend, dass strenggläubige Christen oft die Notwendigkeit verspüren, sich hinter Verteidigungslinien zurückzuziehen. Aber Bruder Ignatius, 51, warnt, Christen dürften nicht so beklommen und ängstlich werden, dass sie es unterlassen, die Frohe Botschaft in Wort und Tat mit einer Welt zu teilen, die von Hass und Finsternis gefangen gehalten wird. Es ist umsichtig, vernünftige Grenzen zu ziehen, aber wir müssen aufpassen, dass wir uns nicht verhalten wie der ungetreue Knecht im Gleichnis von den Talenten, der von seinem Meister für seine schwache, ängstliche Verwaltung der ihm anvertrauten Güter bestraft wurde.

„Angriff ist die beste Verteidigung. Man verteidigt sich, indem man attackiert“, sagt Bruder Ignatius. „Greifen wir an, indem wir Gottes Königreich vergrößern – zuerst in unseren Herzen, dann in unseren Familien, und dann in der Welt. Ja, man benötigt Grenzen, aber es ist unsere Pflicht, diese Grenzen nicht dort zu belassen, wo sie sind. Wir müssen sie ausweiten, Territorium hinzugewinnen, immer weiter.“

Ausgewogenheit

Das benediktinische Leben ist streng, aber wenn man es gemäß der Ordensregel gestaltet, ist es zugleich frei von Fundamentalismus und Extremismus. „Bei dieser Gründung hoffen wir, nichts Hartes und nichts Schweres festzulegen“, schreibt Benedikt. Das Ziel der Ordensregel – und somit das Ziel eines gemäß dieser Regel gestalteten Lebens – ist es vielmehr, „das Herz weit“ zu machen, um „in unsagbarem Glück der Liebe den Weg der Gebote Gottes“ zu gehen.

Pater Basil sagt: „Der Hl. Benedikt greift ein Bild auf, das die Heilige Schrift benutzt, um auf Christus selbst hinzuweisen. ‚Das geknickte Rohr zerbricht Er nicht und den glimmenden Docht löscht Er nicht aus‘. Die menschliche Natur an sich ist zerbrechlich. Wir müssen sie mit Sorgfalt, mit Anteilnahme, mit Behutsamkeit behandeln.“

Diese Ausrichtung auf das Gemeinschaftsleben steht in scharfem Gegensatz zu einer Anzahl anderer christlicher Gruppierungen, die entweder zerbrochen oder sektenähnlich geworden sind, weil ein obsessiv puristischer, autoritärer Führer seine Macht missbraucht hat.

Bruder Francis drückt es so aus: Wenn eine Gemeinschaft die Disziplin zu sehr schleifen lässt, löst sie sich auf. Wenn sie aber zu starr ist, macht sie die Leute wahnsinnig. „Um eine Gemeinschaft zu beurteilen, muss man ihre Früchte betrachten", sagt er. „Wächst die Gemeinschaft? Strahlen ihre Mitglieder Fröhlichkeit und Freude aus? Tun sie Gutes und helfen anderen Leuten? Schau dir an, was eine Gemeinschaft hervorbringt, und du siehst, wie ausgewogen sie ist."

In diesem Sinne ist Ausgewogenheit – oder, anders ausgedrückt, Besonnenheit, Barmherzigkeit und gutes Urteilsvermögen – der Schlüssel zur Leitung des Lebens einer christlichen Gemeinschaft. Dazu gehört auch, die notwendigen Bestandteile des monastischen Lebens – essen, schlafen, beten, arbeiten, lesen – in einem harmonischen Verhältnis zueinander zu erhalten, damit nicht eines davon das Leben eines Mönchs dominiert, sondern alles zu einem gesunden Ganzen vereint wird.

Jedoch betont Pater Benedict, niemand sollte meinen, die Ordensregel ziele auf eine ausgewogene Lebensweise in *dem* Sinne ab, dass man sich mit Halbheiten und spiritueller Mittelmäßigkeit zufrieden gäbe. Es geht nicht um eine Balance zwischen Gut und Schlecht, sondern zwischen verschiedenen Arten des Guten.

Der Hl. Benedikt hatte nicht die Absicht, „Wischi-Waschi"-Mönche heranzubilden. „Er will Menschen zu Heiligen machen, und Heilige sind für gewöhnlich keine besonders ausgeglichenen Leute", sagt Pater Benedict und lacht. „Er hat einen radikalen Lebensstil begründet: die totale Ablösung von der Welt und Nachdruck auf Bekehrung. Es bedeutet, Gott alles zu geben, immer."

Laien können von der Benediktsregel profitieren, sagt er, wenn sie verstehen, was das Radikale an der Lebensweise des Hl. Benedikt ist: die völlige Aufgabe des Eigenwillens zugunsten des Willens Gottes. Die Methode mag Ausgewogenheit in ihrer Anwendung erfordern, aber das Ziel, das der Herr uns vorgegeben hat, ist außerordentlich: *vollkommen zu sein, wie unser Vater im Himmel vollkommen ist.*

Weil Jesus eins mit dem Vater ist, müssen jene, die nach Vollkommenheit streben, Ihm nachzueifern suchen. Natürlich wäre es Häresie, zu glauben, man könne diese Vollkommenheit aus eigener Kraft oder diesseits des Himmels erreichen. Es ist ein Paradox des christlichen Lebens, dass man sich, je heiliger man wird, nur umso eindringlicher seiner Mängel bewusst wird – und damit seiner völligen Angewiesenheit auf die Barmherzigkeit Gottes. Gleichwohl: Die ideale Person ist die, die, indem sie dem Ruf Gottes folgt, Christus in Allem ähnlich wird. Ob sie zu einem klösterlichen Leben oder zum Leben in der Welt berufen ist, zur Gründung einer Familie oder zum Alleinleben, zu körperlicher Arbeit oder zu einem Schreibtischjob, dazu, zu Hause zu bleiben, oder um die Welt zu reisen: Sie muss nach besten Kräften danach streben, wie Jesus zu sein. Der benediktinische Weg bietet – indem er unseren Körper, unseren Geist und unsere Seele methodisch und praktisch zu einem harmonischen Leben ordnet, in dem Christus als das Zentrum von Allem stets gegenwärtig ist und Alles erfüllt - eine Spiritualität, die für Jeden zugänglich ist. Für den Christen, der dem Weg des Hl. Benedikt folgt, wird das alltägliche Leben zu einem ununterbrochenen Gebet, zugleich Opfer für Gott und Geschenk von Ihm – und so verwandelt Er uns Stück für Stück in ein Abbild Seines Sohnes.

Die einzige große Tragödie im Leben

Das benediktinische Beispiel ist ein Zeichen der Hoffnung, aber zugleich auch eine Warnung: Wie auch immer die Umstände sein mögen, ein Christ kann nicht in Treue leben, wenn Gott nur einen Teil seines Lebens ausmacht, ausgeklammert vom übrigen Leben. Letztendlich steht entweder Christus im Mittelpunkt unseres Lebens oder das Selbst und die Götzen, die es sich errichtet. Einen Kompromiss dazwischen gibt es nicht. Mit Seiner Hilfe können wir die Fragmente unseres Lebens zusammensetzen und um Ihn herum ordnen – aber das ist nicht einfach, und wir können es nicht *allein* tun. Etwas Geringeres anzustreben, würde jedoch darauf hinauslaufen, was der französische katholische Schriftsteller Léon Bloy in die Worte gekleidet hat: „Die einzige wirkliche Traurigkeit, das einzige wirkliche Scheitern, die einzige große Tragödie des Lebens ist es, *kein Heiliger zu werden.*“[33]

Während ich mich auf meine Abreise aus dem Kloster des Heiligen Benedikt vorbereitete, sprach ich Pater Martin darauf an, wie außergewöhnlich es sei, dass ein Ort wie dieser in der modernen Welt überhaupt existiert. Junge Männer, die eine bis in die Frühzeit der Kirche zurückreichende Tradition des Gebets, der Liturgie und des asketischen Gemeinschaftslebens aufgreifen – und die dies mit unverkennbarer *Freude* tun? Man sollte denken, so etwas könne es heutzutage gar nicht mehr geben.

Aber sie sind hier – ein Zeichen des Widerspruchs gegen die Moderne.

Pater Martin ließ ein breites Grinsen unter seinem schwarzen Bart aufblitzen und sagte, dies sei etwas, was alle Christen haben könnten, sofern sie bereit seien, das Nötige zu tun, um eine solche Genesung zu bewerkstelligen: nämlich „das, was wir verloren haben, vom Boden aufheben und wieder Wirklichkeit werden lassen".

„Es gibt hier etwas, das sehr alt ist, aber zugleich ist es neu", sagt Pater Martin. „Die Leute sagen: Ach, ihr versucht ja nur die Uhr zurückzudrehen. Aber das ergibt keinen Sinn. Wenn man etwas im Hier und Jetzt tut, dann heißt das, es geschieht *im Hier und Jetzt*. Es ist neu, und es ist lebendig! Und davon geht eine große Kraft aus."

Ein Pilger, der Norcia verlässt und die Berge hinabsteigt, mag die Mönche um die Schlichtheit ihres Lebens in ihrem stillen Dorf beneiden. Die heitere Gelassenheit und Bodenständigkeit Norcias und seiner Benediktinermönche scheinen so weit weg von der turbulenten Welt dort unten – es ist kein Wunder, wenn man schon anfängt, sie zu vermissen, bevor man auch nur den Bahnhof in Spoleto erreicht hat. Aber wenn man das Geschenk Norcias in rechter Weise empfangen hat, dann geht man nicht mit leeren Händen, nicht ohne gewappnet zu sein für das, was vor einem liegt.

Denn die Brüder und Patres dort werden dir einen Blick darauf ermöglicht haben, wie ein in Christus geeintes Leben aussehen kann. Sie werden dir gezeigt haben, dass das traditionelle Christentum nicht tot ist und dass Wahrheit, Schönheit und Güte wiedergefunden und wieder zum Leben erweckt werden können – auch wenn es nicht weniger als Alles kosten wird, dies zu tun. Und sie werden ihre uralten Lehren mit dir geteilt haben, die über eineinhalb Jahrtausende durch die Hände von Mönchen und Nonnen von Generation zu Generation weitergereicht worden sind – eine Weisheit, die einfachen Gläubigen dabei helfen kann, sich inmitten der modernen Welt zum Kampf zu rüsten, das neue Dunkle Zeitalter nicht bloß durchzustehen, sondern sogar in ihm aufzublühen.

Wie aber holen wir die benediktinische Weisheit aus dem Kloster heraus und wenden sie auf die Herausforderungen des weltlichen Lebens im 21. Jahrhundert an? Diese Frage ist es, der wir uns nun zuwenden. Der Weg des Hl. Benedikt ist keine Flucht vor der realen Welt, sondern ein Weg, die Welt zu sehen, wie sie wahrhaft ist, und entsprechend in ihr zu leben. Die Benediktinische Spiritualität lehrt uns, die Welt in Liebe zu ertragen und sie in dem Maße und in der Weise zu verändern, wie der Heilige Geist *uns* verwandelt. Die Benedikt-Option greift die Tugenden der Ordensregel auf, um die Art und Weise zu verändern, wie Christen mit Politik, Kirche, Familie, Gemeinschaft, Bildung und Erziehung, dem Berufsleben, Sexualität und Technologie umgehen.

Und dies ist ein dringliches Anliegen. Als ich Pater Cassian zum ersten Mal von der Benedikt-Option erzählte, sinnierte er über meine Worte und erwiderte dann ernst: „Diejenigen, die nicht in irgendeiner Form etwas von dem tun, was du meinst, werden das, was auf sie zukommt, nicht überstehen."

KAPITEL 4

Eine neue Form christlicher Politik

Ebenso wie die Menschen in anderen westlichen Demokratien erleben auch die Bürger der Vereinigten Staaten derzeit ein politisches Erdbeben, das die Grundfesten der Nachkriegsordnung erschüttert. Die alten, vertrauten Kategorien, die den Rahmen für das politische Denken und den politischen Diskurs bildeten, sind tot oder liegen im Sterben. Wo finden rechtgläubige Christen ihren Platz in dieser anbrechenden Realität? Auf welcher Seite sollten wir stehen? Oder *gibt* es überhaupt eine richtige Seite für uns?

Die Antwort wird diejenigen konservativen Christen, die die Kirche als die Republikanische Partei beim Gebet betrachten oder mit mehr Überzeugung in die Wahlkabine gehen als zum Sonntagsgottesdienst, nicht zufriedenstellen. Wenngleich noch einige wenige Aussichten auf positive Entwicklungen im Bereich der traditionellen Politik verbleiben, sollten sowohl die wachsende Feindseligkeit gegenüber Christen als auch die moralische Verwirrung, die die einstigen „werteorientierten Wähler“ befallen hat, uns veranlassen, einen anderen, besseren Weg nach vorn zu ersinnen.

Die Benedikt-Option erfordert eine radikal neue Art, Politik zu betreiben: einen praxisorientierten Lokalismus, der an die Pionierarbeit von Ostblock-Dissidenten anknüpfen kann, die während des Kalten Krieges dem Kommunismus trotzten. Eine an westliche Verhältnisse angepasste Variante „antipolitischer Politik" – um einen von dem tschechischen politischen Gefangenen Václav Havel geprägten Begriff zu verwenden – ist der beste Weg nach vorn für gläubige Christen, die ein praktisches und effektives Engagement im öffentlichen Leben anstreben, bei dem sie nicht Gefahr laufen, ihre Integrität und letztlich ihre Menschlichkeit zu verlieren.

Aufstieg und Fall des werteorientierten Wählers

Noch in den 1960er-Jahren waren Fragen der Moral und der Kultur – mit der bedeutenden Ausnahme der Bürgerrechtsfrage – keine ausschlaggebenden Themen in der US-Politik. Amerikaner trafen ihre Wahlentscheidung im Wesentlichen unter ökonomischen Gesichtspunkten, wie schon seit der Weltwirtschaftskrise. In der kulturell christlich geprägten Gesellschaft herrschte ein ausreichender moralischer Konsens, um Fragen von Geschlecht und Sexualität aus der Politik herauszuhalten.

Die sexuelle Revolution veränderte dies grundlegend. Angefangen mit dem Gerichtsurteil *Roe vs. Wade* zur Legalisierung von Abtreibung im Jahr 1973, begannen die Amerikaner, sich gemäß ihrer moralischen Gesinnung politisch zu positionieren. Innerhalb der Republikanischen Partei begann der Aufstieg der „Religiösen Rechten" und zugleich innerhalb der Demokratischen Partei der Aufstieg der Säkularen Linken. Um die Jahrhundertwende war der Kulturkampf unbestritten der Brennpunkt politischer Auseinandersetzungen in Amerika.

„Hatten Wahlen früher die Partei der Arbeiterklasse gegen die Partei der Wall Street in Stellung gebracht", schrieb der Journalist Thomas Byrne Edsall im *Atlantic*, „so stehen nun Wähler, die an eine festgelegte und universal gültige Moral glauben, solchen gegenüber, die moralische Fragen – vor allem soweit sie die Sexualität betreffen – als veränderlich und als eine Angelegenheit individueller Entscheidungsfreiheit betrachten."

Das war im Jahr 2003. Heute ist der Kulturkampf, wie wir ihn kennen, vorbei. Die sogenannten „werteorientierten Wähler" – also religiös und sozial Konservative – wurden besiegt und werden an die Ränder des politischen Spektrums gedrängt. Moralische Fragen spielen nicht mehr die zentrale Rolle für unsere Politik, wie das früher der Fall war, aber dennoch spalten sie die Gesellschaft – mit einer oft erbitterten Schärfe. Obwohl Donald Trump die Präsidentschaft zum Teil dank starker Unterstützung von Katholiken und Evangelikalen gewann, ist die Vorstellung, jemand, der so stramm vulgär, heftig streitsüchtig und in moralischer Hinsicht unglaubwürdig ist wie Trump, könne zur Leitfigur einer Erneuerung christlicher Moral und sozialer Einigkeit werden, mehr als illusorisch. Er ist keine Lösung für das Problem von Amerikas kulturellem Niedergang, sondern vielmehr ein Symptom dessen.

Die sozialen Schichten der Bevölkerung driften immer mehr auseinander, und weite Teile sowohl der jungen Linken als auch der populistischen Rechten stellen den auf Freihandel und Globalisierung ausgerichteten wirtschaftspolitischen Konsens in Frage, der die US-Politik von der Präsidentschaft

Ronald Reagans bis zu jener Bill Clintons geeint hatte. Dies ist die erste Welle einer tektonischen Verschiebung der politischen Koordinaten, die von widerstreitenden Ansichten über Freihandel und nationale Identität bestimmt ist. Womöglich werden wir uns noch nach einer Zeit zurücksehnen, in der Abtreibung und Homo-Ehe die am heftigsten umstrittenen Themen waren.

Wo finden die einstigen „werteorientierten Wähler" ihren Platz unter den neuen Verhältnissen? Ehrlich gesagt: gar nicht. Der Präsidentschaftswahlkampf von 2016 hat auf durchdringende, schmerzhafte Weise deutlich gemacht, dass konservative Christen, die einst ihren komfortablen und angestammten Platz in der Republikanischen Partei hatten, politisch heimatlos sind.

Unsere großen Themen – Abtreibung und Religionsfreiheit – spielten im Republikanischen Vorwahlkampf keine Rolle. Donald Trump eroberte die Nominierung der Partei, ohne um die religiös Konservativen werben zu müssen. In seiner Rede auf dem Nominierungsparteitag ignorierte er uns. Während des Hauptwahlkampfs sprangen einige prominente Evangelikale und eine Handvoll führender Katholiken aus nackter Angst vor einer Regierung Hillary Clintons auf den Trump-Zug auf. Bei seinem handstreichartigen Wahlsieg eroberte Trump 52% der katholischen und verblüffende 81% der evangelikalen Wählerstimmen.

Wird Trump sich in seiner Regierung als Freund der christlichen Konservativen erweisen? Möglich. Wenn er Richter an das Oberste Bundesgericht und die niederrangigeren Gerichte beruft, die entschieden die Religionsfreiheit verteidigen, dann mag seine Regierung sich als ein Segen für uns erweisen. Obwohl Trumps Bekehrung zum Anliegen des Lebensschutzes sehr spät und offenbar aus politischen Opportunitätsrücksichten erfolgte, kann man vernünftigerweise davon ausgehen, dass seine Regierung diesem Anliegen nicht so feindlich gegenüberstehen wird wie die seines Vorgängers. Für Christen, die sich innerlich bereits auf weitere vier Jahre fortgesetzter Attacken seitens eines progressiven Weißen Hauses eingestellt hatten, sind das keine Kleinigkeiten.

Dennoch geht von dem neuen Regime in Washington eine Reihe von Gefahren aus – offenkundige wie verborgene Gefahren. Zum einen hat Donald Trumps lange Karriere im Licht der Öffentlichkeit gezeigt, dass er, was immer man sonst über ihn sagen mag, nicht dafür bekannt ist, seine Versprechen zu halten. Die Warnung des Psalmisten, nicht „auf Fürsten zu bauen", bleibt ein exzellenter Ratschlag.

Zum zweiten, die Kirche ist nicht bloß eine Versammlung konservativer Weißer beim Gebet. Viele *Hispanics* und andere Christen aus ethnischen Minderheiten, ebenso wie alle, die aus welchen Gründen auch immer nicht für den polarisierenden Trump gestimmt haben, hören deswegen nicht auf, Christen zu sein. Die Kirche während der Trump-Jahre zusammenzuhalten wird für uns alle eine enorme Herausforderung darstellen.

Obendrein werden konservative Christen – ob zu Recht oder nicht – in der öffentlichen Wahrnehmung in den nächsten vier Jahren, und sicher auch noch darüber hinaus, mit Trump assoziiert werden. Wenn konservative Kirchenführer in der öffentlichen Darstellung ihres Verhältnisses zur Trump-Regierung nicht außerordentlich vorsichtig vorgehen, wird eine unausweichliche Anti-Trump-Welle dem Ansehen der Kirche schweren Schaden zufügen. Die Wahl Trumps mag einige Probleme für die Kirche lösen, aber angesichts des Charakters dieses Mannes schafft sie gleichzeitig neue Probleme. Politische Macht ist kein moralisches Reinigungsmittel.

Dies führt uns zu den subtileren, aber potentiell noch verheerenderen Auswirkungen dieses unerwarteten Wahlsiegs der Republikanischen Partei. Zunächst einmal wäre die Versuchung der *Anbetung der Macht* zu nennen – und die Versuchung, die eigene Seele zu kompromittieren, um den Zugang zur Macht zu bewahren. Es gibt viele Arten, ein Körnchen Weihrauch für Caesar zu opfern, und man kann behaupten, dass einige Pro-Trump-Christen diese Linie während des Wahlkampfs überschritten haben.

Zudem besteht die Gefahr, dass Christen dazu zurückkehren, die Hände in den Schoß zu legen. Keine Regierung in Washington, wie ostentativ pro-christlich sie auch sein mag, ist in der Lage, kulturelle Trends aufzuhalten, die in die Richtung von Desakralisierung und Fragmentierung weisen und die sich über Jahrhunderte hinweg aufgebaut haben. Etwas anderes zu erwarten, wäre eine falsche Idolisierung, ja Vergötzung von Politik.

Ein Grund dafür, dass die zeitgenössische Kirche in so großen Schwierigkeiten steckt, liegt darin, dass die religiös Konservativen der letzten Generation irrtümlich geglaubt haben, sie könnten sich auf die Politik konzentrieren und die Kultur würde sich um sich selbst kümmern. Während der letzten rund dreißig Jahre haben viele von uns geglaubt, sie könnten die Welle des aggressiven Liberalismus der 1960er zurückdrängen, indem sie konservative Republikaner wählten, die versprachen, eine sozialpolitisch konservative Gesetzgebung zu fördern und konservative Richter ans Oberste Bundesgericht zu berufen.

Die Ergebnisse an der Gesetzgebungs- und Rechtsprechungsfront waren ausgesprochen durchwachsen, aber das Urteil über die übergeordnete politische Strategie ist eindeutig: Wir haben versagt. Ein grundsätzliches „Recht" auf Abtreibung ist nach wie vor unangefochten, und Umfrageergebnisse des Meinungsforschungsinstituts *Gallup* zu diesem Thema zeigen keine signifikanten Veränderungen von der Zeit von *Roe vs. Wade* bis heute. Das traditionelle Verständnis von Ehe und Familie wurde weder im Gesetz noch in den Sitten bewahrt, und die Folge davon ist, dass Gerichtshöfe drauf und dran sind, die Religionsfreiheit im Interesse von „Antidiskriminierung" in dramatischem Ausmaß zurückzudrängen.

Nochmals: Die neue Trump-Regierung mag in der Lage sein, einige dieser Entwicklungen durch ihre Richterberufungen abzuwehren oder zumindest zu verlangsamen – aber das ist ein schwacher Trost. Kann ein von konservativen Parlamentariern verabschiedetes und von konservativen Richtern angewandtes Gesetz die Gesetze des menschlichen Herzens überschreiben? Nein, das kann es nicht. Politik ist kein Ersatz für persönliche Heiligung. Das Beste, was rechtgläubige Christen heute noch von der Politik erhoffen können, ist, dass sie einen Freiraum schafft oder bewahrt, innerhalb dessen die Kirche ihre Werke der Nächstenliebe, des Kulturaufbaus und der Bekehrung betreiben kann.

Traditionelle Politik: Was weiterhin getan werden kann

Wohlgemerkt, Christen können es sich nicht leisten, sich vollständig aus dem öffentlichen Diskurs zurückzuziehen. Die Kirche darf sich nicht vor ihrer Verantwortung scheuen, für politische Führungspersönlichkeiten zu beten und prophetisch zu ihnen zu sprechen. Christliche Anliegen sind nicht darauf beschränkt, Abtreibung zu bekämpfen, die Religionsfreiheit und die traditionelle Familie zu verteidigen. Konservative Christen können und sollten damit fortfahren, mit Liberalen zusammenzuarbeiten, um Zwangsprostitution, Armut, AIDS und dergleichen zu bekämpfen.

Die eigentliche Frage, der wir uns stellen müssen, ist nicht, ob wir die Politik gänzlich aufgeben sollten, sondern wie wir politische Einflussnahme besonnen einsetzen, insbesondere im Rahmen einer instabilen politischen Kultur. Wann ist es feige, aus einer übertriebenen Angst vor Verunreinigung nicht mit säkularen Politikern zu kooperieren – und wann würde man sich durch Beteiligung korrumpieren? Donald Trump hat das politische Regelbuch zerrissen, in jeder Hinsicht. Glaubenstreue konservative Christen können sich nicht mehr blind auf ihre im politischen Engagement der letzten 30 Jahre erlernten Gewohnheiten verlassen. Die Zeiten verlangen jenen Gläubigen, die sich auf das politische Parkett wagen, erheblich mehr Weisheit und Scharfsinn ab.

Vor allem jedoch erfordern es die Zeiten, unsere Aufmerksamkeit der lokalen Kirche und Gemeinschaft zuzuwenden, deren Wohl und Wehe nicht in erster Linie davon abhängt, was in Washington geschieht. Und die Zeiten erfordern eine scharfsichtige Beurteilung der Zerbrechlichkeit dessen, was auf dem Wege der Parteipolitik erreicht werden kann.

Yuval Levin, der Herausgeber des Magazins *National Affairs* und Mitglied des *„Ethics and Public Policy Center"* in Washington, argumentiert, dass religiös Konservative besser beraten wären, „florierende Subkulturen aufzubauen", statt politisch einflussreiche Positionen anzustreben. Warum? Weil in einer Zeit der zunehmenden und unaufhaltsamen Fragmentierung eine gemeinsame Kultur nicht mehr denselben Stellenwert hat wie früher. Levin schreibt:

> „Wer die Amerikaner mit einer ihnen unvertrauten moralischen Botschaft erreichen will, muss sie dort aufsuchen, wo sie sind – und das bedeutet in zunehmendem Maße, dass traditionsorientierte Kreise ihre Sache nicht dadurch verfechten müssen, dass sie sich im Zentrum der Gesellschaft etablieren und große Institutionen gründen, sondern dadurch, dass sie sich in Form kleiner Außenposten an der Peripherie verteilen. In diesem Sinne bedeutet es keinen Rückzug vom zeitgenössischen Amerika, sich auf die Gemeinschaft in der eigenen nächsten Umgebung zu konzentrieren, sondern ganz im Gegenteil eine erhöhte Aufmerksamkeit."[34]

Wenngleich rechtgläubige Christen sich der lokalen Basisarbeit zuwenden müssen, da sie nicht mehr erwarten können, die Politik in Washington in dem Maße beeinflussen zu können, wie sie es früher konnten, gibt es ein Thema, dem sie alle Aufmerksamkeit zuwenden sollten, die sie für die nationale Politik noch erübrigen können: das Thema Religionsfreiheit.

Religionsfreiheit ist von entscheidender Bedeutung für die Benedikt-Option. Ohne eine kraftvolle und erfolgreiche Verteidigung der Schutzrechte des Ersten Verfassungszusatzes werden Christen nicht in der Lage sein, die kommunalen Institutionen aufzubauen, die lebenswichtig sind, um unsere Identität und unsere Werte zu bewahren. Mehr noch: Christen, die innerhalb des umkämpften Freiraums, der uns noch bleibt, nicht entschieden handeln, vergeuden wertvolle Zeit – eine Zeit, die schneller ablaufen könnte, als wir denken.

Lance Kinzer steckt mitten in jenem politischen Wandel, den christliche Konservative derzeit durchmachen müssen. Nach zehnjähriger Amtszeit in der Legislative des Staates Kansas hat er sein Mandat im Jahr 2014 aufgegeben und bereist nun das Land, um für eine Religionsfreiheits-Gesetzgebung in den Kammern der Bundesstaaten zu werben. „Ich war ein ganz normaler evangelikal-christlicher Republikaner, mit allem, was dazugehört – wozu insbesondere ein Glaube daran gehörte, dass dieses Land ‚uns' gehört. Das war vermutlich nicht gesund", sagt er.

Dieser Glaube brach zusammen, als die Republikaner in Kansas im Jahr 2014 – in Erwartung der gerichtlichen Durchsetzung der Homo-Ehe – einen Versuch unternahmen, den Schutz der Religionsfreiheit für Lieferanten von Hochzeitsausstattungen, Hochzeitstortenbäcker und ähnliche Berufskreise auszuweiten. Kinzer und andere Republikaner-Abgeordnete in diesem zutiefst konservativ geprägten Bundesstaat gingen davon aus, dass ihre Gesetzesvorlage problemlos die beiden Kammern des Parlaments passieren und Gouverneur Sam Brownback zur Unterschrift vorgelegt werden würde.

Aber es kam ganz anders. Die Handelskammer des Staates Kansas stellte sich vehement gegen das Gesetzesvorhaben. Regionale und landesweite Medien explodierten vor gewohnheitsmäßiger Empörung. Als Vorkämpfer für Lebensschutz-Anliegen im Parlament war Kinzer eine knallharte Presseberichterstattung gewohnt, aber der Aufschrei über den Gesetzesentwurf zur Religionsfreiheit übertraf alles, was er bisher erlebt hatte.

Die Vorlage wurde vom Repräsentantenhaus des Staates Kansas angenommen, aber vom Senat – obwohl er von Republikanern dominiert wurde – verworfen. Dieses Ergebnis verunsicherte Kinzer zutiefst. „Mir wurde klar, dass die Koalition aus Sozialkonservativen und Großindustrie, auf die sich die Politik der Republikanischen Partei stützte, bis zum Zerreißen strapaziert war durch fundamentale Uneinigkeit über Prioritäten, über das, was wirklich wichtig ist", sagt er rückblickend.

Kinzer hatte ohnehin vorgehabt, sich aus der Politik auf Bundesstaatsebene zurückzuziehen, um wieder als Anwalt zu praktizieren und mehr Zeit für seine Familie zu haben. Das Debakel des Gesetzesvorhabens zum Thema Religionsfreiheit bestärkte ihn darin, die richtige Entscheidung getroffen zu haben.

Es war nicht einfach nur ein Gefühl der Ermüdung angesichts der politischen Prozesse, sondern vielmehr die Erkenntnis, dass „die Realität des kulturellen Moments" es erfordere, höhere Priorität auf die Stärkung seiner örtlichen Kirchengemeinde zu legen als auf die parlamentarische Arbeit. Obwohl er lebenslang ein regelmäßiger Kirchgänger gewesen war – er und seine Familie gehören einer Gemeinde der *„Presbyterian Church in America"* in Overland Park, einer Vorstadt von

Kansas City, an –, kam Kinzer zu dem Schluss, dass er sein lokales Engagement noch verstärken müsse.

„Wenn man die Politik als seine Berufung gewählt hat, kann man sich leicht einreden, man leiste mit seiner Abgeordnetentätigkeit fundamentale Aufbauarbeit für das Reich Gottes", sagt er. „Aber ich habe angefangen, daran zu zweifeln. Es geht nicht darum, ob es sich *gelohnt* hat, politisch für diese oder jene Sache einzutreten, sondern eher darum, dass in mir die Empfindung gewachsen ist, dass die eigentliche Arbeit der kulturellen Rückgewinnung und Erneuerung nicht außerhalb der Kirche, sondern *in* ihr geleistet werden muss, und dass das *zuerst* geschehen muss, ehe wir uns längerfristigen Zielen zuwenden können."

Obwohl Kinzer und seine Familie einer konservativen Kirchengemeinde innerhalb einer konservativen Konfession angehörten, stellte er fest, dass viele Gemeindemitglieder kaum Kenntnisse über die reformatorische Tradition ihrer eigenen Konfession besaßen – und folgerichtig auch keine Ahnung von dem Reichtum an Hilfsquellen hatten, die diese Tradition dazu beisteuern konnte, sie tiefer im Glauben zu verwurzeln.

„Ich bin so ziemlich mit der Vorstellung aufgewachsen, dass die Kirche zwar ein Ort der Lehre und der Kameradschaft ist, dass man da aber eigentlich nur hingeht, um sich eine Art Motivationsansprache abzuholen, um dann den Rest der Woche sein eigentliches Leben zu führen", sagt er.

Angesichts der nachchristlichen Entwicklung der westlichen Kultur ist das nicht mehr genug. Kinzer ist tiefer in das Leben seiner Kirchengemeinde eingetaucht, veranstaltet einen Kurs über den *Gottesstaat* des Augustinus und organisiert einen neuen Gebetskreis für Männer und Frauen. Der ehemalige Parlamentarier betrachtet dies als eine entscheidende Aufgabe, um seine Gemeinde für die neue Realität bereit zu machen – eine Realität, die die amerikanischen Christen insgesamt noch immer nicht begriffen haben.

„Besonders für Evangelikale, die immer geglaubt haben, es gäbe eine Art schweigender Mehrheit, die auf ihrer Seite sei, ist es eine große Herausforderung, sich mit der Tatsache abzufinden, dass das schlichtweg nicht der Fall ist", sagt Kinzer. „Das ist schwer. Das ist verwirrend. Viele Leute haben damit echte Probleme. Aber gleichzeitig bin ich überzeugt, dass es für die Gesundheit der Christenheit – und auch für das Engagement von Christen in der Politik – unverzichtbar ist, dass wir das einsehen", fügt er hinzu. „Und das ist nicht bloß eine gedankliche Übung. Wir benötigen eine Lebensweise, die uns in unserem Anderssein bestärkt – in jenem Selbstverständnis als ‚Fremde in der Verbannung', das so gründlich in der Heiligen Schrift fundiert ist."

Dennoch hat Kinzer sich nicht völlig von der Politik abgewandt. Das oberste Ziel von „Benedikt-Options"-Christen in der Welt konventioneller Politik ist es, den Raum zu sichern und auszuweiten, innerhalb dessen wir *wir selbst* sein und unsere eigenen Institutionen aufbauen können. Zu diesem Zweck reist er durch das Land, um in den Parlamenten der Bundesstaaten Lobbyarbeit für Religionsfreiheit zu betreiben. Immer wieder erlebt er es, wie republikanische Abgeordnete, die an sich geneigt wären, Gesetze zum Schutz der Religionsfreiheit zu unterstützen, von der Wirtschaftslobby unter Druck gesetzt werden. Er fragt sich, wie lange sie diesem Druck standhalten werden. Geistliche und andere Leiter christlicher Gruppen werden ihre Gemeinden auf harte Zeiten vorbereiten müssen.

„Man muss vermeiden, übertrieben alarmistisch zu wirken, aber die Leute müssen wirklich begreifen, wie ernst die Lage ist: welche Bedrohungen uns Christen bevorstehen, und wie schwierig das politische Klima für uns geworden ist“, sagt Kinzer. „Unsere Leute müssen verinnerlichen, was es heißt, in einer Minderheitenposition zu sein, und es ist von entscheidender Bedeutung, dass wir anfangen, unser Denken danach auszurichten. Wenn wir das nicht tun, werden wir weiterhin nach einem Bühnenmanuskript agieren, das mit dem Stück, das auf der Bühne tatsächlich läuft, nicht viel zu tun hat.“

Kinzer ist überzeugt, dass Christen, auch wenn sie ihren Interessenschwerpunkt auf die lokale Ebene verlagern und sich darauf konzentrieren, ihre eigenen örtlichen Kirchengemeinden zu stärken, es sich nicht leisten können, sich ganz aus der Politik zurückzuziehen. In Sachen Religionsfreiheit steht zu viel auf dem Spiel. Welche praktischen Konsequenzen hat dies auf der Graswurzel-Ebene? Kinzer gibt die folgenden Anregungen:

- Werde auf lokaler und bundesstaatlicher Ebene aktiv, wende dich mit persönlichen Briefen (nicht mit *cut-and-paste*-Rundmails aus dem Fundus von Aktivistengruppen) und in Vier-Augen-Gesprächen an Abgeordnete.
- Konzentriere dich auf vernünftige, erreichbare Ziele. Versuche nicht, allein den ganzen Kulturkampf auf einmal auszufechten, und vergeude das knappe politische Kapital nicht mit sinnlosen oder unnötig polarisierenden Gesten.

- Nichts ist wichtiger, als die Freiheit christlicher Institutionen zu bewahren, zukünftige Generationen im Glauben zu nähren. Angesichts unserer schwachen politischen Position müssen andere Anliegen zurückstehen.
- Suche den Kontakt zu lokalen Medien und lade dazu ein, in speziellen Auseinandersetzungen um Religionsfreiheit der religiösen Seite Gehör zu geben.
- Bleibe höflich und respektvoll. Gib der Gegenseite keinen Grund, sich in ihrer Auffassung bestätigt zu sehen, „Religionsfreiheit" wäre nur ein Deckmantel für Bigotterie.
- Da die Kirche alle Verbündeten braucht, die sie finden kann, kooperiere konfessionsübergreifend und auch mit nichtchristlichen Religionen. Reiche auch Schwulen und Lesben, die nicht mit uns einverstanden sind, aber bereit sind, unser vom Ersten Verfassungszusatz garantiertes Recht auf Irrtum zu verteidigen, freundschaftlich die Hand.

Die meisten Christen in den USA haben keine Vorstellung davon, wie dringlich dieses Anliegen ist und wie entscheidend es ist, dass Individuen und Kirchengemeinden aus ihrem Schlummer erwachen und sich wehren, solange sie noch können. Wir können uns den Luxus nicht erlauben, weiter die Kämpfe eines vergangenen Krieges auszutragen.

„Es besteht eine reale Gefahr, dass die Arbeit der Kirche – und die Möglichkeit, unsere Kinder so zu erziehen, wie es unserem Glauben und unseren Überzeugungen entspricht – von einer uns feindlich gesonnenen Regierung bedroht wird", warnt Kinzer. „Und ich denke nicht, dass es alarmistisch ist, das zu sagen."

Aber so wichtig Religionsfreiheit auch ist, dürfen Christen dennoch nicht vergessen, dass Religionsfreiheit kein *Selbstzweck* ist, sondern ein *Mittel*, das es uns ermöglichen soll, voll und ganz als Christen zu leben. Religionsfreiheit ist ein wichtiger Bestandteil der Bedingungen, die es uns erlauben, mit der eigentlichen Arbeit der Kirche und mit der Benedikt-Option voranzuschreiten. Wenn das Ziel, die Religionsfreiheit zu bewahren, uns abverlangt, jene moralischen Überzeugungen zu kompromittieren, die uns als Christen auszeichnen, dann werden alle Siege, die wir möglicherweise erringen, fadenscheinig sein. Der Auftrag der Kirche ist nicht politischer Erfolg, sondern Treue.

Antipolitische Politik

Die Benedikt-Option erfordert eine neue christliche Politik – eine, die aus unserer Position einer relativen Machtlosigkeit im zeitgenössischen Amerika erwächst. Es mag seltsam klingen, die Ordensregel des Hl. Benedikt als ein politisches Dokument zu bezeichnen; aber sie ist nichts Geringeres als eine Verfassung, die das Leben einer bestimmten Gemeinschaft regelt. In dem Sinne, dass sie vorschreibt, wie die benediktinischen Tugenden in mönchischen Gemeinschaften gelebt werden sollen, ist die Ordensregel politisch.

Diese Aussage mag zunächst nicht besonders einleuchtend klingen: Wenn wir an „Politik" denken, stellen wir uns darunter Wahlkampf, Wahlen, Aktivismus, Gesetzgebungsprozesse vor – all die Elemente des Staatswesens einer Demokratie. Im fundamentalsten philosophischen Sinne jedoch ist Politik der

Prozess, durch den wir uns darüber verständigen, wie wir miteinander leben wollen.

Wie wir bereits gesehen haben, ist die „Politik“ eines Benediktinerklosters sehr verschieden von der Politik einer liberalen Demokratie. Das *muss* auch so sein, da das *telos* – der Endzweck – des klösterlichen Lebens sich von dem des Lebens im säkularen Staat unterscheidet.

Dennoch werden beide Gemeinschaftsformen – wie überhaupt *alle* Gemeinschaften – von einer Vision der Ordnung gelenkt, die sich an einer gewissen gemeinsamen Auffassung davon orientiert, was *das Gute* sei. Alle Rechtsordnungen spiegeln diese Auffassung wider.

Die Politik der Benedikt-Option beginnt damit, anzuerkennen, dass die westliche Gesellschaft post-christlich ist und dass – wenn kein Wunder geschieht – keine Hoffnung besteht, dass sich dieser Zustand in der absehbaren Zukunft ändert. Das bedeutet, dass die Möglichkeiten für rechtgläubige Christen, auf dem Wege konventioneller Politik etwas zu erreichen, sich erheblich verringert haben. Die meisten Amerikaner werden viele Dinge, die traditionsorientierte Christen als gut betrachten, nicht nur ablehnen, sondern sie sogar für böse halten. Der Versuch, unseren verlorenen Einfluss zurückzugewinnen, wird sich als Verschwendung von Energie erweisen – oder Schlimmeres, wenn die finanziellen und sonstigen Ressourcen, die man dem Aufbau alternativer Institutionen für den langfristigen Widerstand widmen könnte, stattdessen für einen zum Scheitern verurteilten Versuch verpulvert werden, an der Macht festzuhalten.

Daher müssen Christen ihre Aufmerksamkeit künftig einer anderen Art von Politik zuwenden. Ein Teil des Wandels, den wir vollziehen müssen, besteht darin, zu akzeptieren, dass gläubige Christen in den kommenden Jahren möglicherweise vor der Wahl stehen werden, *entweder* gute Amerikaner *oder* gute Christen zu sein. In einer Nation, in der „Gott und Vaterland" traditionell so eng miteinander verwoben sind, ist die Vorstellung, dass Bürgerschaft und religiöser Glaube in einem radikalen Spannungsverhältnis zueinander stehen könnten, ungewohnt.

Alexis de Tocqueville war überzeugt, dass die Demokratie den Verlust des christlichen Glaubens nicht überleben könne. Selbstregierung erfordert gemeinsame Überzeugungen hinsichtlich moralischer Wahrheiten. Der christliche Glaube verwies die Menschen über sich selbst hinaus und lehrte sie, dass Gesetze fest in einer moralischen Ordnung verwurzelt sein müssen, die von Gott geoffenbart und garantiert worden ist.

Wenn eine demokratische Nation ihren Glauben verliert, so Tocqueville, fällt sie einem ungeordneten Individualismus, Materialismus und „demokratische[n] Despotismus"[35] zum Opfer, was unausweichlich dazu führt, dass sie „die Bürger auf die Knechtschaft vor[bereitet]"[36]. Darum ist Tocqueville „überzeugt, daß man in den neuen Demokratien um jeden Preis am Christentum festhalten muß"[37].

Das haben wir nicht getan. Wenn Tocqueville Recht hat, müssen konservative Christen sich jetzt auf sehr düstere Zeiten gefasst machen. Die Wahl von 2016 war ein Menetekel. Amerikaner hatten die Wahl zwischen einer Establishment-Demokratin, die zentralen christlichen Werten und der Religionsfreiheit zutiefst feindselig gegenüberstand, und einem republikanischen Außenseiter ohne besondere religiöse Bindung, der sich als starker Mann verkaufte, der durch schiere Willenskraft Ordnung zu schaffen versprach.

Doch auch über diese konkrete Situation hinaus müssen wir uns einer Frage stellen, die vielen von uns als eine Häresie gegen unseren bürgerlichen Katechismus erscheinen dürfte; einer Frage, die bisher undenkbar schien – jedenfalls für patriotisch gesinnte Christen –, der wir aber nicht länger ausweichen dürfen.

In seinem 2016 erschienenen Buch „*Conserving America?*"[38] stellt Patrick J. Deneen, ein politischer Theoretiker der katholischen Universität Notre Dame, die These auf, dass der Liberalismus der Aufklärung, aus dem beide US-Parteien hervorgegangen sind, auf der Prämisse aufbaut, Menschen seien von Natur aus „frei und unabhängig" und der Zweck einer Regierung sei es, das autonome Individuum freizusetzen. Ob man dieses Ziel nun durch den freien Markt oder durch etatistische Umverteilungspolitik zu erreichen versucht: So oder so läuft es darauf hinaus, die Grenzen der natürlichen Ordnung zu leugnen.

Damit widersprechen beide Ansätze dem, was sowohl die Heilige Schrift als auch die Erfahrung uns über die menschliche Natur lehren. Der Zweck der Zivilisation, so Deneen, „ist es stets gewesen, familiäre, gesellschaftliche und kulturelle Strukturen zu erhalten und zu unterstützen, die persönliche und generationsübergreifende Formen von Verpflichtung und Dankbarkeit, von Pflicht und Schuldigkeit lebendig erhalten und vertiefen."

Anders ausgedrückt: Zivilisation ist nicht dafür da, dem Individuum zu ermöglichen, zu tun und zu lassen, was es will. Dies zu glauben ist ein anthropologischer Irrtum. Eine Zivilisation, in der niemand eine Verpflichtung gegenüber der Vergangenheit, der Zukunft, gegenüber einander oder gegenüber irgend etwas Höherem als der eigenen Befriedigung verspüren würde, wäre in gefährlichem Maße fragil. In den Jahrzehnten des Niedergangs des Weströmischen Reiches beschrieb Augustinus die Gesellschaft als vergnügungssüchtig, selbstbezogen und planlos in den Tag hinein lebend.

Eine Demokratie kann, da sie die Herrschaft des Volkes vorschreibt, nur so stark sein wie die Menschen, die in ihr leben. Folglich lautet die Frage, die sich uns gegenwärtig stellt, ob die derzeitige politische Situation einen Verrat an der liberalen Demokratie darstellt oder ob sie nicht vielmehr – bedenkt man, dass Individualismus und Egalitarismus zentrale Prinzipien der liberalen Demokratie sind – ihre zwangsläufige und ultimative Verwirklichung unter den Bedingungen des Säkularismus bedeutet. Deneen schreibt:

> „Wir haben einen Wendepunkt erreicht, an dem wir nicht mehr so sehr eine politische Bewegung benötigen – so wichtig eine solche auch im Interesse bestimmter öffentlicher Güter sein mag – sondern vielmehr eine Wiederbelebung der Kultur, von nachhaltigen Praktiken und vertretbaren Lebensweisen, die sich aus gemeinsamen Erfahrungen, Erinnerungen und Vertrauen speisen. Eine solche Wiederbelebung kann jedoch nicht aus dem Versuch hervorgehen, zu einem früheren Zustand zurückzukehren oder etwas Verlorenes wiederzufinden. Ironischerweise wird das, was wir benötigen, vielmehr gerade von dem Instrument der Zerstörung bereitgestellt, das zu den zentralen Stärken des

> Liberalismus selbst gehört: der schöpferischen Fähigkeit des Menschen zur Neuerfindung und zum Neubeginn."[39]

Und deshalb brauchen wir keine Wiederkehr Ronald Reagans und keinen angeblichen politischen Erlöser, sondern eben einen neuen – und ganz anderen – Heiligen Benedikt.

*

Was für eine Art von Politik sollten wir im Rahmen der Benedikt-Option betreiben? Wenn wir unsere Auffassung von Politik so erweitern, dass sie auch die Kultur miteinbezieht, können wir feststellen, dass es praktisch unbegrenzte Möglichkeiten für Aktivität und Dienst gibt. Der christliche Philosoph Scott Moore meint, es sei irrig, den Begriff „Politik" ausschließlich im Sinne von „Staatskunst" zu verstehen:

> „In der Politik geht es darum, wie wir unser gemeinsames Leben in der *polis* ordnen – ob das nun eine Stadt, eine Gemeinde oder auch eine Familie ist. Es geht darum, wie wir zusammen leben, wir wir das, was uns am wichtigsten ist, identifizieren und bewahren, wie wir Freundschaft pflegen und unsere Kinder erziehen, wie wir lernen, darüber zu denken und zu sprechen, welche Art zu leben wirklich *das gute Leben* ist."[40]

Betrachtet man Politik in diesem Sinne, dann können amerikanische Christen viel von den Erfahrungen der tschechischen Dissidenten unter dem Kommunismus lernen. Die Essays, die der tschechische Dramatiker und politische Gefangene Václav Havel und sein Umfeld unter einem Ausmaß an Unterdrückung und Verfolgung verfassten, das weit über alles hinausgeht, was amerikanischen Christen aller Wahrscheinlichkeit nach in naher Zukunft bevorstehen könnte, präsentieren eine kraftvolle Vision authentischer christlicher Politik in einer Welt, in der wir eine machtlose, verachtete Minderheit sind.

Havel, der 2011 verstarb, vertrat ein Konzept, das er „antipolitische Politik" nannte und dessen Wesenskern er als *„in der Wahrheit leben"* beschrieb. Seine berühmteste und eindringlichste Äußerung war ein umfangreicher, 1978 entstandener Essay mit dem Titel *„Versuch, in der Wahrheit zu leben"*[41], der bei seinem ersten Erscheinen die osteuropäischen Widerstandsbewegungen elektrisierte. Es ist ein bemerkenswerter Text, der es verdient, dass rechtgläubige Christen in der heutigen westlichen Welt ihn gründlich lesen und darüber nachdenken.

Man stelle sich vor – schreibt Havel –, ein Gemüsehändler, der unter kommunistischer Herrschaft lebt, hängt ein Schild in sein Ladenfenster, auf dem steht „Proletarier aller Länder, vereinigt euch!". Er tut das nicht unbedingt, weil er daran glaubt. Er will einfach nur keinen Ärger. Und wenn er im Grunde gar nicht recht daran glaubt, wird er das Beschämende dieses Zwangs verbergen, indem er sich selbst sagt: „Warum sollten sich eigentlich die Proletarier aller Welt nicht vereinigen?"[42]. Furcht gestattet es der offiziellen Ideologie, ihre Macht zu bewahren – und verändert schließlich die Überzeugungen des Gemüsehändlers. Jene, die, so Havel, „in der Lüge leben", kollaborieren mit dem System und kompromittieren damit ihre Integrität als Mensch.

Jeder Akt hingegen, der der offiziellen Ideologie widerspricht, ist eine Verweigerung gegenüber dem System. Was, wenn der Gemüsehändler das Schild eines Tages nicht mehr in sein Ladenfenster hängt? Was, wenn er sich weigert, mitzumachen, nur um unbehelligt zu bleiben? „Seine Rebellion wird ein Versuch um das *Leben in Wahrheit* sein“[43] – und sie wird ihn eine Menge kosten. Vielleicht verliert er seine Arbeit und seine Stellung in der Gesellschaft. Vielleicht dürfen seine Kinder nicht auf die Hochschule gehen dürfen, auf die sie wollen – oder auf überhaupt keine Hochschule. Leute werden ihn drangsalieren und ausgrenzen. Aber indem er Zeugnis für die Wahrheit ablegt, hat er etwas potentiell Machtvolles vollbracht:

> „Er sagt, dass der Kaiser nackt ist. Und da der Kaiser wirklich nackt ist, ist das, was passierte, unheimlich gefährlich: Durch seine Tat hat der Gemüsehändler die ganze Welt angesprochen, er hat jedem ermöglicht, hinter die Kulissen zu schauen; er hat jedem gezeigt, dass man in der Wahrheit leben *kann*.“[44]

Da das Handeln des Gemüsehändlers öffentlich ist, ist es unausweichlich politisch. Er legt Zeugnis für die Wahrheit seiner Überzeugungen ab, indem er bereit ist, dafür zu leiden. Er wird zu einer Bedrohung für das System – hat aber seine Menschlichkeit bewahrt. Und das, sagt Havel, ist eine Leistung, die viel bedeutender ist als die Frage, welche Partei oder welcher Politiker gerade an der Macht ist.

„Es ist also nicht so, daß die Einführung eines besseren Systems automatisch ein besseres Leben garantiert“, fährt Havel fort, „sondern eher umgekehrt – *nur durch ein besseres Leben kann man wohl auch ein besseres System aufbauen.*“[45]

Die Antwort besteht demnach darin, „Parallelstrukturen“ zu schaffen und zu erhalten, in denen die Wahrheit in Gemeinschaft gelebt werden kann. Ist das nicht eine Form von Eskapismus, ein Rückzug in ein Ghetto? Ganz und gar nicht, sagt Havel: Eine gegenkulturelle Gemeinschaft, die sich der Verantwortung entzöge, für andere da zu sein und ihnen zu helfen, wäre letztlich nur „irgendeine kultiviertere Art des ‚Lebens in Lüge‘“[46].

Ein gutes Beispiel dafür, wie ein besseres Leben unter solchen Bedingungen aussehen könnte, kommt von dem verstorbenen Mathematiker und Dissidenten Václav Benda. Benda, ein gläubiger Katholik, war überzeugt, dass der Kommunismus die Bevölkerung dadurch in einem eisernen Griff hielt, dass er die Menschen voneinander isolierte, ihre sozialen Bindungen fragmentierte. Das tschechische Regime ging massiv gegen die katholische Kirche vor und zwang viele Gläubige dazu, ihren Glauben nur noch im privaten Rahmen zu praktizieren, verborgen hinter den Wänden ihres Heims, wo er nicht die Aufmerksamkeit der Behörden auf sich ziehen konnte.

Bendas spezieller Beitrag zur Dissidentenbewegung war die Idee der „parallelen *Polis*“ – einer abgetrennten, aber durchlässigen Gesellschaft, die neben der offiziellen kommunistischen Ordnung existierte. Flagg Taylor, ein US-amerikanischer politischer Philosoph und Experte für die tschechischen Dissidentenbewegungen, erklärt: „Benda ging es darum, dass die Dissidenten sich nicht damit begnügen konnten, nur gegen die kommunistische Regierung zu protestieren; sie mussten auch Wege fördern, sich auf positive Weise in die Welt einzubringen.“

Unter erheblichem Risiko für sich selbst und seine Familie (er und seine Frau hatten sechs Kinder) verweigerte Benda sich der Ghettoisierung. Er sah keine Möglichkeit zur Zusammenarbeit mit den Kommunisten, aber er lehnte auch Quietismus ab – als eine Haltung, die es versäumte, rechte christliche Sorge für Gerechtigkeit, Nächstenliebe und evangeliumsgemäßes Zeugnis für Christus im öffentlichen Raum zu zeigen. Für Benda konnte Havels Aufforderung zum „Leben in der Wahrheit" nur eines bedeuten: als Christ in Gemeinschaft zu leben.

Benda sprach sich nicht für einen Rückzug in ein christliches Ghetto aus. Er beharrte darauf, dass die parallele *Polis* ihre Aufgabe im Kampf für „die Bewahrung oder Erneuerung der nationalen Gemeinschaft im umfassendsten Sinne des Wortes" sehen müsse – „verbunden mit der Verteidigung aller Werte, Institutionen und materiellen Bedingungen, von denen eine solche Gemeinschaft abhängt".

> „Ich persönlich denke, eine keineswegs ineffektive, außerordentlich schmerzhafte und auf kurze Sicht praktisch irreparable Art der Auslöschung der Menschheit oder einzelner Nationen wäre ein Rückfall in den Barbarismus, die Preisgabe von Vernunft und Wissen, der Verlust von Tradition und Gedächtnis. Das herrschende Regime tut – zum Teil absichtlich, zum Teil aus seiner nihilistischen Natur heraus – praktisch alles in seiner Macht Stehende, um dieses Ziel zu erreichen. Das Ziel unabhängiger Bürgerbewegungen, die eine parallele *Polis* etablieren wollen, muss das exakte Gegenteil sein: Wir dürfen uns von früheren Misserfolgen nicht entmutigen lassen, und wir müssen das Feld

von Bildung und Erziehung als eine unserer obersten Prioritäten betrachten.“[47]

In diesem Verständnis geht es bei der parallelen *Polis* nicht etwa darum, einen geschützten Raum für Christen aufzubauen, sondern vielmehr darum, gemeinsame Praktiken und gemeinsame Institutionen zu etablieren (oder wiederzubeleben), die die Isolation und Fragmentierung der gegenwärtigen Gesellschaft überwinden können. (Erinnern wir uns, wie Bruder Ignatius aus Norcia davon sprach, man brauche „Grenzen“ festgelegte Linien, innerhalb derer wir leben und unseren Glauben und unsere Kultur nähren können –, aber wir müssten diese Grenzen auch „ausweiten, Territorium hinzugewinnen, immer weiter.“) Benda schrieb, die letztgültigen politischen Ziele der parallelen *Polis* bestünden darin, „zu Wahrheit und Gerechtigkeit zurückzukehren, zu einer sinnvollen Ordnung der Werte“, sowie darin, „der Unveräußerlichkeit der Menschenwürde und der Notwendigkeit für einen menschlichen Gemeinschaftssinn in gegenseitiger Liebe und Verantwortung wieder Geltung zu verschaffen“.

Anders ausgedrückt, die christlichen Dissidenten der Gegenwart sollten ihre „Benedikt-Options“-Projekte als darauf ausgerichtet betrachten, nicht nur für sie selbst eine bessere Zukunft zu erbauen, sondern auch für alle anderen um sie herum. Das ist eine groß angelegte Vision, aber Benda war sich bewusst, dass die meisten Menschen nicht bereit sein würden, sich für abstrakte Prinzipien einzusetzen, mit denen nur Intellektuelle etwas anfangen konnten. Darum empfahl er *praktische* Maßnahmen, die jeder Tscheche in seinem alltäglichen Leben umsetzen konnte.

„Wenn du mit der Ausrichtung der universitären Bildung nicht einverstanden warst, hieß das, hilf Studenten dabei, in ein Untergrundseminar hineinzukommen, das von einem der brillanten Professoren geleitet wird, die von der Regierung aus den Universitäten vertrieben wurden", erläutert Taylor das Konzept Bendas. „Veröffentliche gute Romane im Selbstverlag *(Samisdat)* und bring sie unter die Leute, damit sie bemerken, was ihnen fehlt. Unterstütze theologische Ausbildung in einem Untergrundseminar. Wenn Leute sehen, dass der Widerstand verknüpft ist mit etwas, was ihnen wichtig ist, und dass das nur möglich ist, wenn eine ausreichende Zahl von Menschen sich bereit findet, sich trotz aller staatlichen Repressalien dafür einzusetzen, werden sie handeln."

Ob man es nun „antipolitische Politik" nennt oder „parallele *Polis*": Wie könnte die Vision der tschechischen Dissidenten in unseren Verhältnissen aussehen? Havel gibt eine Reihe von Beispielen. Man denke an Lehrer, die sicherstellen, dass Kinder Dinge lernen, die ihnen in den staatlichen Schulen nicht beigebracht werden. Man denke an Schriftsteller, die über die Dinge schreiben, an die sie wirklich glauben, und Wege finden, ihre Werke an die Öffentlichkeit zu bringen, koste es, was es wolle. Man denke an Priester und Pastoren, die einen Weg finden, ihre religiöse Berufung trotz Anfeindungen und gesetzlichen Hürden auszuleben, und an Künstler, die sich einen Dreck um die offiziell herrschende Meinung kümmern. Man denke an junge Leute, die sich entschließen, dass Erfolg in den Augen der Gesellschaft ihnen egal ist, und die „aussteigen", um nach einem Leben in Integrität zu streben, was es sie auch kosten mag. Diese Leute, die sich weigern, sich anzupassen, und stattdessen ihre eigenen Strukturen aufbauen, leben die Benedikt-Option.

Wenn wir darauf hoffen, dass unser Glaube eines Tages die Welt verändert, müssen wir vor Ort beginnen. „Benedikt-Options"-Gemeinschaften sollten klein sein, weil „jenseits eines gewissen Punktes menschliche Bindungen wie persönliches Vertrauen und persönliche Verantwortung nicht mehr funktionieren". Und sie sollten „auf natürliche Weise von *unten* wachsen" – das soll heißen, sie sollen sich organisch entwickeln und nicht durch eine zentrale Planung verordnet werden. Dieses Gemeinschaftskonzept geht vom Herzen des Einzelnen aus und verbreitet sich von dort aus in die Familie, die Kirchengemeinde, die Nachbarschaft und darüber hinaus.

Um herauszufinden, was unsere Nachbarn brauchen und wollen, müssen wir ihnen nahe sein. In Bendas Zeit hatten die Tschechen kaum eine Vorstellung von Gemeinschaft untereinander. Das totalitäre Regime hatte ihnen das genommen. Bendas Ansatz, die Menschen zu repolitisieren, bestand darin, ihr grundlegendes Bedürfnis nach Gemeinschaft, nach Geselligkeit zu aktivieren, in welcher Form auch immer es ihnen zusagte.

„Benda erteilt uns eine wichtige Lehre", sagt Taylor. „Ich selbst zum Beispiel kenne meine Nachbarn kaum, abgesehen von einer Familie, die nebenan wohnt. Es gibt keine Kneipe in der Nachbarschaft, in der ich Leute aus meiner Gegend treffen könnte. Möglicherweise hätte es etwas für sich, den Gemeinschaftssinn der Leute wiederzubeleben. Wir wissen wahrscheinlich gar nicht, was uns entgeht."

Eine Freundin von mir, die früher ein wildes, hedonistisches Leben führte, konvertierte zum Christentum, nachdem sie die wahrhaft glückliche Familie ihres Bruders gesehen und die Erfahrung gemacht hatte, dass das Leuchten in ihren Gesichtern und die Liebe in ihren Herzen aus ihrem Glauben an Christus hervorgingen. Sie sagte mir: „Später wurde mir klar, dass ich bloß jemanden gebraucht hatte, der mir *die Erlaubnis gibt, gesund zu sein.*" In dem Maße, wie der Westen sich der spirituellen Trägheit hingibt, wird es immer mehr Menschen geben, die nach etwas Echtem, etwas Sinnvollem und, ja, etwas Gesundem suchen. Es ist unser Auftrag als Christen, ihnen das anzubieten.

So heftig und raumgreifend parteipolitische Auseinandersetzungen auch sein mögen: Christen müssen sich klar vor Augen halten, dass konventionelle amerikanische Politik das, was in unserer Gesellschaft und Kultur falsch läuft, nicht beheben kann. Sie ist dazu ungeeignet, weil sowohl ihr linker wie ihr rechter Flügel davon ausgeht, das eigentliche Ziel aller Politik sei es, die individuelle Entscheidungsfreiheit zu begünstigen und zu erweitern. Die Linke und die Rechte sind sich bloß darin uneinig, wo die Grenzen zu ziehen sind. Das Programm keiner Partei ist völlig vereinbar mit der christlichen Wahrheit.

Im Gegensatz dazu geht die Politik der Benedikt-Option davon aus, dass die Verwirrung im öffentlichen Leben Amerikas aus der Verwirrung in der amerikanischen *Seele* hervorgeht. Die Politik der Benedikt-Option setzt bei der These an, dass die wichtigste politische Tätigkeit unserer Zeit darin besteht, eine innere Ordnung in Harmonie mit dem Willen Gottes wiederherzustellen. Alles Weitere folgt auf natürliche Weise daraus.

Das bedeutet vor allem, auf die Liebe ausgerichtet zu sein. Wir werden zu dem, was wir lieben, und gestalten die Welt gemäß unserer Liebe. Wir sollten nicht aus einer Haltung von Furcht und Abscheu agieren, sondern aus Zuneigung und Zuversicht in Gott und Seinen Willen.

Wenn wir wahrhaft auf Gott ausgerichtet sind, brauchen wir uns über unmittelbare Ergebnisse unserer Bemühungen nicht zu sorgen – und das ist gut so. In seinen Interviews mit überlebenden tschechischen Dissidenten aus der kommunistischen Ära stieß Flagg Taylor auf einen Umstand, der sie mit dem Hl. Benedikt und seinen Mönchen verbindet: Sie hatten nie damit gerechnet, das Ende des totalitären Regimes selbst zu erleben, ja, eigentlich hatten sie nicht geglaubt, dass ihre Tätigkeit auf kurze Sicht irgendeine Wirkung entfalten würde. Aber das wirkte sich zu ihrem Vorteil aus.

„Sie ergaben sich der Vorstellung, dass diese Dinge es in sich selbst und um ihrer selbst willen wert waren, getan zu werden, und nicht nur um eindeutiger, messbarer Auswirkungen willen", sagt Taylor. „Havel, Benda und die anderen Dissidenten betonten, dass man, wenn man sich einmal auf die Logik des Konsequentialismus einließe, immer eine Ausrede finden würde, überhaupt nichts zu unternehmen. Man muss sich dazu entschließen, etwas zu tun, weil es wert ist, getan zu werden – nicht weil man denkt, es würde den Zusammenbruch der kommunistischen Herrschaft innerhalb von vier Jahren bewirken."

„Benedikt-Options"-Gemeinschaften aufzubauen, wird unsere Gesellschaft vielleicht nicht unmittelbar zurück auf die richtige Spur bringen, aber es lohnt sich dennoch. Jene, die sich dem Aufbau solcher Strukturen widmen, sollten sich von kurzfristigen Fehlschlägen nicht entmutigen lassen. Die wird es zwangsläufig geben. Darum müssen diese Gemeinschaften bestrebt sein, ihre Ausgewogenheit zu bewahren und sich auf das zu konzentrieren,was Havel den „alltägliche[n], undankbare[n] und nie endende[n] Kampf dafür" nannte, „daß der Mensch würdig, frei und in Wahrheit leben kann"[48].

Lass Dich von der Schlichtheit dieser Aufgabe nicht täuschen. Es handelt sich um Politik auf der fundamentalsten Ebene. Es ist Politik in Kriegszeiten, und wir führen nichts Geringeres als einen Krieg um das, was C.S. Lewis *„die Abschaffung des Menschen"* nannte.

„Der beste Widerstand gegen die Totalität ist es einfach, sie aus der eigenen Seele zu vertreiben, aus der eigenen Umgebung, aus dem eigenen Land, aus dem zeitgenössischen Menschen", sagte Václav Havel.[49] Dasselbe gilt für die zersetzende antichristliche Weltanschauung, die in unseren Tagen die Diskurshoheit in unseren Gesellschaften übernommen hat.

Im besten Falle legen „Benedikt-Options"-Gemeinschaften ein unwillkürliches politisches Zeugnis gegenüber der säkularen, liberalen Kultur ab, indem sie einen wirkungsvollen Kontrast zu einem Bündel aus zunehmend kalten und gleichgültigen politischen und ökonomischen Vorgängen bilden. Der Staat wird in Zukunft nicht in der Lage sein, sich um alle menschlichen Bedürfnisse zu kümmern – erst recht nicht, wenn die derzeitigen Prognosen bezüglich wachsender ökonomischer Ungleichheit sich bewahrheiten. Die schiere Menschlichkeit christlichen Mitgefühls und das Konzept menschlicher Würde, das sich in ihm ausdrückt, wird sich als außerordentlich attraktive Alternative erweisen – vergleichbar dem evangelisierenden Zeugnis der frühen Kirche inmitten des dahinschwindenden Heidentums im verbrauchten und entkräfteten Römischen Reich.

Wie soll man nun also anfangen mit der antipolitischen Politik der Benedikt-Option? Grenze dich kulturell vom Mainstream ab. Schalte den Fernseher ab. Leg das Smartphone weg. Lies Bücher. Spiel Spiele. Mach Musik. Feiere mit deinen Nachbarn. Es genügt nicht, nur das Schlechte zu vermeiden – man muss auch das Gute ergreifen. Gründe eine Kirchengemeinde oder eine Gruppe innerhalb deiner Kirchengemeinde. Eröffne eine klassische christliche Schule oder schließe dich einer bestehenden an und unterstütze sie. Lege einen Garten an und beteilige dich an einem lokalen Wochenmarkt. Bring deinen Kindern bei, Instrumente zu spielen, und gründe eine Band. Tritt der Freiwilligen Feuerwehr bei.

Es geht nicht darum, dass wir aufhören sollten, wählen zu gehen oder uns anderweitig in der konventionellen Politik zu engagieren. Es geht vielmehr darum, dass das allein nicht mehr genügt. Als 1992 durch das Gerichtsurteil im Fall *Planned Parenthood vs. Casey* das „Recht“ auf Abtreibung bestätigt wurde, sah die *Pro-Life*-Bewegung ein, dass es auf kurze Sicht nicht möglich sein würde, das *Roe vs. Wade*-Grundsatzurteil zu revidieren. Also erweiterte die Bewegung ihre Strategie. Sie hörte nicht auf, Lobbyisten und Aktivisten zu beschäftigen, die den guten Kampf in Washington und den Hauptstädten der Bundesstaaten kämpften; aber auf lokaler Ebene eröffneten kreative Lebensschützer Krisenschwangerschafts-Beratungszentren, und diese erlangten bald zentrale Bedeutung für das Anliegen des Lebensschutzes und retteten zahllosen Ungeborenen das Leben. Dies ist ein Vorbild, dem wir traditionsorientierte Christen folgen sollten. Die Zeiten haben sich dramatisch gewandelt, und wir können uns nicht länger darauf verlassen, dass Politiker und Aktivisten den Kulturkampf für uns führen. Es kann nicht oft genug betont werden: Gläubige müssen die gewöhnliche Falle meiden, zu glauben, Politik könne kulturelle und religiöse Probleme lösen.

Das fehlgeleitete Vertrauen auf Republikanische Politiker und die von ihnen ernannten Richter, die Arbeit zu leisten, die nur kultureller Wandel und religiöse Bekehrung vollbringen können, ist ein bedeutender Grund dafür, dass wir Christen uns vielfach als so matt und kraftlos wahrnehmen. Die tiefgreifenden kulturellen Kräfte, die den Westen seit Jahrhunderten von Gott entfernt haben, werden nicht durch eine einzige Wahl aufgehalten oder zurückgedrängt werden – oder überhaupt durch Wahlen.

Wir glaubenstreuen Christen haben uns das innere Exil in einem Land, von dem wir dachten, es wäre das unsere, nicht ausgesucht, aber so ist die Situation nun einmal. Wir sind jetzt eine Minderheit, also lasst uns eine *kreative Minderheit* sein – eine, die warme, lebendige, lichterfüllte Alternativen zu einer zunehmend kalten, toten und dunklen Welt anbietet. Wir werden mehr und mehr an Einfluss verlieren, aber wir können uns von mönchischer Weisheit leiten lassen und dies demütig als eine von Gott gesandte Gelegenheit annehmen, uns zu läutern und zu heiligen. Der Verlust politischer Macht ist womöglich genau das, was die Seele der Kirche rettet. Indem wir aufhören zu glauben, das Schicksal des Amerikanischen Imperiums läge in unseren Händen, bekommen wir die Hände frei, um für das Königreich Gottes in unseren eigenen kleinen Auen zu arbeiten.

KAPITEL 5

Eine Kirche für alle Jahreszeiten

Deine Kirche könnte im Begriff sein, Selbstmord zu begehen, und dabei gar nicht bemerken, was sie tut. Oberflächlich mag alles tadellos aussehen, aber tief im Innern bildet vielleicht ein Krebsgeschwür Metastasen in ihren Knochen, deren Brüchigkeit auf schmerzhafte Weise offenbar werden wird, wenn es zur Bewährungsprobe kommt.

Im Jahr 2004 berichtete Robert Louis Wilken im Magazin „*First Things*" über die ernüchternden Eindrücke einer Reise nach Europa, die er in jenem Jahr unternommen hatte. Wilken, ein Experte für frühe Kirchengeschichte, äußerte, im Laufe seines Lebens habe er den „Zusammenbruch der christlichen Zivilisation" mitangesehen. In Deutschland stellte er in jenem Frühjahr fest, dass selbst die Erinnerung daran, einmal christlich gewesen zu sein, im Schwinden begriffen war. Schlimm genug, dass antichristliche Säkularisten daran arbeiteten, den Glauben aus dem öffentlichen Leben hinauszudrängen; noch schlimmer war es jedoch, dass Christen ihre Ausrottung selbst unterstützten und begünstigten.

Wie das? – Christen in der westlichen Welt, so stellte Wilken fest, hatten die Aufrechterhaltung einer eigenen, klar unterscheidbaren Kultur sträflich vernachlässigt:

„Nichts ist heute notwendiger als das Überleben der christlichen Kultur, denn in den jüngsten Generationen ist diese Kultur bedenklich dünn geworden. Zum jetzigen Zeitpunkt der Kirchengeschichte in diesem Land (und allgemein im Westen) ist es weniger dringlich, die alternative Kultur, in der wir leben, von der Wahrheit Christi zu überzeugen, als dafür Sorge zu tragen, dass die Kirche sich selbst ihrer eigenen Botschaft vergewissert und ihr eigenes Leben pflegt – die Kultur der Stadt Gottes, die christliche Republik. Dies kann nicht geschehen ohne eine Wiedergeburt der Moral und der geistlichen Disziplin und ohne eine entschlossene Anstrengung der Christen, die Überreste christlicher Kultur zu verstehen und zu verteidigen."[50]

Anders ausgedrückt: *Wenn ihr euch nicht besinnt und umkehrt, werdet ihr sterben, und mit euch das, was vom christlichen Glauben in unserer Zivilisation noch übrig ist.*

Die Benedikt-Option ist für das Leben örtlicher Kirchengemeinden in unserer Zeit lebenswichtig. Warum? Die benediktinische Spiritualität ist für die Schaffung einer christlichen Kultur hervorragend geeignet, weil sie sich darum dreht, einen christlichen *cultus* zu entwickeln und zu erhalten – ein lateinisches Wort, das „Anbetung" oder „Gottesverehrung" bedeutet. Eine *Kultur* ist eine Lebensweise, die aus der gemeinsamen Gottesverehrung eines Volkes entspringt. Das, was uns das Heiligste ist, bestimmt Form und Inhalt unserer Kultur, die organisch aus dem Prozess hervorgeht, den Glauben konkret und greifbar zu machen.

Wenn die Benedikt-Option eine echte Erneuerung der christlichen Kultur bewirken will, muss sie das kirchliche Leben in den Mittelpunkt stellen. Alles Weitere folgt daraus.

In gewissem Sinne mag der neue Minderheitenstatus des Christentums hilfreich sein, um uns auf das Nötige zu konzentrierten. Russell Moore, ein führender Repräsentant der „*Southern Baptist Convention*", schreibt in seinem Buch „*Onward*" („Vorwärts"), in dem Maße, wie die Kirche ihr kulturelles Ansehen verliere, werde sie frei, in ihrer Glaubenstreue radikaler zu werden,

„Wir werden uns dem kulturellen Mainstream gegenüber weniger wie die Seelsorgeabteilung eines idyllischen Seifenoper-Szenarios verhalten und mehr wie die Jünger in der Apostelgeschichte", schreibt Moore. „Wir werden nicht in erster Linie zu getauften Heiden aus dem Mitgliederverzeichnis irgendeiner Kirche sprechen, sondern vielmehr zu Leuten, die etwas ganz Neues hören, vielleicht zum allerersten Mal. Wir werden gewiss nicht ‚normal' sein, aber das hätten wir ohnehin nie sein sollen."[51]

Das beste Zeugnis, das Christen einer nachchristlichen Gesellschaft gegenüber ablegen können, besteht darin, einfach *die Kirche zu sein* – eine so leidenschaftliche und kreative Minderheit wie nur möglich. „Daran werden alle erkennen, dass ihr meine Jünger seid", sagt der Herr im Johannesevangelium (13,35); und wenn wir in der heutigen Zeit eine Chance haben, dann nur dadurch, dass Seine Liebe in uns und durch uns wirkt – die Liebe zu unseren Brüdern und Schwestern in Christus und dann auch zur Außenwelt.

Aber man kann nicht geben, was man nicht besitzt. Allzu viele unserer Kirchen agieren wie weltliche Unterhaltungszentren mit einem Sahnehäubchen aus religiöser Moral, anstatt, wie sie sollten, als lebendiger, atmender Leib Christi zu agieren. Allzu viele Kirchen haben sich der Moderne unterworfen, haben die Weisheit früherer Zeitalter verworfen, behandeln den Gottesdienst wie eine konsumorientierte Aktivität und ermöglichen es ihren Gemeindemitgliedern, sich wie voneinander unabhängige, atomisierte Individuen zu verhalten. Die traurige Wahrheit ist: Wenn die Welt uns sieht, sieht sie oft nichts, was uns von Nichtgläubigen unterscheidet. Christen sprechen oft darüber, „auf die Kultur zuzugehen", ohne sich darüber im Klaren zu sein, dass sie, da sie keine eigene, spezifisch christliche Kultur haben, von der säkularen Kultur, die sie evangelisieren wollen, vereinnahmt werden. Ohne eine substantielle christliche Kultur ist es kein Wunder, dass unsere Kinder vergessen, was es heißt, Christ zu sein – und keine Überraschung, dass wir keine neuen Konvertiten gewinnen.

Wenn die heutigen Kirchen das neue dunkle Zeitalter überleben wollen, müssen sie aufhören, „normal zu sein". Wir werden eine tiefere Hingabe an unseren Glauben entwickeln müssen, und wir werden das in einer Weise tun müssen, die in den Augen der Zeitgenossen sonderbar erscheint. Indem wir die Vergangenheit neu entdecken, den Sinn für Liturgie und Askese zurückgewinnen, unser Leben auf die kirchliche Gemeinschaft ausrichten und die kirchliche Disziplin festigen, werden wir, mit Gottes Gnade, wieder zu den eigenartigen Leuten werden, die wir immer hätten sein sollen. Die Früchte dieser Fokussierung auf christliche Formung werden nicht nur darin bestehen, dass die Christen gestärkt werden: Sie wird auch eine neue Evangelisation ermöglichen, wenn das Salz seine Würze zurückgewinnt.

Die Vergangenheit wiederentdecken

Würden die Mönche von Norcia jeden Tag in einer ganz neuen Welt aufwachen und beschließen, den Weg, den sie einschlagen, von ihren Launen bestimmen zu lassen, würde ihre Gemeinschaft zerfallen oder zumindest aufhören, eine Gemeinschaft zu sein, die christliche Mönche formt. Stattdessen folgen sie einem Regelwerk, das sich durch die Erfahrung von fünfzehn Jahrhunderten bewährt hat. Die Tradition leitet sie nicht nur darin an, wie sie Gottes Wort gehorchen und offen für die Führung durch den Heiligen Geist bleiben, sondern befreit sie zudem von der Last, Dinge permanent neu erfinden zu müssen.

Für moderne Christen ist das schwer zu verstehen. Unsere Vorstellungskraft ist von einer Mentalität kolonisiert worden, die ältere, überlieferte Formen der Gottesverehrung als ein Hindernis für Authentizität ansieht. Aber das Gegenteil ist der Fall: Wir benötigen Unterweisung im Gebet und in der Gottesverehrung, um unseren Geist darin einzuüben, auf authentisch christliche Weise zu denken. Wie Paulus die Römer ermahnte, müssen wir uns verwandeln lassen, indem wir unseren Geist erneuern, das heißt, uns Denkmuster und Verhaltensweisen zu eigen machen, die uns von Natur aus nicht unbedingt liegen. Das bedeutet nicht Knechtschaft, sondern Freiheit.

Wenn Christen die Überlieferung darüber, wie unsere Väter und Mütter im Glauben beteten, lebten und Gottesdienst feierten, ignorieren, dann verleugnen wir die lebensspendende Kraft unserer Wurzeln und schneiden uns von der Weisheit derer ab, deren Geist in Christus erneuert wurde. Die Folge ist im günstigsten Fall, dass sich das Wirken Gottes in unserem Leben langsamer und oberflächlicher vollzieht, als es sonst der Fall sein könnte; im ungünstigsten Fall verlieren wir unsere Kinder.

Ein großer Anteil am heutigen Glaubensabfall gründet darin, dass unsere Kinder die Geschichte des Christentums nicht kennen und auch nicht begreifen, warum das wichtig sein sollte. Eine orthodoxe Freundin, die evangelikal erzogen wurde, sagte mir, sie habe keine Ahnung von den Lehren der frühen Kirche gehabt oder auch nur davon, wer die Kirchenväter waren – bis sie zur Orthodoxie konvertierte, in deren Tradition die Schriften und Lehren der Väter eine bedeutende Rolle spielen. Aus Sicht dieser Freundin bestand christlicher Glaube ausschließlich aus der Bibel – in der Auslegung der populärsten evangelikalen Prediger der Gegenwart.

Es ist nicht etwa so, dass das evangelikale Christentum die grundlegenden theologischen Schriften der frühen Christenheit *ablehnen* würde, erklärte mir meine Freundin; sie werden einfach nie *erwähnt*. Ebenso wenig befasste sich die Kirche ihrer Jugend eingehend mit der reformatorischen Tradition, aus der sie hervorgegangen ist. In ihrer Kirche und religiösen Schule wurde sie mit nichts anderem gefüttert als mit der dünnen Mehlpampe des zeitgenössischen Christentums, mit flacher Theologie und peppigen Slogans. Wie der Schriftsteller Walter Percy über die Verfasser banaler zeitgenössischer christlicher Literatur scherzte: Sie haben ihr Erstgeburtsrecht „für einen Topf voll *Message*" verkauft.

Dies ist kein ausschließlich evangelikales Problem. Viele klassische Protestanten und auch Katholiken der jüngsten zwei bis drei Generationen wurden in nahezu völliger Unkenntnis der Wurzeln ihrer eigenen Tradition erzogen. Eine nicht geringe Zahl gebürtiger Orthodoxer hat in ihrer Jugend mehr über das ethnische Brauchtum ihrer Vorfahren gelernt als über den Glauben ihrer Väter. Ein Volk von seiner Tradition abzuschneiden, bedeutet, die Kette des historischen Gedächtnisses zu zerbrechen und den Leuten ihre Kultur zu rauben. Kein Wunder, dass die christliche Kultur in der Moderne verkümmert.

Aber es gibt für entschiedene Christen Möglichkeiten, etwas dagegen zu unternehmen.

Einmal während meiner Zeit als Katholik unterhielt ich mich mit einem katholischen Freund, und wir beschwerten uns beide über das furchtbare Niveau der katechetischen Bildung in der Pfarrgemeinde. Ein Priester, der uns zuhörte, sagte, wir hätten mit allem, worüber wir uns beklagten, Recht – aber wir müssten uns und unsere Kinder nicht widerstandslos diesen Zuständen ausliefern.

„Ihr könnt heute Abend den Online-Shop von *Amazon* besuchen, und innerhalb einer Woche könnt ihr euch eine theologische Bibliothek ins Haus liefern lassen, um die Thomas von Aquin euch beneidet hätte", sagte er. „Meine Eltern haben mich in den 70ern aufgezogen, zu der Zeit, als der katechetische Albtraum begann. Sie wussten, wenn sie katholische Kinder aufziehen wollten, mussten sie eine ganze Menge *selbst* tun, und das taten sie. Das könnt ihr auch!"

Wenn Du nicht in Deiner örtlichen Kirchengemeinde etwas aufbaust, wer dann? Der Religionsfreiheits-Aktivist Lance Kinzer, von dem in einem früheren Kapitel schon die Rede war, hat in seiner Kirchengemeinde einen Gebetskreis gegründet, in dem Gebete verwendet werden, die der

Reformator Calvin persönlich verfasst hat. Kinzer leitet außerdem einen Sonntagsschul-Studienkreis über die Schriften des Augustinus. Es mag verständlich sein, dass Protestanten misstrauisch gegenüber vorreformatorischen theologischen Werken des zweiten Jahrtausends sind, aber die Schriften der frühen Kirchenväter sind eine Goldmine spiritueller und theologischer Weisheit.

Polykarp, Justin der Märtyrer, Athanasius, Augustinus, Johannes Chrysostomos, die drei Kappadokier, Hieronymus, Ignatius von Antiochien, Clemens von Alexandria, Maximus Confessor, Irenaeus und so viele andere: Diese Stimmen aus den ersten acht Jahrhunderten der Christenheit sprechen noch heute zu uns. Christen, die ihre Verbindung zum historischen Christentum zu vertiefen suchen, sollten die Werke dieser Gottesmänner lesen. Ihre Texte sind schnörkellos geradlinig und auch den Herzen der heutigen Leser zugänglich. Sie offenbaren uns die christliche Tradition, die uns unsere Unverwechselbarkeit gegeben hat – von der wir in der modernen Zeit einen großen Teil verloren haben.

Der Verlust einer eigenständigen Kultur der Kirche ist auch ein Verlust für die Welt, die Gott durch das Leben der Kirche mit Segen erfüllen will. Der Literaturkritiker Ralph Wood, der den *Southern Baptists* angehört, argumentiert, die Aufgabe der Kirche sei es heute, „nicht so sehr eine Gegenkultur aufzubauen als vielmehr eine *neue* Kultur, die auf einer so alten und beinahe vergessenen aufbaut, dass sie wirkt wie frisch geprägt."[52]

Wir Christen von heute können diese neue Kultur erschaffen, indem wir auf kreative Weise auf jene uralte zurückgreifen. Wir sind berufen, ein neuer – und ganz anderer – St. Polykarp, St. Irenaeus, St. Augustinus und so weiter zu sein. Der beste Weg, dies zu tun, besteht darin, in die Worte und in die Welt dieser alten Heiligen einzutauchen.

Den Sinn für Liturgie zurückgewinnen

Ebenso wie viele heutige Christen allergisch auf die Vergangenheit reagieren, sind viele von ihnen auch misstrauisch gegenüber der Liturgie – aber das sollten sie nicht sein. Liturgie – abgeleitet vom griechischen Wort *leitourgia*, was soviel heißt wie „Dienst des Volkes" – bezeichnet im christlichen Sprachgebrauch die Form des gemeinsamen Gottesdienstes. Es besteht ein Zusammenhang zwischen dem Vernachlässigen liturgischer Ernsthaftigkeit – oder dem gänzlichen Aufgeben von Liturgie – und dem Verlust christlicher Rechtgläubigkeit. Wenn wir die Wahrheiten des christlichen Glaubens über die Zeiten hinweg bewahren wollen, dann müssen wir auch unsere Liturgie bewahren.

Man könnte behaupten, der Medientheoretiker Marshall McLuhan habe über Liturgie gesprochen, als er den Ausspruch *„Das Medium ist die Botschaft"* prägte. Was er meinte, war, dass die konkrete Form, in der eine Information übermittelt wird, in sich selbst eine Botschaft darstellt, da sie unsere Fähigkeit formt, Botschaften zu empfangen.

Hierzu ein Beispiel: Als meine Eltern in den 1940er- und 50er-Jahren in Louisiana aufwuchsen, war Europa in ihrer Vorstellung so weit entfernt, das es praktisch irreal schien. Als ich in den 1970er- und 80er-Jahren am selben Ort aufwuchs, schien Europa durch das Fernsehen, das nahezu täglich Bilder und Töne von jenem Kontinent in unser Heim strahlte, viel näher gerückt zu sein. In meiner Zeit an der High School hatte ich ein paar Brieffreunde in den Niederlanden. Eines Tages brachte ich den Mut auf, sie von unserem Tonwahltelefon aus anzurufen. In meiner Wahrnehmung war das ein so eindrückliches Ereignis, dass ich mich noch dreißig Jahre später an ihre Telefonnummer erinnere, die ich mir eingeprägt hatte wie einen Vers aus einem Gedicht. Den Klang ihrer Stimme zum ersten Mal durch das Telefon zu hören, gab mir das Gefühl, die Technologie habe es mir ermöglicht, in eine andere Dimension einzutreten. Und in gewissem Sinne war das ja auch so.

Für meine Kinder, die in derselben geographischen Region aufwachsen wie meine Eltern und ich, ist Europa genauso real wie Texas (der benachbarte Bundesstaat). Sie sehen Europa nicht nur in den Fernsehnachrichten und in einer Vielzahl von Fernsehprogrammen, die wir über das Internet empfangen, sondern unsere Familie spricht auch gern in Echtzeit via Internet – mit Programmen wie *Skype* oder *FaceTime* – mit unseren Freunden in den Niederlanden. McLuhan prägte im Jahr 1964 den Begriff „globales Dorf", um den durch den technologischen Fortschritt ermöglichten kulturellen Austausch zu beschreiben. 50 Jahre später hat das Internet diese Vision wahr werden lassen.

Was sich verändert hat, ist nicht die „Botschaft" über Europa, im Sinne eines Informationsinhalts. Aber elektronische Medien – zuerst das Fernsehen, dann das Internet – haben einen revolutionären Bewusstseinswandel bewirkt. Die wirklich umwälzende Botschaft lautet, dass elektronische Medien die ganze weite Welt unmittelbar zugänglich machen.

Liturgie ist einem Kommunikationsmedium im McLuhanschen Sinne vergleichbar. Die Wirkung der Liturgie besteht gleichermaßen in der Information, die sie übermittelt, wie in der Art und Weise, *wie* sie sie vermittelt. Stell Dir vor, Du besuchst eine katholische Messe in einer öden vorstädtischen Kirche aus den 70ern, die aussieht wie eine umfunktionierte Pizza-Hut-Filiale. Am nächsten Sonntag nimmst Du an einem Hochamt in der St.-Patricks-Kathedrale in New York City teil. Die Schriftlesungen sind an beiden Orten dieselben, und Jesus ist in der Eucharistie in „Unserer Lieben Frau von der Pizza Hut" genauso real präsent wie in der Kathedrale. Dennoch ist es wahrscheinlich, dass Du in der vorstädtischen Kirche größere Mühe haben wirst, eine Empfindung für die Heiligkeit der Messe in Dir zu wecken als in der Kathedrale – obwohl, theologisch gesprochen, die „Information", die in Wort und Sakrament übermittelt wird, an beiden Orten dieselbe ist. Das ist der Unterschied, den die Liturgie ausmachen kann.

James K.A. Smith, ein evangelikal-christlicher Philosoph, weist darauf hin, dass das ganze Leben „liturgisch" sei – in dem Sinne, dass alle unsere Handlungen einen bestimmten Rahmen für unsere Erfahrungen schaffen und unser Begehren auf bestimmte Ziele ausrichten. Wir leben täglich auf die eine oder andere Weise das aus, was Smith „kulturelle Liturgien" nennt.

Die weltliche Liturgie der Einkaufspassage etwa ist darauf ausgerichtet, bei denen, die die Einkaufspassage betreten, ein bestimmtes Begehren hervorzurufen und zu kultivieren. Sie verspricht persönliche Erfüllung durch Konsum. Laut Smiths Darstellung vermitteln Werbebilder schöner Menschen die unterschwellige Botschaft. Du könntest genauso fröhlich und attraktiv sein wie diese Leute, wenn du das entsprechende Produkt erwirbst. Wenn die Einkaufspassagen-Liturgie ihren Zweck erfüllt, veranlasst das Begehren, das durch die Bilder und Rituale des Shoppings evoziert wird, den Kunden dazu, Geld gegen Produkte einzutauschen und dann die Einkaufspassage „erfüllt" zu verlassen – bis die Sehnsucht nach Wiederholung derselben Erfahrung ihn erneut dorthin lockt.[53]

Die Lehre daraus ist, dass diverse Elemente, die im Ritual des Shoppings in einer Einkaufspassage präsent sind, bestimmte Begierden aktivieren und sie auf bestimmte Objekte ausrichten, deren Erwerb Befriedigung verspricht.

Dagegen soll christliche Liturgie uns dazu anleiten, Kommunikation mit Gott zu begehren. Die Basis unserer Liturgie ist der Eine, der das Medium und die Botschaft des Evangeliums in sich vereint: Jesus Christus. Wie der Philologe Robert Inchausti prägnant formuliert, ist McLuhans berühmter Slogan letztlich nur eine andere Art, zu sagen: *„Das Wort ist Fleisch geworden"*.[54] Unsere gottesdienstlichen Liturgien, so vielgestaltig sie auch sein mögen, sind darauf ausgerichtet, Ihn zu preisen und an Ihm teilzuhaben.

Im Laufe der Geschichte der christlichen Kirche hat es eine Vielzahl von Liturgien gegeben, aber die meisten von ihnen folgten einem grundlegenden, aus der Heiligen Schrift abgeleiteten Schema. In ihrer schlichtesten Gestalt beginnt die Sonntagsliturgie mit der formellen Versammlung der Gottesdienstgemeinschaft, gefolgt von Schriftlesungen, der Feier der Kommunion und der Aussendung der Gemeinde mit dem Auftrag, für Christus zu leben. So verstanden ist die Sonntagsliturgie eine Zusammenkunft der Gläubigen zu dem Zweck, in Wort und Sakrament Gemeinschaft mit Gott zu halten und darum in die Welt ausgeschickt zu werden.

Heute glauben viele Christen – darunter auch solche, in deren Kirchen Liturgie gepflegt wird –, der Sonntagsgottesdienst sei lediglich eine *Ausdrucksform*; das heißt, sie nehmen an, es gehe nur darum, was *die Leute zu Gott zu sagen haben*. Im traditionellen christlichen Verständnis hingegen geht es in der Liturgie in erster Linie, wenn auch nicht ausschließlich, darum, was *Gott uns zu sagen hat*. Liturgie offenbart uns etwas von der göttlichen, transzendenten Ordnung, und wenn wir uns ihr unterwerfen, zieht sie uns näher in die Harmonie mit dieser Ordnung hinein.

Zu einem gewissen Grad ist jede Art des Gottesdienstes liturgisch, aber Liturgien, die *sakramental* sind, reflektieren die Präsenz Christi in der göttlichen Ordnung und verkörpern diese Präsenz zugleich in einer konkreten, für die Gottesdienstteilnehmer zugänglichen Gestalt. Natürlich ist Liturgie keine Magie, aber wenn sie in einem sakramentalen Sinne betrieben und aufgefasst wird, schärft sie die Wahrnehmung dafür, dass die Gottesdienstteilnehmer mittels des Ritus und seiner einzelnen Elemente in eine Gemeinschaft mit dem ewigen, transzendenten Bereich eintreten. Die Liturgie nährt die sakramentale Vorstellungskraft, indem sie die Verbindung zwischen Körper und Geist neu webt.

Wie wir gesehen haben, richten die Benediktiner ihr Leben gemäß der Überzeugung aus, dass Materie Bedeutung besitzt, und dass die Art, wie wir mit unserem Körper und mit Dingen der materiellen Welt umgehen, spirituelle Auswirkungen hat.

Der zeitgenössische reformierte Theologe Hans Boersma benennt den Verlust der Sakramentalität als die zentrale Ursache des Zerfalls der Kirche in der Moderne. Wenn keine wirkliche Teilhabe am Ewigen stattfindet – das heißt, wenn wir die Materie, und letzten Endes auch die Zeit, nicht als fest verwurzelt in der Realität Gottes begreifen –, dann kann das Leben der Kirche schwerlich dem reißenden Strom der liquiden Moderne standhalten.

„Mir scheint, die zeitgenössische westliche Kultur betrachte die Dinge, die wir um uns herum sehen – jeden einzelnen Gegenstand der Schöpfung – als isoliert", sagte Boersma mir. „Ebenso ist es typisch für unsere Kultur, jedes Ereignis – welcher Art auch immer – als ein isoliertes Geschehen zu betrachten, unabhängig von jedem anderen Geschehen. Alles in unserer Kultur ist im Fluss, nichts hat eine Verbindung zu etwas anderem. Wir haben keinen Anker, keine Stabilität."

Liturgie stellt die Stabilität, die wir verloren haben, dadurch wieder her, dass sie die Überlieferung des Universums in unsere Körper einprägt. Wie MacIntyre gesagt hat: Wenn wir wissen wollen, was wir zu tun haben, müssen wir zunächst klarstellen, welche Überlieferung die unsere ist. Christliche Gottesverehrung versorgt uns, wenn sie auf rechte Weise betrieben wird, mit einer beständigen Erinnerung daran, dass wir zu Christus gehören, und zu jener Kunde, die Er uns offenbart. Gleichzeitig lehrt sie uns auch, dass es uns nicht frei steht, unsere eigene Geschichte zu improvisieren, sondern dass wir darauf verpflichtet sind, unsere eigenen Kapitel in Übereinstimmung mit dem zu schreiben, was uns durch das Buch offenbart wurde, und in Kontinuität zu dem, was unsere Väter und Mütter im Glauben und „vor-geschrieben" haben.

Selbst säkulare Soziologen erkennen an, welche Bedeutung körperlichen Handlungen für die Bewahrung des kulturellen Gedächtnisses zukommt. In seinem Buch *„How Societies Remember“* („Wie Gesellschaften sich erinnern“) untersucht der Sozialanthropologe Paul Connerton die Praktiken, die verschiedene Völker einsetzen, um angesichts eines kollektiven Gedächtnisverlusts an ihren Überlieferungen festzuhalten. Dabei stellt er fest, dass eine Gemeinschaft, die die Erinnerung an ihre *heilige Überlieferung* – jene Überlieferung, die dieser Gemeinschaft ihren *Sinn* gibt – bewahren will, diese Erinnerung in einem *habituellen Gedächtnis*. Das heißt, die Gemeinschaft muss diese Überlieferung so in sich aufsaugen, dass sie sich „in ihren Körpern ablagert“.[55]

Rituale, die den Körper einbeziehen, sind die stärksten, sagt Connerton. Solche Rituale nutzen alle Sinne, um die heilige Überlieferung den versammelten Individuen einzuprägen. Wenn Gottesdienstteilnehmer beispielsweise an bestimmten Stellen des Ritus niederknien oder sich zu Boden werfen, lernen sie bis in ihre Muskeln hinein die ehrfurchtgebietende Bedeutung dieses heiligen Moments – und das hilft ihnen, sich zu erinnern.

Connertons Studie kommt zu dem Ergebnis, dass die effektivsten Rituale stets unverändert bleiben und sich in Sprache und Gesang entschieden vom alltäglichen Leben abheben. Und wenn ein Ritual wirksam die Herzen und die Vorstellungskraft seiner Teilnehmer formen und schulen soll, dann muss es eine Art von körperlicher Gewohnheit ausbilden.

Selbstverständlich besteht das Christentum aus mehr als einer wirkungsvollen Liturgie. Eine reiche Liturgie, die nicht mit solider Katechese und intensiver Glaubenspraxis einherginge, wäre kaum mehr als eine ästhetische Erfahrung für ihre Teilnehmer. Wenn jedoch Körperlichkeit konstitutiv dafür ist, wie Gott uns geschaffen hat, und wenn unsere Tradition uns eine biblisch fundierte Liturgie bietet, die das kulturelle Gedächtnis des Todes, des Begräbnisses und der Auferstehung Christi in unser Knochengerüst einprägt – welchen Grund sollten wir haben, davon keinen Gebrauch zu machen?

Indem Liturgie uns dabei hilft, uns an Christus zu erinnern, erinnert sie uns auch daran, dass das Christentum nicht einfach eine Philosophie ist, sondern eine *Lebensweise*, die uns Alles abverlangt. Als meine kleine orthodoxe Gemeinde eine Missionskirche in unserem winzigen Heimatstädtchen in Louisiana eröffnete, bot die Russisch-Orthodoxe Kirche an, uns einen Priester zu schicken. Als Vater Matthew Harrigan in die Stadt kam, erklärte er uns, in der russischen Kirche sei es Brauch, darauf zu bestehen, dass die Gemeindemitglieder samstags abends zur Vesper (dem Abendgebet) in die Kirche kommen müssten, wenn sie am Sonntagmorgen die Kommunion empfangen wollten.

Das war neu für uns. Wir alle (einschließlich des Priesters selbst) waren Konvertiten, aber die meisten von uns waren nicht auf dem Weg der russischen Tradition zur Orthodoxie gekommen. Mussten wir das wirklich machen? Ja, sagte Vater Matthew – das sei nicht verhandelbar.

Also unterwarfen wir uns alle dieser Disziplin. Es war schwer, und es missfiel mir. Der Vespergottesdienst kam ungelegen. Es lief darauf hinaus, dass wir zu Grillpartys und Esseneinladungen am Samstagabend zu spät kamen. Es waren 45 Minuten meines Wochenendes, die ich nicht aufgeben mochte.

Nach sechs Monaten stellte ich fest, dass die Vesper... *normal* geworden war. Mehr noch, ich fing tatsächlich an, mich auf diesen Gottesdienst zu *freuen*. Die simple Praxis, den Samstagabend mit gemeinschaftlichem Gebet in der Kirche zu beginnen, lehrte mich (und meine Kinder), dass Gott in unserem Leben an erster Stelle kommt. Genauer gesagt, es unterstrich die Wahrheit, dass orthodoxes Christentum eine *Art zu Leben* ist, die es, wenn man sie annimmt, bedingt, dass wir Dinge tun, die uns von der breiten Masse unterscheiden.

Die Notwendigkeit von Liturgie wird mehr und mehr auch protestantischen Theologen bewusst. So überraschend es bei einem Pfingstkirchler sein mag, zählt etwa Simon Chan – ein in Singapur ansässiger bekannter Theologe, Gelehrter und Buchautor – zu einer wachsenden Zahl evangelikaler Kirchenleiter, die dafür eintreten, dass ihre Kirchen zum Reichtum liturgischer Gottesdienstformen zurückkehren müssen. Die evangelikale Ekklesiologie, meint Chan, ist ungeeignet, den Herausforderungen der Postmoderne zu begegnen.

Zum Teil liegt das daran, dass die evangelikale Bewegung sich, historisch gesehen, nicht auf die Etablierung von Institutionen konzentriert, sondern auf Erweckungsbewegungen – was zu einer inhärenten Instabilität führt. Obendrein neigen Evangelikale zu einem individualistischen Zugang zum Glauben, was sie anfällig für popularkulturelle Trends macht. Mehr noch: Die evangelikale Bewegung entstand zum Teil als Reaktion auf den theologischen Liberalismus innerhalb der protestantischen Großkirchen, deren vergleichsweise stärker formalisierte Gottesdienstformen die evangelikalen Abweichler – fälschlicherweise, wie Chan meint – dazu veranlasste, Liturgie mit einem Mangel an spirituellem Leben zu assoziieren.

Chan glaubt, dass ein Gottesdienstverständnis, das das Streben nach spirituellen Hochgefühlen ins Zentrum stellt – Kirche als Motivationsseminar –, nicht dauerhaft tragfähig ist. Wenn man den Glauben in einer Weise aufbauen will, die Stabilität und Kontinuität ermöglicht, ist der regelmäßige Besuch einer Kirche vonnöten, die eine feste Liturgie feiert. Auf diese Weise werden Individuen „durch die christliche Überlieferung geformt".

„Der Rhythmus der Liturgie ist eine Art Musik, durch die die Wahrheit des Evangeliums über die Zeiten hinweg eingeprägt wird", schreibt Chan in seinem Buch *„Liturgical Theology"* („Liturgische Theologie").[56] Er fügt hinzu, die Liturgie sei „eine Reise zu einem angestrebten Ziel" und sei grundlegend für „das körperliche Ausleben des Glaubens, auf den wir getauft sind".[57]

(Chans Ausführungen erinnern mich an eine Begegnung mit einer jungen Evangelikalen in einem Café in Colorado Springs, die mir erklärte, warum sie ihre Kirche verlassen und sich einer anderen angeschlossen hatte, die mehr Wert auf Liturgie legte. „Ich hatte es einfach satt, immer zu *sitzen*", sagte sie. „Ich wollte mit meinem Körper anbeten.")

Scott Aniol, der am *„Southwestern Baptist Theological Seminary"* Gottesdienstkunde unterrichtet, betont, nicht alle Formen von Liturgie seien gleichermaßen wirkungsvoll. Alle gottesdienstlichen Liturgien übermitteln die Wahrheit Gottes auf eine spezifische Weise, aber manche Gottesdienstformen übermitteln diese Wahrheiten und Wirklichkeiten besser als andere. Aniol sagt, das liege daran, dass Liturgie uns darin schult, uns Gott in einer bestimmten Weise vorzustellen – in einer Weise, die darauf ausgerichtet ist, uns zu besseren Jüngern zu machen.

Liturgien leisten mehr, als einfach nur Informationen über Gott weiterzugeben. Sie formen unsere Vorstellungskraft und unsere Herzen. Nichts ist besser geeignet, dies auf eine schriftgetreue Weise zu tun, als tradierte christliche Gottesdienstformen, sagt Aniol. Was viele Protestanten an liturgischen Gottesdienstformen als „unnütze Wiederholung" ablehnen, ist in Wirklichkeit gerade diejenige Qualität der Liturgie, die sie so wirkungsvoll in Hinblick auf Jüngerschaft macht.

„Die Frage ist nicht, *ob* die Leute durch Liturgie geformt werden, sondern *welche* Liturgie sie formt", betont Aniol. Das ist ein Grund, weshalb heutige konservative Christen so viel von unseren Vorfahren im Glauben zu lernen haben. Laut Aniols Auffassung dürfen wir uns nicht in dem Bestreben, „relevant" zu sein oder dergleichen, von der liturgischen Tradition des Christentums abwenden – nicht wenn wir Liturgie in erster Linie als *formativ* und nicht als *expressiv* begreifen. Er lehrt sowohl seine baptistischen Seminaristen als auch seine örtliche Kirchengemeinde, tief in die christliche Tradition einzutauchen, um alte liturgische Formen wiederzuentdecken.

Ryan Martin ist der Pastor einer ländlichen evangelikalen Gemeinde in Minnesota, die zwar keine „hochkirchliche" Liturgie mit Glockengeläut und Weihrauch pflegt, die aber dennoch eine eher traditionell orientierte Form des Gottesdienstes betreibt. Die Gemeinde betrachtet das als einen biblischen Auftrag.

„Wir verabscheuen Entertainment als Gottesdienstform. Wir glauben, dass es Gott gebührt, auf eine Weise verehrt zu werden, die Seine Transzendenz vermittelt, und ebenso die Wärme des Evangeliums", sagt Martin. „Moderne Gottesdienstformen sind manipulativ. Gott ist kein Modetrend und auch keine Hipster-Gottheit. Ihn mit unserem bevorzugten Segment der Popkultur zu verknüpfen, wird Ihm als einem Gott, der alle Geschichte und Kultur transzendiert, nicht gerecht."

Ben Haguewood pflegte früher handelsübliche evangelikale Kirchen zu besuchen, an denen er es schätzte, wie ernst die Gemeindemitglieder die Heilige Schrift nahmen; doch nach und nach registrierte er dort einen Mangel an Ehrfurcht, der ihm missfiel. „Im Interesse von ‚Relevanz' und einer einladenden Haltung gegenüber Leuten, die es gewohnt sind, Kirche mit Verurteilung und Negativität zu assoziieren, bieten sie Gottesdienste an, die für mich eher nach einer verwässerten Version der Popkultur aussehen", sagt er.

Jetzt besucht Haguewood die *„Redeemer Presbyterian Church"* in Austin, Texas – eine konservative Gemeinde im Verband der *„Presbyterian Church in America"* (PCA), die eine formellere Liturgie pflegt. Er berichtet, die Gottesdienstform sei voller Schönheit, die Lehre klar, und es gebe „keinerlei Zweideutigkeit" darüber, was der primäre Auftrag der Kirche sei: Gott in Wort und Sakrament zu verehren. „Aus Sicht der modernen Kultur ist diese Kirche so ‚irrelevant', wie man nur sein kann", sagt Haguewood – und das liebt er an ihr.

Es würde den Rahmen dieses Buches sprengen, zu diskutieren, wie Christen verschiedener Konfessionen die Liturgie feiern und dabei gleichzeitig ihrer jeweiligen theologischen Tradition treu bleiben können. Gleichwohl würde es Gläubigen aus eher liturgiefernen Konfessionen gut tun, ihre Ablehnung traditioneller Liturgieformen, in denen sie lediglich Effekthascherei sehen, zu überdenken. Der Duft des Weihrauchs, der Klang der Kirchenglocken, der Kerzenschein, die lebhaften Farbtöne der Ikonen – all das macht einen starken Eindruck auf den Geist und trägt dazu bei, uns auf die Begegnung mit dem Herrn in Wort und Sakrament vorzubereiten.

Wenn man beispielsweise eine orthodoxe Kirche betritt, erkennt man sofort, dass man an einem heiligen Ort ist. Die brennenden Kerzen symbolisieren das Licht Christi. Die Ikonen erinnern uns an die Gemeinschaft der Heiligen und an die theologische Wahrheit, dass uns, wie es im Hebräerbrief (12,1) heißt, „eine solche Wolke von Zeugen umgibt". Und der Weihrauch steht für die Gegenwart des Heiligen Geistes. All diese simplen, sinnlich wahrnehmbaren Dinge wirken zusammen, um unsere Körper in die christliche Gottesverehrung einzubeziehen, uns in eine kontemplative Geisteshaltung zu versetzen und den Boden dafür zu bereiten, die Samenkörner der Schrift und der Heiligen Kommunion aufzunehmen. Sie sind nicht bloß dekoratives Beiwerk zum Gottesdienst (Ikonen, beispielsweise, sind nicht einfach nur Bilder), sondern ein entscheidender Bestandteil des Gottesdienstes selbst.

Wir sollen das Gefühl haben, dass die Versammlung zum Gottesdienst in der Kirche etwas ist, das sich vom gewöhnlichen Leben abhebt. Und das gibt einer reichen Liturgie solche Kraft. Kirchen ohne eine ausgeprägte liturgische Tradition gehen versuchsweise dazu über, historische liturgische Gebete und andere Elemente aus dem Fundus der christlichen Tradition, einschließlich Kerzen und Weihrauch, in ihre Gottesdienstpraxis einzubeziehen. Das ist ermutigend.

Nun haben Evangelikale, die keine solche liturgische Praxis kennen, vollkommen Recht, wenn sie sagen, Liturgie als solche werde uns nicht retten. Nur die Bekehrung des Herzens kann das. Liturgie ist notwendig, damit der Gottesdienst sein volles Potential entfalten kann, aber Liturgie *allein* genügt nicht, aus demselben Grund, aus dem etwa die Aufführung eines Bach-Konzerts kaum Eindruck auf einen Gehörlosen machen dürfte. Wenn der Körper eines Gläubigen Gott anbetet, aber sein Herz und seine Gedanken sind derweil anderweitig beschäftigt – was nützt das? Das Ziel muss sein, alle Aspekte der Persönlichkeit des Christen einzubeziehen. Zur Formung und Disziplinierung des christlichen Charakters sind Glaube *und* Vernunft notwendig.

Gleichwohl steht nicht zu bezweifeln, dass die *Form* des Gottesdienstes eine mächtige Waffe ist: gegen die Moderne, soweit sie ein Bollwerk gegen deren zersetzende Kräfte bildet, oder *für* die Moderne, soweit sie ebendies *nicht* tut.

Die traditionell christliche Praxis der Askese neu erlernen

Nur wenige moderne christliche Laien außerhalb der ostkirchlichen Tradition (und auch innerhalb dieser nur allzu wenige!) unterwerfen sich regelmäßigem Fasten oder anderen greifbaren Formen von Askese. Wir wir in einem früheren Kapitel bereits gehört haben, kommt *Askese* von dem griechischen Wort *askesis* und bedeutet „Training". Gemeint ist damit, dauerhaft oder zeitweilig auf materielle Annehmlichkeiten zu verzichten, um sich spirituell zu ertüchtigen.

Askese ist von entscheidender Bedeutung für ein christliches Leben, das, wie die Theologen Stanley Hauerwas und Will Willimon es formulieren, darauf ausgerichtet ist, „unseren Willen und unsere Bedürfnisse zu disziplinieren, in Einklang zu bringen mit einer wahren Geschichte, wodurch wir befähigt werden, ein von Wahrheit erfülltes Leben zu führen“[58].

Benediktinermönche nehmen die Lehre des Neuen Testaments, dass die Anhänglichkeit an Reichtümer und irdische Dinge das Streben nach Heiligkeit behindert, ausgesprochen ernst. Bruder Ignatius erklärte mir, dass die Mönche großen Wert auf asketische Disziplin legen. Er beschreibt diese Disziplin als eine Art geistlichen Hausputz, der, wenn er mit Demut betrieben wird, eine evangelisierende Wirkung haben kann.

„Wenn du ganz und gar damit beschäftigt bist, dein eigenes Haus sauber zu halten, dann hast du keine Zeit, das Haus deines Nachbarn kritisch zu beäugen“, sagt er. „Aber vielleicht, wenn der Nachbar sieht, dass es mir ernst damit ist, mein Haus sauber zu halten, wird er mir nacheifern und seinerseits anfangen, sein Haus zu putzen. Wenn ich die Nachbarn zu mir einlade, sagen sie vielleicht: Oh, so ein schönes Haus! Wie schaffst du es, es in Ordnung zu halten?“

In einer Gesellschaft, die Komfort und Wohlergehen höher schätzt als alles andere, gibt es womöglich keine essentiellere Praxis der christlichen Persönlichkeitsbildung als regelmäßiges Fasten. Christen, die die Gebräuche der Ostkirchen treu befolgen, essen üblicherweise mäßig und vermeiden mittwochs (zum Gedenken an den Tag, an dem Christus verraten wurde) und freitags (zum Gedenken an Seine Kreuzigung) Fleisch, Milchprodukte, Öl und Wein. In ähnlicher

Weise fasten wir innerhalb vorgeschriebener Zeiten, die wichtigen Festtagen vorausgehen – insbesondere in den vierzig Tagen vor Ostern, die in den Ostkirchen als die „Große Fastenzeit“ bezeichnet werden.

Auf diese Art zu fasten ist nicht einfach, vor allem am Anfang. Orthodoxe Priester empfehlen geistlichen Anfängern für gewöhnlich ein leichteres Fasten. Es geht nämlich nicht darum, aus einer legalistischen Einstellung heraus auf bestimmte Speisen zu verzichten, sondern vielmehr darum, die Macht unserer leiblichen Begierden zu brechen. „Ich bin mit Christus gekreuzigt worden; nicht mehr ich lebe, sondern Christus lebt in mir“, schrieb der Apostel Paulus an die Galater (2,19f.). Fasten ist eine geistliche Übung, die darauf abzielt, den Leib dem befreienden Joch Jesu zu unterwerfen. Wie Wendell Berry es ausdrückt: Leiblichen Begierden im Dienste geistlichen Wachstums zu widerstehen, ist „eine Weigerung, seinen Körper dem dienen zu lassen, was seiner nicht würdig ist“.[59]

Dies gilt nicht nur für den individuellen Leib, sondern auch für die Kirche als Leib Christi. Während der Großen Fastenzeit in der orthodoxen Kirche nimmt die ganze Gemeinde an langen, anstrengenden Bußgottesdiensten teil, in denen es oft üblich ist, sich mit dem ganzen Körper niederzuwerfen. Auch wenn kein Gemeindemitglied überprüft, ob die anderen auch so streng (oder überhaupt) fasten, herrscht ein intensives Bewusstsein dafür, dass wir alle gemeinsam auf diesem harten Weg der Buße sind. Auf diese Weise kann der Eifer des Fastens Gemeinschaft begründen.

Asketische Übungen im Alltag können beispielsweise darin bestehen, regelmäßige Gebetszeiten einzuhalten, sich zu einem täglichen Pensum an Schriftlesung zu verpflichten, sich jeden Abend mit der Familie am Esstisch zu versammeln oder eine Uhrzeit festzulegen, zu der jeden Abend der Fernseher und der Computer abgeschaltet werden – und sich daran zu halten. Mit der Zeit werden diese Praktiken keine Mühe mehr bereiten. Das Ziel ist nicht nur, sich geistliche Disziplin anzutrainieren, sondern auch, sich diese Dinge zur zweiten Natur zu machen, sodass man nicht mehr darüber nachdenken muss.

Ein Läufer hätte keine Chance, einen Marathon zu vollenden, wenn er sich nicht durch viele Stunden des Trainings darauf vorbereitet hätte. Ebenso werden wir, wenn wir uns nicht darin üben, kleine Dinge aufzugeben, nicht bereit sein, *große* Dinge aufzugeben, wenn es darauf ankommt. Gegen Ende seines Lebens schrieb der Heilige Paulus an Timotheus: „Ich habe den guten Kampf gekämpft, den Lauf vollendet, die Treue gehalten" (2 Tim 4,7). Wenn wir einst in der Lage sein wollen, dasselbe von uns zu sagen, müssen wir uns jeden Tag unseres Lebens darin üben.

Die kirchliche Disziplin festigen

Was für die Körper einzelner Christen gilt, gilt auch für den Leib Christi, die Kirche. Wir sind nicht einfach eine Ansammlung von Individuen, die einmal in der Woche zusammenkommen und im selben Raum Gottesdienst feiern. Die Heilige Schrift macht unmissverständlich deutlich, dass wir Teil eines organischen Systems sind, in dem jeder seine Aufgabe zu erfüllen hat. So wir wir unsere physischen Körper disziplinieren, um sie geistlichen Wahrheiten zu unterwerfen, müssen wir auch den kollektiven Körper der Kirche disziplinieren – und nicht nur durch gemeinsames Fasten und gemeinsame Teilnahme an Bußgottesdiensten.

Wenn „Benedikt-Options"-Christen gesündere kirchliche Gemeinschaften aufbauen wollen, dann müssen sie darauf Wert legen, die kirchliche Disziplin zu festigen. Schwule, Lesben und ihre ideologischen Verbündeten haben nicht Unrecht, wenn sie die Frage aufwerfen, warum konservative Christen schnell bei der Hand sind, *ihre* Sünden zu verdammen, gleichzeitig aber über das Grassieren von Scheidung und sexuellen Sünden unter Heterosexuellen in unseren eigenen Gemeinden hinwegsehen. Die frühe Kirche hielt eine ziemlich strikte Disziplin in ihren Gemeinden aufrecht. Die damaligen Christen glaubten daran, dass *„der Weg"* auf ein *Ziel* ausgerichtet ist und dass jene, die sich weigerten, *„den Weg"* zu gehen, entweder auf ihn zurückgeführt oder, wenn sie hartnäckig an der Sünde festhielten, aus der Gemeinde ausgeschlossen werden müssten.

Der Grundgedanke dabei war weder Gemeinheit noch Selbstgerechtigkeit, sondern Verantwortlichkeit. Zudem konnte die Kirche – als eine Gemeinschaft, die ihre Mitglieder anleitet und formt – ihre Aufgabe nicht erfüllen, wenn sie nicht in der Lage war, in ihren Reihen Ordnung aufrechtzuerhalten. Benediktinermönche, die sich weigern, nach der Ordensregel zu leben, werden veranlasst, die Gemeinschaft zu verlassen – denn nur so kann die Gemeinschaft intakt bleiben.

Denny Burk, Professor an einem Seminar und Pastor bei den *Southern Baptists* in Kentucky, sagt, ein Mangel an kirchlicher Disziplin habe bei vielen Gemeinden seiner Konfession dazu geführt, dass die Gläubigen von den Auswirkungen der sexuellen Revolution völlig unvorbereitet getroffen wurden. Wenn Kirchen undiszipliniert sind, werden es auch ihre Mitglieder sein. So entsteht ein Klima, das Unmoral und den Zerfall von Ehen begünstigt. Es lockt Gemeindemitglieder an, die nur dem Namen nach Christen sind. Das Problem wurde so drängend, dass das Leitungsgremium der *Southern Baptists* 2008 eine Resolution verabschiedete, die die Gemeinden dazu aufrief, „die Praxis der brüderlichen Zurechtweisung von Kirchenmitgliedern, die auf Abwegen sind", wiederzubeleben und „die Lehren unseres Erlösers über kirchliche Disziplin neu zu entdecken und umzusetzen".

Die Gemeinde, an deren Leitung Burk heute beteiligt ist, verlangt von ihren Mitgliedern, eine Vereinbarung zu unterzeichnen, die ihre Pflichten gegenüber der Gemeinschaft festlegt. „So weiß jeder, der der Kirche beitritt, worauf er sich einlässt: nicht nur ein Anhänger Jesu zu sein, sondern ein Anhänger Jesu *im Rahmen unserer Kirche*", erklärte er mir. „Wer sich nicht an die Verpflichtungen hält, wird von der Kirche zu Umkehr und Buße angehalten. Und ein Mitglied, das sich weigert, sich von der Sünde abzuwenden und Christus nachzufolgen, wird irgendwann ausgeschlossen."

Dies widerfuhr zum Beispiel einem Ehepaar in Burks Kirchengemeinde, das sich nach über vier Jahrzehnten Ehe scheiden lassen wollte. Ein Beratungsgespräch mit den Pastoren, um ihnen zu helfen, ihre Ehe zu retten, lehnten sie ab. Ebenso wiesen sie Hilfsangebote von Freunden und anderen Gemeindemitgliedern zurück. Monatelange Bemühungen der Pastoren, die zerrüttete Ehe des Paares zu heilen, endeten in einer Sackgasse: Die Eheleute wollten einfach nicht kooperieren.

Schließlich wurde eine Gemeindeversammlung einberufen, bei der beschlossen wurde, sie auszuschließen.

„Das eine ist, eine sogenannte ‚Moralische Mehrheit' zu bilden und politische Lobbyarbeit im Sinne öffentlicher Moral zu betreiben", sagt Burk. „Aber wenn dabei niemand im Blick behält, dass die Kirche in ihren eigenen Reihen moralische Integrität bewahrt, dann wird es keinen Unterschied mehr zwischen der Kirche und der Welt geben."

Evangelisieren durch Güte und Schönheit

Die gute Nachricht ist: *Wenn* die Kirchen durch die Liturgie in rechter Weise auf Christus ausgerichtet sind und ihr inneres Leben durch Askese und Disziplin gepflegt wird, dann resultiert daraus eine Schönheit, die in scharfem Kontrast zur Welt steht. In dem Maße, wie die Zeiten hässlicher werden, wird die Kirche heller und heller strahlen und so mit ihrem Licht Menschen anziehen. Darum sollten wir Christen uns nicht scheuen, Schönheit und Güte als unsere besten Werkzeuge für die Evangelisierung zu betrachten.

„Kunst und die Heiligen sind die besten Argumente für den Glauben", sagte – sinngemäß – Kardinal Joseph Ratzinger, der spätere Papst Benedikt XVI. Warum? Weil das Erlebnis großer Schönheit und außerordentlicher Güte unsere Rationalität umgeht und uns direkt ins Herz trifft. Wir reagieren unmittelbar auf Schönheit und Güte und begehren das, was sie uns offenbaren. Wie der Philosoph Matthew Crawford es ausdrückt: „Nur schöne Dinge motivieren uns dazu, uns auf die Welt außerhalb unseres Kopfes einzulassen."[60]

Crawford hat zur Hälfte Recht. Handlungen der Güte zu beobachten, kann unser Leben ebenso verwandeln. Mit anzusehen, wie liebevoll die Leute in meinem Heimatstädtchen im Süden Louisianas sich um meine Schwester kümmerten, während sie mit ihrer Krebserkrankung kämpfte, brachte mich dazu, etwas zu tun, wovon ich mir geschworen hatte, dass ich es niemals tun würde: nach fast dreißig Jahren nach Hause zurückzukehren.

Kunst und die Heiligen – materielle Vergegenwärtigungen von Schönheit und Güte – bereiten den Weg für rational erfassbare Wahrheit, weil sie unser inneres Begehren ansprechen. Gleichwohl ist nicht alles, was unser Herz durchdringt und unser Verlangen weckt, wahrhaft schön und gut. Vernunft hilft uns dabei, unser Begehren in rechter Weise zu ordnen.

Einfacher ausgedrückt: Ungläubige in der Welt von heute, die kein Verständnis für die Aussagen des Evangeliums aufbringen, können dennoch eine lebensverändernde, wortlose Begegnung mit dem Evangelium erfahren, nämlich durch christliche Kunst oder Werke christlicher Liebe, die sie aus sich selbst herauslocken und sie mit der Realität Christi konfrontieren.

Die ersten Christen gewannen neue Anhänger nicht dadurch, dass sie bessere Argumente hatten als ihre heidnischen Kontrahenten, sondern weil die Leute in ihnen und ihren Gemeinschaften etwas Gutes und Schönes sahen – und davon angezogen wurden. Auf diese Weise wurden sie zur Wahrheit geführt.

„Zu Zeiten spielen rationale Argumente für den Glauben nur eine untergeordnete Rolle“, meint der Kirchenhistoriker Robert Louis Wilken. „Wir müssen zwar die Wahrheit aussprechen, aber letztlich muss unser Appell sich ans Herz richten und nicht an den Verstand. Im Grunde leiten wir die Menschen dazu an, *ihre Liebe zu verwandeln.* Anders zu lieben, etwas anderes zu lieben. Liebe ist das, was die Menschen anzieht und festhält."[61]

Es hat mich überrascht, wie wenige Leute ich im Laufe der Jahre kennengelernt habe, die allein durch *Argumente* – mündlich oder in Form von Büchern – zum Glauben gefunden haben. Selbstverständlich kommt so etwas vor, aber selten sind es wirklich die Argumente *allein.* Was mich persönlich betrifft, war meine Konversion zum Katholizismus im Erwachsenenalter in erster Linie intellektuell bestimmt, aber der lange Weg dorthin begann mit siebzehn, als ich in der mittelalterlichen Kathedrale von Chartres ein regelrechtes „Damaskuserlebnis" hatte. Nichts in meiner bisherigen Erfahrung hatte mich auf die Schönheit dieser französischen Kathedrale vorbereitet. Ich ging als hochnäsiger agnostischer Teenager hinein und kam heraus mit dem sehnsüchtigen Verlangen, Teil jener Kirchentradition zu sein, die so einen herrlichen Tempel für Gott erbaut hatte.

Sieben nervenaufreibende und kurvenreiche Jahre später war mein Verstand bereit, dank all der Bücher, die ich gelesen hatte; aber ich scheute mich, die ersten ernsthaften Schritte zu unternehmen. Was mich dazu veranlasste, all dem, was ich gelesen hatte, Taten folgen zu lassen, war meine außergewöhnliche Freundschaft mit einem alten Priester, der den letzten Abschnitt seines Lebens in einer Einrichtung für betreutes Wohnen verbrachte. Monsignore Carlos Sanchez unternahm keinerlei direkte Versuche, mich zu evangelisieren. Er behandelte mich einfach wie einen Freund und erzählte mir aus seinem Leben, einschließlich der Geschichte seiner eigenen Bekehrung im mittleren Alter. Der innere Frieden, den dieser Priester ausstrahlte wie ein sanftes Licht, war von eigentümlicher Schönheit, und diesen Frieden wollte auch ich besitzen – was ich bald darauf auch tat.

Somit war das, was mich zuerst aus meinem eigenen Kopf herauslockte und zum Christentum hinzog, eine Form der Liebe, die man *Eros* nennt. Mein Verlangen, Christus näher kennenzulernen, wurde erregt und vertieft durch meine plötzliche, leidenschaftliche Begierde, in eine Beziehung zu dem Gott einzutreten, der sich durch die Schönheit einer Kathedrale offenbarte, und zu Christus, der sich mir durch die Freundschaft eines 99jährigen, aus Guatemala eingewanderten Priesters zeigte.

Die Lehre, die daraus zu ziehen wäre, lautet: In einer Zeit, in der Logik und Vernunft angezweifelt und sogar offen abgelehnt werden und in der die Begierden des Herzens von der populären Kultur glorifiziert werden, besteht der wirksamste Weg zur Evangelisation darin, den Leuten dazu zu verhelfen, Schönheit und Güte zu erfahren. Von diesem Ausgangspunkt helfen wir ihnen zu begreifen, dass in Wahrheit alles Gute und alles Schöne von dem ewigen Gott ausgeht, der uns liebt und der will, dass wir in eine Beziehung mit Ihm eintreten. Für Christen kann das zum Beispiel bedeuten, durch Musik, Theater oder andere Formen von Kunst Zeugnis zu geben. Vor allem aber bedeutet es, den anderen durch den Aufbau und die Pflege echter Freundschaften und durch den Dienst an Armen, Schwachen und Hungrigen Liebe zu zeigen. Wie Bruder Ignatius aus Norcia uns in Erinnerung ruft, ist alles, was wir tun, potentiell evangelistisch.

Das Exil und die Möglichkeit des Martyriums auf sich nehmen

Ebenso wie Schönheit und Nächstenliebe Zeugnis für das Evangelium ablegen, ist das Martyrium traditionell stets der Samen der Kirche gewesen. In der frühen Kirche wurde die Bereitschaft, Leiden – bis hin zur Hingabe des eigenen Lebens – für Christus auf sich zu nehmen, als das kraftvollste Zeugnis für die Wahrheit Christi angesehen. Die Kirchen von heute werden nicht gut gerüstet sein, wenn wir dies nicht im Blick behalten und uns in unserem Leben darauf vorbereiten, Entbehrungen – und selbst den Tod – für unseren Glauben zu erleiden.

Amerikanische Christen denken selten an die Märtyrer der Kirchengeschichte, an jene, die ihr Leben als Zeugnis für den Glauben hingegeben haben. Die Geschichten tapferer Männer und Frauen, die lieber körperliche Qualen bis hin zum Tod ausgestanden haben, als Christus zu verleugnen, passen nicht besonders gut zur fröhlich-optimistischen Atmosphäre in den meisten amerikanischen Kirchen. Aber auch *diese* Leute sind *unsere* Leute, und sie haben eine Lektion für uns – eine, die wir dringend benötigen.

Sie verkörpern einen heroischen Glauben und eine so tiefe Liebe zu Christus, dass sie bereit waren, dafür ihr Leben zu opfern. Zu ihnen gehören die 48 Gläubigen, die im Jahr 177 in der gallischen Stadt Lugdunum (Lyon) öffentlich gefoltert und massakriert wurden, und Polykarp von Smyrna, der vom Apostel Johannes zum Bischof geweiht wurde und im Alter von 86 Jahren auf dem Scheiterhaufen verbrannt wurde, weil er sich geweigert hatte, ein Körnchen Weihrauch für Caesar zu opfern.

Näher an unserer eigenen Zeit wären Christen wie der lutherische Pastor Dietrich Bonhoeffer zu nennen, der aus dem Exil nach Deutschland zurückkehrte, um im Widerstand gegen Hitler aktiv zu werden, und von den Nazis gehängt wurde. 1996 wurden in Algerien sieben Trappistenmönche von islamistischen Rebellen entführt und ermordet, nachdem sie es abgelehnt hatten, das Land – und damit den Dienst an den muslimischen Dorfbewohnern, unter denen sie lebten – zu verlassen.

In der traditionellen christlichen Terminologie bezeichnet der Begriff „Bekenner" – in Unterschied zum „Märtyrer" – einen Gläubigen, der für den Glauben schwer gelitten hat, dabei aber nicht zu Tode gekommen ist. Der orthodoxe Priester Gheorghe Calciu und der lutherische Pastor Richard Wurmbrand standen im kommunistischen Rumänien unaussprechliche Foltern aus. Ihre nach der Entlassung aus dem Gefängnis verfassten Berichte bezeugen nicht nur ihren Mut, trotz drohender Verhaftung die Wahrheit auszusprechen, und die Stärke ihres Durchhaltevermögens im Gefängnis, sondern auch und sogar noch mehr ihre Fähigkeit, jene zu lieben, die sie folterten.

Wieder in Freiheit, schrieb Wurmbrand, es gebe „zwei Arten von Christen: die einen glaubten aufrichtig an Gott, die anderen glaubten nur, wenn auch mit der gleichen Aufrichtigkeit, daß sie glaubten. Man könnte sie daran unterscheiden, wie sie im entscheidenden Augenblick handelten".[62]

Wir sollten aufhören, zu versuchen, mit der Welt unter deren eigenen Bedingungen zu kommunizieren, und uns darauf konzentrieren, Glaubenstreue in abgegrenzten Gemeinschaften zu kultivieren. Statt zu versuchen, „sucherfreundlich" zu sein, sollten wir „finderfreundlich" sein – indem wir denen, die zu uns kommen, eine neue und entschieden andere Lebensweise bieten. Es muss eine Lebensweise sein, die von der biblischen Überlieferung geformt und von Praktiken geprägt ist, die unseren Fokus fest auf die Wahrheiten dieser Überlieferung ausrichtet – während die Welt um uns herum danach strebt, diese Wahrheiten zu verdunkeln und in Vergessenheit geraten zu lassen. Es muss eine Lebensweise sein, die sich durch Beständigkeit und Ordnung auszeichnet und von der beständigen, sowohl gemeinschaftlichen als auch individuellen Arbeit des Gebets, der Askese und des Dienstes an anderen getragen wird – von all dem also, was die liquide Moderne nicht bieten kann.

Eine Kirche, die genauso aussieht und sich genauso anhört wie die Welt, hat keine Existenzberechtigung. Eine Kirche, die nicht Nachdruck auf Askese und Jüngerschaft legt, ist so sinnlos wie ein Team von Fußballtrainern, denen es egal ist, ob die Spieler zum Training erscheinen. Und wenngleich Liturgie an und für sich nicht genügt, wird eine Kirche, die es versäumt, den Körper in die Anbetung Gottes einzubeziehen, zunehmend Schwierigkeiten haben, überhaupt Körper in den Sonntagsgottesdienst zu bewegen, während unsere Gesellschaft weiter auf dem Weg ins Nach-Christentum voranschreitet.

Kirchen nach Art der Benedikt-Option werden ihrer jeweils eigenen konfessionellen Tradition entsprechende Wege finden, liturgische und andere Praktiken aufzugreifen, um ihre Hingabe an Christus zu vertiefen und eine reichhaltige christliche Kultur aufzubauen. Und Gläubige nach Art der

Benedikt-Option werden die gedanklichen Barrieren niederreißen, die Gott risikofrei in eine kirchenförmige Schublade einsperren. Denn eine Kirche, die nur sonntags (oder bei anderen förmlichen Zusammenkünften der Gemeinde) eine Kirche ist, versagt nicht nur vor dem Anspruch, die Kirche zu sein, die Christus uns alle zu verkörpern aufruft; sie wird auch keine Kirche sein, die die Kraft und Konzentration aufbringt, um die Herausforderungen zu bestehen, die uns bevorstehen.

KAPITEL 6

Die Idee eines christlichen Dorfes

Während der Präsidentschaft Bill Clintons stach die First Lady Hillary Clinton bei Konservativen in ein Hornissennest, indem sie ein apokryphes afrikanisches Sprichwort propagierte: *„Es braucht ein ganzes Dorf, um ein Kind aufzuziehen"*. Sozialkonservative wie ich fassten das als einen „Nanny-Staat"-Ansatz auf, mit dem Frau Clinton eine Einmischung der Regierung in Angelegenheiten der Familien rechtfertigen wollte.

Ein paar Jahre später war ich verheiratet und erwartete die Geburt meines ersten Kindes. In dieser Zeit korrespondierte ich mit dem konservativen Radiomoderator Michael Medved, und eines Tages erhielt ich von ihm eine E-Mail, die ich nie vergessen habe. Zuvor hatte ich ihm gegenüber erwähnt, dass meine Frau und ich planten, unsere Kinder zu Hause zu unterrichten, statt sie in die Schule zu schicken. Gut und schön, meinte Medved, aber ihr müsst euch darüber im Klaren sein, dass *Homeschooling* nur eine Teillösung darstellt.

„Ihr müsst sicherstellen, dass ihr in einer Gemeinschaft lebt, die euren Glauben und eure Wertvorstellungen teilt", riet er uns. „Wenn euer Kind das Haus verlässt, um mit den Nachbarskindern zu spielen, müsst ihr euch darauf verlassen können, dass es keinen Einflüssen ausgesetzt wird, die eure Erziehungsgrundsätze untergraben."

Das ließ mich Hillary Clintons afrikanisches Sprichwort in einem neuen Licht sehen. Heute ist mein ältestes Kind – Matthew – siebzehn, und er hat einen jüngeren Bruder und eine Schwester. Und alles, was die praktische Erfahrung des Elternseins mich gelehrt hat, unterstreicht Medveds Ratschlag. Es braucht tatsächlich ein Dorf – das heißt, eine Gemeinschaft –, um ein Kind aufzuziehen.

Klingt das überraschend? Das sollte es nicht. Gott hat uns dazu erschaffen, soziale Wesen zu sein. Jesus sagte, die Summe des Gesetzes und der Propheten besteht darin, dass wir den Herrn, unseren Gott, mit ganzem Herzen, ganzer Seele und all unseren Gedanken lieben sollen und unseren Nächsten wie uns selbst. Liebe erfordert, andere zu lieben und zuzulassen, dass andere Dich lieben. Wenn man nicht gerade die sehr seltene Berufung zum Eremiten hat, dann verlangen sowohl der Gehorsam gegenüber Gott als auch unsere gottgegebene Natur, dass wir ein Leben in Gemeinschaft führen.

Das Schicksal der Religion in der westlichen Welt ist untrennbar verknüpft mit dem Schicksal der Familie, und dieses ist wiederum verknüpft mit dem Schicksal der Gemeinschaft. In ihrem 2015 erschienenen Buch *„How the West Really Lost God“* („Wie der Westen wirklich Gott verlor“) erklärt die Kulturkritikerin Mary Eberstadt, Religion sei wie eine Sprache: Man könne sie nur in Gemeinschaft erlernen, und zwar zunächst in der Gemeinschaft der Familie. Wenn sowohl die Familie als auch die größere Gemeinschaft fragmentiert werden und versagen, wird die Weitergabe der Religion an die nächste Generation erheblich schwieriger. Eine einzige Generation, die es versäumt, eine Tradition weiterzugeben, genügt, damit diese Tradition aus der Familie und somit auch aus der

Gemeinschaft verschwindet. Mit dieser Beobachtung steht Mary Eberstadt in einer langen Reihe religiöser Denker, die erkannt haben: Wenn die konkreten Ausdrucksformen einer Beziehung zu Gott wegbrechen, wird es schwierig, rein abstrakt an Ihm festzuhalten.[63]

Jahrzehntelang haben konservative Christen sich eingeredet, die fundamentalsten Bedrohungen für die Unversehrtheit der Familie und der Gemeinschaft könnten wirksam durch die Politik angegangen werden. Diese Illusion ist jetzt zerstört. Wenn es eine echte Erneuerung geben soll, dann kann sie nur von den Familien und den örtlichen Kirchengemeinden ausgehen. In dem Maße, wie die Bedrohung des rechtgläubigen Christentums durch eine ihm feindlich gesonnene Politik zunimmt, tun Christen gut daran, eine am Denken Tocquevilles orientierte Einschätzung des Soziologen Robert Nisbet zu beherzigen, der sagte, die Religionsfreiheit selbst sei abhängig von starken religiösen Gemeinschaften. Despoten, so merkte er an, „haben sich nie sonderlich um Religion bekümmert, solange diese sich darauf beschränkte, geräuschlos innerhalb der Gedanken von Einzelnen zu existieren. Religion als Gemeinschaft hingegen, oder vielmehr in Form einer Vielzahl von Gemeinschaften, hat Herrscher, die die Errichtung einer politischen Tyrannei betrieben, immer wieder zu Repressalien veranlasst."[64]

Um unsere Familien und Gemeinschaften zu stärken und unsere Bindungen aneinander und an unsere Kirchen zu festigen, ist es notwendig, dass wir unsere Passivität überwinden. Es wäre unrealistisch, zu hoffen oder zu erwarten, als Laien in der Welt ein so intensives Gemeinschaftsleben führen zu können wie Mönche in einem Kloster, aber zur Benedikt-Option gehört es, die Bindungen, die uns zueinander in Beziehung setzen, nicht zu vernachlässigen. In der zeitgenössischen Kultur wirken so viele Kräfte, die Familien und Gemeinschaften auseinanderreißen, dass wir nicht davon ausgehen können, es werde schon alles gut gehen, wenn wir einfach mit dem Strom schwimmen.

„Benedikt-Options“-Christen können viel von unseren älteren Geschwistern im Glauben, den orthodoxen Juden, lernen, die über Jahrtausende hinweg in erschreckendem Ausmaß Versuchen ausgesetzt waren, ihre Familien und Gemeinschaften zu zerstören.

Der orthodoxe Rabbiner Mark Gottlieb sagt, Christen, die abseits der Mainstream-Kultur leben wollen, benötigen einen „robusten, hemdsärmeligen Einsatz für die Schaffung tiefgehender Gemeinschaftsstrukturen“. Um zu überleben, erfordert es „laser-scharfe Konzentration und Hingabe“, uns selbst „als das nächste Glied in der Kette der christlichen Geschichte zu sehen“.

„Das Gefühl für die Dringlichkeit, die Familie an die erste Stelle im Leben zu setzen, scheint mir ein Ansatzpunkt und eine grundlegende Voraussetzung für glaubenstreue Christen zu sein“, sagt Gottlieb. „Christen müssen sich sehr bewusst um das Wachstum der eigenen Familien bemühen und einen gesunden und treuen Dienst an der Familie entwickeln.“

Die Kraft der säkularen Kultur, die Ketten zu sprengen, die uns in der biblischen Überlieferung verankern, ist gewaltig. Aber wir stehen dieser Bedrohung nicht wehrlos gegenüber.

Das Heim als häusliches Kloster

Ebenso wie das Leben in einem Kloster auf Gott hin ausgerichtet ist, muss es auch das Familienleben sein. Jede christliche Familie nimmt gern für sich in Anspruch, Gott an die erste Stelle zu setzen, aber wir leben nicht unbedingt immer danach. (Ich bekenne mich schuldig.) Wenn wir der Abt und die Äbtissin unseres Familienklosters sind, werden wir dafür Sorge tragen, dass unser Familienleben so strukturiert ist, dass der Auftrag, Gott kennenzulernen und Ihm zu dienen, allen Familienmitgliedern klar ist.

Dazu gehört es, feste Gebetszeiten für die ganze Familie einzuhalten. Dazu gehört auch, regelmäßig gemeinsam in der Heiligen Schrift und in Geschichten aus dem Leben der Heiligen zu lesen – dem Leben christlicher Helden und Heldinnen der Vergangenheit. „Christliche Kinder brauchen christliche Helden", sagt Marco Sermarini, der eine Gemeinschaft katholischer Laien in Italien leitet. „Sie müssen erfahren, dass es kein unmöglicher Traum ist, Jesus radikal nachzufolgen."

In einem häuslichen Kloster zu leben bedeutet auch, das kirchliche Leben an erste Stelle zu setzen, auch wenn das etwa bedeutet, die Kinder nicht in einem Sportverein anzumelden, wenn dieser seine Wettkämpfe während der Gottesdienstzeiten hat. Noch wichtiger ist, dass die Kinder sehen, dass auch ihre Eltern auf Aktivitäten verzichten, die terminlich mit dem Gottesdienst kollidieren. Sie müssen die Erfahrung machen, dass ihre Eltern das geistliche Leben ernst nehmen.

Die katholische Journalistin Rachel Balducci lebt mit ihrem Ehemann Paul und fünf Kindern (das sechste geht aufs College) in derselben entschieden christlichen Gemeinschaft, in der sie und Paul aufgewachsen sind. Sie erinnert sich daran, welchen Eindruck der Glaube ihres Vaters auf sie gemacht hat: „Ich wuchs mit der Erfahrung auf, dass mein Vater jemand ist, der auch dann das Richtige tut, wenn niemand zusieht", sagt sie. „Heute weiß ich, welchen Einfluss es auf mein Leben gehabt hat, zu sehen, wie er morgens früh aufstand, um zu beten."

Ein Kloster ist ein hierarchisch geordneter Lebensraum, aber alle Mitglieder werden wertgeschätzt und sind durch ein Band der Liebe miteinander verbunden. Der Hl. Benedikt weist die Äbte an, selbst die jüngsten Mitglieder der Bruderschaft um Rat zu fragen, denn es könnte sein, dass sie eine Weisheit besitzen, die den älteren Brüdern fehlt. In meiner Familie haben wir es uns zur Gewohnheit gemacht, einander um Verzeihung zu bitten, wenn wir gegeneinander gesündigt haben. Für mich als Vater ist es schwer, mich vor meinen Kindern zu demütigen, wenn ich ihnen Unrecht getan habe; aber es ist notwendig für meine eigene Demut, und für meine Kinder ist es wichtig, dass auch ihre Eltern ihr Leben auf Christus hin ausrichten. Eine Kultur des Gehorsams ist ein Kennzeichen einer gesunden klösterlichen wie auch familiären Gemeinschaft, aber hier wie dort müssen die Mitglieder der Gemeinschaft erkennen können, dass jene, die Autorität ausüben, ihrerseits wiederum einer höheren Autorität unterworfen sind.

Gastfreundschaft ist ein zentrales Element der benediktinischen Lebensweise, aber das ist etwas, was ich nicht erst von den Mönchen lernen musste. Ich habe es von meinen Leuten gelernt, meiner Familie. Meine Mutter und mein Vater waren verdientermaßen bekannt dafür, Gäste an ihrem Herd und Tisch willkommen zu heißen. Sicherlich stehen Südstaatler allgemein im Ruf großer Gastfreundschaft, aber für die offene Tür meiner Eltern galt das in besonders ausgeprägtem Maße. Dies ist eine der Kindheitserinnerungen, für die ich besonders dankbar bin, und meine Frau Julie und ich bemühen uns, dasselbe in unserem eigenen Familienleben zu verwirklichen. Wir hoffen, dass unsere Kinder sich später an das Lachen und die Gespräche mit Reisenden und anderen Gästen an unserem Herd und Tisch erinnern und dies damit in Verbindung bringen werden, was es heißt, eine christliche Familie zu sein: die Segnungen, die wir empfangen haben, mit anderen zu teilen und so wiederum durch die Gemeinschaft mit ihnen gesegnet zu werden.

Ein Kloster hält alles, was seiner Aufgabe – nämlich, seine Mitglieder nach dem Bild Christi zu formen – zuwiderläuft, aus seinen Mauern fern. Für Familien bedeutet das, den Medienkonsum der Kinder – insbesondere soweit es Fernsehen und Internet betrifft – strikt zu beschränken; einerseits, um unangemessene Inhalte von ihnen fernzuhalten, andererseits, um eine Abhängigkeit von elektronischen Medien zu verhüten. Wichtig ist aber auch, dass Eltern dasselbe für sich *selbst* tun. Sicherlich sollte man von Erwachsenen nicht erwarten, dass sie ihren Film- und Fernsehkonsum auf dasselbe Maß beschränken, wie es für Kinder angemessen ist. Dennoch sollten sie nicht denken, sie könnten sich alles ansehen, was sie wollen. Wer sich allzu häufig moralisch fragwürdigen Inhalten aussetzt, dessen moralischer Instinkt wird früher oder später abstumpfen. Und denk daran: Das Leben in einem Kloster soll auch die Persönlichkeit des Abtes formen!

Keine Angst vor Nonkonformismus

Erzieh' Deine Kinder so, dass sie *wissen*, dass ihre Familie anders ist als andere – und dass das nichts ist, wofür man sich entschuldigen müsste. Das hat nichts mit Snobismus zu tun. Es geht vielmehr darum, die Kinder mit der Überzeugung zu durchtränken, dass es gewisse Dinge gibt, die man in seiner Familie einfach nicht *tut* – und dass das okay ist.

„Mein Sohn hat eine Erdnussallergie, deshalb mussten wir ihm von seiner frühesten Kindheit an beibringen, sich von bestimmten Nahrungsmitteln fernzuhalten", sagt Denny Burk, baptistischer Pastor und Seminarprofessor in Kentucky. „Er ist erst fünf, aber er kapiert es und beklagt sich nicht. Er hat eine tolle Einstellung. Aber wir haben eben auch schon von Anfang an mit ihm darüber geredet. Jede Woche gibt es in unserer Kirche ein Buffet, zu dem verschiedene Gemeindemitglieder etwas mitbringen, und er fasst keine von den Speisen an, ohne uns zuerst zu fragen. – Auf dieselbe Weise müssen wir Christen unsere Kinder auch in moralischer Hinsicht erziehen", fährt Burk fort. „Sie müssen wissen, dass es in Ordnung ist, das, was alle anderen machen, nicht mitzumachen. Wenn man ihnen das schon früh in der Kindheit beibringt, haben sie es als Teenager leichter."

Die Teenagerjahre sind die Zeit, in denen die Kinder besonders aufmerksam wahrnehmen, wenn ihre Eltern beunruhigt darüber sind, sie zu Außenseitern zu erziehen, oder vielleicht auch darüber, dass die anderen Eltern sie selbst für versponnen halten könnten. Wenn Mama und Papa nicht standfest bleiben und nicht bereit sind, in Kauf zu nehmen, dass ihre eigenen Freunde sie übertrieben streng oder sonderbar finden, haben die Teenager keine Chance.

Freunde sind keine Selbstverständlichkeit

Es ist wichtig, dass Deine Kinder eine gute Bezugsgruppe von Gleichaltrigen haben. Mit „gut“ meine ich, dass die Mitglieder dieser Gruppe, oder zumindest der größere Teil von ihnen, dieselben festen moralischen Überzeugungen teilen müssen. Zwar ist der Einfluss der Eltern von entscheidender Bedeutung, aber Studien zeigen, dass nichts den Charakter eines Jugendlichen stärker prägt als sein Umgang mit Gleichaltrigen. Die Kultur jener Gruppe, der Dein Kind angehört, während es heranwächst, wird die Kultur sein, die es als seine eigene annimmt.

Engagierte Eltern können die moralische und geistliche Erziehung ihrer Kinder nicht einfach an die Kirche oder eine kirchennahe Organisation delegieren. In einer Reihe von Interviews, die ich im Zuge der Arbeit an diesem Buch mit einem breiten Spektrum von Christen geführt habe, hörte ich immer wieder Beschwerden darüber, dass kirchliche Jugendgruppen mehr damit beschäftigt sind, die Kinder zu bespaßen, als sie zu Jüngern Jesu zu erziehen. Eine evangelikale Jugendliche erzählte mir, sie sei aus ihrer kirchlich organisierten Jugendgruppe ausgestiegen, weil es ihr zunehmend gegen den Strich ging, wie die anderen Gruppenmitglieder rauchten, tranken und Sex hatten. „Ehrlich gesagt hänge ich lieber mit ungläubigen Kids ab“, sagte sie mir. „Die akzeptieren mich, obwohl sie wissen, dass ich gläubig bin. Wenn ich mit denen zusammen bin, kriege ich wenigstens ein Gefühl dafür, was es heißt, Christ zu sein."

Gruppenzwang beginnt nicht erst bei Jugendlichen, sondern schon in der mittleren Kindheit. Die Psychologin Judith Rich Harris schildert in ihrem vieldiskutierten Buch *„Ist Erziehung sinnlos?"*, dass Kinder in diesem Alter ihr Verhalten an dem ihrer gleichaltrigen Freunde ausrichten. Harris schreibt: „Die neuen Verhaltensformen werden habituell – man kann sagen, internalisiert – und schließlich Teil der öffentlichen Persönlichkeit. Als diese öffentliche Persönlichkeit tritt das Kind außerhalb seines Zuhauses auf. Aus ihr wird sich dann die Erwachsenenpersönlichkeit entwickeln."[65]

Harris verweist auf das Beispiel von Immigranten und deren Kindern. Zahlreiche Studien zeigen auf, dass, so stark die Herkunftskultur auch sein mag, die erste Generation der Nachkommen fast immer die Werte der Mehrheitsgesellschaft in der neuen Heimat übernimmt. Wie Harris schreibt, „dauert es manchmal nur eine Generation, bis die Kultur der Einwanderer verloren geht"[66]. – „Kulturen werden nicht von Eltern an Kinder weitergegeben; die Kinder von Einwanderereltern nehmen die Kultur ihrer Altersgruppe an."[67]

Andererseits, sagt Harris, ist in den meisten Fällen noch nicht alles zu spät für Kinder, die schlechten Einflüssen ausgesetzt gewesen sind. Forscher stellen fest, dass Beschädigungen des moralischen Persönlichkeitskerns von Kindern oft repariert werden können, wenn man sie aus einer schlechten sozialen Umgebung herausholt. Zudem können entschlossene Eltern, die ein diszipliniertes häusliches Leben führen und ihre Kinder in ein gutes Umfeld von Gleichaltrigen integrieren, eine solide Grundlage aufbauen, selbst wenn sie zuvor allzu nachlässig gewesen sein sollten.

Die Zerbrechlichkeit der Kultur bringt laut Harris also neben Nachteilen auch Vorteile mit sich: „Kulturen können innerhalb einer einzigen Generation verändert oder völlig neu erschaffen werden."[68]

Die Familie nicht zum Götzen machen

Ich bin in einer guten Familie aufgewachsen, geleitet von einem starken und liebevollen Patriarchen, einem traditionsbewussten Südstaaten-Gentleman, der Familie und Heimat über alles schätzte. Von ihm habe ich gelernt, Familie und Heimat als ein hohes Gut zu lieben. Erst viel später in meinem Leben wurde mir bewusst, dass mein Vater so lebte, als wären Familie und Heimat wichtiger als Gott – und auch wichtiger als die Freiheit seiner Kinder. Diese Erkenntnis verursachte mir Kummer und Leid, aber schließlich gelangte ich dadurch zu einem tieferen Glauben und zu einer umfassenden Aussöhnung mit meinem Vater, bevor er starb.

Zu den Dingen, die ich in diesem Prozess der Heilung gelernt habe, gehört es, dass man von der Familie niemals mehr erwarten sollte, als sie geben kann. Selbst im bestmöglichen Fall hat jede Familie ihre Fehler. Eine gesunde Familie ist eine, in der Demut und Vergebung praktiziert werden – und schon das ist für viele erstaunlich schwer zu verwirklichen. Idealerweise sollte eine Familie ein sichtbares Zeichen des Glaubens sein, durch das die Liebe Gottes hindurch scheint und ihre Mitglieder erleuchtet. Wenn eine Familie von ihren Mitgliedern als ein Zweck in sich selbst betrachtet wird – statt als ein Mittel zum Zweck der Vereinigung mit Gott –, dann besteht das Risiko, dass die Familie tyrannisch wird.

Es kann vorkommen, dass Mütter und Väter, die glauben, mit ihrer strengen Disziplin Gott zu dienen, in Wirklichkeit ihre Kinder von Ihm fort treiben. Ich sprach mit einer Oberstufenschülerin, die ich hier Ellen nennen möchte – einer innerlich gequälten jungen Atheistin, die von fanatisch religiösen Eltern ausgesprochen streng erzogen worden war.

„Meine Eltern sind sehr paranoide Leute, die an Verschwörungstheorien glauben", sagte sie. „Sie fürchten, wenn sie ihre Kinder den Einflüssen der Welt aussetzen, werden wir verdorben, denn sie sehen die Welt als etwas durch und durch Schmutziges an. – Diese totale Abschirmung ist sehr schädlich. Sich so von der Außenwelt abzuschneiden, erschafft genau das Klima, in dem Sekten entstehen."

Ellen sagt, ihre beiden älteren Geschwister sind ebenfalls Atheisten, und sie vermutet, dass auch ihre jüngeren Geschwister diesen Weg einschlagen werden, weil ihre Eltern sie mit so viel Furcht und Beklommenheit erziehen. „Ich wünsche dir Glück mit deiner Benedikt-Option", sagte sie mir, „aber sag den Eltern bitte, wenn sie wollen, dass ihre Kinder Christen bleiben, sollen sie nicht das tun, was meine getan haben. Sie haben uns erstickt und zu Rebellen gemacht."

In der Nähe anderer Gemeindemitglieder leben

Eins der Geheimnisse der Stärke und Widerstandsfähigkeit orthodox jüdischer Gemeinschaften hat mit Geographie zu tun. Weil ihr Glaube von ihnen verlangt, am Sabbat zu Fuß zur Synagoge zu gehen, müssen sie in deren Nähe wohnen. Dies hat zugleich große Vorteile für das gemeinschaftliche Gebetsleben.

„Mein Tagesablauf richtet sich nach den Gebetszeiten", sagt Rabbi Mark Gottlieb. „Morgengebet: aufstehen, zur Synagoge gehen. Nachmittagsgebet: von meinem Arbeitsplatz im Zentrum von Manhattan die Straße runter. Abendgebet: wieder zu Hause in meiner Wohngegend in New Jersey. Das feste Ritual der Gebetszeiten strukturiert jeden Tag und jeden Monat. – Es genügt nicht, zu sagen, ich gehe ja am Sabbat in die Synagoge", erklärt der Rabbiner. „Man kann häufig beobachten, dass Juden, die es schaffen, zusätzlich zum Sabbat zwei- oder dreimal am Tag in die Synagoge zu gehen, auch diejenigen sind, denen es am besten gelingt, eine gesunde Distanz zu den übelsten Erscheinungsformen der modernen Kultur zu wahren. Es ist nicht einfach eine Frage theologischer Überzeugungen, sondern weit mehr eine Frage der *Praxis* – und der Selbstwahrnehmung als Teil einer größeren jüdischen Gemeinschaft in einer Beziehung zu Gott. Das betrifft nicht nur Rabbiner und Gelehrte, sondern auch ganz durchschnittliche observante Juden."

Für Christen gelten in dieser Hinsicht keine so strikten Vorschriften wie für orthodoxe Juden, aber viele haben es als einen Segen erlebt, in der Nachbarschaft ihrer Kirche zu wohnen. Als Neulinge im ostkirchlichen Christentum haben Shelley und Jerry Finkler aus Alaska festgestellt, dass es hinderlich für eine umfassende Teilnahme am kirchlichen Leben ist, zwanzig Autominuten von der Kathedrale in Eagle River entfernt zu wohnen. Zahlreiche Familien aus der Gemeinde wohnen in fußläufiger Entfernung von der Kathedrale, auf Grundstücken, die vor Jahrzehnten, als sie noch bezahlbar waren, von Kirchenmitgliedern erworben wurden.

Zunächst fanden die Finklers, es wäre sonderbar, in der Nachbarschaft ihrer Kirchengemeinde zu wohnen. Dann ergaben sich allerdings Umstände, die es erforderten, vorübergehend in die Nähe der Kirche zu ziehen, und sie bemerkten, was für eine Veränderung das für ihr Familienleben bedeutete. Als sie dann wieder zurück in ihr Haus im Umland zogen, fehlte ihnen das, was sie in Eagle River gehabt hatten. In der Siedlung außerhalb der Stadt kannten sich zwar alle und kamen aus ähnlichen sozialen Verhältnissen, aber es war einfach nicht dasselbe.

„Es gab dort einfach nicht denselben Sinn für das gemeinsame Wohl, wie man es erlebt, wenn man von Leuten umgeben ist, die denselben Glauben teilen", berichtete Shelley Finkler mir einmal. „Das machte einen gewaltigen Unterschied, wenn es etwa darum ging, einander um Hilfe zu bitten."

Nach kurzer Zeit verkauften die Finklers ihr Haus und zogen erneut um, diesmal erheblich näher an die Kirche.

Als die orthodoxe Missionskirche in unserem Heimatort schließen musste, zogen meine Frau und ich Bilanz, wie sehr wir und unsere Kinder durch jahrelanges gemeinschaftliches und liturgisches Gebet in der Kirchengemeinde im Glauben und in der Jüngerschaft gewachsen waren. Wir kamen zu dem Schluss, dass wir unbedingt eine orthodoxe Kirche in unserer Nähe brauchten, damit wir bei jeder Gelegenheit dort sein konnten. Das war einer der Gründe, weshalb wir unsere Sachen packten und nach Baton Rouge zogen, 45 Autominuten von unserem bisherigen Heim entfernt. Wir wussten, dass wir keine Aussicht haben würden, unseren Glauben auf angemessene Weise in Gemeinschaft zu praktizieren, wenn wir so weit von der Kirche entfernt wohnten.

Wie schon gesagt, die Kirche darf nicht bloß ein Ort sein, wo man sonntags hingeht – sie muss der Mittelpunkt Deines Lebens sein. Das heißt, auch *wenn* Du nur einmal in der Woche zum Gottesdienst gehst, muss das, was in diesem Gottesdienst geschieht, und die Gemeinschaft und die Kultur, die dadurch geschaffen werden, der Fixpunkt sein, um den herum Du den Rest der Woche anordnest. Die Benediktiner richten ihr gesamtes Leben – ihre Arbeit, ihre Ruhezeiten, ihre Lesungen, ihre Mahlzeiten – nach dem Gebet aus. Von Christen im weltlichen Leben erwartet man nicht dasselbe Maß an Konzentration und Intensität wie von klausurierten Mönchen, aber wir sollten dennoch danach streben, ihnen darin zu gleichen, dass wir die falsche Trennung zwischen Kirche und Leben so weitgehend wie möglich beseitigen.

Erinnern wir uns, dass Bruder Martin aus Norcia glaubt, wer einmal das Leben in einer christlichen Gemeinschaft erlebt habe, für den sei es schwer, ganz Christ – oder auch ganz *Mensch* – zu sein *ohne* eine solche Gemeinschaft. Die „Heiligen der letzten Tage“ – die Mormonen – sind zwar keine rechtgläubigen Christen, aber sie sind außerordentlich gut darin, jene Art von Gemeinschaft aufzubauen, von der der Mönch sagt, sie sei ein lebenswichtiger Bestandteil des Christseins.

Terry L. Givens, Professor für Literatur und Religion an der Universität von Richmond und ein Experte für den Glauben der „Heiligen der letzten Tage“, erklärt, dieser Umstand rühre daher, dass die Theologie und Ekklesiologie des Mormonismus darauf ausgerichtet sei, außerordentlich starke soziale Bindungen innerhalb der örtlichen Gemeinden („*Wards*“) aufzubauen. Mormonen halten nichts davon, von Gemeinde zu Gemeinde zu wechseln. Ihre Zugehörigkeit zu einer Gemeinde ist an den Wohnort geknüpft, und es gibt keine Möglichkeit des Einspruchs dagegen. Auf diese Weise sind sie gezwungen, zusammenzuarbeiten, um eine geeinte Gemeinschaft von Gläubigen aufzubauen, anstatt umherzuwandern und eine zu *suchen*. Givens nennt das „Zion erbauen, statt Zion nachzujagen“ – ein Verweis auf den Glauben der Mormonen, dass ihre Anhänger die Fundamente für Zion legen müssen, jene Gemeinschaft, die Jesus Christus bei Seiner Rückkehr errichten wird.

Im Gegensatz dazu haben viele Christen die schlechte Angewohnheit, die Kirche wie ein Konsumangebot zu behandeln. Wenn wir das Gefühl haben, dass eine Kirchengemeinde nicht unseren Bedürfnissen entspricht, sind wir schnell bei der Hand, uns eine andere zu suchen, von der wir glauben, dass sie das eher tut. Dieser Vorwurf trifft mich selbst genauso wie jeden anderen. Doch Rachel Balducci kann bezeugen, welchen Nutzen – geistlicher und auch anderer Art – die feste Verwurzelung in einer engagierten Gemeinschaft haben kann.

Sie lebt mit ihrem Ehemann Paul und ihren Kindern in der „*Alleluia Community*“, einer 1973 gegründeten Laiengemeinschaft charismatischer Katholiken und Protestanten. Rachels und Pauls Eltern gehörten zu den ersten Siedlern in einem heruntergekommenen Viertel von Augusta, Georgia, wo die Mitglieder der neuen Gemeinschaft sich Wohneigentum leisten konnten. Als sie heirateten und beschlossen, eine Familie zu gründen, wurden sich die Balduccis klar darüber, dass das, was ihnen als Kindern mitgegeben worden war, es wert war, an ihre eigene Familie weitergegeben zu werden.

Gemeinschaft allein macht nicht heilig, wenn man nicht das Gebet und eine persönliche Beziehung zu Jesus pflegt, gibt Rachel zu bedenken. In Übereinstimmung mit den Beobachtungen Pater Martins sagt sie, das Geschenk der Gemeinschaft bestehe darin, eine Sozialstruktur auszubilden, in der es Christen leichter gemacht wird, Gottes Stimme zu hören und auf sie zu antworten, und in der andere Mitglieder sie zur Verantwortung ziehen, wenn sie vom geraden Weg abkommen. So nah mit anderen zusammenzuleben, kann die Geduld strapazieren, räumt Rachel ein – aber für sie und ihre Familie hat es sich als gut erwiesen.

„Wäre ich eine Einsiedlerin, gäbe es nur Gott und mich, wäre es einfacher für mich, eine Heilige zu sein“, sagt sie. „Aber auf die Art zu leben, wie ich es tue, ist gut für meine Demut. Es ist wie in der Trommel einer Poliermaschine zu stecken. Man wird glatt geschliffen, die rauen Ecken und Kanten verschwinden.“

Chris Currie unterstreicht die Lehre Pater Martins, dass Gott uns durch das Leben in Gemeinschaft zu Jüngern heranbildet. Currie ist Katholik und lebt in Hyattsville, Maryland. Er glaubt, dass die atomisierenden Strukturen des Lebens in den Vorstädten es schwerer machen, ein wahrhaft christliches Leben zu führen. „Viele unserer Entscheidungen darüber, wie wir leben wollen, haben enorme spirituelle Auswirkungen", sagt Currie. „Das Amerika der Nachkriegszeit hat sich entschieden, auf eine Weise zu leben, die zu einer Beschleunigung des kulturellen Zerfalls und der Entfremdung führt, die wir alle erlebt haben. Säkulare Autoren haben darüber geschrieben, aber wir Christen müssen diese Prozesse ebenfalls verstehen lernen."

Er fährt fort: „Unsere Berufung ist es nicht, isoliert lebende Materialisten zu sein, die keinen Kontakt zu ihren Nachbarn haben, dafür aber Besitztümer in ihren Schlössern anhäufen."

Im Jahr 1997 zogen Currie und seine Frau, damals frisch verheiratet, in den inneren Ring der Vorstädte von Washington, D.C.; im Zentrum von Hyattsville gab es bezahlbaren Wohnraum. Die Kleinstadt, die Ende des 19. Jahrhunderts gegründet worden war, befand sich in den späten 1990er-Jahren im Niedergang. Die Curries kauften ein renovierungsbedürftiges viktorianisches Haus, und Chris beteiligte sich an lokalen Bürgerinitiativen zur Revitalisierung der Kommune im Sinne der „*New Urbanism*"-Bewegung.

Bald erlebte Hyattsville einen neuen Aufschwung, und Christen hatten daran großen Anteil. Die Curries, die hierbei Pionierarbeit leisteten, luden andere junge, glaubenstreue katholische Familien ein, sich ebenfalls in dem Altstadtbezirk niederzulassen, der vor dem Aufkommen des Automobils angelegt worden war und daher sehr fußgängerfreundlich strukturiert war. Obwohl das Wohnen in Hyattsville heute nicht mehr so günstig ist wie früher, haben sich mehrere hundert katholische Familien dort angesiedelt, hauptsächlich mit dem Ziel, Teil einer intensiven Gemeinschaft mit einer guten Kirchengemeinde zu sein – und mit einer guten Schule.

Die Katholiken von Hyattsville bilden keine formale Organisation. Viele von ihnen sind in der Kirchengemeinde St. Jerome verankert, aber einige gehen in andere Kirchen der Umgebung. Bibelstudien, Gebetskreise und Literaturzirkel finden bei den Leuten zu Hause statt. Aber die Gemeinschaft leistet ihren Mitgliedern auch praktische Hilfe: Man unterstützt einander bei der Kinderbetreuung und bei Reparaturarbeiten, betreut Kranke und besteht gemeinsam alle Arten von Herausforderungen – auf eine Weise, die nur durch das Zusammenleben an einem Ort ermöglicht wird.

Der Umstand, dass sie so nah an der „imperialen Stadt" leben – wie Currie Washington nennt –, bedingt es, dass die meisten Mitglieder der Gemeinschaft in der Bundeshauptstadt der USA arbeiten. Ihre eng gestrickte katholische Nachbarschaft gibt ihnen die Fürsorge, die sie brauchen, um in der säkularen Stadt ein starkes Bekenntnis zum Glauben abzulegen. „Wir machen nicht einfach die Schotten dicht, kauern uns zusammen und behalten unseren Glauben für uns", betont Currie. „Wir treten nicht streitsüchtig auf, aber wir schämen uns auch nicht, zu sein wer und was wir sind."

Er ist überzeugt, dass die Kirchengemeinde von St. Jerome dazu berufen ist, im Großraum Washington Präsenz zu zeigen. Ihre einzige Möglichkeit, dem Druck von Verweltlichung und Säkularisierung standzuhalten, ist es, nahe beieinander zu wohnen und durch ein gemeinschaftlich gelebtes Leben die religiöse Identität zu stärken. Ihre intensive Gemeinschaft ist ein kraftvolles Beispiel dafür, was es heißt, „in dieser Welt, aber nicht *von* dieser Welt" zu sein. Es ist eine komplexe Herausforderung, zwischen der evangelisierenden Präsenz gegenüber der weiteren Umgebung und dem Bewahren ihrer

Besonderheit, die sie zu authentischen Christen macht, die Balance zu halten, aber Currie glaubt, dass genau darin der Aufruf des Evangeliums an sie besteht.

„Letzten Endes, glaube ich, müssen Christen begreifen: Ja, wir müssen eine Gegenkultur bilden, aber nein, das heißt nicht, vor dem Rest der Gesellschaft wegzulaufen", erklärt er. „Wir müssen ein Zeichen des Widerspruchs gegenüber der Gesellschaft sein, die uns umgibt, aber gleichzeitig müssen wir auch mit dieser Gesellschaft interagieren – und dabei unsere eigene Gemeinschaft pflegen, um unsere Kinder im Glauben erziehen zu können."

Die Kirche als soziales Netzwerk

In seinem ersten Brief an die Kirche in Korinth ermahnte der Apostel Paulus die Gläubigen, dass „alle Glieder einträchtig füreinander sorgen" sollen: „Wenn darum ein Glied leidet, leiden alle Glieder mit", schrieb der Apostel; „wenn ein Glied geehrt wird, freuen sich alle anderen mit ihm. Ihr aber seid der Leib Christi und jeder Einzelne ist ein Glied an ihm" (1. Kor 12,25f.).

Die Kirche der „Heiligen der letzten Tage" lebt dieses Prinzip auf einzigartige Weise. Die mormonische Praxis der „Heimschulung" schreibt vor, dass jeweils zwei Angehörige der mormonischen Priesterschaft jedes einzelne Gemeindemitglied oder jede Familie innerhalb der Gemeinde mindestens einmal im Monat besucht, um sich ihre Sorgen anzuhören und ihnen Rat anzubieten. Parallel dazu gibt es die „Frauenhilfsvereinigung", in deren Rahmen Frauen andere

Frauen besuchen und seelsorgerisch betreuen. Beides ist von herausragender Bedeutung für den Aufbau und die Stärkung lokaler Gemeinschaftsbindungen.

„Theoretisch, wenn auch nicht immer in der Praxis, ist jeder erwachsene Mann und jede erwachsene Frau dafür verantwortlich, drei, vier oder mehr Familien oder Frauen durch das Besuchsprogramm spirituell und emotional zu unterstützen", erklärt Terry Givens von den „Heiligen der letzten Tage". Er fügt hinzu, dass die Mormonen häufig gesellige Zusammenkünfte veranstalten, um die Bindung an die Gemeinschaft zu feiern und zu erneuern.

„Das Mormonentum verbindet einerseits symbolische, andererseits scheinbar beliebige Akte miteinander und transformiert sie zu einer gezielten Ordnung von persönlichen Beziehungen, aus denen sich ein die ganze Gemeinde umfassendes Gewebe von Gemeinschaftlichkeit zusammenfügt", sagt er.

Davon, mit wie viel bewusstem Einsatz in diesen Gemeinden – auf der Ebene der Gemeindeleitung wie auch unter Laien – spirituell füreinander gesorgt wird, können Nicht-Mormonen viel lernen. Es geht darum, die Mitglieder der Kirchengemeinde nicht nur als die Leute zu betrachten, mit denen man sonntags Gottesdienst feiert, sondern als die Leute, mit denen man lebt, denen man dient und für die man sorgt, als wären es Familienangehörige. Bei den Mormonen ist die Kirche das Zentrum des sozialen Lebens ihrer Mitglieder.

„Die Folge ist, dass Mormonen, wenn sie auf Reisen sind, ohne Schwierigkeiten geistige Verwandtschaft und eine bemerkenswerte Vertrautheit mit anderen praktizierenden Mormonen finden", berichtet Givens. „Das ist ein Grund, weshalb

Mormonen sich selten allein fühlen, selbst in einer feindlich gesinnten – ja, zunehmend feindlich gesinnten Welt."

Überkonfessionelle Beziehungen aufbauen

Vor einer Generation brachten zwei konservative christliche Führungspersönlichkeiten – der Evangelikale Chuck Colson und der Katholik John Richard Neuhaus – eine Initiative mit dem Namen „*Evangelicals and Catholics Together*" („Evangelikale und Katholiken gemeinsam") auf den Weg. Die Grundidee war, die Beziehungen zwischen Christen zweier Kirchentraditionen zu verbessern, deren Verhältnis bislang von gegenseitigem Argwohn geprägt gewesen war. Colson und Neuhaus erkannten früher als viele andere, dass die kulturellen Umwälzungen seit den 1960er-Jahren dazu geführt hatten, dass konservative Evangelikale und strenggläubige Katholiken mehr Gemeinsamkeiten miteinander hatten als mit den Liberalen innerhalb ihrer jeweils eigenen Konfession. Sie nannten ihre Form der Zusammenarbeit, die teilweise aus dem Einsatz für den Lebensschutz hervorgegangen war, eine „Ökumene der Schützengräben".

Die Zeiten haben sich seither geändert, und damit auch einige der Themen, mit denen konservative Evangelikale und Katholiken konfrontiert sind. Aber die Notwendigkeit einer solchen „Ökumene der Schützengräben" ist größer denn je. Metropolit Hilarion Alfejew, ein hochrangiger Bischof der Russisch-Orthodoxen Kirche, hat bei mehreren Gelegenheiten an traditionelle Christen im Westen appelliert, eine „gemeinsame Front" gegen Atheismus und Säkularismus zu bilden. Die verschiedenen christlichen Konfessionen sollten wohlgemerkt nicht ihre lehrmäßigen Differenzen verleugnen, wohl aber jede Gelegenheit ergreifen, Freundschaften und strategische Bündnisse zu schließen, um den Glauben und die Gläubigen zu beschützen.

Erin Doom, ein langjähriger Angestellter von *„Eighth Day Books"*, einem legendären christlichen Buchladen in Wichita, Kansas, hat das *„Eighth Day Institute"* (EDI) als gemeinnützigen Ableger des Geschäfts mit einem Schwerpunkt auf Bildung und Erziehung gegründet. Das EDI bekennt sich zu einem überkonfessionellen Ansatz zur Stärkung lokaler christlicher Gemeinschaften und organisiert eine Vielzahl unterschiedlicher Veranstaltungen. Die wohl charakteristischste Veranstaltung des Instituts ist jedoch die *„Hall of Men"* („Halle der Männer"), eine alle zwei Monate stattfindende Versammlung im Clubhaus des EDI, einer Art christlicher Flüsterkneipe neben dem Buchladen. Katholische, orthodoxe und protestantische Männer kommen hier seit 2008 zusammen, um gemeinsam zu beten, zu diskutieren und die Werke großer Gestalten aus der Geschichte des Christentums zu erörtern. Anschließend sitzen sie in gemütlicher Runde beisammen, trinken Bier und genießen die Geselligkeit.

Die *„Hall of Men"* und die kürzlich gestartete Parallelveranstaltung für Frauen, die *„Sisters of Sophia"* („Schwestern der Sophia", d.h. der Weisheit), bieten „ganz normalen Christen" die Gelegenheit, sich mit der großen Tradition ihrer Religion auseinanderzusetzen, sich in ihr zu verwurzeln und dann in die Welt hinauszugehen, um die Kultur zu erneuern. Doom sagt, die Männer kommen in einem Geist der Brüderlichkeit zusammen, um in einer Atmosphäre christlicher Liebe über die Unterschiede in ihren theologischen Auffassungen zu sprechen. Die ökumenische Großherzigkeit und Gastfreundschaft des Inhabers von „*Eighth Day Books*", Warren Farha, habe den Ton für die Veranstaltungen angegeben, meint Doom.

„Wenn wir Christen überleben wollen, wenn wir etwas bewirken wollen, müssen wir in der Lage sein, uns gemeinsam an einen Tisch zu setzen. Ein konfessionsübergreifendes Verständnis von Rechtgläubigkeit ist unverzichtbar", betont Doom. „Ich würde mir wünschen, dass das EDI ein Vorbild für andere Gemeinschaften wird. Die *Hall of Men* ist der erste Schritt: die Jungs dazu bringen, sich zu beteiligen. Auf lange Sicht möchte ich Werkzeuge und Ressourcen für alle christlichen Familien anbieten, um ihre Haushalte zu kleinen Klöstern zu machen."

Es ist so simpel wie die Gründung eines Lesekreises – der sich jedoch dadurch von anderen unterscheidet, dass er auf Katechese, Jüngerschaft und Gemeinschaftsbildung ausgerichtet ist. Gewiss ist es eine gesellige Veranstaltung, aber zugleich hat es einen starken Fokus auf etwas Größeres als bloße Geselligkeit. Die „*Hall of Men*" beginnt mit gemeinsamem Gebet, dann wird über einen Text aus der großen Tradition der Kirche diskutiert. Es wird erwartet, dass jeder Teilnehmer vom theologischen Standpunkt seiner jeweiligen Konfession aus argumentiert, aber niemand versucht den anderen zu bekehren, und alles ist sehr freundschaftlich.

Ein Schlüssel zum Erfolg solcher ökumenischen Gruppen besteht darin, der Versuchung zu widerstehen, konfessionelle Unterschiede aus Gründen der Höflichkeit zu verwässern. Diversität zu ehren bedeutet, den anderen in der Gruppe zu erlauben, ihre ganze christliche Persönlichkeit an den Tisch mitzubringen, ohne Zurückweisung fürchten zu müssen. Dieser gegenseitige Respekt gegenüber Unterschieden schafft einen Raum, in dem ernsthafte theologische Diskussionen und zugleich Gemeinschaftsbildung gedeihen können.

„Diese Jungs gehören nicht alle derselben kirchlichen Tradition an wie ich, aber sie sind meine besten Freunde geworden", erzählte mir ein evangelikaler Teilnehmer. „Wenn man einmal damit anfängt, diese Texte zu lesen und über die frühe Kirche zu reden, stellt man ganz schnell fest, dass man mit manchen Gläubigen anderer Konfessionen viel mehr gemeinsam hat als man dachte. Und es ist gut, mit Leuten zusammen zu sein, die das Christsein genauso ernst nehmen wie man selbst. Man merkt: Wir stehen alle gemeinsam in einem Kampf mit der Welt."

Die Gemeinschaft lieben, ohne sie zu idolisieren

Ellen, die junge Frau, die von ihrer allzu beherrschenden Familie in den Atheismus getrieben wurde, kommt aus einem Teil des Landes, wo religiöser Extremismus nichts Ungewöhnliches ist. Tatsächlich waren ihre Eltern nach ihrer eigenen Erweckung im jungen Erwachsenenalter mit ihrer Familie in jene Gegend gezogen, um dort mit anderen Familien zusammenzuleben, die ihre apokalyptisch orientierten Ansichten teilten. Ellen beschreibt die abgeschottete Gemeinschaft, der ihre Eltern sich angeschlossen haben, als „informelle Sekte".

„Wir lebten in einer kleinen, eng gestrickten Gemeinschaft von Leuten, die ihren Kindern Heimunterricht gaben", berichtet Ellen. „Die meisten Leute in dieser Gruppe waren wie meine Eltern oder sogar noch abgedrehter. Die einzigen Kinder, zu denen ich Kontakt hatte, während ich aufwuchs, waren die Kinder dieser Leute. Wir sprachen kaum mit den Einheimischen und nahmen nicht an Stadtfesten oder Familienveranstaltungen teil. Zu meiner weiteren Verwandtschaft hatten wir überhaupt keinen Kontakt. Ich schätze, es war hart für sie, zu sehen, wie meine Eltern uns aufzogen und wie weit sie übers Ziel hinausschossen."

Die Gemeinschaft, sagt Ellen, war nicht etwa fürsorglich, sondern extrem kontrollierend. Als sie anfing, Zweifel an ihrer Lebensweise zu artikulieren, reagierten die anderen Kinder verärgert und begannen sie zu meiden. In der Folge behandelten sie auch Ellens Eltern und Geschwister mit Verachtung. „Wir kannten ja niemanden außerhalb dieser Sekte, also standen wir unter einem hohen Druck, uns anzupassen", erklärt sie.

Die wohl gefährlichste Versuchung für eng gestrickte Gemeinschaften ist der Drang, ihre Mitglieder übermäßig zu kontrollieren und allzu streng zu bevormunden, wenn sie von einem gewissen Reinheitsstandard abweichen. Es mag schwer zu entscheiden sein, wo und wann man in jedem einzelnen Fall die Grenze ziehen sollte, aber eine Gemeinschaft, die nicht über Flexibilität verfügt, wird zerbrechen – entweder sich selbst oder ihre Mitglieder.

In Eagle River, Alaska, verlor die orthodoxe Gemeinde der St.-John-Kathedrale einen beträchtlichen Teil ihrer Mitglieder infolge erbitterter Streitigkeiten über die Frage, wie strikt die orthodoxe Lebensweise befolgt werden müsse. Vater Mark Donoway, der Geistliche der Kathedrale, hat den schmerzhaften Abschied von Freunden und Familienmitgliedern erlebt, die die Gemeinde verließen, um sich eine orthodoxe Gemeinschaft zu suchen, in der eine strengere Observanz praktiziert wird. „Ich glaube, das Heilmittel, um solche bedauerlichen Wirren in einer Gemeinschaft zu vermeiden, besteht darin, offen und großherzig zu sein und dem Drang zu widerstehen, Mauern zu bauen und sich abzuschotten", sagte er mir im Jahr 2013.

„Wenn man sich abschottet, wird man schrullig", fuhr er fort. „Es ist natürlich ein heikler Balanceakt, einerseits Freiheit und Offenheit zuzulassen und andererseits die Identität der Gemeinschaft zu bewahren. Aber man sollte die reine *Idee* der Gemeinschaft nicht zum Götzen werden lassen. Eine Gemeinschaft ist ein lebender Organismus, der sich wandeln und wachsen und anpassen muss."

Gemeinschaften, die aus Furcht vor Unreinheit allzu fest in sich selbst eingehüllt sind, nehmen ihren Mitgliedern die Luft zum Atmen und würgen die Freude am gemeinschaftlichen Leben ab. Ideologie ist der Feind des freudigen Gemeinschaftslebens, und die zerstörerischste aller Ideologien ist der Glaube an die Möglichkeit, ein *Utopia* zu erschaffen. Solschenizyn sagte, die Trennlinie zwischen Gut und Böse verlaufe durch das Herz eines jeden Menschen. Diese grundlegende Wahrheit muss von jeder christlichen Gemeinschaft beherzigt werden, damit sie demütig und gesund bleibt.

„Es war gut für uns, Freundschaften außerhalb der Gemeinschaft zu knüpfen", sagte mir ein Mann, der nichtsdestoweniger ein begeistertes Mitglied einer entschieden christlichen Gemeinschaft geblieben ist. „Wenn die einzigen Leute, zu denen du Kontakt hast, die sind, mit denen du in die Kirche gehst, ist es schwer einzuschätzen, wann sie etwas Unvernünftiges von dir verlangen. Außerdem tappt man leicht in die Falle, zu glauben, jeder Mensch außerhalb der Gemeinschaft wäre durch und durch verdorben. Aber das ist nicht so."

Das Bessere darf nicht der Feind des Guten sein

Wenn Du zu viel Zeit mit Plänen zum Aufbau einer perfekten „Benedikt-Options"-Gemeinschaft verbringst, wirst Du nie dazu kommen, einfach *anzufangen*. Und wenn Du darauf wartest, dass Deine Kirche oder jemand anderes etwas auf die Beine stellt, kann es sein, dass das niemals passiert. Worauf wartest Du also noch?

Es ist zwar wichtig, eine Vision und einen ungefähren Plan zu haben, aber genauso wichtig ist es, offen zu sein für Möglichkeiten, die sich ergeben.

„Nur Gott allein kann all die verschiedenen Faktoren überblicken, die in Deiner Gemeinschaft zu berücksichtigen sind. Du wirst nie in der Lage sein, sie alle zu beeinflussen, und es wäre schädlich, das zu versuchen", rät Chris Currie. „Sei einfach offen für das Wirken des Heiligen Geistes in Deiner Gemeinschaft, sodass Leute, die etwas beitragen können, sich frei und ermutigt fühlen, es zu tun."

Und dann gilt es, die Dinge zu prüfen. Was gut gedeiht, trägt zum Aufbau der Gemeinschaft bei, und wenn etwas nicht gedeiht, dann gib es auf und geh weiter. Currie sagt: „Wir müssen begreifen, dass es nicht in erster Linie unsere eigenen Vorstellungen sind, die den Dingen ihre Richtung geben. Letztendlich ist Gott der Architekt, und unsere Aufgabe ist es vor allem, mit der Gnade zu kooperieren. Letztendlich werden wir auf diesem Weg von Gott geleitet, daher müssen wir unsere eigene Fähigkeit, die Dinge zu gestalten, mit Demut betrachten."

Das Bedürfnis nach Kontrolle ist ein Kennzeichen einer christlichen Mittelklasse-Gesinnung, tadelt Marco Sermarini. Er und seine Freunde wurden in einer – wie Marco verächtlich sagt – „gutbürgerlichen Kirche" erzogen, „einer Kirche des Komforts, in der die Leute nicht bereit waren, irgendwelche Risiken einzugehen, um radikal für den Herrn Jesus Christus zu leben."

Die Geschichte von Sermarinis katholischer Laienbewegung begann in San Benedetto del Tronto, einer kleinen Stadt an der italienischen Adriaküste, und ihr improvisatorischer Charakter hat etwas ungemein Inspirierendes.

Sermarini, der auch Vorsitzender der italienischen G.K. Chesterton-Gesellschaft ist, gründete seine Laienkommunität als informellen Freundeskreis junger Katholiken, die dem Vorbild des Seligen Pier Giorgio Frassati nacheifern wollten. Frassati, ein italienischer katholischer Laie und Sozialreformer, der im Alter von 24 Jahren starb, war bekannt dafür, den Armen zu helfen – und das wollten Sermarini und seine Freunde auch tun. Während ihres Studiums begannen sie damit, sich um gefährdete Jugendliche zu kümmern.

Nach dem Abschluss des Studiums stellten die jungen Männer fest, dass sie sowohl die Gemeinschaft untereinander als auch die Hilfe für Bedürftige nicht mehr missen mochten, und sie blieben zusammen. Als sie heirateten, brachten sie ihre Frauen mit in die Gruppe. 1993 gründeten sie, ermutigt vom Ortsbischof, eine offizielle Vereinigung von Gläubigen innerhalb der katholischen Kirche, eine Gemeinschaft von Familien, die sie scherzhaft „Tipi Loschi" nannten – was soviel heißt wie „die üblichen Verdächtigen".

Heute umfasst die Gemeinschaft der Tipi Loschi rund 200 Mitglieder. Sie organisieren eine Gemeinschaftsschule, die „Scuola libera G.K. Chesterton", sowie drei verschiedene Kooperativen, die alle einem wohltätigen Zweck dienen. Die Gemeinschaft ist weiterhin im Aufbau und im Wachstum begriffen; sie wird getragen von spirituellem und sozialem Unternehmungsgeist und inspiriert von einer engen Verbindung mit den Benediktinermönchen des Klosters von Norcia, das direkt auf der anderen Seite der Sibyllinischen Berge liegt. In dem Maße, wie die diversen Initiativen der Tipi Loschi Erfolg hatten (und trotz einiger, die keinen hatten), wuchs in der Vereinigung von Familien mehr und mehr ein Selbstverständnis als organische Gemeinschaft.

Sie begannen einander in Aufgaben des täglichen Lebens zu unterstützen, womit sie den scheinbar unaufhaltsamen gesellschaftlichen Trend zur Vereinzelung umzukehren versuchten. Heute fühlen sie sich einander näher denn je und zeigen sich entschlossen, ihrer Stadt eine helfende Hand zu reichen und aus der zuversichtlichen Gewissheit ihrer katholischen Gemeinschaft heraus Glauben und Freundschaft in die Welt zu tragen. Und dadurch wachsen sie weiter.

„Die Möglichkeit, auf diese Weise zu leben, gibt es für jeden", sagt Sermarini. „Wir müssen nur einem alten Weg folgen, die Dinge zu tun – einem Weg, der immer da war und den wir bloß in jüngster Zeit verloren haben. Das Wichtigste ist, nicht mit dem Mainstream zu gehen. Dann suche Gott, halte Ausschau nach anderen, die ebenfalls ernsthaft Gott suchen, und schließe Dich ihnen an. Dieses Verlangen war unser Ausgangspunkt, und wir haben versucht, andere zu lehren, dasselbe zu tun, um dasselbe Geschenk zu erhalten wie wir: den katholischen Glauben."

Es wird zunehmend offensichtlich, sagt Sermarini, dass christliche Familien sich intensiv untereinander vernetzen müssen: „Wenn wir nicht diesen Weg einschlagen, werden mehr und mehr Krisen auf uns zukommen."

Leah Libresco (jetzt Leah Sargent) lebt zwar einen Ozean weit von Marco Sermarini entfernt, aber sie versteht genau, was er meint. Sie ist Katholikin, lebt mit ihrem Ehemann Alexi in New York und ist eine vor Energie übersprudelnde „Benedikt-Options"-Aktivistin. Bevor sie heiratete, organisierte sie „Benedikt-Options"-Veranstaltungen im Kreise ihrer alleinstehenden christlichen Freundinnen in Washington, D.C.; sie war zu der Überzeugung gekommen, dass die Leute in ihrem Umkreis mehr „kulturelle Liturgien" christlicher Prägung in ihrem Alltag brauchten.

„Ich unternahm Dinge mit meinen christlichen Freundinnen, und wir wussten, dass wir alle Christen waren, aber die Tatsache, dass wir Christen waren, spielte nie eine Rolle", sagt sie. „Es ist ziemlich schräg, wenn im geselligen Teil deines Lebens niemand sein Christsein offen auslebt. Bei der Benedikt-Option geh es darum, Räume dafür zu schaffen, genau das eben *doch* zu tun. Man könnte denken, das wäre kein so dringendes Anliegen, aber tatsächlich ist es sehr wichtig."

Leah Libresco wählte einen ähnlichen Ansatz, Anreize für gelebtes Christsein als Single zu schaffen, wie die Tipi Loschi es für Familien taten. Zerbrich Dir nicht unnötig den Kopf. Unternimm Aktivitäten, die Spaß machen und nicht nur eine

Verpflichtung sind. Lass den Dingen ihren natürlichen Lauf. Sei bereit, Risiken einzugehen, und erlaube Dir Misserfolge, ohne deshalb gleich alles hinzuschmeißen.

Genau wie Sermarini betont auch Libresco, dass diese Strategie keineswegs neu ist; sie erscheint uns nur so, weil wir vergessen haben, wie eine Gemeinschaft zu handeln statt wie eine beliebige Ansammlung von Individuen.

„Leute sagen zu mir: Dieses Benedikt-Option-Ding, da geht es doch eigentlich nur darum, einfach Christ zu sein, oder? Und ich sage: Ja! Du hast das Paradox gelöst", erzählte Libresco mir. „Aber die Leute werden es nicht machen, wenn man es nicht anders nennt. Es geht darum, dass die Kirche das sein soll, was sie immer hätte sein sollen – aber erst wenn man der Sache einen besonderen Namen gibt, interessieren sich die Leute dafür."

*

Die vergessene Kunst des Gemeinschaftslebens neu zu erlernen, ist etwas, was Christen schon aus Gehorsam gegenüber dem Apostel Paulus tun sollten, der den Gläubigen zuredete, ihren Teil zum „Aufbau des Leibes Christi" beizutragen und „von der Liebe geleitet […] in allem [zu] wachsen" (Eph 4,12.15). Aber es gibt auch ganz praktische Gründe dafür.

Gemeinschaften von Gläubigen aufzubauen, wird eine Notwendigkeit werden, da Christen in unserer Gesellschaft zunehmend dünn gesät sind. Gemeinschaften mit einem starken gemeinsamen Bewusstsein ihrer Mission werden notwendig sein, um authentisch christliche, authentisch gegenkulturelle Schulen zu etablieren und zu unterhalten.

In den kommenden Jahren werden Christen einem wachsenden Druck ausgesetzt sein, ihre Kinder aus den öffentlichen Schulen herauszunehmen. Säkulare Privatschulen mögen eine bessere Bildung gewährleisten, aber kaum bessere moralische und spirituelle Werte vermitteln. Und bei bestehenden christlichen Schulen besteht die Gefahr, dass sie möglicherweise nicht ausreichend rechtgläubig, akademisch nicht anspruchsvoll genug oder nicht moralisch gesund sind. Ein starkes, festgefügtes lokales Netzwerk kann das Sozialkapital generieren, das notwendig ist, um eine Schule zu gründen oder eine schon bestehende zu reformieren und neu zu beleben.

Die Bedeutung eines genuin christlichen Bildungsauftrags kann kaum zu hoch eingeschätzt werden. Neben dem Aufbau von Gemeinschaften der Gläubigen in den Kirchen gibt es keine wichtigere institutionelle Aufgabe im Rahmen der Benedikt-Option.

KAPITEL 7

Bildung als christliche Persönlichkeitsbildung

Als Mitte der 1980er-Jahre der sowjetische Machthaber Michail Gorbatschow in seinem Land eine Liberalisierung einleitete, stieß dies auch in den anderen Staaten des Warschauer Pakts, und somit auch in der Tschechoslowakei, eine gewisse Lockerung der Restriktionen an. Angesichts dieser Morgendämmerung nach der langen Nacht der kommunistischen Herrschaft zog Václav Benda Bilanz darüber, was er und seine Verbündeten in der Dissidentenbewegung bis zu diesem Zeitpunkt erreicht hatten. Benda war enttäuscht über den geringen Erfolg der Bestrebungen, eine „parallele *Polis*" zu etablieren, aber einen speziellen Misserfolg beschrieb er als katastrophal: dass sie es nicht geschafft hatten, ein Unterrichtssystem aufzubauen, das eine Alternative zum staatlich gelenkten Bildungswesen hätte bieten können.

Als Christ wollte Benda eine Gegenkultur aufbauen, die authentische moralische und religiöse Werte innerhalb der tschechischen Gesellschaft verteidigen und wiederherstellen und die von den Kommunisten zerrissenen Bindungen der Tschechen an ihre Vergangenheit neu knüpfen sollte. Als Universitätsprofessor war er überzeugt, dass Bildung das wichtigste Mittel zu diesem Zweck war.

Warum waren er und seine Verbündeten gescheitert? Ihre Bemühungen waren zu exklusiv und in der Umsetzung mangelhaft gewesen. Selbst als der kommunistische Staat in anderen Bereichen des öffentlichen Lebens die Zügel lockerer zu halten begann, behielt er das Bildungswesen eisern im Griff. Zudem, so stellte Benda fest, wurde jeglicher Ansatz zu einer Bildungsreform durch die Zerstörung der Familien unter dem Kommunismus erheblich erschwert.

Polen kam dank seiner dichten katholischen Kultur dem Ziel der Verwirklichung einer parallelen *Polis* wesentlich näher als die Tschechen. Vom katholischen Polen gingen – in Gestalt der Gewerkschaftsbewegung „Solidarität" und in Gestalt von Karol Wojtyla, der als Johannes Paul II. Papst wurde – die Funken aus, die das Feuer entzündeten, das die kommunistische Herrschaft niederbrannte. Dennoch beklagen heute Polen wie der katholische Philosoph und ehemalige Dissident Ryszard Legutko, dass der Glaube und die Kultur, die sein Volk durch die dunkle Nacht des Totalitarismus hindurch festgehalten habe, sich nun, unter dem Einfluss des westlichen säkularen Liberalismus mit seinem Hedonismus und seiner Konsumorientierung, aufzulösen beginnen.

Wir traditionsorientierten Christen im Westen können vom Beispiel beider osteuropäischen Länder lernen. Natürlich sind wir keiner so grausamen Unterdrückung ausgesetzt, wie es die Tschechen unter sowjetischer Oberherrschaft waren, aber die heimtückischeren Kräfte des säkularen Liberalismus erreichen nach und nach dasselbe Ziel: uns und die kommenden Generationen unseres religiösen Glaubens, unserer moralischen Werte und unseres kulturellen Gedächtnisses zu berauben und uns zu Spielfiguren von Kräften zu machen, die sich unserer Kontrolle entziehen.

„Bildung und Erziehung müssen im Zentrum des christlichen Überlebenskampfes stehen – wie es schon immer gewesen ist", sagt Michael Hanby, Professor für Religion und Philosophie am Päpstlichen Institut Johannes Paul II. in Washington. „Das Ziel des Mönchtums bestand nicht einfach darin, sich aus einer korrupten Welt zurückzuziehen, um zu überleben – wenngleich das in einigen Fällen durchaus eine Rolle gespielt haben mag", fügt er hinzu. „Im Kern jedoch war es eine Suche nach Gott. Diese Suche war es, die die Mönche veranlasste, das Erbe klassischer Bildung und vorchristlicher Traditionen zu bewahren, denn sie liebten das Wahre und das Schöne, wo immer sie es fanden."

So essentiell das Überleben der Kultur auch ist, dürfen Christen sich doch nicht damit zufrieden geben, in der liquiden Moderne lediglich ihren Kopf über Wasser zu halten, warnt Hanby. Wir müssen leidenschaftlich nach der Wahrheit suchen, sehr ernsthaft über die Realität reflektieren und uns so darüber klar werden, was es heißt, in der von der Moderne entzauberten Welt ein authentisch christliches Leben zu führen. Bildung und Erziehung sind die wichtigsten Mittel, um dies zu erreichen.

„Die Vorstellungskraft zu bewahren, die notwendig ist, um Gott zu sehen oder Gott zu suchen, wird ein unverzichtbares Element der Aufrechterhaltung wahrer christlicher Freiheit sein, wenn unsere gesetzliche Freiheit mehr und mehr eingeschränkt wird", sagt Hanby.

In der christlichen Gemeinschaft gibt es heute eine aufstrebende Bewegung, die sich „klassisch-christliche Bildung" nennt. Sie ist gegenkulturell in Form und Inhalt und stellt den Schülern die westliche Tradition – die griechisch-römische wie auch die christliche – in ihrer ganzen Tiefe vor. Ein solches Bildungskonzept erfordert ein Maß an Einsatz und Hingabe, wie wir es heutzutage nicht mehr gewohnt sind – aber was wäre die Alternative?

Wenn man wissen will, wie entscheidend Bildung für das kulturelle und religiöse Überleben ist, muss man die Juden fragen. Rabbi Mark Gottlieb sagt: „Juden, die an einer traditionellen Lebensweise festhalten wollen, stellen Bildung beinahe über alles. Es gibt Familien, die dafür, dass ihre Kinder eine orthodox jüdische Erziehung erhalten, praktisch alles tun würden, was sie finanziell nicht völlig ruiniert." Christen haben der Bildung bislang keinen annähernd so großen Stellenwert eingeräumt, und es ist an der Zeit, das zu ändern.

Aus diesem Grund ist die Verbreitung des klassisch-christlichen Schulkonzepts eines der wichtigsten Anliegen der „Benedikt-Options"-Bewegung. Statt ihre Kinder vierzig Stunden in der Woche damit verbringen zu lassen, „Fakten" zu lernen – mit ein paar Stunden Weltanschauungsunterricht als Sahnehäubchen –, sollten Eltern ihre Kinder von öffentlichen Schulen abmelden und ihnen eine in rechter Weise geordnete Bildung angedeihen lassen; das heißt: eine Bildung, die von der Prämisse ausgeht, dass die Realität eine gottgegebene, einheitliche Struktur hat und dass diese erkannt werden kann. Sie müssen sie die Heilige Schrift lehren und ihnen Geschichte beibringen. Und sie sollten nicht nach der zwölften Klasse damit aufhören: Eine christliche Strategie für Hochschulbildung ist ebenfalls vonnöten.

Schulen aufzubauen, die eine ordentliche Bildung gewährleisten können, wird gemeinschaftliche Bemühungen von Kirchen, Eltern, Freundeskreisen und anderen Christen auf dem Weg erfordern. Es wird kostspielig, aber was haben wir für eine Wahl?

Wesen und Ziele einer richtig geordneten Bildung

Ernsthafte christliche Eltern können bei der Bildung ihrer Kinder nicht allein darauf setzen, ihnen zu ausreichend guten Zeugnissen zu verhelfen, um ihnen die Chance zu geben, es auf eine Elite-Uni zu schaffen. Wenn das die Methode ist, die Du in Deiner Familie anwendest – vielleicht mit ein paar Streuseln Gott als Dekoration obendrauf –, wirst Du große Schwierigkeiten haben, gegenkulturell christliche Erwachsene heranzubilden, die in der Lage sein werden, der falschen Ordnung unserer Zeit zu widerstehen.

Die Art von Unterricht, die einen widerstandsfähigeren, reiferen Glauben bei jungen Christen erzeugt, muss sie mit einem Verständnis für Ordnung, Sinn und Kontinuität ausstatten, muss Kenntnisse in eine harmonische Vision des Ganzen einordnen und alles, was ist, war und sein wird, in Gott vereinen.

Jedes Bildungsmodell setzt eine bestimmte Anthropologie voraus – das heißt: eine Vorstellung davon, was es heißt, Mensch zu sein. Das derzeit vorherrschende Modell ist, allgemein gesprochen, darauf ausgerichtet, die Schüler mit den nötigen Fertigkeiten auszustatten, um in der Arbeitswelt Erfolg zu haben, sich selbst und ihren zukünftigen Familien einen angenehmen und gesicherten Lebensstandard zu erarbeiten und – im Idealfall – ihre persönlichen Ziele zu verwirklichen, unabhängig davon, was für Ziele das sind.

Von einem traditionell christlichen Standpunkt aus betrachtet, baut dieses Modell jedoch auf einer fehlerhaften Anthropologie auf. Für das traditionelle Christentum besteht das höchste Ziel der Seele darin, Gott mit ganzem Herzen, mit ganzer Seele und mit allen Gedanken zu lieben und die Einheit mit Ihm in der Ewigkeit zu erlangen. Um uns auf das ewige Leben vorzubereiten, müssen wir uns mit Christus vereinen und danach streben, im Einklang mit dem Willen Gottes zu leben.

Voll und ganz Mensch zu sein heißt, voll und ganz mit dieser Realität – wie C.S. Lewis sagen würde: mit den *Dingen, die sind* – übereinzustimmen, indem wir mit Gottes großzügig gewährter Gnade zusammenarbeiten. Von Gottes Liebe angezogen, stolpern wir voll Freude den Pilgerpfad voran, erfüllen unseren Geist mit Wissen über Ihn und Seine Schöpfung und lassen unsere Herzen durch die radikale Unterwerfung unter Seine Liebe bekehren. Mensch zu werden, heißt zu wachsen: durch Kontemplation und durch Aktivität, durch Glauben und Vernunft in der Liebe zum Guten, zum Wahren und zum Schönen zu wachsen. Dies alles sind Widerspiegelungen des dreieinigen Gottes, in dem wir leben und uns bewegen und sind.[69]

Die Bildung als einen in sich abgeschlossenen Bereich zu behandeln und vom Leben der Kirche abzuspalten, bedeutet, eine falsche Unterscheidung zu ziehen. Der Hl. Benedikt nannte in seiner Ordensregel das Kloster „eine Schule für den Dienst des Herrn“. Das war keine bloße Redensart. Benedikt war überzeugt, dass Jüngerschaft etwas mit Pädagogik zu tun hat, mit der Schulung von Herz und Geist, um über das Stadium des geistlichen Säuglingsalters hinauszuwachsen. Im 7. Kapitel der Ordensregel, im Rahmen einer Unterweisung zur Demut, ermahnt Benedikt die Brüder, zu bedenken, dass vor Gott nichts verborgen ist, und zitiert den Psalmisten, der betont, dass Gott „auf Herz und Nieren" prüft (Ps 7,10).

In der benediktinischen Tradition ist das Lernen fest in den von Gebet und Arbeit bestimmten Tagesablauf eingebunden. Um ein treuer, gläubiger Mönch sein zu können, war es selbstredend erforderlich, lesen zu können, aber schreiben zu können, war von besonders entscheidender Wichtigkeit für das Klosterleben. Die Klöster wurden zu Orten, an denen zahllose Mönche sich der mühevollen Arbeit widmeten, die Heilige Schrift, Gebetbücher, Schriften der Kirchenväter und Werke der klassischen Literatur per Hand abzuschreiben. Diese Männer Gottes legten das Fundament für eine neue Zivilisation, und sie taten es aus Liebe zu Gott.

Unser heutiges Bildungssystem füllt die Köpfe der Schüler mit Fakten und verfolgt damit keinen höheren Anspruch als Erfolg in weltlichen Unternehmungen. Seit dem Hochmittelalter hat sich das Streben nach Wissen um seiner selbst willen nach und nach vom Streben nach Tugend abgelöst. Heute ist dieser Bruch vollständig.

Der Pädagoge Martin Cothran, ein Wortführer der landesweiten klassisch-christlichen Bildungsbewegung, sagt, vielen heutigen Christen sei nicht bewusst, wie sehr sich das Wesen der Bildung im Laufe der letzten hundert Jahre gewandelt habe. Die progressive Bewegung der 1920er-Jahre nutzte die Schulen als Mittel, die Kultur zu reformieren. Die Berufsbildungsbewegung der 1940er- und 1950er-Jahre versuchte die Schulen einzusetzen, um die Kinder den Anforderungen der Gesellschaft anzupassen. Der traditionellen Form der Bildung hingegen, die von der griechisch-römischen Ära bis in die Moderne hinein vorherrschte, ging es darum, ein kulturelles Erbe weiterzugeben, und zwar das Erbe einer ganz *bestimmten* Kultur: der des Westens, und für einen Großteil dieser Zeit hieß das: des *christlichen* Westens.

„Die klassische Bildung der Heiden, die von der Kirche zu einer christlichen transformiert wurde, zielte darauf ab, in jeder Generation eine Vorstellung davon einzupflanzen, was der Mensch sein solle – indem den Schülern beständig Beispiele idealer Humanität vorgestellt wurden und sie die großen Taten großer Männer studierten", erklärte Cothran mir. „Es war eine Kultur mit einem klaren und bestimmten Ziel: die Weisheit der Vergangenheit weiterzugeben und eine weitere Generation heranzuziehen, die dieselben Werte und Ideale teilt – Werte und Ideale, die auf einer Vision dessen fußten, was es bedeutet, Mensch zu sein."

– „Das war es, was *Bildung* mehr als zwei Jahrtausende lang *bedeutete*", fuhr Cothran fort. „Was wir heute haben, trägt dasselbe Etikett, aber es ist nicht dasselbe. Es ist nicht einmal von derselben *Art*. In der modernen Schule – auch in vielen christlichen Schulen – ist das alte Bildungsideal aufgegeben worden. Selbst viele christliche Eltern, auch wenn sie mit der *‚political correctness'* an den heutigen Schulen nicht einverstanden sind, sind dem utilitaristischen Bildungskonzept komplett auf den Leim gegangen."

Wohlgemerkt, es ist prinzipiell nichts Falsches daran, etwas Nützliches zu lernen oder zu großen Leistungen in Naturwissenschaft, Kunst, Literatur oder anderen Bereichen intellektueller Betätigung befähigt zu werden. Aber die Beherrschung von Faktenwissen und die Fähigkeit, es anzuwenden, ist nicht dasselbe wie Bildung – ebenso wenig, wie ein Hochschulabschluss in systematischer Theologie jemanden zum Heiligen macht.

Die Abtrennung der Wissensvermittlung von der Tugend erzeugt eine Gesellschaft, in der Menschen Anerkennung für die erfolgreiche Handhabung von Wissenschaft, Recht, Geld, Bildern, Worten und so weiter ernten. Ob ihre Leistungen moralisch wertvoll sind oder nicht, ist eine zweitrangige Frage, die vielen naiv erscheinen dürfte – sofern sie ihnen überhaupt in den Sinn kommt.

Wenn das intellektuelle und spirituelle Leben von Schülern nicht in eine christliche Lebensweise eingebunden ist, laufen sie Gefahr, ohne eigenes Verschulden vom Glauben abzufallen. John Mark Reynolds, der kürzlich die *Saint Constantine School* in Houston gegründet hat, hat beobachtet, dass junge Christen, die eine persönliche, lebensverändernde Begegnung mit Christus gehabt haben und Kenntnisse über christliche Apologetik besitzen, beides jedoch nicht in ihr alltägliches Leben integrieren, angreifbarer sind, als sie denken. Sie müssen lernen, ihr Bekehrungserlebnis und ihr intellektuelles Wissen über den Glauben in eine christliche Lebensweise zu „übersetzen“ – sonst wird ihr Glaube zerbrechlich bleiben.

So wahr es ist, dass ein allzu schlichter, anti-intellektueller Glaube ein schwaches Schilfrohr im Sturm des akademischen Lebens ist, so wahr ist es andererseits auch, dass ein in erster Linie *intellektueller* Glaube – ein Glaube also, der hauptsächlich auf der Verarbeitung von *Informationen* beruht – trügerisch zerbrechlich ist. Man befähigt christliche Schüler nicht dazu, sich in einer massiv säkularisierten und sogar feindseligen Umgebung zu behaupten, indem man ihnen einen Schutzpanzer gibt. Der Panzer kann unter Druck zerbrechen oder abgeworfen werden. Vielmehr muss es darum gehen, innere Stärke des Geistes und des Herzens zu entwickeln.

Kindern die Heilige Schrift nahebringen

Die Heilige Schrift ist das lebendige Wort Gottes, daher ist es von entscheidender Bedeutung, Bildungsmodelle für unsere Kinder zu entwickeln, die die Kenntnis und Betrachtung der Bibel in ihr Leben integrieren. Leider muss man feststellen, dass wir unsere Kinder in diesem Punkt im Stich lassen.

Vor ein paar Jahren hatte ich ein Abendessen mit drei Professoren einer konservativen evangelikalen Hochschule, und bei dieser Gelegenheit merkte ich an, wie sehr ich – selbst *kein* Evangelikaler – die Evangelikalen dafür bewundere, dass sie ihre Jugendlichen so gut mit der Heiligen Schrift vertraut machen.

Der Professor zu meiner Linken erwiderte, ich hätte eine romantisierte oder zumindest veraltete Vorstellung von Evangelikalen. „Sie würden sich wundern, wie viele unserer Studenten, wenn sie hierher kommen, so gut wie nichts über die Bibel wissen", sagte er betrübt.

Das verblüffte mich. Ich sagte den Professoren, ich sei es gewohnt, solche Klagen von *katholischen* College-Professoren zu hören; aber konnte es wirklich wahr sein, dass das auch auf Evangelikale zutraf? An einem konservativen College?

Ich blickte in die Runde: Zustimmendes Nicken bei allen Beteiligten. Die Professoren erklärten mir, obwohl die meisten dieser Jugendlichen durch Kirche und kirchliche Jugendgruppen geprägt worden seien, sei ihr theologisches Hintergrundwissen erschreckend dünn. „Wir tun unser Möglichstes, aber bei uns sind sie nur vier Jahre", sagte einer der Professoren. „In so kurzer Zeit kann man nicht alles aufholen, was zuvor versäumt wurde."

Seit dieser Unterhaltung lege ich Wert darauf, an jeder christlichen Hochschule, an die ich eingeladen werde, um dort einen Vortrag zu halten, zu testen, wie viel die dortigen Studenten über das Christentum wissen. Ob an katholischen oder evangelikalen Hochschulen, das Ergebnis ist nahezu überall dasselbe: Die Studenten sind theologische Analphabeten.

„Eine Menge unserer Studenten kommen von einigen der renommiertesten katholischen Schulen der Region zu uns", erzählte mir ein Professor. „Sie wissen nicht das Geringste über ihren Glauben und sehen das nicht mal als Problem. Man hat ihnen quasi eingehämmert, unter Katholizismus könne man alles verstehen, was sie darunter verstehen *wollen*."

Nichts davon ist wirklich überraschend, wenn man die soziologischen Studien über die weit verbreitete Unkenntnis der Grundlagen des christlichen Glaubens kennt. Der „*Moralisch-therapeutische Deismus*" kommt schließlich nicht aus dem Nirgendwo.

Eltern, denen daran liegt, dem *MTD* entgegenzuwirken und ihren Kindern die Heilige Schrift nahezubringen, können sich am Hl. Benedikt ein Beispiel nehmen. Die Benediktsregel schreibt vor, dass die Mönche sich zu festgelegten

Zeiten des Tages der *Lectio Divina* widmen müssen – der benediktinischen Methode der Schriftlesung. Der Heilige wies seine Mönche außerdem an, auch andere Formen der Lektüre und des Studiums anzuwenden, um ihre Kenntnis der Bibel zu vertiefen. Während der Fastenzeit etwa verpflichtet die Ordensregel jeden Mönch dazu, sich ein Buch aus der Bibliothek des Klosters zuteilen zu lassen, das er lesen muss. Die Benediktsregel bestimmt, dass Mönche nicht allein die Heilige Schrift lesen, sondern auch Werke der Kirchenväter und Lebensbeschreibungen der Heiligen, denn diese sind „Anleitungen zur Tugend" für den, der ein Haus des Glaubens auf einem festen Fundament aufbauen will.

Das Studium der Heiligen Schrift trägt nicht nur dazu bei, junge Christen zu Gott zu führen, sondern stärkt auch ihre Bindungen untereinander und hilft ihnen so, gegen die Angriffe des Säkularismus zu bestehen.

Auch hier können wir wieder von den Juden lernen. Charles Chaput, der katholische Erzbischof von Philadelphia, erlebte die Kraft der orthodox jüdischen Bildung bei einem Besuch der *Yeshiva University* im Jahr 2012. Nachdem er beobachtet hatte, wie die dortigen Studenten im Rahmen ihres Grundstudiums die Thora studierten, schrieb er darüber, wie sehr ihn „die Kraft der Heiligen Schrift, neues Leben zu erschaffen", beeindruckt habe.

„Gottes Wort ist ein lebendiger Dialog zwischen Gott und der Menschheit. Dieser göttliche Dialog spiegelte sich im Lerngespräch zwischen den Studenten wider", schrieb der Erzbischof im Magazin *First Things*. „Zu Anfang waren die Studenten einander fremd, aber ihre gemeinsame Arbeit, über die Heilige Schrift zu reflektieren und einander mitzuteilen, was sie in ihr entdeckt hatten, schuf etwas, was größer war als sie selbst: eine Freundschaft unter ihnen und, über sie selbst hinaus, mit Gott."[70]

Orthodox jüdische Studenten beschäftigen sich mit der Schrift nicht von einem Standpunkt akademischer Distanz aus, sondern sie betrachten sie als das Brot des Lebens und als die Sehnen, die sie zu einer Gemeinschaft verbinden. Ein solches Maß an Andacht im Studium zu erlangen, mag für christliche Schulen und Hochschulen als ein unrealistisches Ziel erscheinen, aber sollten wir es nicht zumindest anstreben? Wenn Rabbi Gottlieb Recht hat, ist dies, oder zumindest etwas, was dem nahe kommt, notwendig für das Überleben einer authentisch christlichen Kultur.

In die Geschichte der westlichen Zivilisation eintauchen

Bildung muss nicht allein unsere Beziehung zur höheren Wirklichkeit neu ausrichten, sondern auch unsere Verbindung zu unserer Geschichte wiederherstellen. Das heißt, Bildung ist der Schlüssel zur Rückgewinnung unseres kulturellen Gedächtnisses. Je tiefer unsere Wurzeln in die Vergangenheit reichen, desto sicherer ist unsere Verankerung gegen die rasanten Strömungen der liquiden Moderne. Je besser wir verstehen, woher wir kommen, desto fester ist unser Stand inmitten der nachchristlichen Gegenwart, und mit desto größerer Zuversicht können wir einen Weg in die Zukunft entwerfen.

Das Christentum ging aus dem Zusammenfluss von hebräischer Religion, griechischer Philosophie und römischem

Recht hervor. Die Formen und Inhalte der westlichen Zivilisation entstammen denselben Quellen – sowie den Begegnungen der verschiedenen europäischen Völker mit dem Christentum. Um es ganz deutlich zu sagen: Jesus Christus – nicht Aristoteles, Thomas von Aquin oder Kaiser Augustus – ist der Erlöser der Menschheit. Gleichwohl zeigt etwa Dantes *„Göttliche Komödie"*, das Meisterwerk des Mittelalters und einer der Höhepunkte der westlichen Zivilisation, auf phantasievolle Weise, wie Gott auch Gestalten aus der heidnischen Vergangenheit des Westens einsetzte, um die Seelen auf das Kommen Christi vorzubereiten.

Klassisch-christliche Bildung geht von der Überzeugung aus, dass Gott noch heute durch die Kunst, Literatur und Philosophie der Vergangenheit, die griechisch-römische wie die christliche, zu uns spricht. Wir können den Westen nicht unabhängig vom christlichen Glauben verstehen, und wir können den christlichen Glauben in seiner heutigen Gestalt nicht unabhängig von der Geschichte und Kultur des Westens verstehen. Wenn die zukünftigen Generationen nicht lernen, das kulturelle Erbe des Westens zu lieben, werden wir dieses Erbe verlieren.

Unlängst veröffentlichte der Politikwissenschaftler Patrick Deneen von der *Notre Dame University* auf einem Bildungs-Blog einen Essay, in dem er beklagt, seine Studenten seien zwar nette, angenehme, anständige junge Männer und Frauen, aber zugleich seien sie „Nichtswisser", deren „Gehirne weitgehend leer" von sinnvollem Wissen jeglicher Art seien. „Sie sind der Scheitelpunkt der westlichen Zivilisation – einer Zivilisation, die nahezu alles über sich selbst vergessen hat und folgerichtig eine fast vollkommene Gleichgültigkeit gegenüber ihrer eigenen Kultur entwickelt hat“, schreibt Deneen.[71]

Diese jungen Leute sind nicht dumm. Deneen, der in Princeton und Georgetown lehrte, bevor er nach Notre Dame kam, weist darauf hin, dass der Zugang zu diesen Universitäten keineswegs leicht ist. Diese Studenten erzielen gute Ergebnisse bei Eignungstests und wissen, was man tun muss, um gute Noten zu bekommen und einen erstklassigen Lebenslauf vorweisen zu können, um in der Meritokratie aufzusteigen. „Sie sind die *Crème de la Crème* ihrer Generation“, betont Deneen. „Die Herren des Universums, eine Generation im Wartestand, bereit, Amerika und die Welt zu beherrschen.“

Diese jungen Leute, so intelligent und hochqualifiziert sie auch sein mögen, könnten eine der letzten Generationen in der Geschichte dessen sein, was man „die westliche Zivilisation“ nennt. Sie wissen nicht einmal, *was* sie nicht wissen – und es interessiert sie auch nicht. Warum auch? Ebenso wie in Hinblick auf ihre dürftige Kenntnis des christlichen Glaubens folgen sie letztlich nur dem, was ihre Eltern, ihre Schulen und ihr ganzes kulturelles Umfeld sie gelehrt haben.

Diese Krise ist allerdings kein ganz so neues Phänomen mehr. Schon 1943 beklagte ein Artikel der *New York Times* das erschreckend magere Geschichtswissen amerikanischer Schüler. Der zornige säkulare Prophet Philip Rieff beschrieb in den 1970er-Jahren den Niedergang der universitären Bildung im Gefolge der gegenkulturellen Protestbewegung und feuerte dabei eine donnernde Anklage gegen das akademische Establishment ab: In seinem 1973 erschienenen Buch *„Fellow Teachers“* zerriss Rieff, selbst College-Professor, seine Kollegen buchstäblich in der Luft, weil sie den im Trend liegenden Forderungen der Studenten nach „relevanten" Lehrinhalten nachgaben. Aus Rieffs verbitterter Sicht gaben sie damit ihre Lehrautorität auf und entsagten ihrer Verantwortung, das Erbe der Zivilisation an die nächste Generation weiterzugeben. „Der Schlusspunkt dieser erschütternden kulturellen Entwicklung wird sein, dass wir moderne Menschen im Stadium des Barbarismus ankommen", schrieb Rieff. „Barbaren sind Menschen ohne kulturelles Gedächtnis. Barbarismus bedeutet im eigentlichen Sinne radikale Zeitgenossenschaft. Losgebunden von aller Autorität der Vergangenheit, steuern wir auf den Barbarismus zu, nicht etwa davon weg."[72]

Ich habe eine amerikanische College-Ausbildung genossen. In all meinen Jahren formaler Bildung habe ich niemals Platon oder Aristoteles, Homer oder Vergil gelesen. Ich wusste nichts über griechische oder römische Geschichte und begriff kaum etwas von der Bedeutung des Mittelalters. Dante war für mich ein Fremder, und Shakespeare ebenso.

Die fünfzehn Jahrhunderte, die zwischen dem Neuen Testament und der Reformation lagen, waren für mich ein unbeschriebenes Blatt, und ich kannte gerade einmal die groben Eckdaten der von Luther ausgelösten Umwälzung. Ich hatte keine Ahnung von Descartes oder Newton. Mein Wissen über die Geschichte des Westens begann mit der Aufklärung. Alles, was davor gewesen war, verschwand hinter einem trüben Vorhang des Vergessens.

Niemand machte das mit Absicht. Niemand legte es darauf an, mir das Erbe meiner Vorfahren vorzuenthalten. Aber es fühlte sich eben auch niemand verpflichtet, mich und meine Generation in einer geordneten, zusammenhängenden Form mit diesem Erbe vertraut zu machen. Ideen haben Konsequenzen – und ebenso auch die *Abwesenheit* von Ideen. Der sicherste Weg, eine Generation zielloser Nichtswisser ohne jedes über ihr eigenes Ich hinaus reichendes Pflichtbewusstsein zu erzeugen, besteht darin, sie ihrer Vergangenheit zu berauben.

Jedes totalitäre Regime des 20. Jahrhunderts wusste, dass es den Zugang der Menschen zu ihrem kulturellen Gedächtnis unter Kontrolle bringen musste, um sie beherrschen zu können. In der gegenwärtigen westlichen Welt wurde uns unser kulturelles Gedächtnis nicht von Diktatoren geraubt. Vielmehr haben wir – wie die bequemen, vergnügungssüchtigen Faulenzer in Huxleys *„Schöne neue Welt“* – aufgehört, uns für die Vergangenheit zu interessieren, weil uns das nur in unserem Streben nach Vergnügen in der Gegenwart einschränken würde.

Es genügt nicht, Schülern bloße Fakten über die westliche Zivilisation zu präsentieren – jener Zivilisation, die Vater und Mutter eines jeden Bürgers des Westens ist, gleich ob dessen Vorfahren aus Afrika oder Asien kamen, und auch wenn seine christliche Konfession, wie in meinem Fall, byzantinischer Herkunft ist. John Mark Reynolds, ein altgedienter christlicher Pädagoge und Gründer des *Torrey Honors Institute* an der *Biola University*, einer evangelikalen Hochschule in Kalifornien, sagt, Lehrer müssen über die Vermittlung bloßer Daten hinausgehen und Geschichte und Kultur in die moralische Vorstellungswelt der Schüler einbinden. „Man kann nicht einfach sagen: ‚Hier ist der Ruhm der christlichen Zivilisation! Starre ihn an und freue dich!‘“, betont er.

Das soll heißen, man kann nicht davon ausgehen, dass die Kulturgeschichte für heutige Schüler eine Liebe auf den ersten Blick ist. Die Lerninhalte dürften ihnen fremd vorkommen, umso mehr, als sie von einer Unterrichtskultur geprägt worden sind, die so großen Wert auf Zeitgemäßheit (in anderen Worten: „Relevanz") legt und sie außerdem dazu konditioniert, passiv und konformistisch ihre standardisierten Tests zu absolvieren.

Angesichts solcher Hindernisse müssen klassisch-christliche Pädagogen die uralte Kunst der „Verführung zum Denken" praktizieren, die vor bald 2.500 Jahren in Griechenland perfektioniert wurde. „Wir müssen sokratischer werden", meint Reynolds, „um die Schüler in das Bildungsgut *hineinzuziehen* und es zu einem Bestandteil ihrer Identität zu machen. Das ist die Art von Bildung, die einen C.S.Lewis und einen J.R.R. Tolkien hervorgebracht hat. Wieso sollten wir für unsere Kinder etwas Geringeres wollen?"

Aus dem öffentlichen Schulsystem aussteigen

Das öffentliche Bildungssystem in den USA ist weder mit rechter Ordnung noch mit religiöser Sachkenntnis ausgestattet, und ebenso wenig ist es geeignet, eine dem Erbe der westlichen Zivilisation verpflichtete Vorstellungskraft heranzubilden. Darum ist es an der Zeit, dass Christen ihre Kinder von den öffentlichen Schulen abmelden.

Sollten diese Gründe noch nicht ausreichen, tun die zerstörerischen Einflüsse einer toxischen Gruppenzwang-Atmosphäre, wie man sie unter den Schülern vieler öffentlicher (aber auch privater) Schulen antrifft, ein Übriges. Zwar haben sich die landesweiten Trends bezüglich sexueller Aktivität und Drogenmissbrauch unter Teenagern in jüngster Zeit in eine positive Richtung entwickelt: Die statistische Häufigkeit von Teenager-Schwangerschaften und -Abtreibungen ist merklich zurückgegangen, und die Zahl der Kinder, die unter 15 Jahren bereits Sex haben, hat zumindest *leicht* abgenommen. Dennoch bleiben die Zahlen für viele christliche Eltern beunruhigend. Kann man es wirklich tröstlich finden, wenn die staatlichen Zentren für Krankheitskontrolle und Prävention bekannt geben, dass etwas mehr als 20 Prozent aller Zwölftklässler mindestens einmal im Monat kiffen? Dass annähernd sechs von zehn Oberstufenschülern angeben, Geschlechtsverkehr gehabt zu haben?[73]

Obendrein stehen öffentliche Schulen naturgemäß an vorderster Front der neuesten und übelsten Trends der Populärkultur. So sind neuerdings viele Schulen – unter dem Druck von Regierung und LGBT-Aktivisten – dabei, die *Transgender*-Ideologie zu übernehmen und zur Norm zu erheben; und viele Eltern unterstützen sie darin.

Diese Erfahrung machte der Theologe Carl Trueman, als er versuchte, Mütter und Väter in seinem Schulbezirk in einer Vorstadt von Philadelphia für den Protest gegen eine geplante Transgender-Richtlinie zu mobilisieren, die seiner Auffassung nach die Elternrechte aushöhlen und obendrein den Mädchensport schädigen würde.

„Ich war verblüfft, dass viele Eltern entweder kein Problem in der Maßnahme sahen oder sie sogar ausdrücklich guthießen. Niemand schien zu begreifen, dass es um mehr geht als darum, einem Kind zu helfen, das mit echten Identitätsproblemen zu kämpfen hat“, berichtet Trueman. „Sie konnten schlichtweg nicht erkennen, dass diese Pläne einen signifikanten Präzedenzfall für eine Ausweitung der Befugnisse von Schulen auf Kosten der Elternrechte implizierten. Ich brauche wohl kaum zu erwähnen, dass die Richtlinie ohne nennenswerten Widerspruch verabschiedet wurde."

Als anekdotische Bestätigung für die Annahme, dass es sich hierbei um einen allgemeinen Trend handelt, sagte eine Frau aus einer Vorstadt von Baltimore zu mir: „All die Leute, die meinen, du wärst übertrieben alarmistisch mit deiner Benedikt-Option – das müssen Leute sein, die keine Kinder haben." Und dann erzählte sie mir, an der High School, die ihre Tochter besucht, gebe es eine erschreckend große Zahl von Teenagern, die zu ihren Eltern kämen, ihnen mitteilten, sie seien *transgender*, und eine Hormonbehandlung verlangten.

Und was tun die Eltern?

„Du würdest dich wundern, wie viele das tatsächlich machen", sagte die Frau. „Sie haben einfach Angst, ihre Kinder zu verlieren. Und unsere Kultur redet ihnen ein, dass das die Art ist, wie sie reagieren sollen. Auf diese Weise werden Eltern zu den heftigsten Transgender-Fürsprechern."

Drei Monate nach dieser Unterhaltung kam die Tochter der Frau von der Schule nach Hause und überraschte ihre Eltern mit der Mitteilung, sie sei eigentlich ein Junge und verlange, zukünftig als solcher behandelt zu werden.

Eine Leserin meines Blogs berichtete, sie beobachte etwas Ähnliches im Umfeld ihrer Tochter, die kurz vor dem Übergang von der Mittelschule zur High School steht. „Es ist ein unvergleichliches Erlebnis, wenn deine zwölfjährige Tochter von der Schule heimkommt und aufzählt, wie viele ihrer Klassenkameradinnen bisexuell sind", schrieb diese Leserin. „Ich habe meiner Tochter gesagt, es sei statistisch unmöglich, dass es in einer Klasse so viele bisexuelle Schülerinnen gäbe, und überhaupt sei für die meisten Mädchen – es handelte sich ausschließlich um Mädchen – die 7. Klasse viel zu früh, um eine Aussage über ihre sexuelle Orientierung zu treffen. Als Antwort erhielt ich einen Haufen Gequatsche darüber, dass *Gender* fluid und nichtbinär wäre."

Die Leserin rief eine Freundin an, deren Tochter in dieselbe Klasse ging, und fragte sie, was da los sei. „Wo bist du gewesen?", lachte die Freundin. „Mindestens jedes dritte von diesen Mädchen behauptet, bisexuell zu sein."

Nur wenige Eltern bringen die Geistesgegenwart und Charakterstärke auf, das Nötige zu tun, um ihre Kinder vor Formen ungeordneter Sexualität zu beschützen, die vom Mainstream unserer Jugendkultur akzeptiert werden. Auf der einen Seite ist die Macht der Medien, die Maßstäbe dafür zu bestimmen, was als „normal" gilt, immens, und Erwachsene unterliegen diesem Einfluss ebenso wie Kinder. Und zum anderen sind Eltern genauso anfällig für Gruppendruck wie ihre Kinder.

„Leute erziehen ihre Kinder so, wie ihre Freunde und Nachbarn es tun, nicht so, wie ihre Eltern es taten", sagt die Psychologin Judith Rich Harris, „und das gilt nicht nur für mediengeplagte Gesellschaften wie unsere."[74]

Aus solchen und ähnlichen Gründen kommen mehr und mehr christliche Eltern zu dem Schluss, dass sie es sich nicht erlauben können, ihre Kinder auf eine öffentliche Schule gehen zu lassen. Manche Eltern reden sich ein, ihre Kinder müssten dort bleiben, um „Salz und Licht" für die anderen Kinder zu sein. Aber in dem Maße, wie die populäre Kultur tiefer und tiefer sinkt, wirkt diese Argumentation zunehmend wie eine Ausrede. Man könnte sich dabei einen Vater vorstellen, der sein Kind in einen reißenden Fluss wirft, weil er hofft, es werde ein anderes ertrinkendes Kind retten.

Eltern mögen sich bemühen, den Auswirkungen der säkularen Schulbildung durch Kirche, Sonntagsschule und Jugendgruppe entgegenzuwirken; aber zwei oder drei Stunden religiöser Erziehung pro Woche dürften kaum ausreichen, um den Einfluss von 40 oder mehr Stunden Schule oder schulbezogener Indoktrination auszugleichen. Es steht auch kaum zu erwarten, dass solche begrenzten Maßnahmen die (sowohl aktive als auch passive) antichristliche Feindseligkeit aufwiegen können, der junge Gläubige, die in einer nachchristlichen Umwelt aufwachsen, ausgesetzt sind. Wenn wir wollen, dass unsere Kinder überleben, müssen wir handeln.

Warum christliche Schulen nicht unbedingt die Lösung sind

Einen vollkommen geschützten Raum gibt es nicht.

Ein alleinerziehender Vater – ein Evangelikaler und ehemaliger Lehrer an einer öffentlichen Schule – berichtet, er habe es satt gehabt, dass seine Tochter in der 9. Klasse gehänselt wurde, weil sie nicht an einer Feier zum Coming-Out einer lesbischen Klassenkameradin hatte teilnehmen wollen, und habe sie daraufhin an eine christliche Privatschule umgemeldet. Allerdings, so der Vater (der anonym bleiben möchte), sei diese Maßnahme nur eine partielle Lösung gewesen.

„Meine Tochter ist von einer öffentlichen Schule, an der sie keine gläubig christlichen Freunde hatte, an eine christliche Schule gewechselt, an der anscheinend nur fünfzehn bis zwanzig Prozent der Schüler ein nennenswertes Glaubensleben haben", sagt er. „Im Vergleich zu ihrer früheren Schule ist das schon eine Verbesserung, und immerhin bekommt sie jetzt Bibelunterricht."

Selbst in vielen christlichen Schulen ist das Christentum nur ein dünner Anstrich über einer im Grunde säkularen Sicht auf die Welt. Das genügt nicht, um dem Ansturm des Säkularismus standzuhalten. Es gibt allzu viele Eltern, die christliche Schulen zwar als ein Mittel ansehen, ihre Kinder vor den schädlichsten Einflüssen des öffentlichen Schulwesens zu beschützen, die aber nur ein oberflächliches Interesse an einer im eigentlichen Sinne christlichen Erziehung für ihre Kinder haben.

Vor einigen Jahren erlebte ich in Dallas den Fall, dass eine christliche Freundin von mir es entschieden ablehnte, einige der elitärsten christlichen Schulen der Stadt als Schulen für ihre Kinder in Erwägung zu ziehen. Ich war neu in der Stadt und nahm an, die Höhe des Schulgeldes sei der Grund für diese Haltung. Ganz und gar nicht, erklärte meine Freundin. Vielmehr wollte sie verhindern, dass ihre Kinder von der materialistischen Gesinnung und dem Standesdünkel angesteckt werden, die an diesen Schulen herrschten.

Der Schulleiter einer christlichen High School erzählte mir, er und sein Kollegium befänden sich permanent im Krieg mit Eltern, die die ernsthaften moralischen und theologischen Inhalte des Lehrplans zu beschwerlich für ihre Kinder fänden. „Das einzige, woran diese Eltern denken, ist, wie sie ihre Kinder an eine Spitzen-Universität bekommen und ihnen einen möglichst guten Karrierestart verschaffen können", sagte er.

Ein anderer Schulleiter, der einer teuren christlichen Akademie tief in den Südstaaten vorsteht, erklärt: „Die Eltern unserer Schüler denken, wenn sie 17.000 Dollar Schulgeld bezahlt haben, haben sie damit alles für eine christliche Erziehung ihrer Kinder geleistet, was man von ihnen erwarten kann."

In den Südstaaten sind einige christliche Schulen durch eine rassistische Vergangenheit belastet. Vor diesem Hintergrund stehen Afroamerikaner und andere Bevölkerungsgruppen Bildungsinitiativen im Sinne der Benedikt-Option oft skeptisch gegenüber; das ist zwar ungerechtfertigt, aber verständlich. In den späten 1960er- und frühen 1970er-Jahren reagierten einige weiße Eltern auf die Aufhebung der Rassentrennung an öffentlichen Schulen, indem sie Privatschulen gründeten, die nur weiße Schüler aufnahmen und die unter der spöttisch-verächtlichen Bezeichnung „Rassentrennungs-Akademien" bekannt wurden. Schändlicherweise nahmen einige dieser Schulen eine christliche Ausrichtung für sich in Anspruch.

Obwohl die Zeiten sich geändert haben – und viele Kirchen mit ihnen –, bleibt dieser Schandfleck bestehen. „Benedikt-Options"-Schulen wären gut beraten, sich für die Aussöhnung zwischen den ethnischen Gruppen einzusetzen und gezielt auf schwarze Familien zuzugehen – umso mehr, als an den öffentlichen Schulen ein Trend zur Rückkehr der Rassentrennung durch die Hintertür zu beobachten ist. Daneben ist zu bedenken, dass die Zukunft des Christentums in den Vereinigten Staaten – des katholischen wie auch des evangelikalen – in zunehmendem Maße von der hispanischen Bevölkerungsgruppe geprägt sein wird. Auch dies sollte sich im christlichen Schulwesen widerspiegeln.

Fest steht: Wenn eine nominell christliche Schule so sehr den Maßstäben der Welt angepasst ist, dass sie das Gift der säkularen Kultur reproduziert und die Schüler vom historischen Glauben abschneidet, lässt sie die ihr anvertrauten Kinder im Stich. Selbst wenn die Schüler an solchen Schulen die grundlegenden Wahrheiten ihres Glaubens beigebracht bekommen, wird das bloß oberflächliche Verständnis, das sie auf diese Weise gewinnen, ihnen auf längere Sicht nicht viel nützen: Sie gelangen, wie der Apostel Paulus es ausdrückt, nicht über das Niveau von „unmündigen Kindern in Christus" hinaus (1. Kor 3,1). Mehr noch, die triviale theologische Bildung, die viele Schüler an christlichen Schulen erhalten, ist eher geeignet, ein Ernstnehmen des Glaubens zu verhindern als zu fördern. Hol Deine Kinder da raus.

Wie man klassisch-christliche Schulen gründet

Glücklicherweise gibt es eine gute Alternative zu öffentlichen Schulen einerseits und mittelmäßigen christlichen Schulen andererseits: das klassisch-christliche Bildungsmodell. Es basiert auf einer Vereinigung des griechisch-römischen Bildungsideals, das die Pflege von Weisheit und Tugend zum Ziel hat, mit einer traditionell christlichen Weltsicht. Wie in einem Benediktinerkloster ist in einer klassisch-christlichen Schule alles auf den *Logos* ausgerichtet – auf Jesus Christus, und auf das Streben danach, Ihn mit ganzem Herzen, ganzer Seele und ganzem Verstand kennenzulernen. Klassische Bildung greift die fundamentale Überzeugung der großen abendländischen Tradition auf, dass alle Bestandteile der Realität in transzendenten Idealen verankert sind – und letztlich in dem Einen, in dem wir leben und uns bewegen und sind.

Alle christlichen Schulen sollten es als Teil ihres Auftrags betrachten, die persönliche Hingabe an Christus in den Herzen ihrer Schüler zu pflegen. Klassisch-christliche Bildung folgt einem noch umfassenderen, universelleren Ansatz. In diesem Modell wird der gesamte Unterricht durch eine suchende Liebe zu Christus getragen und zu einem harmonischen Ganzen vereinigt. Das Ziel ist, Absolventen heranzuziehen, deren Herzen nach Wahrheit, Güte und Schönheit verlangen und die ihren Verstand dazu einsetzen, diese Dinge zu finden.

Der Lehrplan einer klassisch-christlichen Schule stellt den Schülern die kanonischen Werke der abendländischen Literatur und Kunst vor und bedient sich dabei einer aus dem Mittelalter stammenden Lernstruktur, die *Trivium* genannt wird und von der Dorothy Sayers 1947 in ihrem Essay „*The Lost Tools of Learning*" („Die verlorenen Werkzeuge des Lernens") – dem bedeutendsten Grundlagentext der heutigen klassischen Bildungsbewegung – feststellte, dass sie auf die altersgemäße Entwicklung der mentalen Kapazitäten junger Menschen abgestimmt ist.

Üblicherweise beginnt die Laufbahn eines Schülers an einer klassischen Schule mit der sogenannten *Grammatikschule*, in der es vor allem darum geht, grundlegende Fakten über die Welt zu lernen und sich ins Gedächtnis einzuprägen. Die zweite Stufe der klassischen Schulbildung ist die *Logikschule*, die etwa der 6.-8. Klasse entspricht und in der die Schüler lernen, Fakten zu analysieren und ihre Bedeutung zu erkennen. Die dritte und letzte Stufe ist die *Rhetorikschule*, die abstraktes Denken, Dichtung und die Fähigkeit zum klaren Selbstausdruck in den Mittelpunkt stellt.

Dieser klassische Bildungsansatz vermittelt den abendländischen Kanon in einer systematischen Form, die tief in das christliche Menschenbild und in eine umfassende Vision der Realität eingebunden ist. Es gibt keine kraftvollere gegenkulturelle Methode, um widerstandsfähige Christen von Jugend an zu formen.

Nicht jeder hat die Möglichkeit, seine Kinder auf eine klassisch-christliche Ganztagsschule zu schicken. Derweil boomt jedoch der Sektor des klassisch-christlichen Heimunterrichts: Mit jedem neuen Halbjahr werden mehr und mehr Unterrichtsmaterialien dafür erarbeitet und bereitgestellt. Es gibt auch Mischformen wie zum Beispiel die Schule, die meine eigenen Kinder besuchen: die *Sequitur Academy* in Baton Rouge. Das Konzept dieser Schule bietet Halbtagsunterricht im Klassenverband und setzt darauf, dass die Eltern das Ihre zur Bildung der Kinder beitragen. Meine Frau und ich haben festgestellt, dass diese Kombination die Vorzüge des *Homeschooling* bewahrt, unseren drei Kindern aber zugleich auch eine noch umfassendere Bildung vermittelt und obendrein den Vorteil bietet, eine Gemeinschaft aus Schülern und Familien zu bilden, die ein gemeinsames Bildungsziel verfolgen.

Eine gute klassische Schule lehrt ihre Schüler nicht nur die Bibel und die Grundlagen der westlichen Zivilisation, sondern integriert sie auch in das kirchliche Leben. An der neu gegründeten *Saint Constantine School* in Houston, einer klassisch-christlichen Schule in der ostkirchlichen Tradition, setzt Schulleiter John Mark Reynolds auf eine möglichst enge Abstimmung zwischen Schule, Familien und Kirche. Er nennt das eine Art von „neuem Mönchtum“ – einen Versuch, das schulische, kirchliche und familiäre Leben seiner Schüler miteinander in Einklang zu bringen.

„In der Vergangenheit haben Schulen weitgehend unabhängig von Familie und Kirche funktioniert“, sagt Reynolds. „Das war vertretbar, als unsere gesamte Kultur christlicher war, aber jetzt ist es das nicht mehr.“ Aus der Überzeugung heraus, dass die Schule das kirchliche Leben unterstützen muss, damit Gemeindemitglieder und Schüler gemeinsam im Glauben wachsen, nimmt die Schule Rücksicht auf die Termine der Kirchengemeinde und stellt sicher, dass die Schüler ausreichend freie Zeit für ihr spirituelles Leben haben.

Die geistlichen Früchte dieser Art von Zusammenarbeit sind greifbar. Der Leiter einer klassisch-christlichen Schule im Südwesten erzählte mir, viele dieser Schulen seien überrascht, wenn sie feststellten, dass sie Familien und Kirchengemeinden zurück auf den Weg der Tradition führen. „Von diesen drei Institutionen – Familie, Kirche und Schule – ist die Schule die einzige, die *keinen* biblischen Auftrag zur Erziehung der Kinder hat, aber dennoch ist es an vielen Orten so, dass die Schule die führende Rolle einnimmt“, sagt er.

Die Zusammenarbeit zwischen Schule und Kirche hat in einer nachchristlichen Ära auch einen ganz praktischen Nutzen. Unter dem Dach einer Kirche zu existieren, sichert einer christlichen Schule einen rechtlichen Schutz, den sie andernfalls nicht hätte. Rechtsexperten sagen, dass christliche Schulen, wenn sie sich vor Gericht mit Antidiskriminierungs-Anforderungen auseinandersetzen müssen, größeren Schutz genießen, wenn sie aufzeigen können, dass sie sich klar und konsequent an den verbürgten Lehren einer bestimmten Kirche orientieren und diese Lehren auch umsetzen.

Gleichzeitig sollte man nicht unterschätzen, wie sehr klassisch-christliche Schulen eine gesunde Ökumene angesichts des gemeinsamen Feindes fördern können. Zweifellos hat es Vorzüge, eine Schule in einer bestimmten konfessionellen Tradition zu begründen, doch ein konfessionsübergreifender Ansatz hat ebenfalls seine Vorteile, vorausgesetzt, die Schule bleibt den Glaubensbekenntnissen der alten Kirche treu. „Die gute Nachricht ist, dass solche Schulen echte Chancen haben, alte Spaltungen zu heilen, denn diese Spaltungen sind tot", sagt John Mark Reynolds von der *Saint Constantine School.*

Die *Sequitur Classical Academy* ist theologisch konservativ ausgerichtet, dies jedoch in einem überkonfessionellen Sinne. Die meisten Lehrer und Schüler sind Evangelikale, aber meine orthodoxe Frau unterrichtet dort und meine orthodoxen Kinder gehen dort zur Schule. Ebenso gibt es auch traditionalistische Katholiken in der Schulgemeinschaft. Mitbegründer Brian Daigle, ein gebürtiger Katholik, der später verschiedenen reformierten Kirchen angehörte, sagt, sein eigener Glaubensweg innerhalb der christlichen Tradition habe ihn Liebe und Respekt für das gelehrt, was die verschiedenen Konfessionen in die Schule einbringen.

„Einer solchen Art von christlicher Lehrgemeinschaft anzugehören, hat in einigen Bereichen meine Überzeugungen gestärkt und in anderen meine Demut", sagt er. „Und es hat mich zu einem besseren Gelehrten gemacht, hat mich beispielsweise befähigt, ein breiteres Spektrum an Literatur über Konfessionsgrenzen hinweg zu lesen und dabei zu verstehen, wie die theologischen Feinheiten in den Anschauungen der Autoren ihr Werk beeinflusst haben."

Daigle meint, eine intellektuell redliche Partnerschaft und Zusammenarbeit gläubiger Christen an Schulen sollte geeignet sein, das Zeugnis lokaler Kirchengemeinden in Zeiten zunehmend militanter Säkularisierung zu stärken. Er ist zuversichtlich, dass das gemeinsame Lernen im Rahmen der großen christlichen Tradition starke Bindungen der Freundschaft und der spirituellen Solidarität unter den Schülern schmiedet, die ihnen in Zukunft zugutekommen werden. „Der Nutzen für unsere Schüler wird, so hoffe ich, darin bestehen, dass wir sie nicht für Jobs ausbilden, die es noch nicht gibt, sondern sie für eine Kirche vorbereiten, die es noch nicht gibt", sagt Daigle.

Die Vorteile der direkten Anbindung einer klassisch-christlichen Schule an eine bestimmte Kirche kann man am Beispiel der *St. Jerome Academy* in Hyattsville, Maryland ablesen – der vielleicht berühmtesten klassisch-christlichen Kirche der Vereinigten Staaten.

Im Jahr 2010 trug die katholische Erzdiözese von Washington, D.C. sich mit der Absicht, die zur Pfarrgemeinde St. Jerome in der im Staat Maryland gelegenen Vorstadt gehörende Schule zu schließen, die die Jahrgangsstufen von der Vorschule bis zur 8. Klasse umfasste. Die Schülerzahlen waren stark rückläufig, und die Schule war hoch verschuldet. Der ortsansässige katholische Geschäftsmann Chris Currie, der katholische Philosophieprofessor Michael Hanby und andere Eltern wandten sich daraufhin an die Schulleitung und schlugen einen „Ave-Maria-Pass"[75] zur Rettung der Schule vor: ihre Umgestaltung nach dem klassischen Schulmodell.

Die Schulleiterin Mary Pat Donoghue ließ sich von dem Plan überzeugen; der Gemeindepfarrer hatte Bedenken, beschloss aber, sie hätten nichts zu verlieren. Das Erzbistum gab grünes Licht für das Experiment. Daraufhin stellten Currie, Hanby und andere einen Lehrplan zusammen, Eltern und Kirchengemeinde brachten genügend Geld auf, um die 117.000 Dollar Schulden der dahinsiechenden Schule zu begleichen, und acht neue Lehrer wurden engagiert, die dem klassischen Bildungsmodell verpflichtet waren.

Heute platzt die kleine katholische Schule, die bereits mit einem Fuß im Grab stand, aus allen Nähten und gilt landesweit als beispielhaft dafür, wie man kränkelnde Schulen in der Trägerschaft von Pfarrgemeinden durch das klassische Schulmodell neu beleben kann. Currie sagt, die Reform und Wiedergeburt von St. Jerome wäre an einer reichen, außerstädtischen katholischen Schule niemals möglich gewesen. Dass sie sich in einer Pfarrgemeinde im inneren Ring der Vorstädte ereignete, geschah aus reiner Notwendigkeit: Die Schule musste sich entweder wandeln oder untergehen.

Und dieser Wandel begann damit, dass einfache Laienmitglieder der Pfarrei die Initiative ergriffen. Als glaubenstreue Katholiken legten die Initiatoren Wert darauf, sich der Autorität des Gemeindepfarrers und des Ortsbischofs unterzuordnen – und hatten das Glück, dass die Kirchenbehörden den Visionären freie Hand ließen, etwas radikal Anderes auszuprobieren.

„So eine Schulreform bedeutet, die Art des Unterrichtens zu ändern, und das erfordert, eine Menge Lehrbücher und Unterrichtsmaterialien wegzuwerfen, an die die Schule gewöhnt ist", sagt Currie. „Klassische Bildung darf auch nicht einfach ein Werbetrick sein, um die Anmeldezahlen in die Höhe zu treiben. Man muss ein starkes Missionsbewusstsein bei allem haben, was man tut. Nur so kann es effektiv und anziehend für Außenstehende sein."

Die neue *St. Jerome Academy* legt großen Wert darauf, auf Eltern zuzugehen und sie in das Leben der Schule und ihre Vision klassischer Bildung einzubeziehen. Zudem verfolgt das Team der Schule ein Konzept katholischer Weite, das sich von der Auffassung abgrenzt, klassische Bildung sei nur etwas für außerordentlich engagierte Katholiken.

„Das bedeutet nicht, dass die Schule jeden aufnehmen würde", erklärt Currie. „Es gibt Kinder, die von einer klassischen Bildung nicht profitieren könnten und die anderen in ihrer Klasse nur stören würden. Aber das sind sehr wenige. Wir sind sehr bunt gemischt und haben Schüler aus allen ethnischen und sozioökonomischen Bevölkerungsgruppen. Wenn die Eltern erst einmal sehen, was unser Unterrichtsmodell bei ihren Kindern bewirkt, sind sie Feuer und Flamme. Wir sind der Auffassung, dass diese Art von Bildung für Menschen aus allen Gesellschaftsschichten geeignet ist."

Homeschooling als Alternative[76]

Viele christliche Eltern stehen vor dem Problem, dass verlässlich rechtgläubige christliche Schulen entweder nicht in erreichbarer Nähe liegen oder zu teuer sind. Deshalb entscheiden sie sich für *Homeschooling* – eine Strategie, die allerdings unter wirtschaftlichen Bedingungen, unter denen die meisten

Familien auf zwei Einkommen angewiesen sind, erhebliche Kosten verursachen kann.

Eine katholische Mutter aus dem Silicon Valley, die ich hier Maggie nennen möchte, erzählte mir, sie und ihr Mann – ein Lehrer – hätten sich unter anderem deshalb für Heimunterricht entschieden, weil sie überzeugt waren, etwas Besseres zustande bringen zu können als die örtlichen öffentlichen Schulen. Eine Privatschule kam nicht in Frage, und Maggies Erfahrungen aus ihrer eigenen Schulzeit an örtlichen christlichen Schulen hatte ihr Vertrauen in diese zerstört.

In den Vereinigten Staaten erhalten nur 3,4 Prozent aller Schulkinder Heimunterricht, aber die Beliebtheit dieser Unterrichtsform wächst: Nach Angaben des US-Bildungsministeriums ist die Zahl der zu Hause unterrichteten Schüler zwischen 2003 und 2012 um 62 Prozent gestiegen.[77] Aber wie jedes Elternteil, das seinen Kindern Heimunterricht erteilt, bestätigen kann, ist das nicht für jede Familie geeignet. Man benötigt dafür spezielle Fähigkeiten – wie beispielsweise organisatorisches Geschick, hohe Intelligenz und ein außerordentliches Maß an Geduld –, und nicht zuletzt benötigt man dafür eine Familie mit zwei Elternteilen, die es sich leisten kann, dass nur eins von diesen erwerbstätig ist. Diese Faktoren machen *Homeschooling* für viele Familien unmöglich.

Für einige hingegen ist es durchaus möglich, vorausgesetzt, sie können sich mit einem asketischen Lebensstil anfreunden. Maggie betonte, sie und andere Heimunterricht erteilende Mütter in ihrem Umfeld verzichteten ihren Kindern zuliebe auf Karriere, Erfolg und – in Anbetracht der örtlichen Lebenshaltungskosten – ein beträchtliches Maß an materiellem Wohlstand.

Obwohl es für ihre Familie nicht leicht ist, mit nur einem Einkommen – noch dazu dem eines Schullehrers – über die Runden zu kommen, ist Maggie überzeugt, dass es das wert ist. Dasselbe gilt für andere Mütter in ihrem Bekanntenkreis, sagt sie.

„Wir können uns nicht einfach in den Strudel hineinziehen lassen, der wie wahnsinnig um uns herum wirbelt, und erst recht wollen wir nicht, dass unsere Kinder da hineingezogen werden", erklärt Maggie. „Wir wollen nicht, dass unsere Kinder glauben, ihr wichtigstes Lebensziel müsse es sein, an der *Stanford University* angenommen zu werden und mit unter 30 Jahren ihre erste Million zu machen. Wir brauchen etwas Größeres als uns selbst, dem wir dienen können – ich persönlich glaube, dass das *Gott* ist – und das bringen Schulen jedweder Art einem einfach nicht bei, zumindest hier in der Gegend nicht."

Die Benedikt-Option und die Universität

Die Notwendigkeit, in eine entschieden rechtgläubige Gruppe gleichaltriger Christen eingebunden zu sein, hört mit dem Schulabschluss nicht auf. Auch das College ist eine Zeit moralischer und spiritueller Anfechtungen, und nicht alle jungen Gläubigen bringen ihren Glauben unbeschädigt durch diese Phase. Christen müssen nicht nur Wege finden, den Studenten auf ihrem Weg durch das bestehende Hochschulsystem zu helfen, sondern müssen darüber hinaus auch nach Wegen suchen, die Universität neu zu erfinden.

Bei einer nichtöffentlichen Diskussionsveranstaltung mit konservativen evangelikalen Akademikern im Jahr 2016 hörte ich Hochschulverwalter und Professoren offen darüber sprechen, wie die Überzeugungen ihrer Studenten, darunter auch Seminaristen, durch progressive Ideologien über Sexualität herausgefordert werden – und dass dies Auswirkungen auf ihr Sexualverhalten hat.

Allgemeiner gesprochen führt der dramatische Rückgang des religiösen Glaubens unter jungen Erwachsenen (von denen sich in den USA 35 Prozent keinerlei Religionsgemeinschaft oder religiösen Tradition zurechnen) dazu, dass gläubige Studenten in weit höherem Maße als frühere Generationen einem sozialen Druck ausgesetzt sind, ihre christliche Rechtgläubigkeit aufzugeben. Wo können sie Hoffnung finden?

Katholische Studenten an nicht-kirchlichen Universitäten wenden sich häufig an die Studentengemeinde ihres Hochschulstandorts. Nicht alle Studentengemeinden sind verlässlich rechtgläubig, aber das *St. John's Catholic Newman Center* der Universität von Illinois in Champaign-Urbana ist bekannt dafür, den schätzungsweise zehntausend katholischen Studenten dieser Hochschule solide katholische Lehre, Bibelstudien, Exerzitien und Kameradschaft zu bieten.

St. John's Newman Center hat auch Pionierarbeit in Hinblick auf katholisches Gemeinschaftsleben an öffentlichen Universitäten geleistet. Die *Newman Hall* ist ein modernes Wohnheim für 600 katholische Studenten und bietet diesen ein von Vollzeit-Priestern und pastoralen Mitarbeitern betreutes Umfeld sowie eine rund um die Uhr geöffnete Kapelle. Nach dem Vorbild von St. John's begründeten katholische Initiativen im

Jahr 2013 ähnliche Wohnheime an der *Texas A&M University* und am *Florida Institute of Technology.*

Ryan Mattingly, ein Seminarist, der 2018 zum Priester geweiht werden soll, sagt, er verdanke seinen Erfahrungen am *St. John's Newman Center* eine Erneuerung seines katholischen Glaubens und letztlich die Entdeckung seiner Berufung zum Priester. Der Zeitung *National Catholic Register* verriet er, das Leben in dieser Studentengemeinschaft habe ihn dem Gebet und den Sakramenten näher gebracht und Distanz zum Partyleben geschaffen. „Es hat meinem Glauben Substanz verliehen, ihn in meinem alltäglichen Leben ausleben zu können, und das an einer riesigen säkularen Universität, an der der Glaube ansonsten nicht gerade bestärkt wird.“[78]

Der Priester Bryce Sibley, der die katholische Studentenseelsorge an der Universität von Louisiana in Lafayette (ULL) leitet, berichtete mir, die *„Fellowship of Catholic University Students“* (FOCUS), ein wachsendes landesweites Studentenseelsorge-Netzwerk, das an über 900 Universitäten, darunter der ULL, vertreten ist, nehme eine Schlüsselrolle beim Aufbau starker, entschieden katholischer Studentengemeinschaften in der Generation der Millennials ein.

„Diese jungen Katholiken sind strenggläubig. Sie wollen die Beichte, sie wollen die Sakramente, sie wollen geistliche Begleitung“, so Sibley. „Bei unserer Studentenseelsorge geht es nicht einfach nur darum, Pizza zu essen und Spaß zu haben. Ein Ergebnis unserer Arbeit ist, dass in den letzten sechs Jahren fast fünfzig unserer Studenten ins Seminar oder in einen Orden eingetreten sind.“

Im Unterschied zur katholischen Studentenseelsorge in seiner eigenen Studentenzeit vor einer Generation, betont Sibley, konzentriert sich FOCUS entschieden auf Jüngerschaft durch Gebet, Studium und Anbetung – oft in kleinen Gruppen – sowie darauf, die Studenten zur Evangelisation zu befähigen. „Wenn man heute mit katholischen Studentenseelsorgern spricht, sind die meisten von uns wirklich hoffnungsvoll", sagt der Priester. „Diese jungen Leute wollen den echten Glauben, keine verwässerte Version. Wenn man den Willen zur Evangelisation hat, dann verändert das etwas."

Auf evangelikaler Seite bietet das *Christian Study Center* eine gegenkulturelle Gemeinschaft für junge Gläubige. Die Anfänge dieser Organisation reichen zurück bis ins Jahr 1968, als eine Gruppe evangelikaler Leiter und Studenten an der Universität von Virginia (UVA) in Charlottesville eine informelle Vereinigung gründete, um das intellektuelle und kulturelle Engagement von Christen auf dem Campus zu fördern. Die Gruppe orientierte sich am Vorbild der Kommunität *L'Abri*, einer von Francis und Edith Schaeffer gegründeten internationalen evangelikalen Gemeinschaft. Schließlich erwarb sie ein Haus in der Chancellor Street, unweit des Universitätscampus, und richtete dort ihr Hauptquartier ein.

Im Laufe der Jahre änderte die Organisation mehrfach ihren Namen und heißt heute *Center for Christian Study*. Das Haus in der Chancellor Street hat sich zu einem betriebsamen Knotenpunkt von Studentenaktivitäten entwickelt, mit einer eindrucksvollen neuen Bibliothek, mit Räumlichkeiten für Zusammenkünfte von Kleingruppen, für Bibelstudium und Vorträge. Zudem dient das Zentrum als Hauptquartier für die Aktivitäten zahlreicher übergemeindlicher christlicher Initiativen auf dem Campus.

Das Haus in der Chancellor Street bloß als eine Art Clubhaus für christliche College-Studenten zu bezeichnen, hieße allerdings, es massiv unter Wert zu verkaufen. Das Zentrum ist in Hinblick auf ernsthaftes künstlerisches und intellektuelles Leben und Kameradschaft ein unverzichtbarer und beeindruckender Anlaufpunkt für die evangelikale Gemeinschaft an der UVA und offen für jeden, der einfach mal vorbeischaut. Es betreibt die Anwendung christlicher Jüngerschaft auf das Geistesleben mit großem Ernst – und das merkt man.

Heute gibt es mehr als zwanzig angegliederte *Christian Study Centers* an Universitäten überall in den Vereinigten Staaten, und sie alle sind nach dem Vorbild des Zentrums an der UVA konzipiert. Aus diesem Zentrum ist auch ein Phänomen hervorgegangen, das für die Entwicklung eines tiefen christlichen Gemeinschaftslebens an Hochschulen im ganzen Land ausgesprochen vielversprechend ist: ein Netzwerk privater, nach Geschlechtern getrennter Wohngemeinschaften für christliche Studenten.

Einen kurzen Fußweg vom Zentrum in der Chancellor Street entfernt gibt es über zwanzig Gemeinschaftswohnungen, in denen College-Studenten und -Studentinnen während ihres Grundstudiums in verschiedenen Gemeinschaftsformen leben. Es gibt keine gemeinsame Hausordnung für alle diese Häuser, und einige haben überhaupt keine solche: Es geht einfach nur darum, dass Christen zusammen wohnen. Was alle diese Häuser gemeinsam haben, ist, dass sie unter den dort lebenden Studenten einen Sinn für gegenseitige Unterstützung und Verantwortung füreinander fördern.

An einem Nachmittag im Herbst saß ich im *Center for Christian Study* an einem Tisch mit aktuellen und früheren

Bewohnern dieser christlichen Häuser, und sie alle sprachen mit echter Wärme und Zuneigung darüber, wie das Leben in diesen Häusern ihnen Stabilität verliehen und ihre Hingabe an den Glauben vertieft habe. Ein junger Mann sagte: „Ich habe dort Menschen gefunden, deren Geschichten mir halfen, zu erkennen, wer ich bin, und einen Sinn im Leben zu finden."

Einige der bei dieser Unterhaltung Anwesenden waren durch die in diesen Wohngemeinschaften verbrachten Jahre so sehr geprägt worden, dass sie nach dem Abschluss ihres Studiums in Charlottesville blieben, dort Arbeit fanden und ihre Beziehungen zu den durch das Gemeinschaftswohnen gefundenen Freunden vertieften.

Zwei solche Absolventen der Universität von Virginia sind Sam Speers und Jed Metge. Im Jahr 2011 gründeten sie zusammen mit anderen Studenten das Wohnprojekt *Chancellot*, eine Gemeinschaft für männliche Studenten in einem Haus direkt neben dem *Center for Christian Study*. Wie die beiden mir erzählten, setzte ihre Gemeinschaft sich aus etwa zwanzig jungen Männern zusammen, die in der evangelikalen Studentenseelsorgeinitiative *InterVarsity Christian Fellowship* aktiv waren.

Die Hausregel ist simpel: Es handelt sich um eine Gemeinschaft christlicher, bei *InterVarsity* aktiver Männer, die in einem Geist der Jüngerschaft und der gegenseitigen Unterstützung im Ausleben hoher moralischer Ansprüche zusammen wohnen wollen. Die Gemeinschaft ist bewusst so strukturiert, dass Männer aus allen Studienjahrgängen darin vertreten sind. Die Bruderschaft der Hausbewohner ist „fest, aber einladend" – das heißt, es ist ihr Anspruch, auch der größeren Gemeinschaft der UVA-Studenten zu dienen und in ihren Reihen evangelisierend tätig zu sein.

Die beiden Männer erwähnten einen Kommilitonen, der im ersten Jahr des Bestehens ihrer Gemeinschaft im Haus nebenan wohnte. Nach und nach verbrachte dieser Student immer mehr Zeit im Gemeinschaftsraum von *Chancellot* statt in seinem eigenen Wohnheim. Schließlich fragten sie ihn, warum er so oft bei ihnen herumhing.

„Er sagte: ‚Bei euch ist einfach ein anderes *Feeling* – in der Art, wie ihr miteinander umgeht'.", erinnert sich Metge. Der Student von nebenan erzählte, bei ihm im Haus gebe es ständig Streit darum, wer den Abwasch macht, oder um sonstige Dramen des alltäglichen Lebens. Er wollte wissen, wie es käme, dass das Gemeinschaftsleben der Männer von *Chancellot* so *anders* sei.

„Wir sagten ihm: Das kommt von Christus", berichtet Metge. „Wir erklärten ihm, dass er denselben Frieden ebenfalls erlangen könne. Ein Mitbewohner und ich beteten mit ihm und führten ihn zu Christus."

Die Hausregel entwickelte sich im Laufe der Zeit. Sie probierten verschiedene Dinge aus. Ein gemeinsames Morgengebet erwies sich als schwer durchzuhalten, aber als Abendgebet funktionierte es besser. Sie führten eine Art gegenseitiger Beichte ihrer Sünden gegenüber der Gemeinschaft ein, mit dem Ziel, einander gegenseitig in ihren persönlichen Schwierigkeiten helfen zu können. („Wir nannten es ursprünglich nicht Beichte", sagt Speers. „Wir nannten es Rechenschaft. Das klang für Evangelikale weniger anrüchig.") Außerdem verlangte die Hausregel die kontinuierliche gemeinschaftliche Pflege theologischer Studien und Diskussionen.

Es gab auch einige wenige, aber strenge Verbote: Keine Mädchen in Privaträumen bei verschlossenen Türen. Kein Alkohol außer in den Räumen derer, die alt genug waren, um legal Alkohol trinken zu dürfen. Einige Männer, die mit Pornographiesucht zu kämpfen hatten, ließen ihre Laptops im Gemeinschaftsraum zurück, um nicht in Versuchung geführt zu werden.

Diese Regel wirkten Wunder. Metge sagt, das Leben in *Chancellot* habe ihm ein Maß an emotionaler und spiritueller Gesundheit und Stabilität beschert, wie er es nie gekannt hatte. „Wenn ich an meine Zeit auf dem College zurückdenke, ist da ganz viel Freude, und das verdanke ich zu einem enormen Anteil diesem Haus", sagt er. „Es hat meine Sicht darauf, welche Tiefe der Hingabe für andere als Christ möglich ist, erweitert und vertieft. Als ich aus dieser Gemeinschaft in die örtliche Kirchengemeinde und ins Erwachsenenleben überwechselte, hat diese Erfahrung mir geholfen, zu verstehen, dass eine tiefere Gemeinschaft unter allen Lebensumständen möglich ist."

Wiewohl Gruppen wie diejenige Metges schon heute Studenten dabei helfen, in den College-Jahren an ihrem Glauben festzuhalten, kann man sich vorstellen, dass sie in Zukunft noch lebenswichtiger werden. Wenn die von vielen befürchteten Bestrebungen, christlichen Universitäten und Hochschulen aufgrund von Antidiskriminierungsrichtlinien die akademische Anerkennung zu entziehen, Realität werden und Erfolg haben, wird es erheblich weniger Orte geben, an die gläubige Studenten gehen können und an denen glaubenstreue Professoren lehren können.

Doktoranden in Geisteswissenschaften erzählen mir, sie könnten die Flammenschrift an der Wand der akademischen Welt bereits lesen und sähen keine Zukunft für sich als Hochschuldozenten. Im Herbst 2016 wurde Richard Swinburne, einer der bedeutendsten lebenden Philosophen, von jüngeren Mitgliedern der *„Society of Christian Philosophers"* öffentlich attackiert, weil er in knappen Worten die traditionell christliche Lehre über Homosexualität verteidigt hatte. Prominente nichtchristliche Professoren der Eliteuniversitäten Yale, Columbia und Georgetown sprangen auf den Zug auf und beschimpften Swinburne und seine Fürsprecher in einem groben und vulgären Vokabular. Vorfälle wie dieser sind der Grund dafür, dass ein christlicher Doktorand in englischer Literatur an einer namhaften amerikanischen Universität mir anvertraute, die umfassende linksgerichtete Ideologisierung der Literaturwissenschaft habe ihn veranlasst, seine Pläne für eine akademische Karriere aufzugeben.

Der Boden unter unseren Füßen verschiebt sich rasant und eindeutig. Es wird Zeit, dass Christen die Gefahr erkennen und anfangen, eine christliche akademische Gegenkultur aufzubauen. John Mark Reynolds ist dabei, Vorkehrungen für diese tektonische Verschiebung zu treffen. Als er vor einigen Jahren den Posten des Verwaltungsdirektors an der *Houston Baptist University* aufgab, wurde ihm die Position eines College-Präsidenten angeboten. Er lehne die Offerte ab, obwohl es eine prestigeträchtige Stellung gewesen wäre, die ihm erheblich mehr Geld eingebracht hätte als seine jetzige Tätigkeit als Leiter der *Saint Constantine School*, der von ihm gegründeten klassisch-christlichen Privatschule.

Er übt eine Vielzahl verschiedener Funktionen an dieser noch in den Kinderschuhen steckenden Schule aus, darunter sogar die eines Teilzeit-Hausmeisters. In gewissem Sinne versetzt das seinem Stolz einen Stoß, aber er sagt, es habe ihm gut getan, zu erkennen, wie sehr er im konventionellen christlichen Wissenschaftsbetrieb verhätschelt worden sei – und wie sehr ihn das von einem Hochschulsystem abhängig gemacht habe, das seiner Überzeugung nach finanziell untragbar ist und früher oder später kollabieren wird.

Reynolds erklärt, selbst christliche Hochschulen balancierten auf dem schmalen Grat eines Finanzierungsmodells, dessen Zusammenbruch programmiert sei. Als er Verwaltungsdirektor an einem christlichen College war, floss weniger als ein Drittel des Budgets dieser Hochschule in Forschung und Lehre.

„Das College, wie wir es kennen, muss sterben", sagt er. „Ich bin nicht bereit zu akzeptieren, dass ein junger Mensch aus bescheidenen Verhältnissen sich einhunderttausend Dollar leihen muss, um einen Bachelor-Abschluss zu machen, von dem er nicht weiß, ob er ihm zu einem Job verhilft oder nicht, und dabei in zwei Jahren nicht einmal einem Vollzeit-Professor begegnet. Aber das ist die Realität."

Die *Saint Constantine School* soll auf längere Sicht so ausgebaut werden, dass sie auch ein vierjähriges geisteswissenschaftliches College umfasst. Die Schule ist eng an örtliche Kirchengemeinden angebunden, und ihr College-Zweig soll, wenn er eröffnet wird, an das *King's College*, eine christliche Institution in New York City, angegliedert werden. Der Grund für dieses Vorgehen ist laut Reynolds: „Diejenigen christlichen Institutionen, die ihre Zulassung schon vor der Zeit der

Wirren erhalten haben, werden als letzte angefochten werden."

Der Leiter der *Saint Constantine School* berichtet von einem Überfluss an Bewerbern mit exzellenten Referenzen, darunter Inhaber von Master- und Doktortiteln. „Es gibt eine Menge kluge, konservative, rechtgläubig christliche Lehrer da draußen, die Arbeit suchen", sagt er.

Antony Esolen ist derselben Meinung. Esolen, ein bekannter Literaturprofessor, Dante-Übersetzer und strenggläubiger Katholik, geriet im Herbst 2016 an seiner eigenen Hochschule, dem katholisch geführten *Providence College*, ins Kreuzfeuer, weil er die Verwaltung dafür kritisiert hatte, dass sie seiner Wahrnehmung zufolge die katholische Identität der Hochschule im Interesse des Multikulturalismus aushöhlen wolle.

„Es ist überfällig, dass die Verwaltungen christlicher Hochschulen die Einstellungspolitik aufgeben, die uns überhaupt erst in diese Klemme gebracht hat", sagte Esolen zu mir. „Wir *wissen*, dass es viele exzellente junge christliche Akademiker gibt, die Schwierigkeiten haben, Arbeit zu finden. Na also, dann holen wir uns die doch, und zwar sofort! *Wir* sollten diejenigen sein, die ein Netzwerk zu diesem Zweck aufbauen."

Esolen hat Recht, aber leider ist seine Skepsis in Hinblick darauf, ob viele christliche Colleges und Universitäten die Einsicht haben werden, diesem Rat zu folgen, ebenso berechtigt. Nichtsdestoweniger sollten klassisch-christliche Schulen die Gelegenheit nutzen, ihre Ressourcen zu bündeln und eine Jobbörse zu gründen, damit fähige christliche Akademiker, die Interesse haben, an Grund- und Sekundarschulen zu unterrichten, wissen, wo es Arbeit für sie gibt. Gleichzeitig können Christen nicht erwarten, dass qualifizierte Lehrer bereit sind, für Kleingeld zu arbeiten. Abgesehen von Eltern, die willens und in der Lage sind, Schulgeld in einer Höhe zu entrichten, die es den Schulen ermöglicht, qualifizierten Lehrern wettbewerbsfähige Honorare zu zahlen, sollten auch andere wohlhabende Christen einen Teil der Spendengelder, die sie in politische Kampagnen investieren, lieber klassisch-christlichen Schulen zuwenden. Denn diese sind von entscheidender Bedeutung für die Zukunft des Christentums in Amerika.

Zurück zu den Klassikern und vorwärts in die Zukunft

Die heutigen Christen erleben die Geburtswehen einer zukünftigen Kirche, und das kann beängstigend sein. Doch während alte Gewissheiten zusammenbrechen, entstehen neue Möglichkeiten. Jene, die – sei es an öffentlichen, privaten oder kirchlichen Schulen – an Bildungsmodellen festhalten, die nicht mehr im Stande sind, die Herzen und den Geist der nächsten Generation auf authentisch christliche Weise zu formen, laufen Gefahr, ihre Kinder moralisch und spirituell schutzlos zu lassen.

Klassisch-christliche Bildung ist die neue Gegenkultur. In kaum mehr als einem Jahrhundert sind Christen in den USA aus der Mitte der Gesellschaft an ihren Rand gerückt. Wir sollten diesen Umstand offen eingestehen und mit Stolz annehmen. „Was tot ist, schwimmt mit dem Strom. Nur was lebt, kann gegen den Strom schwimmen", sagte G.K. Chesterton.

Dieses Zitat aus *„Der unsterbliche Mensch"* ist das Motto der *Scuola libera G.K. Chesterton*, der Gemeinschaftsschule der *Tipi Loschi*, der katholischen Laienkommunität in San Benedetto del Tronto, Italien. Diese Schule entstand, weil Marco Sermarini und seine Frau Federica den Mut hatten, zu ihren gegenkulturell christlichen Überzeugungen zu stehen.

Vor gut einem Jahrzehnt begannen Marco und Federica sich Sorgen darum zu machen, dass die staatlichen Schulen, aber auch die örtliche katholische Sekundarschule ihre Bemühungen zunichtemachen könnten, ihren Kindern in der Familie und in der Gemeinschaft der *Tipi Loschi* eine christliche Erziehung zukommen zu lassen.

Im Juni 2008 hörte Marco einen Vortrag von Pater Ian Boyd, einem amerikanischen Priester und Chesterton-Experten, der Italien besuchte. Pater Boyd sagte, ein akutes Problem der Gegenwart sei die Neigung der Gesellschaft zu einer „Angleichung nach unten". Zudem hätten die Menschen keine Zeit mehr, kreativ zu sein – aber diese Zeit müssten wir uns *nehmen*, denn dem Mainstream zu folgen bedeute spirituellen Tod.

Als Marco von diesem Vortrag nach Hause kam, sagte er zu seiner Frau, sie müssten eine Schule gründen. Ihnen blieben drei Monate Zeit zur Verwirklichung dieses Plans. „Viele Leute glaubten, ich sei verrückt, und vielleicht bin ich das auch, aber am 15. September waren wir so weit", berichtet Marco. Sie begannen mit vier Schülern, zwei davon waren Kinder der Sermarinis. Heute sind es 70 Schüler in einer Mittel- und einer Oberschule.

Der Erfolg der Chesterton-Schule motivierte die *Tipi Loschi*, nach noch größeren Zielen zu streben. „Als wir die Erfahrung machten, dass uns *eine* verrückte Sache gelungen war, fingen wir an, uns zu überlegen, wie viele Dinge wir auf unkonventionelle Weise tun könnten", sagt Sermarini. „Uns war klar, dass es für uns nicht in Frage kam, ein ganz normales Leben mit einem christlichen Anstrich zu führen. Wir mussten die Dinge von der Wurzel her verändern."

Indem sie gegen den Strom des italienischen Bildungswesens schwammen, erzielten die *Tipi Loschi* nicht nur Erfolg mit ihrer Schule, sondern fanden dadurch auch die Inspiration für viele weitere Wege zum gegenkulturellen Christsein.

„In vielen Situationen im Leben glaubt man, eine grundlegend andere Ordnung der Dinge wäre unmöglich", fährt Marco Sermarini fort. „Aber wenn du anfängst, etwas zu verändern, die Dinge an ihren richtigen Platz zu bewegen, und dabei Gott über alles stellst, dann wirst du dich wundern, wie viele Dinge sich wie von selbst ergeben."

Ein neues christliches Bildungssystem aufzubauen, wird eine kostspielige und riskante Aufgabe sein. Es ist ein beängstigendes Unterfangen, den *Status quo* infrage zu stellen, sagte ich zu Semarini – insbesondere dann, wenn man sich nicht sicher sein kann, ob man dabei Unterstützung und Beistand erhalten wird.

„*Grande* Rod!", platzte Marco heraus und klatschte in die Luft. „Niemand sollte sich fürchten. Hab Vertrauen! Wir sind Christen! Wir wissen, dass mit Gottes Hilfe alles möglich ist."

*

Das ist wahr. Christliche Erzieher, zu Hause wie auch in der Schule, benötigen dieses gläubige Vertrauen, um nicht aufzugeben, wenn sie an Grenzen stoßen. Gleichzeitig ist es notwendig, sich bewusst zu machen, dass Hoffnung auf Realität begründet sein muss.

Vor Jahren betreute mein Freund Mitch Muncy Studenten an der University of Dallas, einer katholischen geisteswissenschaftlichen Hochschule mit einem klaren Schwerpunkt auf Klassikern der abendländischen Literatur. Damals erzählte mir Mitch, es mache ihn froh, welchen Enthusiasmus für Kunst, Literatur, Ideen und für den Glauben diese jungen Männer an den Tag legten. Dennoch musste er sie permanent an eine unromantische Realität erinnern: dass sie nicht in der Lage sein würden, ihre Berufung zu erfüllen, eine Familie zu ernähren und Gott und der Kirche so zu dienen, wie sie es sich erträumten, wenn sie nicht weiterreichende Ambitionen entwickelten als die, große Bücher zu lesen und darüber zu diskutieren – und die nötigen Fertigkeiten, um diese Ambitionen zu verwirklichen.

Diese Wahrheit sollte Bildungs-Visionären im Sinne der Benedikt-Option dazu verhelfen, sich einen klaren Blick zu bewahren. Ein Blick in die nahe Zukunft zeigt, dass die Arbeitswelt zunehmend unsicher wird – für jeden, aber für Christen ganz besonders. Die praktischen Herausforderungen, die uns blühen, sind mit nichts zu vergleichen, womit die meisten Gläubigen hierzulande sich bisher jemals haben auseinandersetzen müssen. Schulen und Hochschulen werden die jungen Gläubigen auf eine zunehmend raue Wirklichkeit vorbereiten müssen – moralisch, spirituell und berufspraktisch.

Nachdem eine Reihe von Floristen, Bäckern und Fotografen von homosexuellen Klägern vor Gericht gezerrt wurden, ist es offenkundig, dass einige rechtgläubige Christen ihr Geschäft und ihren Lebensunterhalt verlieren werden, wenn sie sich weigern, die neuen Dogmen der säkularen Gesellschaft zu akzeptieren. Wir können davon ausgehen, dass einer noch weit größeren Zahl von Christen Beschäftigungsmöglichkeiten vorenthalten werden, sei es auf der Grundlage von Lizenzvergaben oder anderen berufsspezifischen Anforderungen, sei es, dass sie durch unverhohlenen Fanatismus aus bestimmten Berufsfeldern hinausgedrängt werden oder dass sie aus Gewissensgründen bestimmte Tätigkeiten nicht ausüben können. Was sollen diese Leute tun?

Wie wir im folgenden Kapitel sehen werden, ist es an der Zeit, dass Christen sich diese Fragen stellen und Lösungen entwickeln.

KAPITEL 8

Bereit sein für harte Arbeit

In seiner Jugend nahm Bruder Francis Davoren, der in Texas aufwuchs, an, er würde zukünftig hauptsächlich mit seinem Kopf arbeiten. Er war ein guter Schüler mit intellektuellen Neigungen und einem besonderen Talent für Mathematik und Naturwissenschaften. Auf dem College studierte er zunächst Physik, wechselte aber zur Theologie, als er zu erwägen begann, ob Gott ihn womöglich zum Priesteramt oder zu einem Leben als Mönch rief. Obwohl es ihm erst später bewusst wurde, war Bruder Francis lange Zeit innerlich überzeugt, Menschen, die geistige Arbeit leisteten, seien etwas Besseres als jene, die mit ihren Händen arbeiteten.

Heute, mit 44, hat Bruder Francis einen neuen Respekt gegenüber körperlicher Arbeit gewonnen – dank der schweren Arbeit, die er im Kloster verrichtet, wozu es unter anderem gehört, schwere Getreidesäcke zu schleppen und die Wasserleitungen in Ordnung zu halten.

„Das ist sehr gut für mich, denn es ruft mir ins Bewusstsein, dass die menschliche Person Körper *und* Geist umfasst, nicht nur den Geist“, sagt er. „Es ist notwendig, Körper und Geist miteinander in Einklang zu bringen. Der Körper kann dazu dienen, sich durch Arbeit zu heiligen. Und es ist toll, festzustellen, dass man nicht darauf beschränkt ist, über Dinge nachzudenken, sondern auch Dinge *tun* kann.“

Bruder Francis bezieht auch Befriedigung aus dem Wissen, dass seine Arbeit lebensnotwendig für das Gedeihen des ganzen Klosters und für dessen Aufgabe ist. „Das ist mein kleiner Beitrag für die Kirche“, sagt er. „Jeder hat das Seine dazu beizutragen, das Ganze aufrecht zu erhalten.“

In dem derzeit anbrechenden Zeitalter können Bruder Francis und das benediktinische Konzept der Heiligung durch alltägliche Arbeit ein wichtiges Vorbild für traditionsbewusste Christen im Berufsleben sein. Erstens und vor allem macht uns das benediktinische Modell bewusst, dass Arbeit und Gottesverehrung zusammengehören und dass unsere Berufstätigkeit nichts von unserem Glauben Getrenntes ist. Zweitens zeigt es uns, dass körperliche Arbeit ein Geschenk ist – ein Geschenk, das Christen neu entdecken müssen, wenn die nachchristliche Gesellschaft uns aus bestimmten Berufsfeldern hinausdrängt. Und schließlich lehrt es uns, dass Arbeit ein Geschenk ist, das wir Gott und der Gemeinschaft zurückgeben sollen. Wenn „Benedikt-Options“-Gemeinschaften überlebensfähig sein sollen, müssen sie diese Art von Solidarität wiederentdecken, nicht nur auf einer „rein geistlichen“, sondern auch auf einer ganz praktischen Ebene.

Wozu Arbeit da ist

Die meisten Christen verwenden noch heute den Begriff *Berufung,* um die Überzeugung auszudrücken, dass Gott einen Mann oder eine Frau dazu bestimmt, sich ganz in Seinen Dienst zu stellen. In der katholischen Kirche ist die *Berufung* zum Priesteramt oder zum Ordensleben ein feststehender Begriff. Im säkularen Bereich hingegen ist der Umstand, dass auch der Begriff „*Beruf*" – als Bezeichnung für eine Erwerbstätigkeit – damit zu tun hat, *zu etwas berufen zu sein*, weitgehend aus dem Bewusstsein geschwunden.

Das war nicht immer so. Im Jahr 1603 hielt der puritanische englische Theologe William Perkins eine Predigt, in der er *Beruf* als „eine bestimmte Lebensweise" definierte, „zu der Gott einen Menschen zum allgemeinen Wohl erwählt und bestimmt"[79]. Perkins erklärte, dass jeder Mensch – König, Pfarrer, Soldat, Ehemann, Vater und so weiter – eine gottgegebene Berufung habe. Er verglich die Symphonie der Berufe in der Gesellschaft mit einem Uhrwerk, in dem jedes Rädchen sich in Harmonie mit den anderen bewegt, um den gemeinsamen Zweck zu erfüllen, die Zeit zu messen.

Diesem älteren Verständnis zufolge – sagt der Politikwissenschaftler Patrick Deneen – erscheint die Arbeit des Einzelnen nicht als etwas Selbstgewähltes, sondern als etwas zum Wohle aller von Gott Empfangenes an. Die Arbeit eines Menschen ist, auf manchmal rätselhafte Weise, Bestandteil eines größeren Unternehmens, sowohl in der weltlichen als auch in der göttlichen Ökonomie.

„Im Gegensatz zum heutigen Gebrauch des Begriffs ‚beruflich', der sich auf die Ausübung einer bestimmten Erwerbstätigkeit bezieht", schreibt Deneen, „verweist der Ursprung des Begriffs darauf, dass die Arbeit eines Menschen nicht bloß mit anderen Tätigkeiten im Laufe seines Lebens – seiner ‚Karriere' – zusammenhängt, sondern, in einem umfassenderen Sinne, in Beziehung steht zu einem größeren Ganzen außerhalb und jenseits des eigenen Lebens."[80]

Dies ist eine zutiefst benediktinische Einsicht. Ein Mönch lernt, die ihm zugewiesene Aufgabe zur größeren Ehre Gottes und zum Nutzen der Gemeinschaft der Gläubigen zu erfüllen. In der benediktinischen Tradition ist unsere Arbeit ein Weg, an Gottes schöpferischer Tätigkeit teilzuhaben, die Schöpfung zu ordnen und gute Früchte aus ihr hervorzubringen. Im rechten Geist betrieben, ist unsere Arbeit zudem ein Mittel, durch das Gott uns innerlich ordnet.

Ausgewogenheit ist hierbei von entscheidender Bedeutung. Es hat einen Grund, dass die Benediktsregel Arbeit nur für einige festgesetzte Stunden des Tages vorsieht. Arbeit ist etwas Gutes, ja sogar etwas Heiliges, aber man darf nicht zulassen, dass sie das gesamte Leben bestimmt. Wenn sie das tut, kann unsere Berufstätigkeit für uns zu einem Götzen werden. Erinnern wir uns: Wenn ein Abt sieht, dass ein handwerklich tätiger Mönch ungebührlichen Stolz auf seine Arbeit entwickelt, verlangt die Benediktsregel, dass der Abt ihm diese entzieht. Das ist eine harte Strafe, aber eine, die uns Christen daran erinnert, dass unsere Arbeit ihren Wert letztlich nur daraus bezieht, welche Rolle sie in der Ökonomie Gottes spielt.

Arbeit ist gut, aber nur in dem Maße, wie sie zur Entfaltung des Willens Gottes und zum Wohl anderer beiträgt. In unserer „Workaholic"-Kultur haben wir das Verständnis für diesen Sinn der Arbeit verloren. Interessanterweise gilt dies für Europa allerdings bislang noch nicht im selben Maße wie für die USA, wenn auch nur aus Gewohnheit.

Deneens Schwiegervater ist Fleischer in einer süddeutschen Kleinstadt und gläubiger Katholik. Er berichtete seinem amerikanischen Schwiegersohn, er danke Gott für die strikten deutschen Ladenschlussgesetze. Diese Gesetze mögen das Leben weniger bequem für die Kunden machen, räumt der Fleischer ein, aber ohne sie wäre er nicht in der Lage gewesen, seinen Familienbetrieb zu führen und gleichzeitig ein Familienleben zu haben. Ohne den Schutz der Ladenschlusszeiten könnten nur Großbetriebe mit zahlreichen Beschäftigten sich auf dem Markt behaupten. In diesem Sinne tragen die Gepflogenheiten der deutschen Konsumkultur dazu bei, den Deutschen ein ausgewogeneres und ganzheitlicheres Leben zu ermöglichen.

Die wichtigste Lektion zum Thema Arbeit, die die Benediktsregel zu bieten hat, ist jedoch die, dass Christen ihre Arbeit – wie auch alles andere, was sie tun – als eine Gabe an Gott ausüben müssen: als einen Beitrag zu Seiner Ordnung der Schöpfung. Das gilt für den Zimmermann und den Buchhalter genauso wie für den Minister und den Schullehrer. Wenn wir die Arbeit als Selbstzweck betrachten, als abgekoppelt von Gottes Absichten oder als etwas, das wir nur tun, um die Rechnungen bezahlen zu können, laufen wir Gefahr, die Notwendigkeit, unseren Job zu behalten, als Rechtfertigung für alles Mögliche zu benutzen.

Weihrauch für Caesar opfern

Die Versuchung, im Interesse des Selbstschutzes Verrat am Glauben zu begehen, ist keineswegs nur eine abstrakte Bedrohung. Wir mögen (noch) nicht an dem Punkt sein, dass es Christen generell verboten wird, ohne staatliche Genehmigung zu kaufen oder zu verkaufen[81], aber wir stehen an der Schwelle dazu, dass Gläubige, deren Gewissen es ihnen nicht erlaubt, Weihrauch für die Götter unseres Zeitalters zu opfern, aus ganzen Bereichen des gewerblichen und berufsständischen Leben ausgesperrt werden.

In dem Maße, wie der Stellwert der Religionsfreiheit geschwächt wird, entwickelt sich die Arbeitswelt zunehmend zu einem schwierigen Pflaster für strenggläubige Christen. „Fortschrittlich" gesinnte Kreise verziehen spöttisch das Gesicht, wenn von antichristlicher Diskriminierung oder Verfolgung die Rede ist. Glaube ihnen nicht! Die meisten Experten, mit denen ich mich unterhalten habe, haben erst offen gesprochen, nachdem ihnen versprochen hatte, ihre Identität vertraulich zu behandeln. Sie haben Angst, dass das, was sie heute sagen, sie morgen ihre Karriere kosten kann.

Das ist nicht einfach Paranoia. Christen werden vielleicht nicht für ihren Glauben als solchen verfolgt, aber sie werden schon jetzt zur Zielscheibe, wenn sie für Überzeugungen einstehen, die mit ihrem Glauben zusammenhängen – insbesondere in Fragen der Sexualität. Infolge des Siegeszugs der LGBT-Agenda wird die Tendenz zunehmen, dass konservative Christen durch eine weite Auslegung von Antidiskriminierungsgesetzen vom Marktplatz verbannt werden, und die Geschäftswelt wird sich zunehmend feindlich gegenüber christlichen „Fanatikern" zeigen, weil sie sie als eine Gefahr für das Betriebsklima wahrnimmt.

Die „Human Rights Campaign Foundation", eine mächtige LGBT-Lobbygruppe, veröffentlicht jährlich einen „Gleichstellungs-Index für Unternehmen". Im Bericht für das Jahr 2016 hat über die Hälfte der zwanzig Top-Konzerne der USA die bestmögliche Punktzahl erreicht. Eine sehr gute Bewertung auf diesem Index zu verfehlen, gilt unter führenden Unternehmen als ernstzunehmendes Problem.

Zu den Kriterien, die die Stiftung für ihre Bewertungen benutzt, zählt die Frage, ob die „Leistungsmaßstäbe des gehobenen Managements Aspekte von LGBT-Diversität miteinbeziehen". Das heißt, eine Firma, die sich das Gütesiegel dieser Stiftung sichern will, muss konkrete Beweise dafür vorlegen, dass sie die LGBT-Agenda am Arbeitsplatz aktiv fördert. Das Phänomen sogenannter „Alliierter" – heterosexueller Personen, die sich öffentlich dazu bekennen, die LGBT-Agenda zu unterstützen – bietet Unternehmen eine Möglichkeit, einerseits den Aktivisten für Schwulenrechte ihre Fortschrittlichkeit zu demonstrieren und andererseits „Dissidenten" zu identifizieren, die dem Fortschritt womöglich im Wege stehen.

Ich habe mit einer Vielzahl von Christen aus unterschiedlichen Berufsfeldern – Justiz, Bankwesen, Bildung – gesprochen, die innerhalb ihrer Firmen oder Institutionen einem wachsenden Druck ausgesetzt sind, sich öffentlich als „Alliierte" ihrer LGBT-Kollegen zu bekennen. In einigen Fällen wird Beschäftigten die Möglichkeit gegeben, spezielle Anstecker zu tragen, die sie als „Alliierte" kennzeichnen. Das heißt natürlich, dass jemand, der ein solches Abzeichen *nicht* trägt, das Risiko eingeht, unangenehme Fragen von Kollegen auf sich zu ziehen oder sogar gemieden zu werden.

Die Personen, mit denen ich gesprochen habe, befürchten, dass solche Maßnahmen über kurz oder lang als eine Art „Loyalitätseid" für christliche Angestellte eingesetzt werden: Wenn sie diesen nicht, sozusagen, „unterzeichnen", könnte das das Ende ihres Beschäftigungsverhältnisses oder sogar ihrer gesamten beruflichen Laufbahn bedeuten. Aber den Eid zu leisten, so glauben sie, wäre das moderne Gegenstück zum Opfern eines Körnchens Weihrauch für Caesar.

In vielen Berufsfeldern wird es unmöglich sein, eine Arbeitslizenz zu erhalten, wenn man sich nicht zum Dogma der „sexuellen Vielfalt" bekennt. So hat beispielsweise die „American Bar Association" – eine Vereinigung von Anwälten, Richtern und Rechtswissenschaftlern – 2016 dafür gestimmt, ihrem Muster-Verhaltenskodex einen Passus hinzuzufügen, der – wenn er in die Verhaltenskodizes bundesstaatlicher Anwaltskammern übernommen werden sollte – darauf hinausliefe, dass man Fragen, die (neben anderen Themen) mit Homosexualität zu tun haben, nicht einmal diskutieren dürfte, ohne berufliche Sanktionen zu riskieren. Es sei denn, natürlich, man nähme in solchen Diskussionen den „fortschrittlichen" Standpunkt ein.

Ebenso dürfte es auch an vielen anderen Arbeitsstellen sehr schwierig werden, offene Diskussionen zu führen, ohne sich in Gefahr zu bringen. Ein christlicher Professor an der naturwissenschaftlichen Fakultät einer säkularen Universität weigerte sich, eine Frage über biologische Aspekte von Homosexualität zu beantworten, die ich ihm gestellt hatte. Er fürchtete, egal wie harmlos und ausschließlich faktenbasiert die Antwort sein mochte, könne sie dazu führen, dass er innerhalb seiner Universität verklagt würde oder dass ein Social-Media-Mob über ihn herfiele. Jeder, der für einen Großkonzern arbeitet, wird durch „Diversitäts"- und „Inklusions"-Trainingsprogramme geschleift und wird unter Druck gesetzt, LGBT-Kollegen nicht bloß zu tolerieren, sondern ihre Sexualität und „Gender-Identität" zu affirmieren.

Zudem werden Firmen, die nicht die staatlichen Antidiskriminierungsstandards in Hinblick auf LGBT-Rechte erfüllen, in Zukunft keine öffentlichen Aufträge mehr erhalten können. Tatsächlich – so sagt es jedenfalls ein auf Fragen der Religionsfreiheit spezialisierter Prozessanwalt, der seine Klienten gegen eine unfassbare Bandbreite an Diskriminierungsklagen verteidigt – steht heute nichts mehr zwischen einem Arbeitgeber oder Angestellten und einem Gerichtsverfahren außer der Phantasie eines der LGBT-Community angehörenden Klägers oder seiner Anwälte.

„Jeder von uns kann zur wehrlosen Zielscheibe werden", sagt er.

Ein anderer Religionsfreiheits-Anwalt erklärt: „Es ist keine Lösung für diesen Konflikt absehbar, es gibt keinen sicheren Boden, den man in absehbarer Zeit erreichen könnte. Es wird immer nur noch stärker. Das ist wie ein Zug, der nicht anhält, solange der Impuls und die Gleise vorhanden sind."

David Gushee, ein bekannter evangelikaler Ethiker, der zum Thema Homosexualität einen kämpferisch progressiven Standpunkt einnimmt, veröffentlichte 2016 eine Kolumne, in der er die Beobachtung äußerte, dass in der Frage, ob Diskriminierung von Schwulen und Lesben aus religiösen Gründen toleriert werden könne, gemäßigte Positionen rapide verschwinden.

„Neutralität ist keine Option", stellte er fest. „Dasselbe gilt für höfliche Halb-Akzeptanz oder Versuche, dem Thema auszuweichen. So sehr jemand auch versuchen mag, sich zu verstecken: Das Thema wird kommen und ihn finden."[82]

Lehrer an öffentlichen Schulen, Hochschulprofessoren, Ärzte und Anwälte werden einem enormen Druck ausgesetzt sein, sich als Voraussetzung für ihre Anstellung dieser Ideologie zu unterwerfen. Dasselbe gilt für Psychologen, Sozialarbeiter und alle helfenden Berufe – und natürlich für Floristen, Fotografen, Bäcker und alle Arten von Betrieben des Gast- und Freizeitgewerbes, für die spezielle Antidiskriminierungsgesetze bestehen.

Christliche Schüler und Studenten und deren Eltern sollten all dies reiflich bedenken, ehe sie Entscheidungen über Studienfächer oder Berufsausbildungen treffen. Ein landesweit bekannter Arzt, der zugleich frommer Christ ist, erzählte mir, dass er seinen Kindern davon abrät, beruflich in seine Fußstapfen zu treten. Ärzte werden heute und in der nahen Zukunft mit einer Vielzahl von Problemen aus dem Bereich von Sexualität und „Gender-Identität" konfrontiert werden, aber auch mit Abtreibung und Euthanasie. „Patientenautonomie" und Antidiskriminierung sind die Prinzipien, die hier jedwede Berufung auf das Gewissen aus dem Feld schlagen, und von Ärzten wird erwartet, dass sie damit konform gehen.

„Wenn Konformität zur Zulassungsvoraussetzung wird, dann gibt es keinen Ausweg", sagt dieser Arzt. „Und was macht man dann, wenn man nach seinem Medizinstudium einen Kredit über 300.000 Dollar abzubezahlen hat, eine Familie mit drei Kindern und kranke Eltern zu versorgen hat? Eine harte Entscheidung, zumal es nicht viele Pfarrgemeinden oder kirchliche Gemeinschaften gibt, die einem in so einer Situation zu Hilfe kommen würden."

In vergangenen Epochen wurden religiöse Minderheiten nicht selten von bestimmten Berufsfeldern ausgeschlossen. Im Europa des Mittelalters etwa hinderte antisemitischer Fanatismus die Juden daran, Tätigkeiten im Handwerk und in vielen anderen Berufszweigen auszuüben. Dies war ein Grund dafür, dass viele Juden sich dem Bankwesen zuwandten – einem Berufsfeld, das wiederum für Christen problematisch war, da es diesen als sündhaft galt, Zinsen zu nehmen.

In ähnlicher Weise werden sich auch rechtgläubige Christen im feindseligen Klima der anbrechenden Ära den Umständen anpassen müssen. „Schwarze Listen" werden zur Realität werden. In Kanada versucht der Berufsverband der Juristen bereits, Jura-Absolventen der *Trinity Western University*, einer privaten christlichen Hochschule, die Ausübung juristischer Berufe zu verbieten – um die Hochschule dafür zu bestrafen, dass sie in LGBT-Angelegenheiten nicht progressiv genug ist. Gleichzeitig hat eine LGBT-Aktivistengruppe namens „*Campus Pride*" über 100 christliche Hochschulen auf eine „Liste der Schande" gesetzt und Geschäftswelt und Industrie aufgefordert, Absolventen dieser Schulen nicht zu beschäftigen. Es wäre unklug, den Einfluss solcher Gruppen auf die Wirtschaft zu unterschätzen. Die Auswirkungen auf christliche Bildungseinrichtungen werden verheerend sein.

„Das christliche Bildungswesen – insbesondere soweit es die höhere Bildung betrifft – steht vor brutalen Herausforderungen", sagte mir ein Jurist. „Abschlüsse von nicht anerkannten Universitäten, oder von Universitäten, die keine Graduiertenprogramme anbieten können und keine staatlichen Fördergelder für die Forschung erhalten, haben einen sehr geringen Wert."

Heißt das, Christen sollten überhaupt nicht mehr Medizin oder Jura studieren oder Ausbildungen in bestimmten anderen Berufsfeldern aufnehmen? Nicht unbedingt. Es heißt jedoch, dass Christen nicht davon ausgehen können, in irgendeinem Berufsfeld sicher vor Anfechtungen zu sein, die darauf hinauslaufen könnten, sich zwischen Christsein und Karriere entscheiden zu müssen. Viele Christen werden sich mit der Notwendigkeit konfrontiert sehen, nach neuen Wegen zu suchen, wie sie ihren Lebensunterhalt verdienen können, ohne ihr religiöses Gewissen zu kompromittieren. Dies erfordert Besonnenheit, Wagemut, berufliche Kreativität und soziale Solidarität unter Gläubigen.

Besonnen sein

Nicht jede Auseinandersetzung am Arbeitsplatz ist ein Hügel, auf dem es sich zu sterben lohnt. Nicht jedes Büro ist das römische Kolosseum.

David Hall, ein Staatsbediensteter aus Illinois, hat wiederholt seine Anstellung gefährdet, indem er sich geweigert hat, sich – wie von seinem Arbeitgeber gefordert – ein Schulungsvideo über LGBT-Diversität anzusehen. Hall, ein Christ, teilte seiner Behörde mit, eine Erklärung unterzeichnen zu müssen, mit der er bestätigen würde, das Video gesehen zu haben, sei „eine Abscheulichkeit".

Sicherlich muss Hall in letzter Konsequenz seinem Gewissen folgen, aber es fällt doch schwer, mit jemandem zu sympathisieren, der bereit ist, seinen Arbeitsplatz für etwas so Banales zu opfern. Eine Erklärung zu unterschreiben, mit der man bestätigt, ein Schulungsvideo gesehen zu haben, ist nicht dasselbe, wie eine Erklärung abzugeben, mit der man Homosexualität gutheißt.

Christen müssen in solchen Fällen mit Weisheit agieren. Das Leben ist voller Kompromisse, und nicht jeder Kompromiss macht einen Gläubigen zum Judas. Sich unnötigerweise als Opfer religiöser Verfolgung darzustellen, hilft dem Anliegen nicht – im Gegenteil, es wird der säkularen Linken nur Argumente dafür liefern, jegliche Sorge um religiöse Freiheit als Schwindel zu denunzieren.

„Soweit es euch möglich ist, haltet mit allen Menschen Frieden", mahnt der Apostel Paulus (Röm 12,18). Christen sollten Konflikte nicht suchen, sondern sollten sich am Arbeitsplatz und gegenüber der Staatsgewalt so kooperativ verhalten wie möglich. Die Lektion für die Gläubigen von heute lautet: Schweigen bedeutet nicht immer Einverständnis, und in manchen Fällen kann es die weisere und liebevollere Vorgehensweise sein. Es mag uns auf längere Sicht nicht erspart bleiben, dass wir unsere Jobs und sogar noch mehr verlieren, aber in manchen Fällen können aggressive Anfechtungen unseres Glaubens am Arbeitsplatz durch eine heiligmäßige Anwendung von Besonnenheit abgewehrt oder zum Erliegen gebracht werden. Schweigen kann ein Schutzschild sein.

Christen sollten ihren Glauben niemals verleugnen, aber das heißt nicht, dass sie ihn bei jeder Gelegenheit demonstrativ vor sich her tragen müssen. „Ich glaube, man kann sehr wohl Christ sein und es dennoch vermeiden, in Fallen zu tappen, solange wir das Recht haben, zu schweigen, und dieses mit Besonnenheit ausüben", sagt ein Juraprofessor. Ein katholischer Arzt rät christlichen Medizinern, es nicht darauf anzulegen, Konfrontationen zu provozieren.

„Wenn jemand – und sei es ein Patient – eine Meinung äußert, die deinen Glaubensüberzeugungen widerspricht, aber nicht direkt von dir verlangt, gegen dein Gewissen zu handeln, dann lass es auf sich beruhen", empfiehlt er. „Denke perspektivisch. Bau Allianzen auf, erwirb dir Wohlwollen, erziehe im Stillen, suche dir eine Umgebung, in der du ohne Kontroversen arbeiten kannst."

Ein christliches Zeugnis gegenüber den Kollegen aufrecht zu erhalten und gleichzeitig religiös motivierte Konflikte so weit wie möglich zu vermeiden, kann auch ein Akt der Liebe sein. „Je ängstlicher und paranoider wir sind, desto schwieriger wird es, Verbindungen und Erziehungen zu Leuten anzuknüpfen, die Jesus brauchen", sagt ein Christ, der in der Personalabteilung eines der weltweit umsatzstärksten Unternehmen arbeitet. „Wenn wir ständig auf Kriegsfuß sind, wird man uns das anmerken."

Dieser Personalsachbearbeiter, der anonym bleiben möchte, rät Christen, mit Mitgefühl und Einfühlungsvermögen voranzugehen und sich im Zweifel für eine nicht-verurteilende Haltung zu entscheiden. Er hat Freundschaften mit LGBT-Kollegen geschlossen, die wissen, dass er ein gläubiger Christ ist, die aber zugleich auch verstehen, dass er nicht darauf aus ist, sie zu dämonisieren. Solche Freundschaften können einem Gläubigen wertvolle Einblicke in die Belastungen gewähren, denen diese Kollegen in ihrem täglichen Leben ausgesetzt sind, und Gelegenheit geben, ihnen zu zeigen, dass sie von ihren christlichen Mitangestellten geliebt werden.

„An der Benedikt-Option finde ich spannend, dass es darum geht, eine Kultur aufrecht zu erhalten, die diesen Leuten eine Anlaufstelle bietet, wenn das aktuelle gesellschaftliche Experiment in Sachen Sexualität scheitert – und das wird es", sagt er. „Wir dürfen nicht zulassen, dass die Leute denken, sie sollten besser gar nicht mit Christen reden. Dabei kann nichts Gutes herauskommen."

Wagemutig sein

Es gibt natürlich einen Punkt, an dem die Besonnenheit aufhören und dem Wagemut weichen muss. Es gibt Situationen, in denen Christen einen Raumgewinn für die Religionsfreiheit erzielen können, wenn sie den Mut haben, den Mund aufzumachen. „Ich bin ein Sünder und weit davon entfernt, perfekt zu sein, aber ich weigere mich, mich zu verstecken", sagt Stephen Bainbridge, Katholik und Juraprofessor an der Universität von Los Angeles. „Ich werde weiterhin ein Bild des Hl. Thomas Morus in meinem Büro hängen haben. Und ich werde mich auch weiterhin wehren, wenn Leute die Rede- und Glaubensfreiheit einschränken wollen, besonders an Universitäten. Wenn das meinen Kollegen nicht gefällt, kann ich ihnen nur sagen: Lass mal sehen, ob du hart genug bist, dich mit mir anzulegen", fügt er hinzu. „Und wenn ich es wagen darf, den großen Reformator zu zitieren: Das ist ein Fall von ‚Hier stehe ich, ich kann nicht anders'."

Welche Arten von Konflikten am Arbeitsplatz gibt es, bei denen Christen keine Kompromisse eingehen dürfen? Bei denen „Persönlich lehne ich das ab, *aber*" keine Entschuldigung ist? Ein christlicher Arzt muss es immer und überall ablehnen, unschuldiges Leben zu töten. Abtreibung und Euthanasie sind vollkommen indiskutabel. Christliche Lehrer an öffentlichen und privaten Schulen dürfen nicht einwilligen, die neue Gender-Ideologie als normativ zu lehren, wie es an einigen Schulen bereits gefordert wird. Ebenfalls strikt abzulehnen ist eine direkte Beteiligung an der Herstellung und Verbreitung von Pornographie. Und schließlich ist kein Job, so harmlos er erscheinen mag, es wert, ihn zu behalten, wenn er einem abverlangt, etwas dezidiert Unchristliches und Wahrheitswidriges aktiv zu unterstützen.

Angesichts solcher Herausforderungen müssen Christen sich mit einigen schwierigen Fragen auseinandersetzen: *Bin ich wirklich dazu berufen, in dieser Branche zu arbeiten? Wenn ja, wie kann ich dabei meinem Glauben treu bleiben? Und wenn nein, wie kann ich ein weniger problematisches Arbeitsfeld finden?*

Eine junge Freundin von mir, eine brillante Medizinstudentin Mitte 20, war auf dem besten Wege zu einer Tätigkeit in der medizinischen Forschung. Sie steuerte auf den Abschluss ihres Studiums zu und machte ein Praktikum in einem der führenden Labore des Landes. Sie ist außerdem eine praktizierende Christin, und das Verhalten der Labormitarbeiter, das sie beobachtete, wie auch die Art von Forschungsprojekten, an denen sie zukünftig arbeiten zu müssen erwartete, veranlassten sie, ihre Karriereaussichten in Zweifel zu ziehen.

Meine Freundin hatte lange den Wunsch gehegt, in die Forschung zu gehen, aber sie war in einem strenggläubigen christlichen Elternhaus aufgewachsen und sich ihrer eigenen Glaubensüberzeugungen sicher, und auf dieser Grundlage entschied sie, dass sie diesen Weg nicht guten Gewissens weiter verfolgen konnte. Also schwenkte sie um und studierte stattdessen Krankenhausverwaltung.

„Es war mir die Sache einfach nicht wert", erklärte sie mir. „Ich wollte nicht noch weiter in diese Richtung gehen, nur um dann womöglich vor eine Entscheidung gestellt zu werden, die entweder meine Karriere zerstören oder mein Gewissen vergewaltigen würde. Und zu sehen, wie rücksichtslos die Wissenschaftler im Labor sich verhielten, nur um in ihrer Karriere voranzukommen, machte mir Angst, wenn ich in diesem Milieu arbeitete, könnte ich jemand werden, der genauso handelt und darin noch nicht einmal ein Problem sieht."

Unternehmerisch sein

Für Christen, deren Lebensunterhalt eventuell gefährdet ist, ist jetzt die Zeit, kreativ zu denken und zu handeln und sich Berufsfeldern zuzuwenden, die uns noch offen stehen, ohne dass wir Gefahr laufen, uns in ihnen zu kompromittieren. Das Ziel muss es sein, Geschäfts- und Karrieremöglichkeiten für Christen zu schaffen, die aus anderen Branchen und Berufszweigen hinausgedrängt worden sind.

„Unsere Kirchen brauchen mehr Existenzgründer, und wir müssen unseren Kindern beibringen, in einem unternehmerischen Geist über ihre Zukunft nachzudenken", sagt Calee Lee, eine orthodoxe Christin aus Irvine, Kalifornien.

„Der Schlüssel zum Arbeitsleben im Rahmen der Benedikt-Option ist zukünftig derselbe wie heute schon: Erkenne einen Bedarf in deiner Gemeinschaft, entwickelt herausragende Produkte oder Dienstleistungen, die auf diesen Bedarf zugeschnitten sind, und dann gilt: ‚Tut eure Arbeit gern, als wäre sie für den Herrn und nicht für die Menschen'", sagt Lee, den Brief des Apostels Paulus an die Kolosser (3,23) zitierend. „Wir müssen einen guten Geschäftssinn entwickeln, keine Angst vor Profit haben und uns klar machen, dass wir, indem wir etwas Nützliches schaffen – ob das nun ein Dichtungsring ist oder eine Firma für Gartenarbeit –, etwas Gutes in die Welt einbringen."

Lee gründete ihren digitalen Kinderbuchverlag „Xist Publishing", weil sie einen Bedarf sah. Xist bringt Autoren und Illustratoren zusammen, um die Art von Büchern zu produzieren, die Lee sich für ihre Kinder wünschte. Heute umfasst der Online-Katalog von Xist mehr als 200 Buchtitel, und der Verlag verschafft Autoren und grafischen Künstlern ein Einkommen – und das alles außerhalb des konventionellen Verlagswesens.

Obwohl sie ihr Unternehmen nicht als Reaktion auf antichristliche Verfolgung oder Belästigung am Arbeitsplatz gegründet hat, nennt Lee es als ein Beispiel dafür, wie Gläubige, die aus bestimmten Berufsfeldern vertrieben werden, das kommerzielle Potential des Internets nutzen können, um ihren Lebensunterhalt auf eine Weise zu verdienen, die sie nicht in moralische Konflikte bringt.

Sie verweist auf den Erfolg von Unternehmen wie LuLaRoe, eine Bekleidungsmarke, die 2012 von DeAnne Stidham begründet wurde – einer mormonischen Hausfrau und Mutter, die einen Bedarf an sittsamer und dennoch attraktiver Mode für Frauen wie sie selbst festgestellt hatte. Durch ein Netzwerk von über zwölftausend Vertriebspartnerinnen – größtenteils Hausfrauen und Mütter –verkauft LuLaRoe seine Produkte landesweit und hat sich als führendes Unternehmen in einem Nischenmarkt etabliert.

„Ich hätte darüber jammern können, dass große Verlage nicht veröffentlichen, was ich schreibe oder was ich meine

Kinder gern lesen lassen möchte – oder aber es selber machen", sagt Lee. „Man kann frustriert über die Modeindustrie sein, oder man kann *selbst* die Modeindustrie sein. Das ist die Einstellung, die Christen brauchen, wenn es auf dem Arbeitsmarkt hart für sie wird. Zum Beispiel können Lehrer, die nicht mehr im öffentlichen Schulsystem arbeiten wollen, ihre eigenen Nachhilfeinstitute gründen."

Die Zeiten für rechtgläubige Christen in der Arbeitswelt werden erheblich schwieriger werden, gesteht Lee zu – aber das ist kein Weltuntergang. Es bedeutet lediglich, dass sie lernen müssen, geschäftlich innovativer zu werden und unabhängiger zu denken.

Bei Christen kaufen, auch wenn es teurer ist

Ein weiterer wichtiger Aspekt ist die Unterstützung von Betrieben innerhalb der christlichen Gemeinschaft durch bewusstes und diszipliniertes Konsumverhalten – das heißt, Christen sollten gezielt Kunden von christlich geführten Unternehmen werden.

Richard Starr ist seit rund einem Jahrzehnt Mitglied der *„Grace Bible Chapel"*, einer großen evangelikalen Kirchengemeinde im nördlichsten Winkel von Maryland. Diese Kirche gibt ein Verzeichnis der von ihren Mitgliedern geleiteten Betriebe heraus, damit andere Gemeindemitglieder die Möglichkeit haben, diese gezielt zu unterstützen.

„Als meine Wasserpumpe kaputt ging und ich die zweitausend Dollar, die die Reparatur kostete, gerade nicht zur Verfügung hatte, hat McDowells Klempnerbetrieb mir Ratenzahlung eingeräumt", berichtet Starr. „Und als ich zwei neue Reifen für mein Auto brauchte, bin ich zu Steve Foster gegangen, der mir gleich *vier* neue aufgezogen und gesagt hat: ‚Deine Mädchen fahren mit diesem Auto, und ich denke, für die Sicherheit sind neue Reifen besser. Bezahlen kannst du sie mir später, wenn du das Geld erübrigen kannst'. – Und ja, Fosters Autowerkstatt ist ein bisschen teurer als andere, aber auf lange Sicht lohnt es sich. Nicht nur wirtschaftlich. Es ist einfach gut, einen Betrieb zu unterstützen, der mit seinen Kunden so umgeht."

Aber auch davon abgesehen, sagt Starr, sollte man als allgemeine Regel beherzigen: „Wir sollten es uns ein Anliegen sein lassen, gute Firmen ausfindig zu machen, die von unseren Brüdern und Schwestern in Christus betrieben werden, und dort Kunden werden." Alltäglicher Geschäftsverkehr innerhalb der Gemeinschaft baut soziales Kapital auf.

Christliche Beschäftigungsnetzwerke aufbauen

Christliche Unternehmer sollten außerdem erheblich gezielter Arbeitskräfte aus ihrer eigenen kirchlichen Gemeinschaft einstellen. In vielen Kirchengemeinden gibt es bereits informelle interne Netzwerke, die den Mitgliedern helfen, Jobs bei Arbeitgebern zu finden, die zur Gemeinde gehören oder die andere Gemeindemitglieder kennen. Damit die Benedikt-Option gelingt, wird es notwendig sein, diese Methode der Arbeitsvermittlung professioneller zu organisieren und nachhaltiger zu gestalten.

Andrew Pudewa, der „Guru" der Heimunterrichts-Ausbildung und Leiter des erfolgreichen *„Institute for Excellence in Writing"* (IEW), beschäftigt Mitglieder seiner traditionalistisch-katholischen, ländlichen Gemeinschaft in Oklahoma. DAS IEW publiziert nicht nur landesweit stark nachgefragte *Homeschooling*-Unterrichtsmaterialien, sondern verschafft dank des rapiden, durch das Internet ermöglichten Wachstums seiner Publikationstätigkeit zahlreichen Familien aus Pudewas kirchlicher Gemeinschaft ein Einkommen.

Auf ähnliche Art hat die *„Reba Place Fellowship"*, eine seit den 1950er-Jahren aktive mennonitische Gemeinschaft in einer Vorstadt von Chicago, mehrere Geschäftsbetriebe hervorgebracht, die aus Aktivitäten innerhalb der Kirchengemeinde entstanden sind – darunter eine Fahrradwerkstatt und ein Geschäft für Amish-Möbel.

„Ich kenne diese Unternehmen gut, bin zum Teil Kunde bei ihnen und weiß, was sie für die Gemeinschaft leisten", sagt Chad Comello, der in einer Mietwohnung lebt, die Reba gehört. „Sie beschäftigen eine Menge eingeschriebene Reba-Mitglieder und andere junge Leute, die sich Reba – so wie ich – verbunden fühlen, für Gelegenheitsjobs, aber auch für dauerhafte Arbeitsverhältnisse. Diese Jobs haben mich über Wasser gehalten, als ich arbeitslos war, und haben mir in einer ansonsten ziemlich planlosen Zeit eine Richtung und ein Ziel gezeigt."

Wenn Richard Starr seinen Job verlieren würde, wäre er sicher, dass die Gemeinde der *Grace Bible Chapel* ihn unterstützen würde, bis er eine neue Beschäftigung hätte, und ihm bei der Jobsuche helfen würde. Das ist die Art von Christen, aus denen diese Gemeinde besteht: Gläubige, die in so enger Gemeinschaft miteinander leben, dass, wenn jemand schwere Zeiten durchmacht, die anderen für ihn einspringen, so gut sie können.

In Italien hat die Gemeinschaft der „*Tipi Loschi*“ drei geschäftliche Kooperativen gegründet, die ihren Mitgliedern, aber auch rehabilitierten Drogenabhängigen und ehemaligen Häftlingen Beschäftigung verschaffen. Als begeisterte Anhänger des Distributismus – einer Wirtschaftsform, die auf der katholischen Soziallehre aufbaut und kleine Genossenschaften und Familienbetriebe favorisiert – hoffen die *Tipi Loschi*, in dem Maße, wie die Gemeinschaft wächst, noch weitere lokale Kooperativen aufbauen zu können.

Reba Place, die *Tipi Loschi* und ähnliche Initiativen können uns als Beispiele dafür dienen, wie Kirchengemeinden und andere christliche Vereinigungen wirtschaftliche Unternehmungen starten können, die für den Unterhalt ihrer Gemeinschaften sorgen – so wie es Benediktinermönche über Jahrhunderte getan haben. Angesichts der gegenwärtigen Veränderungen des kulturellen und rechtlichen Klimas müssen christliche Gemeinschaften jeder Größe sich Gedanken über solche Initiativen machen und sie als zentral für ihre Aufgabe betrachten.

Über die lokale Ebene hinaus organisiert die Gemeinschaft *Comunione e Liberazione* (CL) eine weltweite, in Italien entstandene katholische Bewegung, die „*Compagnia delle Opere*“, ein Netzwerk aus kleinen und mittelgroßen Betrieben, Wohltätigkeitseinrichtungen und gemeinnützigen Organisationen. Sie alle werden von CL-Mitgliedern betrieben und engagieren sich gemeinsam im Interesse der Befolgung katholischer Grundsätze im Wirtschaftsleben. Führende christliche Persönlichkeiten in den Vereinigten Staaten sollten erwägen, ein ähnliches Netzwerk zum Zweck der gegenseitigen Unterstützung und Zusammenarbeit zu begründen.

Das Handwerk wiederentdecken

Einigen Christen wird ein so radikaler Wandel bevorstehen, wie Bruder Francis ihn vollzogen hat: der Übergang von der geistigen zur körperlichen Arbeit. Und das könnte sich als durchaus vorteilhaft in spiritueller Hinsicht erweisen.

Sam MacDonald ist Katholik und hat die Aufsicht über die kirchlichen Schulen in Elk County im ländlichen Pennsylvania, zwei Stunden nordöstlich von Pittsburgh. Der Landkreis ist nicht mehr das industrielle Kraftzentrum von einst, aber es gibt dort immer noch bedeutende Fabriken.

Die 31.479 Personen zählende Bevölkerung von Elk County ist überwiegend katholisch und kulturell konservativ. MacDonald stammt gebürtig aus Elk County, aber da er ein guter Schüler war, wurde er durch die gängigen gesellschaftlichen Vorstellungen von *Erfolg im Leben* dazu veranlasst, fortzuziehen und draußen in der Welt sein Glück zu machen. Nachdem er Mitte der 90er seinen Abschluss an der Eliteuniversität Yale gemacht und anschließend als Journalist in Washington, D.C. gearbeitet hatte, kehrte er schließlich mit seiner Frau und seinen Kindern nach Hause zurück. Heute beschäftigt er sich mit Bildungsinnovation, indem er sich darum bemüht, in einigen der katholischen Schulen des Landkreises das klassische Bildungsmodell einzuführen.

„Meine Vision ist es, eine klassische Akademie zu haben, die Feinmechaniker ausbildet. Darauf arbeiten wir hin", sagt er. „Vor fünfzig Jahren wurden die katholischen Kinder in dieser Gegend allesamt von Nonnen unterrichtet. Wir hatten hier lauter Feinmechaniker, die Latein gelernt hatten und Trigonometrie beherrschten wie nur was."

Wer eine gute Arbeitsmoral hat, einen Drogentest bestehen kann und verlässlich pünktlich ist, für den gibt es in Elk County Arbeit. Die örtlichen Fabrikbetreiber wissen, dass sie innerhalb der nächsten zehn Jahre zehntausend Arbeiter benötigen werden, um die gut ausgebildeten Arbeitskräfte zu ersetzen, die in Rente gehen. Allzu vielen der derzeitigen Einwohner, die normalerweise diese Arbeitsplätze einnehmen könnten, fehlt es an den nötigen Fähigkeiten dazu, und viele andere sind fortgezogen. Dennoch haben die Industriellen von Elk County nicht die Absicht, ihre Fabriken umzusiedeln, sondern planen lieber eine Werbekampagne, um fähige Arbeiter in die Gegend zu locken.

„Sie möchten Leute anheuern, die nicht nur vertrauenswürdige Arbeitnehmer sind, sondern auch gute Bürger", erläutert MacDonald. „Leute, die zur Kirche gehen und sich in die örtliche Gemeinschaft einbringen."

MacDonald sagt, es gebe am Ort bereits gute Voraussetzungen für eine „Bendikt-Options"-Gemeinschaft. Es gibt viele Kirchen, ein Netz guter katholischer Schulen, die noch weiter verbessert werden, und ein familienfreundliches, kulturell konservatives Klima. Außerdem sind die Wohnverhältnisse preisgünstig: Man kann für etwa 60.000 Dollar ein anständiges Haus bekommen, und so viel verdienen viele gut ausgebildete Facharbeiter in einem Jahr.

Der Haken an der Sache ist, dass man in einer Fabrik arbeiten muss, aber das ist heutzutage eine weit attraktivere Aussicht als in früheren Jahrzehnten, als Fabrikhallen furchtbar schmutzig waren. Man muss allerdings bereit sein, an einem Ort zu leben, der, wie MacDonald sagt, „mitten im Nirgendwo" liegt.

Es ist eine Frage der Prioritäten.

„Wenn du in deinem Leben an einen Punkt kommst, wo du beschließt, du kannst nicht mehr an deinem bisherigen Arbeitsplatz arbeiten, weil man dich dort dazu drängen will, dich als ‚Alliierter' zu bekennen, dann könnte Elk County eine einleuchtende Alternative sein", meint MacDonald. „Niemand wird einen Feinmechaniker auffordern, ein Alliierter zu werden. Das interessiert einfach niemanden."

Traditionell gesinnte Christen mögen sich für die Schriften Wendell Berrys über ökologischen Landbau begeistern, aber sie sollten bedenken, dass die Hinwendung zur Landwirtschaft kein Patentrezept für jeden ist. „Als kleiner Farmer kannst du nicht deinen Lebensunterhalt verdienen, aber als Feinmechaniker schon", so MacDonald. „Die Industrie ist der neue Agrarianismus. Das Motto heißt nicht ‚Zurück aufs Land', sondern ‚Zurück zum Handwerk'."

Die Herausforderung für viele „Benedikt-Options"-Christen wird darin bestehen, Orte wie Elk County zu entdecken und dorthin umzusiedeln – abgelegene Orte an den Rändern des Imperiums. Der Witz daran ist, die „Ränder des Imperiums" sind vielleicht gar nicht weiter entfernt als die Grenzen der innerhalb des eigenen sozialen Milieus herrschenden Ansichten darüber, was eine akzeptable Form der Erwerbstätigkeit sei. Glaubenstreue Christen, die für sich selbst oder ihre

Kinder eine höhere Berufslaufbahn angestrebt haben, werden gut daran tun, das Handwerk als Alternative in Betracht zu ziehen. Besser ein Klempner mit einem reinen Gewissen sein als ein moralisch kompromittierter Firmenanwalt.

Wir werden ärmer und marginalisierter sein

In letzter Konsequenz dreht sich alles darum, wie viel wir für den Glauben zu erdulden bereit sind. Können wir es ertragen, unser soziales Kapital entwertet zu sehen, unseren beruflichen Status zu verlieren – und damit auch die Möglichkeit, Wohlstand zu erwerben? Sind wir darauf gefasst, an Orte umzusiedeln, die weitab vom Reichtum und der Macht der großen Städte des Imperiums liegen, um dort die Möglichkeit zu suchen, unsere Religion freier auszuleben? Für eine immer größere Zahl von uns wird es zu solchen Entscheidungen kommen. Die Zeit der Bewährung ist nahe.

„Viele Christen sehen keinen Widerspruch zwischen Treue im Glauben und beruflichem und gesellschaftlichem Ehrgeiz", sagte mir ein Religionsfreiheits-Aktivist. „Aber das geht zu Ende."

Hier eine wahre Geschichte: Ein Ehepaar aus einer Vorstadt von Washington, D.C. kontaktierte einen Pastor, weil er etwas für die Tochter des Paares tun sollte – eine College-Studentin, die sich berufen fühlte, als Missionarin nach Übersee zu gehen.

„Das ist ja wundervoll!", sagte der Pastor.

„Nein, Sie verstehen das falsch“, wehrte das Ehepaar ab. „Sie sollen uns helfen, es ihr auszureden. Sie soll doch nicht ihr ganzes Leben ruinieren!“

Christen wie dieses Paar werden die kommenden Zeiten nicht überstehen. Menschen mit einem opferbereiten Herzen, wie die Tochter, werden es schaffen – aber sie werden einen hohen Preis dafür zahlen.

Junge Christen, die davon träumen, Anwalt oder Arzt zu werden, werden diese Hoffnung vielleicht aufgeben müssen und eine Laufbahn einschlagen, in der sie sehr viel weniger Geld verdienen. Vielversprechende christliche Akademiker werden sich vielleicht mit dem schmalen Salär und dem geringen Ansehen eines Lehrers an einer klassisch christlichen Schule abfinden müssen.

Christliche Familien werden vielleicht gezwungen sein, ihr Geschäft zu verkaufen oder zu schließen, wenn sie sich bestimmten staatlichen Weisungen nicht beugen wollen. Die Familie Stormans aus dem Bundesstaat Washington stand vor dieser Entscheidung, nachdem der Oberste Gerichtshof der Vereinigten Staaten ein bundesstaatliches Gesetz bestätigt hatte, das verlangte, dass sie in ihrer Apotheke Pillen verkaufen, von denen die Familie überzeugt ist, dass sie abtreibende Wirkung hat. Die Floristin Barronelle Stutzman, die es aus Gewissensgründen abgelehnt hat, Blumenarrangements für eine gleichgeschlechtliche Hochzeitsfeier anzufertigen, sieht – vorbehaltlich des Ausgangs ihres Rechtsstreits – derselben Entscheidungssituation entgegen.

Wenn jemandem ein solcher Preis abverlangt wird, sollten „Benedikt-Options“-Christen bereit stehen, die Betroffenen wirtschaftlich zu unterstützen – mit Stellenangeboten, als

Kundschaft in ihren Geschäften, mit beruflicher Netzwerkbildung und so weiter. Das wird kein Allheilmittel sein: Die Verwandlung des öffentlichen Raums in eine durch und durch politisierte Zone wird zu weitreichend sein, als dass die Unterstützungsnetzwerke gläubiger Christen ausreichen könnten, um *allen* wirtschaftlich Verfolgten zu helfen. Aber immerhin *einigen* werden wir helfen können.

Wenn man bedenkt, wie sehr wir in unserer Gesellschaft an Mittelklasse-Komfort, Freiheit und Stabilität gewöhnt sind, steht zu erwarten, dass Christen schwer versucht sein werden, alles dafür zu sagen und zu tun, dass wir behalten, was wir haben. Aber das ist der Weg zum geistlichen Tod. Als der römische Prokonsul dem Hl. Polykarp mitteilte, er werde ihn auf dem Scheiterhaufen verbrennen lassen, wenn er nicht den Kaiser anbete, erwiderte der betagte Bischof des zweiten Jahrhunderts, der Prokonsul könne nur mit zeitlichem Feuer drohen, und das sei nichts im Vergleich zu dem ewigen Feuer des Gerichts, das die Gottlosen erwarte.

Wenn Polykarp bereit war, eher den Tod zu erleiden als seinen Glauben zu verleugnen, wie könnten wir heutigen Christen dann nicht einmal riskieren wollen, unseren Arbeitsplatz zu verlieren? Wenn Barronelle Stutzman bereit ist, für ihr christliches Bekenntnis ihre berufliche Existenz zu opfern, wie könnten wir weniger tun als das?

Wir werden nur dann in der Lage sein, im entscheidenden Moment mutig die richtige Wahl zu treffen, wenn wir uns auf jede mögliche Weise auf diese Entscheidung vorbereiten. Wir können damit beginnen, indem wir unseren *Beruf* als eine *Berufung* im ursprünglichen Sinne begreifen, also als eine Lebensweise, die Gott selbst uns zugewiesen hat, zu Seiner Ehre und zum Wohl der Allgemeinheit. Nichts spricht dagegen, dass wir der Gemeinschaft und zugleich unserem eigenen Bedürfnis nach beruflicher Auszeichnung als Anwälte, Ärzte, Lehrer oder in nahezu allen anderen Berufsfeldern dienen – solange wir uns dabei im Herzen bewusst sind, dass wir in erster Linie *Gott* dienen müssen.

Bis hierher war in diesem Buch die Rede davon, was es bedeutet, Strukturen zu schaffen und Praktiken aufzugreifen, die unser Herz darin einüben, in erster Linie Gott zu dienen, auch wenn das Opfer erfordert. Das ist es, wobei die Benedikt-Option uns helfen soll, alle Aspekte unseres Lebens auf Ihn auszurichten. Doch letztlich werden alle diese Strategien nichts nützen, wenn Christen nicht eine von der Mehrheitsgesellschaft radikal unterschiedene Haltung zu den beiden stärksten Triebkräften einnehmen, die das moderne Leben formen und lenken: Sex und Technologie.

KAPITEL 9

Eros und die neue christliche Gegenkultur

Die Fähigkeit und Möglichkeit zur Arbeit ist ein Geschenk Gottes, das, wenn es in rechter Weise genutzt wird, dem Leben dient und uns näher zu Gott bringt. Wenn jedoch Arbeit – oder auch Familie, Gemeinschaft, Schule, Politik oder irgendeine andere an sich gute Sache – zum Selbstzweck wird, verwandelt sie sich in einen Götzen. Sie wird schließlich zum Gefängnis, zur Wüste, ja sogar zum Friedhof des Geistes. Diese Dinge dienen der Wahrheit und dem menschlichen Wohlergehen nur dann, wenn sie Zeichen sind, durch die das Licht Christi sichtbar wird – wenn sie darauf ausgerichtet sind, zum Gedeihen des Reiches Gottes beizutragen.

Genauso ist es auch mit Sex. Ein göttliches Geschenk, das, wenn es angemessen wertgeschätzt wird, eine Quelle der Freude, des Überflusses und des Wohlergehens für das Paar und die größere Gemeinschaft sein kann. Wenn Sex an die Bestimmungen Gottes gebunden bleibt, vereint er einen Mann und eine Frau körperlich und spirituell, und aus dieser fruchtbaren Verbindung kann neues Leben entstehen: eine Familie.

Wenn wir mit Sex jedoch in ungeordneter Weise umgehen, kann er zu einer der zerstörerischsten Gewalten auf Erden werden. Man schaue sich nur das Leid von Kindern an, die ohne Väter aufwachsen; die Plage der Pornographie, die die Vorstellungskraft von Millionen verdirbt; die durch Untreue und Missbrauch zerbrochenen Familien; und so weiter.

Für Christen gibt es nur eine richtige Art und Weise, von dem Geschenk des Sex Gebrauch zu machen: innerhalb der Ehe zwischen einem Mann und einer Frau. Aus Sicht der modernen Welt ist das eine Irrlehre und eine harte Rede, die Herzen, Freundschaften, Familien und sogar Kirchen zerbrochen hat. Keine zentrale Lehre des Christentums ist heute unpopulärer als diese – und zugleich gibt es vielleicht keine, die zu befolgen heute wichtiger wäre.

Es ist unschwer einzusehen, dass die säkulare Welt die Gründe für die christliche Einstellung zum Sex nicht versteht: Viele Christen verstehen sie ebenso wenig. Seit Generationen hat die Kirche es weitgehend kampflos zugelassen, dass die säkulare Kultur die Jugendlichen in *ihrem* Sinne katechisiert hat. Doch das benediktinische Leben zeigt einen besseren Weg auf.

Warum sollten Christen in Fragen der Sexualität auf die Lehren von Mönchen hören, die in Keuschheit leben? Ist es etwa nicht so, dass die Mönche Sex *hassen*?

Nein, ganz und gar nicht. Ebenso wenig wie sie gutes Essen hassen, weil sie häufig fasten, Sprache hassen, weil sie in großer Stille leben, Familie hassen, weil sie nicht heiraten, oder materielle Dinge hassen, weil sie bescheiden leben. Wir sollten aus demselben Grund darauf hören, was die Mönche zum Thema Sexualität zu sagen haben, aus dem wir auch darauf hören sollten, was sie über Reichtum und Armut sagen: weil ihre Askese ein Zeugnis für den hohen Wert dieser göttlichen Gaben ablegt.

Bedenken wir, dass alle Christen zu einem gewissen Grad an sexueller Enthaltsamkeit aufgerufen sind. Dass Benediktiner sich einem Leben in sexueller Reinheit verschreiben, ist Bestandteil ihrer radikalen Jüngerschaft. Ihr zölibatäres Leben bezeugt die Heiligkeit von Sex im christlichen Kosmos und seinen Status als alleiniges Eigentum des ehelichen Standes. Und indem sie ein Beispiel davon geben, wie der erotische Instinkt in spirituelle Leidenschaft umgewandelt werden kann, zeigen sie den Laien, dass es – selbst unter extremen Umständen – nicht nur *möglich* ist, mit von Gott verordneten Einschränkungen der Sexualität zu leben, sondern sogar *notwendig*, um die ganze Fülle der Früchte eines Lebens in Christus zu genießen. Wie Wendell Berry es formuliert: „Mäßigkeit, einschließlich sexueller Disziplin, ist nicht dazu da, den Genuss einzuschränken, sondern den Überfluss zu beschützen."[83]

Das radikale Zeugnis der christlichen Mönche ist eine besondere Gnade für christliche Laien in unserer Zeit. Es gibt keinen anderen Bereich, in dem rechtgläubige Christen so entschieden gegenkulturell sein müssen wie in unserem Sexualleben, und wir müssen uns gegenseitig darin bestärken, zu unseren unpopulären Positionen zu stehen. Wir müssen den Reichtum der christlichen Auffassung von Sexualität verstehen, müssen begreifen, wie die sexuelle Revolution diese untergräbt, müssen unsere eigene Mitschuld daran eingestehen und bereit sein, dafür zu kämpfen, dass unsere Kinder den rechten Glauben nicht verlieren.

Fragen der Sexualität sind von so zentraler Bedeutung für das christliche Leben, dass Gläubige, sobald sie in diesen Fragen vom Pfad des rechten Glaubens abweichen, oft ganz und gar aufhören, in einem sinnvollen Verständnis Christen zu sein. Es war die gegenkulturelle Kraft der christlichen Sexualität, die die entmenschlichenden Praktiken der heidnischen Welt umstürzten. Das Christentum lehrte, dass der Körper heilig ist und dass die Würde, die allen Menschen als Geschöpfen und Abbildern Gottes eigen ist, es verlangt, ihn heilig zu halten.

Deshalb kann jener Rückfall ins Heidentum, der unter dem Namen „sexuelle Revolution" bekannt ist, niemals mit dem Christentum in Einklang gebracht werden. Diese Revolution hat – traurig aber wahr – die Autorität der Kirche gegenüber dem kulturellen Mainstream gestürzt, und jetzt erschüttert sie die Kirche selbst bis in ihre Grundfesten. Christen, die die Benedikt-Option leben wollen, müssen sich zu entschlossenem Widerstand verpflichten – und dazu, einander in diesem Widerstand zu unterstützen.

Sex und Fleischwerdung

Einmal, in einer Gruppendiskussion über Sexualität, erlebte ich, wie eine evangelikale Frau herausplatzte: „Warum müssen wir uns so am Thema Sex aufhängen? Können wir nicht lieber wieder über das Evangelium sprechen?"

Das Christentum ist kein körperloser Glaube, sondern einer, in dem es um *Fleischwerdung* geht. Gott kam zu uns in Gestalt eines Mannes, Jesus Christus, um uns mit Leib und Seele zu erlösen. Wie wir mit unserem Körper umgehen – und letztlich auch mit der ganzen Schöpfung –, verrät etwas darüber, wie wir zu dem Einen stehen, der uns diesen Körper gab und dessen Gegenwart alles erfüllt. *Das* ist das Evangelium.

Die Benediktiner lehren uns, dass eine unserer Aufgaben im Leben darin besteht, ein Mittel zu sein, durch das Gott die Schöpfung ordnet und in Einklang mit Seinen Absichten bringt. Sexualität ist ein untrennbarer Bestandteil dieser Arbeit.

Wendell Berry schreibt: „Sexuelle Liebe ist das Herzstück des Gemeinschaftslebens. Sexuelle Liebe ist diejenige Kraft in unserem körperlichen Leben, die uns am intimsten mit der Schöpfung verbindet, mit der Fruchtbarkeit der Welt, mit dem Ackerbau und der Sorge für Tiere. Sie nimmt uns auf in den großen Tanz, der die Gemeinschaft verbindet und an ihrem Ort verwurzelt.“[84]

Dies ist von größerer Bedeutung für das Überleben des Christentums, als die meisten von uns begreifen. Wenn Menschen für sich selbst beschließen, dass die historischen Normen des Christentums in Sachen Sexualität falsch sind, finden sie üblicherweise keine Kirche, die ihre „liberale“ Sichtweise unterstützt. Also hören sie ganz auf, zur Kirche zu gehen.

Dies wirft Fragen von entscheidender Wichtigkeit auf. Ist Sex das Kernstück der christlichen Ordnung? Stimmt es wirklich, dass das Verwerfen der christlichen Lehre in Bezug auf Sex und Sexualität darauf hinauslaufen würde, eben jenen Faktor zu beseitigen, der dem Christentum seine gesellschaftsverändernde Kraft gibt (oder gegeben *hat*)?

Auch wenn er es vielleicht nicht ganz so ausgedrückt hätte, hätte Philip Rieff dies im Prinzip wohl bejaht. In seinem Buch *„Der Triumph des Therapeutischen“* setzte er sich mit der – wie er es nennt – „De-konversion“, der „Ent-bekehrung“ des Westens weg vom Christentum auseinander. Kaum jemand bestreitet, dass dieser Prozess seit der Epoche der Aufklärung im Gange ist, aber Rieff zeigte auf, dass er in jüngerer Zeit erheblich weiter vorangeschritten ist, als den meisten Menschen – und vor allem den meisten Christen – bewusst ist.

Rieff schrieb sein Buch in den 1960er-Jahren, und er erkannte die sexuelle Revolution – auch wenn er diesen Begriff nicht verwendet – als einen maßgeblichen Indikator für den Niedergang des Christentums. In der klassischen christlichen Kultur, so schrieb er, sei „die Ablehnung eines sexuellen Individualismus sehr nah am Zentrum des Symbolischen" gewesen, das jetzt jedoch „keinen Bestand mehr" habe. Damit meinte er, dass die Zurückweisung der sexuellen Autonomie und Sinnlichkeit der heidnischen Kultur und die Neuausrichtung der erotischen Instinkte ein wesentlicher Bestandteil der christlichen Kultur gewesen sei. Ohne das Christentum, so Rieff, falle der Westen wieder in seinen früheren Zustand zurück.[85]

Aus heutiger Sicht ist es nahezu unmöglich, umfassend zu begreifen, warum Sex für die frühe Christenheit ein so wichtiges Thema war. Die Altphilologin Sarah Ruden erläutert in ihrem 2010 erschienenen Buch *„Paul Among the People"* („Paulus bei den Heiden") die kulturellen Rahmenbedingungen, unter denen das frühe Christentum auftrat. Ruden stellt fest, es sei zutiefst ignorant, sich den Apostel Paulus als einen verbiesterten Vorläufer der Puritaner vorzustellen, der über eine Schar fröhlich in den Tag hinein lebender Hippie-Heiden hereingebrochen sei und ihnen beigebracht habe, sie dürften keinen Spaß haben.

Tatsächlich wurden die Lehren des Apostels über sexuelle Reinheit und über die Ehe in der pornographischen, sexuell ausbeuterischen griechisch-römischen Kultur seiner Zeit – in der insbesondere Sklaven und Frauen ausgebeutet wurden, deren Wert aus der Sicht heidnischer Männer hauptsächlich darin bestand, ihnen sexuelle Befriedigung zu verschaffen und Kinder zu gebären – als *befreiend* erlebt. Das Christentum, wie Paulus es verkündete, bewirkte eine kulturelle Revolution, indem es den männlichen *Eros* eindämmte und kanalisierte, den Status der Frauen und des menschlichen Körpers erhöhte und die Ehe – und die *Sexualität innerhalb der Ehe* – mit *Liebe* füllte.

Die christliche Ehe, schreibt Ruden, war „genauso radikal anders als alles zuvor oder seitdem Dagewesene wie das Gebot, die andere Wange hinzuhalten." Keuschheit – der in rechter Weise geordnete Gebrauch der Gabe der Sexualität – war das auffälligste Kriterium, das die Christen der frühen Kirche von ihrer heidnischen Umwelt abhob.[86]

Der springende Punkt ist nicht, dass es im Christentum ausschließlich oder hauptsächlich um eine Neudefinition und Neubewertung von Sexualität gegangen wäre, sondern vielmehr, dass Sex im Rahmen des christlichen Menschenbildes eine neue und andere Bedeutung erhält – nämlich eine, die eine radikale Veränderung des Verhaltens und der kulturellen Normen erforderte. Im christlichen Verständnis kann das, was jemand mit seiner Sexualität anfängt, nicht getrennt davon betrachtet werden, *wer* diese Person *ist*. In gewissem Sinne glaubt der moderne Mensch das *auch*, allerdings aus einer Perspektive heraus, die jener der frühen Kirche diametral entgegengesetzt ist.

Im Zusammenhang damit, wie Männer und Frauen in der Frühzeit des Christentums ihre Körper wahrnahmen, schreibt der Historiker Peter Brown, dass der Körper

> „auf eine Weise in eine kosmische Matrix eingebettet war, die seine Wahrnehmung der unseren zutiefst unähnlich machte. In letzter Konsequenz war Sex nicht der Ausdruck innerer Bedürfnisse, die im einzelnen Körper beheimatet waren. Vielmehr wurde er als das Pulsieren derselben Energien, die die Sterne am Leben erhielten, durch den Körper betrachtet. Ob diese pulsierende Energie von wohlmeinenden Göttern kam oder – wie viele radikale Christen meinten – von boshaften Dämonen: In keinem Fall konnte Sex als etwas aufgefasst werden, was allein den einzelnen menschlichen Körper betraf.“[87]

Die Lehren der frühen Christenheit über Sexualität waren nicht allein den Worten Jesu oder des Apostels Paulus entnommen; in einem umfassenderen Sinne gingen sie aus der Anthropologie der Bibel hervor. Der Mensch ist Abbild Gottes, wenn auch durch die Sünde verdunkelt, und steht an der Spitze einer von Gott geschaffenen und mit Sinn erfüllten Ordnung.

Im Rahmen dieser Ordnung hat der Mensch eine Bestimmung. Er ist *für etwas da*, zu einem bestimmten Ziel geschaffen. Als Paulus die Christen in Korinth warnte, wenn sie mit einer Prostituierten verkehrten, würden sie „die Glieder Christi nehmen und zu Gliedern einer Dirne machen“ (1 Kor 6,15), meinte er das nicht nur metaphorisch. Weil wir als eine Einheit von Körper, Geist und Seele zu Christus gehören, ist es von sehr großer Bedeutung, wie wir unseren Körper und unseren Geist in sexueller Hinsicht gebrauchen.

Alles was wir tun, was nicht in vollkommenem Einklang mit dem Willen Gottes steht, ist Sünde. Sünde ist nicht einfach ein Verstoß gegen Regeln, sondern Sünde heißt, nicht in Übereinstimmung mit der Struktur der Wirklichkeit zu leben.

Ein Christ, der in der Wirklichkeit lebt, wird seinen Körper nicht außerhalb der Ordnung, die Gott uns gibt, an einen anderen Körper binden. Das heißt, Sex außerhalb des Bundes, mit dem ein Mann und eine Frau ihre ausschließlich füreinander bestimmte Liebe durch Christus besiegeln, kommt nicht in Frage. Der authentischen christlichen Lehre zufolge werden die beiden tatsächlich „ein Fleisch", in einem Sinne, der das rein Symbolische übersteigt.

Wenn Sex durch den Bund der Ehe geheiligt wird, dann heißt das, dass Sex innerhalb der Ehe ein Abbild der Liebe Christi zu seinem Volk, der Kirche, ist. Darin offenbart sich die wundersame, lebensspendende Kraft der geistigen Vereinigung, die sich ereignet, wenn ein Mann und eine Frau sich einander hingeben. Die Vorstellung, dass die Ehe etwas Geschlechtsneutrales sein könnte, ist der christlichen Tradition vollkommen fremd.

„Nie zuvor ist die Signifikanz des Geschlechtsunterschieds als abhängig von den Vorlieben eines Geschöpfs betrachtet worden, oder davon, ob Gott es einem einzelnen Geschöpf womöglich bestimmt hat, eine besondere Vorliebe zu haben", schreibt der katholische Theologe Christopher Roberts. „Wie vielleicht zum ersten Mal bei Luther ausgesprochen klar wurde, ist das Faktum einer nach Geschlechtern ausdifferenzierten Schöpfung den Menschen von Gott als eine Mitteilung darüber zugedacht, was es bedeutet, Mensch zu sein", führt Roberts weiter aus.[88]

Im Gegensatz zu den Ansichten der modernen Gender-Theorie lautet die Frage nicht *„Sind wir Männer oder Frauen?"*, sondern *„Wie sind wir als Männer und Frauen füreinander bestimmt?"*. Die Legitimität unserer sexuellen Begierden ist begrenzt durch die Gegebenheiten der Natur. Die Fakten unserer Biologie sind nicht nebensächlich für unsere Persönlichkeit. Die Ehe muss auf der Komplementarität der Geschlechter aufbauen, denn nur das männlich-weibliche Paar spiegelt die schöpferische Kraft der göttlichen Ordnung wider. „Als Mann und Frau schuf Er sie", sagt das Buch Genesis (1,27) und offenbart damit, dass die Komplementarität der Geschlechter in die Natur der Realität eingeschrieben ist.

Die Erleichterung von Scheidungen zerrt am heiligen Band der Ehe bis an die Grenze des Zerreißens, aber sie leugnet nicht die Komplementarität der Geschlechter. Die Homo-Ehe tut das. Ebenso gilt für die Transgender-Ideologie, dass sie die biologischen und metaphysischen Realitäten von Männlichkeit und Weiblichkeit nicht nur verbiegt, sondern zerbricht. Alles in dieser Debatte – und in vielen anderen Meinungsverschiedenheiten zwischen dem traditionellen Christentum und der Moderne – läuft auf die eine Frage hinaus: Ist die natürliche Welt mit ihren Beschränkungen eine gegebene Tatsache, oder steht es uns frei, damit nach eigenem Gutdünken zu verfahren?

Wohlgemerkt, ein goldenes Zeitalter, in dem alle Christen dem Ideal einer geordneten Sexualität gerecht geworden wären, hat es nie gegeben. Die Kirche hat sich von Beginn an mit sexueller Immoralität in ihren eigenen Reihen auseinandersetzen müssen – und seien wir ehrlich: Einige der Maßnahmen, die sie im Laufe ihrer Geschichte ergriffen hat, um die Unzucht zu bekämpfen, waren grausam und ungerecht.

Entscheidend ist jedoch, dass Sex in der Vorstellung der Christen der vormodernen Zeit auf eine Weise mit kosmischer Bedeutung aufgeladen war, wie das heute nicht mehr der Fall ist. Paulus ermahnte die Korinther: „Hütet euch vor der Unzucht", weil „euer Leib ein Tempel des Heiligen Geistes ist", und warnte sie: „Ihr gehört nicht euch selbst" (1. Kor 6,18f.). Er lehrte sie, dass ihre Körper heilige Gefäße seien, die *Gott* gehören – Ihm, in dem „alles Bestand" hat (Kol 1,17). Sexuelle Autonomie, scheinbar der am höchsten geschätzte Besitz des modernen Menschen, ist nicht nur moralisch falsch, sondern ein metaphysischer Irrtum.

Die revolutionärste aller Revolutionen

Unsere Erkenntnis dieser Wahrheit ist jedoch schon vor langer Zeit geschwunden. Nun sind wir am hintersten Ende einer sexuellen Revolution angelangt, die für das Christentum nichts Geringeres als eine Katastrophe gewesen ist. Sie hat der biblisch fundierten Lehre über Sex und die menschliche Person einen Hieb versetzt, der nah an ihren Kern ging, und hat die grundlegende christliche Konzeption von Gesellschaft, Familie und menschlicher Natur niedergerissen. Es kann keinen Frieden geben zwischen dem Christentum und der sexuellen Revolution, denn sie sind einander radikal feindlich gesinnt. In dem Maße, wie die sexuelle Revolution auf dem Vormarsch ist, muss das Christentum zurückweichen – und das hat es getan, und zwar schneller als die meisten Leute für möglich gehalten hätten.

Im Jahr 1996 führte das Meinungsforschungsinstitut *Gallup* erstmals eine Umfrage über die Ansichten der Amerikaner zur gleichgeschlechtlichen Ehe durch. Üppige 68 Prozent lehnten sie ab. Im Jahr 2015, kurz vor der Entscheidung des Obersten Gerichtshofs im Fall *Obergefell vs. Hodges*, die die gleichgeschlechtliche Ehe zu einem verfassungsmäßigen Recht erklärte, ergab eine neue *Gallup*-Umfrage, dass jetzt 60 Prozent der US-Bürger *dafür* waren.[89] Diese Zahl wird stetig weiter ansteigen, wenn die älteren Generationen sterben und jüngeren Platz machen, die zu einem überwältigenden Anteil pro-LGBT eingestellt sind.

Studien zeigen, dass eine gewaltige Mehrheit der Generation der Millennials, ob religiös oder säkular geprägt, die Forderungen der Schwulenbewegung unterstützt. Viele, die sich vom christlichen Glauben abgewandt haben, sagen, dass die negative Einstellung des Christentums gegenüber Homosexualität ein bedeutender Faktor für diese Entscheidung war. Unter Millennials, die sich als Christen definieren, gibt es große Mehrheiten zugunsten der Auffassung, die Kirchen müssten ihre Ansichten ändern.

Angesichts dieser Tatsachen könnte man denken, Kirchen, die ihre Lehren bezüglich Homosexualität gelockert haben (wie einige protestantische Konfessionen) oder deren Bedeutung herunterspielen (wie manche „progressiven" katholischen Ortsgemeinden), würden florieren. Aber das tun sie nicht. Eher gehen sie noch schneller den Bach runter als konservativere Gemeinden.

Zukünftige Historiker werden staunen, wie die sexuellen Bedürfnisse von lediglich drei bis vier Prozent der Bevölkerung zum Dreh- und Angelpunkt für das Umkippen und die Verdrängung einer ganzen Weltanschauung werden konnten. Zum Teil liegt die Antwort im Einfluss der Medien. Bereits im Jahr 1993 erschien in der einflussreichen linksgerichteten Wochenzeitschrift *The Nation* ein Leitartikel, der die Frage der Schwulenrechte als den Gipfel und Schlussstein des Kulturkampfes identifizierte:

> „All die gegenläufigen Strömungen der heutigen Befreiungskämpfe laufen zusammen im Kampf der Schwulen. Der historische Moment für die Schwulenfrage ist in mancher Hinsicht vergleichbar mit jenen, die andere Gemeinschaften in der Vergangenheit erlebt haben, aber die Tragweite ist doch noch größer: weil die sexuelle Identität quer durch die Gesellschaft in einer Krise ist und weil Schwule – als die offensichtlichsten Subjekte und zugleich Objekte dieser Krise – sich genötigt gesehen haben, eine ganze Kosmologie zu entwickeln, um sich in dieser Situation zurechtzufinden. Niemand behauptet, dass die Veränderungen leicht sein werden. Aber es erscheint möglich, dass eine kleine und verachtete sexuelle Minderheit Amerika für immer verändern wird.“[90]

Das erwies sich als richtig. Die Frage der Schwulenrechte an die Bürgerrechtsbewegung anzukoppeln, war ein strategisches Meisterstück. Obwohl Homosexualität und Rasse zwei sehr verschiedene Phänomene sind, nahmen die Medien die

Gleichsetzung als gegeben hin und gaben abweichenden Meinungen selten, wenn je, die Gelegenheit, gehört zu werden.

Wenngleich die unablässige Medienkampagne zugunsten der gleichgeschlechtlichen Ehe von entscheidender Bedeutung für deren Erfolg war, war sie doch nicht der wichtigste Faktor. Die Amerikaner akzeptierten die Homo-Ehe vor allem deshalb so problemlos, weil die dafür vorgebrachten Argumente im Grunde dem entsprachen, was sie ohnehin schon auch über die heterosexuelle Ehe dachten.

Wir haben die Homo-Ehe, weil die heterosexuelle Mehrheit sich angewöhnt hat, Sex als etwas zu betrachten, das in erster Linie für die persönliche Befriedigung und die Selbstentfaltung da ist und allenfalls in zweiter Linie für die Lebensweitergabe. Wir haben die Homo-Ehe, weil die heterosexuelle Mehrheit folgerichtig auch die Ehe unter diesen Gesichtspunkten zu betrachten gelernt hat – und inzwischen sind zwei Generationen von US-Amerikanern damit aufgewachsen, diese nominalistischen Anschauungen über Sex und Ehe als normativ vermittelt zu bekommen.

Modern zu sein – das haben wir bereits gesehen – heißt, die eigenen individuellen Begierden als den Maßstab von Autorität und Selbstdefinition aufzufassen. Der Philosoph Charles Taylor schreibt, die „gesamte ethische Einstellung des modernen Menschen setze den Tod Gottes (und natürlich auch den Untergang des sinntragenden Kosmos) voraus und sei eine Folgeerscheinung jenes Todes“[91].

Homo-Ehe und Gender-Ideologie markieren den endgültigen Triumph der sexuellen Revolution und die Entthronung des Christentums, denn sie verleugnen den Kern des christlichen Menschenbildes und zertrümmern die Autorität der Bibel. Eine in rechter Weise geordnete Sexualität ist in sich selbst nicht das Herzstück des christlichen Glaubens, aber wie Philip Rieff erkannte, ist sie nah genug an dessen Zentrum, dass der Verlust der klaren biblischen Lehre zu diesen Fragen die Gefahr in sich birgt, dass der Glaube seine fundamentale Integrität einbüßt. Das zeigt sich darin, dass Christen, die damit anfangen, die kirchlichen Lehren über Sexualität abzulehnen, entweder damit enden, sich ganz vom Christentum abzuwenden, oder die Grundlagen dafür legen, dass ihre Kinder es tun.

„Der Tod einer Kultur beginnt damit, dass ihre normsetzenden Institutionen es nicht mehr schaffen, Ideale so zu kommunizieren, dass sie innerlich verpflichtend bleiben", schrieb Rieff. Unter diesem Maßstab betrachtet, ist das Christentum in Amerika in akuter Lebensgefahr.

Wenn ein Restbestand an Christen in der Lage sein soll, zu überleben, dann muss er sich der sexuellen Revolution widersetzen. Aber wie?

Keine Kompromisse eingehen, um die jungen Leute bei der Stange zu halten

Die biblisch begründete Wahrheit über Sexualität zu verwässern oder zu verstecken, um die Generation der Millennials nicht zu verlieren, wird nichts bringen. Einige der protestantischen Großkirchen haben diese Strategie ausprobiert, und das hat ihren demographischen Kollaps nicht abgewendet. Es ist wahr, dass strenggläubige Konfessionen auch mit diesem Problem zu kämpfen haben, aber eine biblische Lehre über Bord zu werfen, um dadurch das Boot über Wasser zu halten, ist keine Lösung.

Ebenso ist es ein Fehler, die traditionelle Lehre über sexuelle Lauterkeit als *optional* zu behandeln – sei es offen oder insgeheim, also indem man es vermeidet, darüber zu sprechen, oder indem man über Verstöße hinwegsieht. Es ist unmöglich, die klaren Anweisungen des Christentums darüber, wie man ein geordnetes Sexualleben führen soll, auszuklammern und vom übrigen christlichen Leben abzutrennen. Das wäre, mit einem Wort, heuchlerisch.

„Gleichgültigkeit gegenüber sexuellen Fragen wird das Ende christlicher Rechtgläubigkeit bedeuten", urteilt ein evangelikaler Freund über die Einstellung vieler Christen, einschließlich vieler konservativer Christen.

Es ist wahr: Jemand kann vollkommen keusch leben und trotzdem in die Hölle kommen, wenn er ein kaltes Herz hat. Aber das ist kein Argument dafür, die klaren Lehren der Bibel zu missachten. Ob es uns gefällt oder nicht, Sex steht im Mittelpunkt der zeitgenössischen Kultur, und das zerreißt die Kirche. Man kann dem Kampf nicht aus dem Weg gehen, nicht in der eigenen Kirche und auch nicht in der eigenen Familie. Wer es zu vermeiden versucht, Partei zu ergreifen, der ergreift gerade dadurch sehr wohl Partei – und zwar nicht die der Bibel.

Davon abgesehen: Die Wahrheit zu verwässern, um die Mitgliederzahl der Gemeinde zu halten oder zu vergrößern, hieße, die Gemeinschaft zum Götzen zu machen.

Das Gute der Sexualität bekräftigen

Andrew T. Walker, ein baptistischer Laiengruppenleiter, der der Millennial-Generation angehört, berichtet, er sei in einer guten Kirchengemeinde aufgewachsen und habe dennoch nie auch nur eine einzige Predigt über christliche Anthropologie – das heißt, über die christliche Antwort auf die Frage: *Was ist der Mensch?* – oder über die biblische Sicht der Sexualität gehört, die über konservative Plattitüden hinausgegangen wäre.

„Ich kann mich nicht erinnern, dass ich je gelehrt worden wäre, dass mein Körper etwas Gutes ist. Niemand hat mir jemals erklärt, warum die Komplementarität der Geschlechter wichtig ist", erzählte er mir. „Wir sind so getrieben von einer Entertainment-Kultur; wenn ein Prediger verkünden würde, in den nächsten paar Wochen gibt es hier eine Predigtreihe über biblische Anthropologie, wären die meisten Gemeinden nicht sonderlich begeistert. Aber das ist falsch", betont er. „Das muss sich ändern, wenn wir in der Lage sein wollen, zu überleben und unseren Glauben weiterzugeben. – Leider fürchte ich, der durchschnittliche Christ in Amerika unterscheidet sich nicht von anderen Durchschnittsamerikanern: Im Grunde wollen wir alle nur, dass uns jemand sagt, was wir tun sollen und wie wir uns fühlen sollen. Ich meine nicht, dass unsere Kirchen zwangsläufig langweilig sein müssen, aber wir werden kreative Methoden entwickeln müssen, um bei wichtigen Themen in die Tiefe zu gehen."

Walker steht mit dieser Erfahrung nicht allein. Ich gehe seit über zwanzig Jahren regelmäßig zur Kirche und habe Gottesdienste in einer Vielzahl katholischer und orthodoxer Gemeinden im ganzen Land besucht. Eine Predigt, die mit einer gewissen Tiefe auf die Lehren des Christentums über die menschliche Person und über die rechte Ordnung der Sexualität eingeht, habe ich noch nie gehört. Und übrigens habe ich in all den Jahren überhaupt nur *eine* Predigt gehört, in der der Priester sich zur christlichen Lehre über Sexualität bekannt hat.

Allzu viele Geistliche scheuen sich, über Sex zu sprechen. Das müssen sie überwinden. Es ist schwer genug, in dieser über-erotisierten Kultur ein keusches Leben zu führen; Seelsorger sollten es den Leuten nicht noch schwerer machen, indem sie ihnen die Lehren und die Unterstützung vorenthalten, die sie brauchen, um im Glauben treu zu bleiben. Wenn in Predigten und anderen Äußerungen von Geistlichen und Autoritäten der Kirche nie von diesen Dingen die Rede ist, wird der Eindruck vermittelt, Sex und Sexualität seien nicht wichtig und die Kirche habe nichts Bedeutendes dazu zu sagen.

Das ist grotesk, ja sogar grausam. Für mich waren die Lehren der Kirche über die Bedeutung von Sex eine Befreiung, als ich als Erwachsener begann, den Glauben zu praktizieren. Ich hatte nach den Maßstäben der Welt gelebt, mein Leben ins Chaos gestürzt und andere verletzt. Endlich, in die Ecke gedrängt von meinen eigenen ungeordneten Begierden, ergab ich mich Christus.

Für einen 25-jährigen Amerikaner, der in einer Großstadt und in einem säkularen, hedonistischen Milieu lebt, bedeutet es ein schweres Kreuz, sich aus Treue zu Jesus für ein keusches Leben zu entscheiden. Ich litt darunter, aber mein Verlangen nach Christus war größer als mein Verlangen, meinem eigenen Willen zu folgen. Es dauerte fünf Jahre, bis ich am Ende einer asketischen Wanderung durch eine karge Wüste schließlich heiratete – und am Anfang dieses Weges konnte ich noch nicht wissen, ob er eines Tages in einer Ehe enden würde.

Heute jedoch ist mir klar, dass der Verzicht auf Sex aus Gehorsam gegenüber den Ansprüchen der Bibel genau das war, was ich damals brauchte, um mein Herz zu reinigen und mich auf die Ehe vorzubereiten. Doch so schwer es auch war, Keuschheit zu praktizieren: Es war schwerer, als es hätte sein müssen, denn ich erfuhr keinerlei Unterstützung von den Kirchengemeinden, denen ich angehörte.

Was hätte mir geholfen? Zum einen hätte die Kirche hin und wieder mal Flagge zeigen sollen – das soll heißen, es hätte mir in meinem Ringen um Gehorsam Kraft gegeben, hätte der Pfarrer der Gemeinde zu verstehen gegeben, dass sexuelle Disziplin ein wichtiger Teil des christlichen Lebens ist.

Sodann wäre es wünschenswert, dass Pfarrgemeinden Kurse für alleinstehende Erwachsene anböten, in denen eine vertiefte Auseinandersetzung mit der christlichen Lehre zur Sexualität stattfindet und Strategien entwickelt werden, diese Lehre im eigenen Leben umzusetzen. Aus solchen Kursen könnten sich auch kleine Gemeinschaften von Gläubigen entwickeln, die sich gegenseitig unterstützen.

Aber zum Teil war ich auch selbst schuld. Es gibt keine Vorschrift, die es einem Laien verbietet, eine solche Gruppe innerhalb der Pfarrei selbst zu gründen. Ich wartete darauf, dass jemand anders es tat. Meine Passivität als Christ in meinen Zwanzigern war ein Fehler, den ich heute bereue.

Nicht nur in dieser Hinsicht erwies mir meine Passivität einen schlechten Dienst. Ich bemühte mich nicht besonders stark darum, Freundschaften zu anderen strenggläubigen Christen zu pflegen, die entschlossen waren, ihren Glauben zu leben. Mir war damals nicht gänzlich klar, wie schwer es ist, auf dem Pfad der Treue zur christlichen Sexualmoral zu bleiben, wenn man diesen Weg *allein* geht. Ich hätte besser auf mich aufpassen sollen.

Trotz all dieser Misslichkeiten riss ich mich am Riemen, denn ich wusste aus Erfahrung, dass ich nicht in dieses spezielle Ägypten zurückkehren wollte. Als Erwachsenenkonvertit hatte ich mir mein Wissen darum, was Christus in Hinblick auf sexuelles Verhalten von Seinen Anhängern erwartet und wie Sexualität in das Gesamtgewebe der christlichen Lehre eingeflochten ist, selbst angeeignet.

Ein Autodidakt in Fragen der katholischen Sexualethik zu sein, machte mich zu einem Sonderfall unter den meisten Katholiken meiner Generation, die ich kannte. Ihnen war nie die ganze Fülle der kirchlichen Lehre über Liebe und Sexualität vermittelt worden, sofern ihnen *überhaupt* irgendwelche Lehren über Sexualität vermittelt worden waren. Mir schien, sie alle seien von Priestern und anderen erwachsenen Katholiken geformt oder vielmehr *ver*formt worden, denen die kirchliche Sexuallehre peinlich war und die sie deshalb herunterspielten, vielleicht auch um es zu vermeiden, die jungen Leute mit Wahrheiten zu konfrontieren, die sie problematisch finden könnten. Im Laufe der Jahre bin ich zu der Überzeugung gelangt, dass eine selbstbezogene Wohlfühl-Katechese weniger geeignet ist, einen Zugang zu einem reifen Christentum zu eröffnen, als vielmehr dazu, ihn zu versperren.

„Wenn die Kultur größeren Wert auf die Bedürfnisse des Egos legt als auf soziale Normen, sind laxere Einstellungen zur Sexualität die nahezu zwangsläufige Folge“, sagte die Psychologin Jean Twenge der *L.A. Times*.[92]

In den USA besteht ein massives Ungleichgewicht zwischen evangelikalen und katholischen Jugendlichen, was die Einstellung zur Sexualität angeht. Studien haben ergeben, dass zwar die Millennial-Generation als ganze erheblich liberaler in sexuellen Fragen ist als frühere Generationen, dass aber Evangelikale mit sehr viel höherer Wahrscheinlichkeit traditionelle christliche Wertvorstellungen vertreten als Katholiken. Tatsächlich leisten Katholiken sogar *so* schlechte Arbeit bei der religiös-moralischen Erziehung ihres Nachwuchses, dass katholische Millennials in sexuellen Fragen noch liberaler eingestellt sind als der Durchschnitt ihrer Generation.

Gleichzeitig gibt es in vielen Kirchen eine ansteigende Tendenz dazu, die biblischen Lehren über Sexualität herunterzuspielen oder völlig aufzugeben und sich stattdessen umso stärker auf die Bekämpfung von Armut, Rassismus und anderen Formen sozialer Ungerechtigkeit zu konzentrieren. Das ist eine falsche Alternative. Engagement für soziale Gerechtigkeit ist lobenswert, aber man erwirbt sich damit keinen Ablass für sexuelle Sünden. Insbesondere Jugendseelsorger müssen das unmissverständlich klar machen.

Moralismus genügt nicht

Wie wir gesehen haben, glauben viele Menschen in der westlichen Welt, beim Christsein gehe es vor allem darum, Gott als einen kosmischen Therapeuten zu betrachten und ansonsten zufrieden mit sich selbst und nett zu anderen zu sein. Das ist ein Pseudo-Christentum. Man kann zwar sagen, eine Version des Christentums, die das Leben in Christus auf ein ethisch-moralisches Regelwerk reduziert, sei in gewisser Hinsicht besser als nichts; aber der christliche Glaube ist das nicht.

Wenn die eigentliche Herausforderung der sexuellen Revolution auf kosmologischem Gebiet liegt, dann bedeutet das: Eine Kirche, die auf diese Herausforderung mit bloßer Mittelklasse-Moral zu reagieren versucht, tritt mit Messern zu einem Pistolenduell an. Die trockenen, spröden Vorschriften des Moralismus zerfallen zu Asche angesichts des erotischen Dramas, das die Bibel uns offenbart.

Das Buch Genesis verrät uns, dass Männlichkeit, Weiblichkeit und Sexualität von Gott erschaffen und in Seine Schöpfungsordnung eingebunden sind. Mann und Frau werden „ein Fleisch" und bleiben dabei dennoch ganz sie selbst, denn so hat Gott die Natur des Bundes zwischen Ihm und jedem einzelnen Menschen eingerichtet.

Dies war etwas radikal Neues für die Welt. Wie Papst Benedikt XVI. geschrieben hat: „Die Art, wie Gott liebt, wird zum Maßstab menschlicher Liebe. Diese feste Verknüpfung von *Eros* und Ehe findet kaum Parallelen in der außerbiblischen Literatur."[93]

Immer wieder beschreiben die Autoren des Alten Testaments Gottes Bund mit Israel mit Begriffen von Ehe und Untreue. Gott liebt Israel *persönlich*, und aus Seinem Bund mit diesem Volk wird die Geburt des Messias hervorgehen, der die gefallene Schöpfung erlösen wird.

Nur in der Treue zum Herrn, nur indem es Seine Liebe annimmt und erwidert, kann Israel sich selbst erkennen.

Jesus, geboren von einer Jungfrau, erfüllte mit Seinem Leben das Gesetz, dann gab Er sich am Kreuz hin, in einem Akt der vollkommenen Liebe, für das Heil aller. Wenngleich das

Neue Testament zahlreiche scharfe Warnungen vor sexueller Unmoral enthält, ist Keuschheit um ihrer selbst willen nicht das Ziel. Vielmehr ist Keuschheit, wie wir gesehen haben, ein Mittel, durch das der erotische Instinkt des Menschen kanalisiert und neu ausgerichtet wird, ausgerichtet auf eine fortdauernde Beziehung zu Gott.

Ungezügelte erotische Leidenschaft bringt Chaos und Zerfall hervor. Ein *Eros*, der sich Christus unterwirft, trägt Frucht in Gestalt von Kindern, stabilen Familien und Gemeinschaften. Der zeitgenössische orthodoxe Theologe Olivier Clément sagte, das spirituelle Geheimnis des Christentums bestehe darin, dass die Liebe Gottes durch die Körper der Menschen strömt und ebenso durch das Universum, mit dem sie verbunden sind. Im Christentum wird das individuelle Begehren (*Eros*) gereinigt und verwandelt in *Agape* – bedingungslose, selbstlose Liebe.

Dantes *Göttliche Komödie*, die größte literarische Schöpfung des Mittelalters, ist ein atemberaubend kraftvolles Porträt der vielfältigen Dimensionen der Liebe: der Leidenschaft des Pilgers Dante für Beatrice ebenso wie der Herrlichkeit, die die Schöpfung verklärt, wenn ein Mensch alle anderen Ausdrucksformen seiner Liebe durch sein Verlangen nach Gott bestimmen lässt. Dies ist Liebe als prachtvolles kosmisches Drama, das Raum und Zeit überschreitet, in dem jedes Individuum in den ewigen Tanz eintritt und Anteil hat an der „Liebe, die die Sonne und alle anderen Sterne bewegt".

Die christliche Lehre über Sex und Sexualität auf eine kahle, langweilige Du-sollst-nicht-Moral zu reduzieren, ist ein Zerrbild und ein Versagen der Vorstellungskraft. Man mag dem Mut einiger konservativer Geistlicher Respekt zollen, die sich nicht vor ihrer Pflicht drücken, die Wahrheit über Sexualität zu sagen; doch wenn sie dabei auf sexuelle Unmoral einhämmern, als wäre sie die einzige schwere Sünde oder irgendwie losgelöst von einer Vielzahl anderer Sünden aus Leidenschaft, dann verzerren sie die Botschaft des Evangeliums und untergraben ihre Glaubwürdigkeit. Dieser beklagenswerte Reduktionismus verrät eine Unfähigkeit, aus dem reichen, unerschöpflichen Quell der theologischen und künstlerischen Traditionen des Christentums zu schöpfen. Letztlich handelt es sich darum, dass Christen ihre ureigene großartige Geschichte über Eros, Kosmos und *Theosis* – das griechische Wort für „Einssein mit Gott", das ultimative Ziel der christlichen Pilgerschaft – vergessen haben.

„Das ganze Leben wird heutzutage bestimmt von Erzählmustern und Bildern, die die alten Grenzziehungen nicht mehr widerspiegeln", sagt der Soziologe Christian Smith. „Die Kirchen müssten dazu etwas zu sagen haben. Ihre Aufgabe wäre es, wieder und wieder zur Wasserquelle des Evangeliums zurückzukehren und den Menschen eine wirklich alternative, transzendente *Story* anzubieten. Wenn sie das nicht können, wenn sie über bloßen Moralismus nicht hinauskommen, dann sollten sie's besser gleich bleiben lassen."

Wenn das Christentum eine wahre Geschichte ist, dann ist die Geschichte, die die Welt uns über sexuelle Befreiung erzählt, ein großer Betrug. Eine Fälschung. Und wie der Romancier Walker Percy rät, müssen wir das Falsche im Namen des Wahren attackieren. Wir Christen müssen bessere Erzähler unserer eigenen *Story* werden. Junge Leute wird man nicht mit Argumenten von der christlichen Keuschheit überzeugen oder mit moralistischen Maximen einschüchtern. Schönheit und Güte, verkörpert in großer Kunst und Literatur wie auch im Leben einfacher Christen, verheirateter wie alleinstehender, sind das einzige, was wirklich überzeugen kann.

Eltern müssen die ersten Sexualerzieher ihrer Kinder sein

Was wir nicht selbst tun, tut die Kultur für uns. Die Verseuchung des öffentlichen Raumes mit Pornographie schreitet zügig voran. Um einen Satz des verstorbenen großen Medienwissenschaftlers Neil Postman abzuwandeln: Wenn Kinder Zugang zu Computern und Smartphones haben, auf denen sie Hardcore-Pornographie ansehen können, ist die Kindheit vorbei.

Väter und Mütter müssen erheblich offensiver vorgehen, um den Zugang ihrer Kinder zu Medien und Technologie zu regulieren. Aber selbst dann ist es nicht möglich, sie permanent in einer Blase zu halten. Wenn öffentliche Schulen an Orten wie Washington vom Kindergarten an Gender-Ideologie lehren, können Eltern sich auf nichts mehr verlassen. Darum müssen wir schon früh damit beginnen, mit unseren Kindern über Sex und Sexualität zu sprechen, und es *oft* tun.

Kinder wachsen heute in einer Kultur auf, die danach strebt, die natürliche Familie – bestehend aus einem Mann und einer Frau, die sich ausschließlich aneinander gebunden haben, und ihren gemeinsamen Kindern – auszulöschen. Es gilt heutzutage als fanatisch, der Meinung zu sein, die natürliche Familie sei höherwertig als andere Beziehungsformen. In der Schule, und erst recht in der populären Kultur, wird Kindern heutzutage sogar beigebracht, dass ihr „soziales Geschlecht" („Gender") keine feststehende Kategorie und nicht an ihr biologisches Geschlecht gekoppelt sei. Zudem sind Gelegenheitssex, Scheidung und uneheliche Geburt in unserer Kultur so normativ geworden, dass man den jungen Leuten keinen Vorwurf machen kann, wenn sie verwirrt sind. Die neue Normalität ist, dass es keine Normalität gibt.

„Ich mache mir ständig Sorgen um meine Studenten, ob sie je in der Lage sein werden, ein Familienleben zu führen", sagte mir eine Professorin an einem konservativen Evangelikalen College. „Die meisten von ihnen haben nie erlebt, wie eine traditionelle Familie aussieht."

Vor diesem Hintergrund ist es zwingend notwendig, dass wir unseren Kindern beibringen, dass Kinder ein uneingeschränkter Segen sind und dass Fruchtbarkeit keine Krankheit ist.

Es ist oft nicht leicht, den richtigen Zeitpunkt und die richtige Strategie für solche Gespräche mit seinen Kindern zu finden. Ein großartiges Hilfsmittel für Familien ist die *Humanum*-Serie, eine kostenlos auf *YouTube* abrufbare sechsteilige Reihe von Kurzfilmen, die die traditionelle christliche Sicht auf Sexualität, Geschlecht, Ehe und Familie vorstellt.

Die *Humanum*-Videos, die im Auftrag des Vatikan und unter Mitwirkung christlicher und anderer Familien von überall auf der Welt produziert worden sind, erkunden die kosmische Dimension von Gottes Plan für die Familie mit fundierten, aber dennoch leicht verständlichen Worten und Bildern. Themen der Reihe sind die Bedeutung von Ehe und Sexualität, die Rolle der Familie, Fragen von Männlichkeit und Weiblichkeit, wie die Ehe Menschen hilft, Bedrängnisse zu bewältigen, das Verhältnis zwischen Ehe und Gesellschaft und so weiter. Keins der sechs *Humanum*-Videos ist länger als zwanzig Minuten. Sie sind kein bisschen moralisierend, vielmehr erstaunlich durchdacht und differenziert und vermitteln eine innige Freude an der traditionellen Vision von Sexualität, Ehe und Familie.

Meine Frau und ich haben die Filmreihe mit unseren drei Kindern angesehen, als sie sechzehn, zwölf und neun Jahre alt waren. Die Videos waren durchweg familientauglich und hervorragend dazu geeignet, Diskussionen zu ihren Themen anzustoßen. Kaum etwas ist für christliche Eltern so schwer, wie die moralische Vorstellungskraft ihrer Kinder über Sexualität auszubilden – nicht zuletzt, weil es nicht leicht ist, einen Weg zu finden, die biblischen Wahrheiten auf gewinnende und attraktive Weise zu artikulieren. In dieser Hinsicht sind die *Humanum*-Filme ein echtes Geschenk für Familien – und für Kirchen.

Die *Humanum*-Serie bekräftigt mit bewundernswertem Geschick die Ökologie der natürlichen Familie. Wie schon gesagt: Kinder wachsen heute in einer Kultur auf, die danach strebt, die natürliche Familie – bestehend aus einem Mann und einer Frau, die sich ausschließlich aneinander gebunden haben, und ihren gemeinsamen Kindern – auszulöschen. Christliche Eltern können nicht voraussetzen, dass ihre Kinder von selbst verstehen, dass die natürliche Familie Gottes Plan für die Menschheit ist. Wir müssen das in unserer Lehre unmissverständlich deutlich machen. Und zugleich müssen wir es auch *unausgesprochen* deutlich machen, indem wir mit unserem Leben ein Beispiel für gegenseitigen Respekt, Opferbereitschaft, Zugewandtheit und für all das Gute geben, das aus einer geistlich fruchtbaren Ehe erwächst.

Unverheirateten Gemeindemitgliedern Liebe und Unterstützung erweisen

Da junge Erwachsene in unserer Gesellschaft immer später heiraten, wird es sehr wahrscheinlich einige alleinstehende Christen in Deiner Kirchengemeinde geben. Ich sagte es bereits: Die Kirche kann für Singles ein einsamer Ort sein. Ich war fast dreißig, als ich heiratete, und in den Kirchengemeinden, die ich als unverheirateter Mann besuchte, fühlte ich mich oft unsichtbar.

Es ist unschwer einzusehen, dass die Kirche Ehe und Familie als ideale Form des christlichen Lebens hochhalten, aber in der Praxis kann das leicht dazu führen, dass das Leben und das Zeugnis derer, die (noch) keine Berufung zur Ehe empfangen haben, abgewertet wird. Verheiratete Christen neigen dazu, die Unverheirateten in ihren Kreisen zu bemitleiden, sofern sie überhaupt an sie denken. Und es wird alleinstehenden Christen, die von den Schwierigkeiten ihres Lebensstandes entmutigt sind, allzu leicht gemacht, in Selbstmitleid und Bitterkeit zu versinken.

Demgegenüber macht das Beispiel des monastischen Lebens sehr deutlich, welche geistlichen Früchte aus dem unverheirateten Lebensstand erwachsen können, wenn dieser auf Christus ausgerichtet ist.

„Jeder sucht nach Liebe. Das ist das fundamentalste menschliche Bedürfnis. Ob man diese Liebe in fleischlichen

Genüssen, in materiellem Besitz oder in Gott sucht: Jeder ist auf der Suche“, sagt Bruder Evagrius aus Norcia. „Als Mönch zu leben, bedeutet im Kern, alle anderen Freuden zugunsten der Liebe Gottes aufzugeben. Alles im Leben eines Mönchs ist darauf ausgerichtet, dir zu helfen, dieses Ziel zu erreichen.“

Eine Kirchengemeinde kann kein Kloster sein, aber es gibt keinen Grund, weshalb sie nicht bemüht sein sollte, ihre alleinstehenden Mitglieder näher an sich zu ziehen und sie als Teil der kirchlichen Familie anzunehmen. Wie Bruder Augustinus mir verriet, gibt es Tage, an denen er von der Strenge des klösterlichen Lebens erschöpft ist; an solchen Tagen, sagt er, vertraut er darauf, dass die Nächstenliebe seiner Brüder ihn durch diese Phasen der Schwäche hindurch trägt. Sollten wir in unseren Gemeinden nicht in der Lage sein, unseren unverheirateten Brüdern und Schwestern in ähnlicher Weise zu dienen?

Mehr noch: Wenn eine Kirchengemeinde über die nötigen Mittel verfügt, sollte sie erwägen, nach Geschlecht getrennte Wohngemeinschaften für alleinstehende Mitglieder einzurichten, in denen diese ein von Gebet geprägtes Gemeinschaftsleben praktizieren können, das man als laienklösterlich bezeichnen könnte. Es ist so schwer, in einer so erotisierten Kultur wie der unseren keusch zu leben, besonders wenn Keuschheit ein so geringes Ansehen genießt. Von der Welt ist nichts anderes zu erwarten, aber die Kirche sollte in dieser Hinsicht anders sein.

Alle unverheirateten Christen sind zu einem zölibatären Leben aufgerufen, aber sofern sie heterosexuell sind, haben sie immerhin die Aussicht auf eine mögliche Ehe. Für homosexuelle Christen gilt das nicht, und das macht ihre Mühsal noch härter.

Noch schlimmer ist, dass viele homosexuelle Christen Ablehnung von genau den Leuten erfahren, auf deren Unterstützung sie zählen können sollten: von der Kirche. Die wütende Heftigkeit, mit der viele Schwulenaktivisten das Christentum verdammen, wurzelt zu einem wesentlichen Teil in der in ihrem kulturellen Gedächtnis gespeicherten Erinnerung an Zurückweisung und Hass seitens der Kirche. Christen müssen sich diesen Teil ihrer Vergangenheit eingestehen und ihn bereuen.

Doch das heißt nicht – und *kann* nicht heißen –, dass wir die klare, bindende, biblisch begründete Lehre über Homosexualität aufgeben sollten. Homosexuelle Christen sind, wie alle unverheirateten Christen, zu einem Leben in Keuschheit berufen. Das ist ein schweres Kreuz, aber eines, das in Gehorsam nicht zurückgewiesen werden kann.

Unsere homosexuellen Brüder und Schwestern in Christus sollten dieses Kreuz nicht allein tragen müssen. In den vergangenen Jahren haben viele Christen mit gleichgeschlechtlichen Neigungen, die in Treue zur kirchlichen Lehre leben, mit der „*Spiritual Friendship*"-Bewegung ein Sprachrohr für sich gefunden. Die Bewegung baut auf den Schriften des Hl. Aelred von Rievaulx auf, eines Abtes aus dem 12. Jahrhundert.

„Aelred hat mir geholfen zu verstehen, dass der Gehorsam gegenüber Christus mir mehr bietet als bloß den Verzicht auf Sex und Romanzen", sagt Ron Belgau, einer der Begründer der Bewegung. Keusche Freundschaften, die Christus in den Mittelpunkt stellen, eröffnen einen konstruktiven und erfüllenden – wenn auch zuweilen anspruchsvollen – Weg zur Heiligkeit."[94]

Das ist eine wichtige Feststellung, für homo- und heterosexuelle Christen gleichermaßen. Allzu oft wird über Keuschheit gesprochen, als bestünde sie nur darin, Sex abzulehnen. Wenngleich wir die realen und nicht selten schmerzhaften Opfer, die die christliche Ethik unverheirateten Gläubigen abverlangt, nicht leugnen dürfen, sollten wir es nicht versäumen, auch das Gute zu betonen, das aus dieser Preisgabe der Sexualität entspringen kann. Obwohl das Mönchtum noch nicht existierte, als das Neue Testament geschrieben wurde, sagte Jesus, manche seien von Gott zu einem Leben als keusche Alleinstehende berufen („Eunuchen um des Himmelreiches willen"). Das ist ein steiler Weg zur Heiligkeit, ein besonders steiniger Weg unter den Bedingungen unserer durch und durch erotisierten Kultur, aber dennoch *ist* es für einige ein Weg zur Heiligkeit. Wir wissen es aus Jesu eigenen Worten.

Es ist schwer für alleinstehende Christen, diesem Weg treu zu bleiben; aber nochmals: Für heterosexuelle Christen gibt es immerhin de Möglichkeit der Heirat. Wenn wir wollen, dass homosexuelle Christen das zölibatäre Leben akzeptieren, dann müssen wir ihnen in unseren Kirchen, unseren Familien und in unserem persönlichen Leben mit Liebe, Achtung und Freundschaft begegnen.

Und mehr noch: Auch jenen homosexuellen Christen, die die traditionelle Lehre der Kirche ablehnen, müssen wir dennoch mit Liebe begegnen, denn auch in ihnen begegnet uns das Antlitz Christi. Liebe siegt, wenn auch nicht in dem Sinne, wie die LGBT-Bewegung diesen Slogan benutzt. Dennoch, Liebe siegt. Christen dürfen das niemals vergessen.

Pornographie mit allen Mitteln bekämpfen

Ich fragte einmal einen befreundeten katholischen Priester, welches Problem am häufigsten in der Beichte zur Sprache komme. „Pornographie“, antwortete er. „Nichts anderes kommt dem auch nur nahe.“

Dasselbe höre ich seit Jahren auch von anderen Geistlichen. Es ist ein Problem von überwältigenden Ausmaßen – und die Kirche ist kein sicherer Zufluchtsort. Im Jahr 2014 veröffentlichte die *Barna Group*, ein evangelikales Meinungsforschungsinstitut, eine Studie, derzufolge Christen sich hinsichtlich des Konsums von Pornographie nicht wesentlich von der übrigen Bevölkerung unterscheiden.[95]

Obwohl Pornokonsum in allen demographischen Gruppen zunimmt – zum Teil deshalb, weil das Internet den Zugang zu Pornographie erheblich erleichtert hat –, zeigen Studien eine besonders bahnbrechende Zunahme bei jungen Erwachsenen auf. In der Altersgruppe der 18- bis 24-jährigen halten 96 Prozent der von Barna befragten Personen Pornographie nicht für etwas Schlechtes. Neun von zehn Teenagern sind derselben Ansicht. Und obwohl Pornokonsum weit überwiegend ein männliches Phänomen ist, gibt fast jede fünfte junge erwachsene Frau an, Pornos zu schauen.

Die moralischen und spirituellen Schäden, die Pornographie anrichtet, sollten eigentlich offensichtlich sein. Pornographie entmenschlicht, und sie zerstört das Abbild Gottes in den Gesichtern der Mitwirkenden. Zudem gewöhnt sie ihre Konsumenten daran, andere als depersonalisierte Objekte sexueller Befriedigung wahrzunehmen. Sie zerstört den Zusammenhang zwischen Sex und Liebe. Das alles sind keine Neuigkeiten.

In jüngster Zeit jedoch haben Neurowissenschaftler entdeckt, dass Pornokonsum potentiell verheerende Auswirkungen auf das Gehirn hat. Pornos anzuschauen, überflutet das Lustzentrum des Gehirns mit Dopaminen. Je mehr Pornographie jemand konsumiert, desto mehr davon – in immer extremeren Varianten – braucht er, um denselben Dopamin-Kick zu erleben. Pornographie programmiert buchstäblich das Gehirn um und erschwert es dadurch Langzeitkonsumenten, von wirklichen Menschen sexuell erregt zu werden.

Im Jahr 2015 beleuchtete eine Titelstory des *Time*-Magazins über die Allgegenwart von Pornographie die Erfahrungen junger Männer, deren Erwachsenwerden in die Zeit nach der Einführung des Smartphones im Jahr 2007 fiel und die somit rund um die Uhr einen tragbaren Zugang zu Hardcore-Pornovideos hatten. Die Autorin Belinda Luscombe stellte fest:

> „Diese Generation hat sexuell eindeutige Inhalte in einem Umfang und einer Variationsbreite konsumiert, wie es nie zuvor möglich war, auf Geräten, die darauf ausgerichtet sind, Inhalte prompt und vertraulich zu übermitteln, und das alles in einem Alter, in dem die Plastizität des Gehirns – also seine Fähigkeit, dauerhafte Veränderungen zu manifestieren – weit größer ist als später im Leben. Diesen jungen Männern ergeht es wie ahnungslosen Meerschweinchen in einem weitgehend unbeaufsichtigten, zehn Jahre dauernden Experiment in Sachen sexueller Konditionierung.“[96]

Männer in der Blüte ihrer Jugend, die vor Männlichkeit strotzen sollten, klagen über Impotenz und über ihre Unfähigkeit, normale Beziehungen zu Frauen aufzubauen. Auf diese Weise stirbt die Aussicht, Kinder zur Welt zu bringen und Familien zu gründen.

Christen, insbesondere christliche Eltern, können es sich nicht erlauben, diese Dinge auf die leichte Schulter zu nehmen. Außer dass sie mit ihren Kindern schon früh über Pornographie werden sprechen müssen, sollten sie sich fest vornehmen, ihren Kindern keine Smartphones mit Internetzugang in die Hand zu geben – und überhaupt keinen unbeaufsichtigten Internetzugang, Punkt. Eltern müssen sich den Freundeskreis ihrer Kinder sehr genau ansehen und strenge, entschiedene Maßnahmen ergreifen, wenn Pornographie auf der Bildfläche erscheint. Wenn Du entdeckst, dass im sozialen Umfeld Deines Sohnes Pornos kursieren, kannst Du nicht einfach sagen „Na ja, das macht doch jeder." Du musst entschlossen handeln.

Mögliche Zugänge zu Pornographie zu unterbinden, ist für sich allein jedoch noch keine zuverlässige Lösung. Wir müssen unsere Kinder dazu erziehen, den Zusammenhang von Sex und Liebe in der gesamten Ökonomie des Kosmos zu begreifen. Das ist nichts, was man dadurch erreichen kann, dass man sich ein- oder zweimal mit seinem Kind zu einem Gespräch zusammensetzt. Es erfordert jahrelange ausdauernde Arbeit, und dazu braucht es die aktive Unterstützung der Kirche.

*

Eine kosmologische Antwort auf die sexuelle Revolution erfordert es, dass wir uns selbst – und dann unsere Kinder – über die soziale Dimension von Sexualität unterrichten. Sex ist nicht allein mit der göttlichen Ordnung verknüpft, sondern schafft auch Verbindungen zwischen Individuen, Familien und der Gemeinschaft.

„Sex, genau wie jede andere allgemein verbreitete notwendige, wertvolle und explosive Kraft, geht jeden etwas an", sagt Wendell Berry.[97]

Wir modernen Menschen in der westlichen Welt neigen dazu, Sex, wie so vieles andere in der gegenwärtigen Gesellschaft, als reine Privatangelegenheit zu betrachten, als eine Angelegenheit individueller Rechte. Aber das stimmt so nicht. Die Regeln, Rituale und Traditionen einer Gemeinschaft, die die Sexualität betreffen, zielen – so Berry – darauf ab, „ihre Energie, ihre Schönheit und ihre Freude zu bewahren; die ihr innewohnende Kraft zu bewahren und zu verdeutlichen, nicht nur Mann und Frau, sondern Eltern und Kinder, Familien mit der Gemeinschaft und die Gemeinschaft mit der Natur zu verbinden; und so weit wie möglich sicherzustellen, dass die Erben der Sexualität, wenn sie mündig geworden sein werden, ihrer würdig sind."

Berry fährt fort: „Wenn eine Gemeinschaft diesen Prozess der Weitergabe nicht beschützen kann, dann kann sie überhaupt nichts beschützen – und unsere Zeit beweist das."

In der Tat. Unsere Aufgabe als „Benedikt-Options"-Christen ist es, Gemeinschaften zu bilden, in denen eine gesunde Keuschheit und Treue diese Gabe schützen und an die künftigen Generationen weitergeben können. Um dies zu erreichen, müssen wir eine der kulturell transformierendsten Technologien der Geschichte der Menschheit meistern: das Internet.

KAPITEL 10

Mensch und Maschine

An einem warmen Frühlingswochenende des Jahres 2016 reiste ich zu einer Konferenz über die Benedikt-Option, die in der *Clear Creek Abbey*, einem Benediktinerkloster tief im ländlichen Oklahoma, stattfand. Als ich dort ankam, war ich irritiert, festzustellen, dass dieser Ort so fernab der Zivilisation lag, dass es dort keinen Handyempfang gab. WLAN gab es nur, wenn man sich an einen bestimmten Punkt in einem Gebäude auf dem Konferenzgelände oder in eine bestimmte Ecke des Gästequartiers des Klosters stellte und dann das Beste hoffte. Für die Dauer jenes Wochenendes war ich weitgehend abgeschnitten von der Außenwelt.

Ich war verblüfft, wie nervös mich das machte. Zwanzig Jahre zuvor wäre mir an dieser Situation überhaupt nichts ungewöhnlich vorgekommen, und so wäre es wohl den meisten Amerikanern gegangen. Im Jahr 2013 besaßen erstmals über 90 Prozent der Bevölkerung Mobiltelefone, und schon 2015 waren erstaunliche 64 Prozent davon Smartphones.[98] Das *Pew Research* Center hat das Mobiltelefon als die „am schnellsten angenommene Verbrauchertechnologie der Geschichte" bezeichnet.[99] Über eine Mobilfunkverbindung zu verfügen, ist etwas so völlig Normales geworden, dass es uns nicht einmal mehr auffällt – bis wir plötzlich keine mehr haben.

Während des besagten Wochenendes glitt meine Hand jedes Mal, wenn auch nur die leiseste Flaute in der Unterhaltung eintrat, reflexartig in meine Tasche, um mein iPhone hervorzuziehen und „mal eben schnell" einen Blick auf Facebook, Twitter, meine E-Mails oder die Nachrichten zu werfen. Aber es war nicht da. Ich war vom Netz genommen, isoliert; mir war für die Dauer dieser Konferenz über Klosterthemen ein unfreiwilliges digitales Fasten auferlegt worden. Diese ungeplante Übung in Askese war aufschlussreich für mich – und es gefiel mir ganz und gar nicht.

Während ich dasaß und Vorträge anhörte, griff ich jedes Mal, wenn meine Aufmerksamkeit auch nur ein wenig nachließ, nach meinem iPhone. Die Redner waren wirklich gut, aber trotzdem fiel es mir schwer, ihnen meine volle Aufmerksamkeit zuzuwenden. Bin ich immer so? – Ja, leider, so bin ich. Es war mir so in Fleisch und Blut übergegangen, dass ich meine Sucht nicht als solche erkannte – zum Teil auch deshalb, weil annähernd jeder, den ich kenne, sich genauso verhält.

Dies ist für uns alle in der heutigen Zeit ein riesiges Problem, aber für Christen ganz besonders. Mein unerwartetes technologiefreies Wochenende zwang mich dazu, sehr ernsthaft darüber nachzudenken, wie sehr Smartphone und Computer mein Leben bestimmen – und was für eine massive Herausforderung die Technologie an ein authentisch christliches Leben im 21. Jahrhundert stellt.

Da sind einerseits die offensichtlichen Fälle: Leute, die nicht in der Lage sind, ihren Smartphone-Gebrauch zu kontrollieren – die ihren Internetzugang nutzen, um Pornos zu schauen, oder den ganzen Tag auf einer Couch im Keller herumlümmeln und Videospiele spielen, statt sich den Pflichten des täglichen Lebens zu widmen. Aber das Problem geht tiefer. Internet-Technologie in ihren diversen Erscheinungsformen ist ein Phänomen, in dessen Natur es liegt, unsere Aufmerksamkeit zu fragmentieren und zu zerstreuen wie nichts anderes, unsere Fähigkeit, einen Sinn in der Welt zu entdecken, radikal zu beeinträchtigen, unser Gehirn physiologisch umzuprogrammieren und uns mehr oder weniger hilflos unseren Impulsen auszuliefern.

Wir glauben, unsere vielen Technologien würden uns größere Kontrolle über unser Schicksal verleihen. In Wirklichkeit haben sie angefangen, *uns* zu kontrollieren. Und das verweist uns auf einen weit fundamentaleren Aspekt von Technologie: Sie ist eine Ideologie, die unsere Wahrnehmung der Realität konditioniert.

Technologie zu nutzen bedeutet, an einer kulturellen Liturgie teilzunehmen, die uns, wenn wir nicht aufpassen, daran gewöhnt, die zentrale These der Moderne zu akzeptieren: dass der einzige Sinn, den es in der Welt gibt, derjenige ist, den wir selbst – in unserer endlosen Jagd nach Beherrschung der Welt – den Dingen zuschreiben. Wie wir in einem früheren Kapitel gesehen haben, gebar die frühe Moderne die Idee, die Wissenschaft solle dazu dienen, die Natur zu beherrschen – „zur Erleichterung des menschlichen Standes", wie Francis Bacon es formulierte. Und es war René Descartes, der sagte, wir könnten „Herrscher und Besitzer der Natur" werden, und dessen Philosophie die Menschen des Westens lehrte, die Natur – einschließlich des menschlichen Körpers – als eine Art Maschine zu betrachten.

Wenn wir Technologie ganz nach unserem Belieben nutzen können, solange das Ergebnis nur zu unserer Zufriedenheit beiträgt, dann ist jede Realität „virtuelle Realität“, das heißt, sie steht jeder Interpretation offen, die uns beliebt. Es gibt keine natürlichen Beschränkungen, höchstens solche, zu deren Überwindung unsere technologischen Möglichkeiten noch nicht ausreichen. Diese Sichtweise ist in der modernen Welt allgegenwärtig, aber sie steht zutiefst im Widerspruch zur christlichen Lehre.

Familien und Gemeinschaften, die die Benedikt-Option leben wollen, aber der Technologie gegenüber apathisch bleiben, untergraben damit unwillentlich nahezu alles, was sie zu erreichen streben. Technologie ist in sich selbst eine Art von Liturgie – insofern, als sie uns lehrt, unsere Erfahrungen in der Welt auf eine bestimmte Weise einzuordnen. Und wenn wir uns nicht vorsehen, kann sie unsere Beziehung zu Gott, zu anderen Menschen und zur materiellen Welt, ja sogar unsere Selbstwahrnehmung, tiefgreifend entstellen.

Technologie ist nicht moralisch neutral

Die meisten Menschen nehmen an, Technologie sei nichts als angewandte Wissenschaft, und ihre moralischen Implikationen hingen allein davon ab, wozu sie genutzt wird. Das ist naiv. In einer eindrucksvollen Ansprache an eine Versammlung von Katholiken in Philadelphia im Jahr 2015 erklärte der Wissenschaftsphilosoph Michael Hanby: „Bevor Technologie zum Instrument wird, ist sie in einem fundamentalen Sinne eine Art, die Welt zu betrachten; und sie enthält in sich selbst ein bestimmtes Verständnis des Seins, der Natur und der Wahrheit.“[100]

Worauf will Hanby mit dieser Aussage hinaus? Schon seit Jahrtausenden benutzen Menschen Werkzeuge und beeinflussen damit ihre Umwelt. Technologie als umfassende Weltanschauung entstand jedoch erst mit der Vorstellung, dass die Natur keinen ihr eingeschriebenen Sinn habe – einer Idee, die mit dem Nominalismus ihren Anfang nahm und in der frühen Moderne ihren Durchbruch erlebte. Laut dieser Sichtweise ist Materie nur *Material*. Für den *technologischen Menschen* ist „Wahrheit" das, was ihm nützt, seine Herrschaft über die Natur auszudehnen und dieses Material zu Gegenständen zu formen, die für ihn nützlich oder angenehm sind, womit er den seinem Verständnis zufolge den Sinn der Existenz erfüllt. Die Welt technologisch zu betrachten bedeutet demnach, sie als Material zu betrachten, das dazu da sei, der Herrschaft des Menschen unterworfen zu werden, einer Herrschaft, die keine anderen Grenzen kennt als die der Vorstellungskraft.

Im klassisch christlichen Verständnis hingegen besteht wahre Freiheit für die Menschheit, ihrer Natur entsprechend, in der liebenden Unterwerfung unter den Willen Gottes. Alles, was nicht von Gott stammt, ist Sklaverei. In seinem 1993 erschienenen Buch *„Das Technopol"* legte Neil Postman dar, dass vormoderne Kulturen ihren Gebrauch von Werkzeugen durch ihre metaphysischen und theologischen Überzeugungen steuern ließen. Erst in der modernen Zeit, mit dem Aufstieg der Technologie, haben unsere Werkzeuge den Spieß umgedreht und die Macht gewonnen, unsere metaphysischen und theologischen Überzeugungen zu steuern.

Das rührt daher, dass der *technologische Mensch* Freiheit als Befreiung von allem versteht, was das autonome Individuum nicht frei gewählt hat. Vielleicht erklärt das, warum gerade

Amerikaner die Technologie so naiv optimistisch betrachten. Wie der Philosoph Matthew Crawford angemerkt hat, wurzelt die technologische Weltanschauung in den Ideen der Aufklärung, auf deren Fundament die Vereinigten Staaten gegründet wurden.

Zu einem gewissen Grad ist Technologie tatsächlich neutral. Immerhin kann dieselbe Planierraupe, die beim Bau eines Krankenhauses zum Einsatz kommt, auch für den Bau eines Konzentrationslagers eingesetzt werden. In einem tieferen Sinne konditioniert uns Technologie als Weltanschauung jedoch dazu, das Neue, Innovative prinzipiell höher zu schätzen als das Alte und Vertraute und die Zukunft unkritisch zu glorifizieren. Sie zerstört Tradition, indem sie sich weigert, ihrer Kreativität irgendwelche Beschränkungen auferlegen zu lassen. Der *technologische Mensch* sagt: „Wenn wir es tun *können*, müssen wir auch die *Freiheit* haben, es zu tun!“ Für das technologische Denken sind Fragen wie die, ob wir bestimmte technologische Entwicklungen gutheißen sollten oder nicht, schwer nachzuvollziehen.

In einer provozierenden, aber erkenntnisreichen Formulierung sagte Hanby, die sexuelle Revolution sei das, was dabei herauskomme, wenn man die technologische Denkweise auf den menschlichen Körper anwende. Wir haben die Biologie dem menschlichen Willen unterworfen. Die Technologie der Empfängnisverhütung ermöglicht es Frauen (und ihren männlichen Sexualpartnern), Sex zu genießen, ohne eine Schwangerschaft fürchten zu müssen. Fortpflanzungstechnologie erweitert die Beherrschung der Lebensweitergabe, indem die Zeugung gänzlich vom Körper abgekoppelt wird.

Nehmen wir zum Beispiel die „In-vitro-Fertilisation" (IVF), eine bahnbrechende Technik der künstlichen Befruchtung, die es unfruchtbaren Paaren ermöglicht, Kinder zu bekommen. Die Geburt des ersten „Retortenbabys", Louise Brown, im Jahr 1978 löste kontroverse Debatten aus, insbesondere unter religiösen Autoritäten: Viele von ihnen verdammten die neue Technik als unnatürlich und warnten, durch die Trennung der Zeugung vom Akt der sexuellen Vereinigung würde Schwangerschaft zu einer Ware gemacht. Aber der Großteil der Bevölkerung teilte diese Bedenken nicht. Eine *Gallup*-Umfrage aus dieser Zeit ergab, dass 60 Prozent der US-Amerikaner IVF guthießen.[101]

Der britische Wissenschaftler Robert G. Edwards, dessen Forschungen der IVF den Weg geebnet hatten, erhielt für diese Leistungen 2010 den Nobelpreis für Medizin. Inzwischen war IVF weithin akzeptiert. Eine *Pew*-Umfrage von 2013 kam zu dem Ergebnis, dass nur 12 Prozent der Bevölkerung IVF als moralisch falsch ansahen. Unter Christen fiel das Ergebnis nicht wesentlich anders aus als bei der übrigen Bevölkerung.[102]

Was die Warnung betrifft, Schwangerschaft könne zur Ware werden, sei auf den Fall eines kinderlosen Paares aus Tennessee verwiesen, das gespendete Eizellen mit Spermien des Mannes befruchten ließ, wodurch zehn Embryonen entstanden. Vier Babys später beschloss das Paar, die übrigen Embryonen nicht mehr zu wollen, und suchte auf Facebook nach „Abnehmern", die ihnen ein ein gutes Heim bieten konnten.

„Wir haben sechs eingefrorene, sechs Tage alte Embryonen von guter Qualität und möchten sie einer tollen Familie spenden, die sich eine große Kinderschar wünscht", annoncierte die Frau laut einem Bericht der *New York Times*. „Wir bevorzugen Paare, die seit mehreren Jahren verheiratet sind, eine stabile und liebevolle Beziehung führen und stark christlich geprägt sind und die noch keine Kinder haben, sich aber einen ganzen Stall voll wünschen.“[103]

Nach dem Verständnis der tradierten christlichen Lehre reden wir hier von sechs menschlichen Personen. Die Embryonenspende-Szene hat sich einen niedlichen Euphemismus für diese ungeborenen Kinder ausgedacht: „Gefrorene Schneeflöckchen“.

Derweil haben Statistiken, die die britische Regierung im Jahr 2012 veröffentlichte, offengelegt, dass seit 1991, als die statistische Erfassung begann, dreieinhalb Millionen Embryonen in britischen Laboratorien erzeugt wurden.[104] 93 Prozent davon resultierten nicht in einer Schwangerschaft, und die Hälfte davon wurde weggeworfen, ohne dass auch nur der Versuch einer Implantation unternommen wurde. Für die USA gibt es keine belastbaren Vergleichszahlen, aber angesichts einer fünfmal so großen Bevölkerung wie derjenigen Großbritanniens käme man bei gleichbleibenden Zahlenverhältnissen auf 17,5 Millionen ungeborener menschlicher Wesen, die in Laboratorien gezeugt werden und von denen 16,2 Millionen sterben – wovon 8,8 Millionen ohne jeden Versuch der Implantation einfach wie Abfall behandelt werden.

Man stelle sich jeden Mann, jede Frau und jedes Kind in New York City vor, oder sechsmal die Einwohnerzahl Münchens, dann hat man einen Eindruck von dem ungeheuren Ausmaß des Todes in „Kinderwunschkliniken“. Das gilt zumindest dann, wenn man daran glaubt, dass menschliches Leben mit der Zeugung beginnt – und laut einer *YouGov*-Umfrage von 2015 bekennen sich 52 Prozent der Amerikaner zu dieser Auffassung.[105]

Offenkundig gibt es Millionen von Christen, die nicht in der Lage sind, zwei und zwei zusammenzuzählen. Viele konservative Christen engagieren sich vehement gegen Abtreibung und befürworten Gesetze, die diese einschränken; aber eine Bewegung zum Verbot oder zur Beschränkung von IVF gibt es nicht, obwohl diese Technik – legt man die Überzeugung zugrunde, dass das Leben mit der Zeugung beginnt – Millionen von Menschenleben vernichtet. Wodurch wird diese Doppelmoral ermöglicht? Durch die technologische Mentalität.

Die Argumentation verläuft wie folgt: Babys sind etwas Gutes; also ist alles, was Technologie dazu beiträgt, Menschen dabei zu helfen, Babys zu bekommen, ebenfalls gut. Liebe siegt, so sagt man. Der Technokrat entscheidet, was er will, und wenn die Technologie es ihm zur Verfügung stellt, findet er Rechtfertigungen dafür, es anzunehmen. Es ist ein Merkmal der technokratischen Weltsicht, vor uns zu verbergen, was die Technologie uns wegnimmt. Wir werden dazu gebracht, technischen Fortschritt für unausweichlich zu halten, weil wir ihn unwiderstehlich finden. Ebenso wie der Technokrat das Nützliche und Wirksame für „wahr" hält, hält er das Mögliche und Erwünschte für „gut".

Der technologische Mensch versteht unter „Fortschritt" all das, was seine Wahlfreiheit erweitert und ihm mehr Macht über die Natur gibt. Amerikaner bewundern den „Selfmademan", weil dieser sich durch eigene Anstrengung und eigene Erfindung aus der Abhängigkeit von anderen befreit hat. Für den technologischen Menschen ist Entscheidungsfreiheit wichtiger als das, *wofür* man sich entscheidet. Die Frage, *was* er begehren *sollte*, bereitet ihm kein großes Kopfzerbrechen; dazu ist er viel zu sehr damit beschäftigt, wie er das, was er begehrt, erlangen kann. Die Saat, die im 14. Jahrhundert mit dem Aufstieg des Nominalismus ausgestreut wurde, ist im technologischen Menschen zu ihrer vollen Reife gelangt.

Das Internet als Schleusentor der liquiden Moderne

Die radikalste, revolutionärste und transformativste Technologie, die je geschaffen wurde, ist das Internet. Es ist der ideale Vermittler der liquiden Moderne, denn es konditioniert die Art und Weise, wie wir das Leben erfahren (nämlich „in einer schnell dahinfließenden Partikelflut"[106], wie der Autor Nicholas Carr es formuliert), und den Rahmen für alle unsere Erfahrungen bestimmt. Das Internet beschleunigt radikal den Prozess der politischen, sozialen und kulturellen Fragmentierung, der bereits seit der Mitte des 20. Jahrhunderts im Gange ist, und beeinträchtigt unsere Fähigkeit zur Aufmerksamkeit massiv.

Das ist bedeutsamer, als es scheinen mag. In Kapitel 5 war bereits die Rede von einem berühmten Ausspruch des Medientheoretikers Marshall McLuhan: „Das Medium ist die Botschaft". Eine kryptische Aussage, die viele verwirrt hat. Was er meinte, ist, dass die Veränderungen, die ein neues Medium in einer Kultur bewirkt, oft von größerer Bedeutung sind als irgendwelche Informationen, die durch dieses Medium mitgeteilt werden. Warum? Weil das Medium die Art und Weise verändert, wie wir die Welt erleben und interpretieren.

Der Bildschirm eines Computers oder Smartphones ist die Pforte zu einer anderen Welt, in der man sich mit nichts auseinandersetzen muss, was man sich nicht selbst ausgesucht hat. Im Internet kann man unsichtbar sein oder sich eine fiktive Identität zulegen. Das Internet funktioniert nicht nach den Regeln linearer Logik: Man kann planlos von Seite zu Seite schlittern, flüchtig in soziale Netzwerke hineinschnuppern und sich wieder aus ihnen ausklinken, ganz nach Belieben. Ich selbst arbeite als Online-Journalist und tue einen Großteil des Tages genau dies.

Und was soll ich sagen? Es ist toll! Es hat mein Leben in unüberschaubar vielfältiger Weise verbessert, wozu auch der Umstand gehört, dass ich leben kann, wo ich will, weil ich von zu Hause aus arbeiten kann. Das Internet hat mir unschätzbar viel gegeben und tut dies nach wie vor, Tag für Tag.

Aber wie alle Technologien *nimmt* uns das Internet auch etwas. Es beraubt uns unserer Handlungskompetenz. Matthew Crawford weist auf ein Paradox hin, das dem Internet als Technologie innewohnt: Es verspricht uns größere Freiheit und Wahlmöglichkeiten, aber in Wirklichkeit verführt es uns zu einer passiven Gefangenschaft. Die Erfahrung eines inneren Zwangs, die ich an jenem Wochenende in der Abtei in Oklahoma gemacht habe, wiederholt sich in kleinerem Maßstab jeden Tag aufs Neue.

Es gibt eine wissenschaftliche Erklärung dafür. Auf einer neurologischen Ebene verändern die permanenten Ablenkungen, die das Internet bietet, die physiologische Struktur unseres Gehirns. Das Gehirn gestaltet sich um, um sich der ununterbrochenen Beliebigkeit des Internet-Erlebnisses anzupassen, und dadurch werden wir konditioniert, nach einer ständigen Wiederholung des „Kicks" zu gieren, der durch Abwechslung erzeugt wird. Nicholas Carr schreibt:

> „Eines ist klar: Wenn wir mit unserem heutigen Wissen über die Plastizität des Gehirns ein Medium erfinden wollten, das unsere geistigen Schaltkreise so schnell und gründlich wie möglich neu vernetzt, dann würde dabei am Ende vermutlich etwas herauskommen, das ganz ähnlich wie das Internet aussieht und funktioniert."[107]

Das Ergebnis ist, dass Aufmerksamkeit, Konzentrationsfähigkeit und die Fähigkeit zum vertieften Nachdenken allmählich abnehmen. Immer neue Studien bekräftigen, worüber viele Menschen im Internet-Zeitalter aus eigener Erfahrung berichten: dass die Nutzung des Internets zwar das Auffinden von Informationen unendlich erleichtert, es aber gleichzeitig erschwert, die anhaltende Konzentration aufzubringen, die notwendig ist, um Dinge zu *verstehen*.

Die technologische Mentalität verschlimmert das Problem noch, indem sie leugnet, dass es irgend etwas Wichtiges zu wissen gäbe – außer, wie man Dinge anfertigt, die uns dazu nützen, unsere Bedürfnisse zu befriedigen. In altgriechischen Begriffen ausgedrückt, handelt es sich hier um den Gegensatz zwischen *techne*, Kunstfertigkeit, und *episteme*, Wissen, das durch Nachdenken erlangt wird. *Techne* bezeichnet die Art von Wissen, die dazu nützt, Dinge zu *tun*, während *episteme* sich auf das Wissen darum bezieht, was jedes Ding in sich selbst *ist* – und dieses Wissen ist notwendig, um zu erkennen, *was* man tun *soll*.

Besinnung und Tätigkeit sind gleichermaßen notwendig für das Gedeihen der Menschheit. Das Mittelalter schätzte die Kontemplation, die Besinnung, sehr hoch, folglich waren mittelalterliche Gesellschaften, einschließlich der Produkte ihrer technischen Fertigkeiten, entschieden auf Gott hin ausgerichtet. Die Ikone, verstanden als ein symbolisches Fenster zur göttlichen Realität, ist ein passendes Symbol für jenes Zeitalter. Der Lebensweise der Moderne ist Kontemplation fremd. Das iPhone, ein phosphoreszierendes Portal, das verspricht, uns die Welt zu zeigen, in Wahrheit aber nur ein Spiegel der Welt innerhalb unseres Kopfes ist, ist die Ikone unserer Zeit.

Unter der Herrschaft der Technologie sind die Bedingungen, die ein authentisch christliches Leben ermöglichen, vom Aussterben bedroht. Und die meisten von uns haben keine Ahnung, was um sie herum passiert.

Digitales Fasten als asketische Praktik

Nach traditionell christlicher Auffassung sind Wahrheit, Güte und Schönheit objektive Realitäten: Eigenschaften Gottes, die darum in die Natur der Schöpfung eingeschrieben sind. Frei zu sein heißt, fähig zu sein, diese höheren Güter wahrzunehmen und an ihnen teilzuhaben und dadurch unsere eigene wahre Natur zu erkennen. Als Christen verhalten wir uns nicht nur deshalb tugendhaft, weil Gott es verlangt, sondern weil das Erlangen von Tugend uns befähigt, Christus besser kennenzulernen; und nur wenn wir Ihn sehen, können wir

Ihn anderen zeigen. Die frühe Kirche strebte vor allem anderen danach, Gottes Angesicht zu schauen; alles andere folgte daraus.

Wenn es unser größtes Verlangen ist, das Angesicht Gottes zu schauen und dadurch Christus ähnlicher zu werden, dann müssen wir auf dieses höchste Ziel fokussiert bleiben. In Dantes *Göttlicher Komödie* lernt der pilgernde Protagonist – der ebenfalls Dante heißt –, dass Sünde fehlgeleitete Liebe ist. Der Ursprung aller Fehlausrichtung besteht darin, endliche Dinge mehr zu lieben als den unendlichen Gott. Selbst *gute* Dinge zu lieben, wie etwa Familie und Heimat, kann eine Quelle der Verdammnis sein, wenn man sie mehr liebt als Gott und wenn man in ihnen Erfüllung sucht statt im Schöpfer dieser Dinge.

Es ist sehr schwer, auf die Anschauung Gottes fokussiert zu bleiben. Der Pilger Dante stellt fest, dass er seine Orientierung verloren hat, weil er eine Frau, Beatrice, geliebt hat, die gut, wahrhaftig und schön war, und er geglaubt hat, sie sei all dies aus sich selbst heraus. Im Jenseits weist Beatrice, die jung gestorben ist, Dante zurecht, indem sie ihm erklärt, dass alles Gute in ihr lediglich auf die Quelle alles Guten verweist. Seine Unfähigkeit, dies zu erkennen, hätte ihn beinahe zerstört.

William James, der Begründer der wissenschaftlichen Psychologie in den USA, schrieb: „Meine Erfahrung ist das, worauf zu achten ich mich entscheide. Nur das, was ich beachte, formt meinen Geist.“ Unsere Gedanken bestimmen tatsächlich unser Leben. Über diese Beobachtung James‘ reflektierend, weist der Publizist Tim Wu darauf hin, dass Religionen stets verstanden haben, wie außerordentlich wichtig es ist, die Aufmerksamkeit der Menschen auf das Heilige zu lenken. Aus diesem Grund war das christliche Leben im Mittelalter erfüllt von Gebet, Ritualen, Fasten und Feiern: um das Leben, das öffentliche wie das private, um göttliche Dinge herum zu ordnen.[108]

Das war einmal. In absehbarer Zukunft werden wir zu einer so dichten christlichen Kultur nicht zurückkehren können. Das entlässt uns Christen aber nicht aus unserer Verantwortung; es bedeutet lediglich, dass wir, als Individuen und als Gemeinschaften, erheblich mehr dafür tun müssen, unseren Blick auf Gott fokussiert zu halten. Die kognitive Kontrolle zu bewahren, die uns ermöglicht, ein kontemplativeres christliches Leben zu führen, ist der Schlüssel dazu, in einer nachchristlichen Gesellschaft als freie Männer und Frauen leben zu können.

Der Mensch, dessen Begierden von seiner Vernunft kontrolliert werden, ist frei. Der Mensch, der alles tut, wonach ihm gerade ist, ist ein Sklave. Milliarden wurden im Laufe des letzten Jahrhunderts für Werbung ausgegeben, die uns überzeugen will, dass wir unsere wahre Identität nur dadurch erkennen können, dass wir unsere Bedürfnisse befriedigen. Werbung sagt uns: Kaufe dieses Produkt oder dieses Erlebnis, und du wirst dich selbst erkennen – das Selbst, das du *sein willst*, nicht das, das du *bist*.

Das funktioniert nicht. Alles sinkt zurück ins Mittelmaß der Alltäglichkeit. Also probieren wir etwas Neues aus, im Glauben, dass dieses uns endlich glücklich machen werde. Und so wandern wir weiter und weiter, huschen und irrlichtern durchs Leben, laufen vor Gott und vor uns selbst weg, und es graut uns vor Ruhe, vor Stille, vor unseren eigenen Gedanken. Wir sind wie jene Wandermönche, über die der Hl. Benedikt in seiner Ordensregel harsch urteilt, sie seien die schlimmste Art von Mönchen, weil sie nur von ihrem eigenen, ruhelosen Willen gelenkt würden: „Besser ist es, über den erbärmlichen Lebenswandel all dieser zu schweigen als zu reden“, schrieb der Heilige.

Mönche finden wahre Freiheit in der Unterwerfung unter eine Lebensregel, das heißt, in einer Struktur, mit deren Hilfe sie sich auf Gott hin ausreichten. Und das gilt nicht nur für Mönche: Praktisch jeder, der sich freiwillig und ausdauernd einer disziplinierten Lebensweise unterwirft, kann darin wahre Freiheit finden. Ein Holzschnitzer, der sich dem Erlernen der Traditionen seines Handwerks gewidmet hat, verfügt über weit mehr Freiheit, seine Kreativität zu entfalten, als der Stümper, der glaubt, er könne sich die nötigen Fertigkeiten im Vorbeigehen selbst zusammenreimen.

Wenn Du Deine Aufmerksamkeit nicht selbst kontrollierst, gibt es eine Menge Leute, die begierig darauf sind, es für Dich zu tun. Der erste Schritt dazu, die kognitive Kontrolle zurückzugewinnen, besteht darin, einen Bereich der Stille zu schaffen, in dem Du denken kannst. Während einer tiefen spirituellen Krise in meinem eigenen Leben habe ich die Erfahrung gemacht, dass die giftige Flut chronischer Beklommenheit erst abzuebben begann, nachdem mein Priester mir eine tägliche Routine in kontemplativem Gebet verordnet hatte. Meine Gedanken so weit zur Ruhe zu bringen, dass ich eine Stunde lang beten konnte, fiel mir unglaublich schwer, aber schließlich eröffnete es einen Zugang, durch den der Heilige Geist wirken und die stürmischen Wasser in meinem Innern beruhigen konnte.

Eine jüdische Organisation namens „*Reboot*“ wirbt für ein konfessionsunabhängiges Konzept namens „digitaler Sabbat“.

Es handelt sich um einen Tag der Ruhe, an dem man sich von der Technologie – insbesondere von Computern, Tablets und Smartphones – abkoppelt, um sich neu mit der realen Welt zu verbinden. Der digitale Sabbat ist keine Strafe, sondern vielmehr ein Hilfsmittel, um die Sorgen der Welt – zumindest jene, die einen auf digitalem Wege erreichen – für eine Weile beiseite zu schieben.

Dies ist dem uralten christlichen Brauch des rituellen Fastens verwandt, der von vielen ostkirchlichen Christen noch heute recht streng befolgt wird. Gläubige orthodoxe Christen beachten die Große Fastenzeit – die vierzigtägige Zeitspanne vor der Heiligen Woche –, indem sie in dieser Zeit auf Fleisch, Fisch, Milchprodukte sowie, je nach ihren Kräften, auch auf andere Speisen verzichten. Zu diesem Fasten gehört es auch, Gebet, Buße und Gottesverehrung zu intensivieren. Ebenso wie die Einhaltung des Sabbat bei den Juden ist auch dies nicht als Strafe gedacht, sondern zum Wohle der Menschen.

„Wenn ein Mensch eine Reise antritt, sollte er wissen, wohin er geht", schreibt der orthodoxe Priester Alexander Schmemann in seinem Buch über die Fastenzeit.[109] Deshalb müssen alle ernsthaften Gläubigen sich zu gewissen Zeiten der Askese widmen. Sie lehrt uns, uns von unseren angesammelten Ablenkungen zu befreien, die uns daran hindern, unseren Blick fest auf unser Ziel gerichtet zu halten. Neil Postman, obwohl säkular eingestellt, war voll des Lobes für religiöse Asketen: Er sagte von ihnen, dass sie Informationen „zerstören", die ihren Blick von ihrem höchsten und letzten Ziel ablenken[110]. In Abwandlung des Titels von Postmans berühmtestem Buch könnte man sagen, die Praktiken religiöser Askese bewahren davor, sich bis zum geistlichen Tode zu amüsieren.

Wenn wir uns von Praktiken fernhalten, die unserer Liebe eine falsche Ausrichtung geben, und in dieser Zeit des Fastens umso mehr unsere Besinnung auf Gott und das Gute der Schöpfung intensivieren, zentrieren wir unseren Geist neu auf jene innere Standfestigkeit, die wir brauchen, um ein stimmiges, sinnerfülltes Selbst auszubilden. Das Internet ist ein Phänomen der Zerstreuung, es lädt dazu ein, sich den Impulsen der Leidenschaft zu unterwerfen. Wenn wir es versäumen, uns genauso fest gegen das Internet zu stemmen, wie es sich gegen uns stemmt, ist es unausweichlich, dass wir unseren festen Stand verlieren. Und wenn wir unseren festen Stand verlieren, verlieren wir in letzter Konsequenz den geraden Weg durch unser Leben. Christen haben dies von der Frühzeit der Kirche an gewusst und dieses Wissen von Generation zu Generation weitergegeben.

Aber wir, in der heutigen Zeit, haben dieses Wissen vergessen. „Wir heißen die Hektik in unserer Seele willkommen“[111], klagt Nicholas Carr.

Nehmt den Kindern die Smartphones weg!

Einmal fragte meine Frau eine neue christliche Freundin, die im Einzugsbereich einer bekanntermaßen guten öffentlichen Schule wohnte, warum sie ihren Kindern trotzdem Heimunterricht erteilte. Die Freundin antwortete: „Der Tag, an dem mein Sohn aus der fünften Klasse nach Hause kam und erzählte, dass seine Freunde Hardcore-Pornos auf ihren Smartphones anschauen, war der Tag, an dem mein Mann und ich ihn von der Schule abmeldeten.“ Die Schule konnte nichts dafür. Dort waren Smartphones verboten. Die Jungs sahen sich die Pornos in ihrer Freizeit an – und dagegen war die Schulverwaltung machtlos.

Wenn Eltern ihren Kindern kleine, tragbare Computer aushändigen, die praktisch unbegrenzten Zugang zum Internet haben, dürfen sie sich nicht wundern, wenn ihre Kinder – insbesondere ihre Söhne – sich auf Pornographie stürzen. Unglücklicherweise liegt das, zumindest bei Jungen, in der hormonell aufgepumpten Natur der Sache. Väter und Mütter, die nie auf die Idee kämen, ihre Kinder in einem Raum voller Porno-DVDs unbeaufsichtigt zu lassen, denken sich nichts dabei, ihnen Smartphones zu geben. Das ist moralischer Wahnsinn.

Von Jugendlichen und Heranwachsenden sollte man nicht so viel Selbstkontrolle erwarten, von sich aus nein zu sagen. In diesem Buch war bereits von den katastrophalen Auswirkungen von Pornosucht auf das Gehirn die Rede. Laut einer Studie des Forschungszentrums für Verbrechen an Kindern der Universität von New Hampshire machen 93 Prozent der Jungen und 62 Prozent der Mädchen in ihrer Pubertät Erfahrungen mit dem Konsum von Online-Pornographie.[112] Es mag unmöglich sein, ihre Augen unentwegt zu behüten, aber es wäre unverantwortlich von Eltern, es nicht wenigstens zu versuchen. Eltern, deren Kinder miteinander befreundet sind, sollten zusammenarbeiten, um ein Smartphone-Verbot unter ihren Kindern durchzusetzen.

Zudem sind Teenager viel zu unreif, um die ernsthaften juristischen Schwierigkeiten zu überblicken, die sie sich beispielsweise durch das Versenden erotischer Fotos („Sexting“) einhandeln können. Viele Gerichte behandeln das Versenden sexuell eindeutiger Fotos von Minderjährigen als gleichbedeutend mit dem Vertrieb von Kinderpornographie. Ist es fair, einen unbedacht handelnden Zehntklässler in die gleiche Schublade zu stecken wie einen Perversen? Wohl kaum, aber das liegt im Ermessen der Staatsanwaltschaft und des Richters. Selbst wenn Dein Kind ohne Verurteilung davonkommt, kann es für die ganze Familie finanziell und emotional verheerend sein, durch ein Gerichtsverfahren geschleift zu werden, bei dem die Aussicht über dem Kopf des Jugendlichen schwebt, als Sexualstraftäter aktenkundig zu werden, womöglich sogar auf Lebenszeit.

Aber auch wenn man davon ausgeht, dass die meisten Teenager, die sich am „Sexting" beteiligen, niemals mit juristischen Konsequenzen zu tun bekommen werden, kann die moralische Dimension katastrophal sein. „Sexting" gewöhnt die Jugendlichen daran, das andere Geschlecht zu verdinglichen, als ein Konsumobjekt zu behandeln und die eigene Sexualität als etwas zu betrachten, das man zu Statuszwecken vermarkten kann. Zudem kann ein einziges verfängliches Foto, das in den sozialen Medien auftaucht, das Ansehen eines Teenagers zerstören und ihn zur Zielscheibe von Mobbing und Misshandlungen machen.

Doch auch ganz abgesehen von den Gefahren pornographischer Inhalte bleibt es ein ernstzunehmendes Problem, welche Folgen übermäßiger Internetkonsum für das Gehirn eines jungen Menschen hat. Wenn wir unser Zuhause und unsere Schulen nicht als Klöster behandeln und im Interesse der inneren Entwicklung unserer Kinder sowohl die Informationen, denen sie ausgesetzt werden, als auch ihren Zugang zu gehirnverändernden Technologien strikt limitieren, werden wir unserer Verantwortung untreu, Hüter ihrer Seelen zu sein – und unserer eigenen.

Wusstest Du, dass Apple-Gründer Steve Jobs seine Kinder keine iPads benutzen ließ und ihren Zugang zu Technologie strikt beschränkte? Und darin war er nicht der einzige. Chris Anderson, ehemals ein führender Technik-Journalist und jetzt Vorstandsvorsitzender eines Unternehmens im Technologiezentrum Silicon Valley, verriet der *New York Times* im Jahr 2014, dass sein Zuhause für seine Kinder in technologischer Hinsicht ein Kloster ist. „Meine Kinder beschimpfen meine Frau und mich als Faschisten und glauben, wir machen uns, was Technologie angeht, übertriebene Sorgen, und außerdem sagen sie, für niemanden in ihrem Freundeskreis gelten solche Regeln", erklärte er. „Aber das kommt daher, dass wir die Gefahren der Technologie aus erster Hand kennen. Ich habe es an mir selbst erlebt, an meinen Kindern will ich es nicht erleben."[113]

Wenn dies die Art ist, wie die Technik-Genies des Silicon Valley ihre Aufgabe als Eltern wahrnehmen, wie könnten wir rechtfertigen, liberaler zu sein? Ja, man wird Dich für verschroben und kontrollsüchtig halten. Na und? *Es geht um Deine Kinder!*

„Die Tatsache, dass wir unseren Kindern in einem sehr frühen Alter diese Geräte in die Hand geben, weitgehend ohne Aufsicht; dass sie lernen, das Leben in Kategorien von ‚gefällt mir' und ‚gefällt mir nicht' zu erfahren; dass die Technologie im Wesentlichen eine Art Prothese für sie darstellt – das alles erscheint mir unglaublich kurzsichtig und gefährlich", sagt der Philosoph Michael Hanby.

„Es beeinträchtigt ihre Fähigkeit zu denken und elementare menschliche Beziehungen aufzubauen", sagt er. „Dies ist ein gewaltiges und noch nie dagewesenes soziales Experiment, und wir haben ihm unsere Kinder ausgeliefert, ohne zu wissen, was wir tun."

Kein „Social Media" im Gottesdienst

Manche Kirchen ermutigen ihre Mitglieder dazu, während des Gottesdienstes Twitter und Textnachrichten zu verwenden. Die Idee dahinter ist, dies sei lediglich eine neue Art, die Frohe Botschaft weiterzuverbreiten. Allgemein gesprochen mag da etwas dran sein, aber es ist ein schwerer Fehler, diese Technologie in den Gottesdienst hereinzuholen.

Zum einen wäre es völlig illusorisch, zu erwarten, dass die Leute ihren Gebrauch von Twitter und Textnachrichten strikt auf Kommentare zur Predigt oder zu den Schriftlesungen beschränken. Was noch wichtiger ist: Das letzte, was irgendjemand gebrauchen kann, ist eine geteilte Aufmerksamkeit ausgerechnet im Sonntagsgottesdienst. Und soziale Medien zerstückeln unsere Aufmerksamkeit mit der messerscharfen Effizienz eines Sushi-Meisters. Sie in den Gottesdienst zu bringen, verschärft das Problem – auch deshalb, weil dadurch so getan wird, als gäbe es gar kein Problem.

Die Neurowissenschaften haben aufgezeigt, dass die Fähigkeit, sich Dinge einzuprägen, anhaltende Aufmerksamkeit erfordert. Sich während des Gottesdienstes mit „Social Media" zu beschäftigen, ist geradezu eine Garantie dafür, dass praktisch alles, was der Pfarrer sagt, an einem vorbeirauscht. Mehr noch: Die Einladung zur Verwendung von „Social Media“ im Gottesdienst wirkt der andächtigen Geisteshaltung entgegen, die für den Gottesdienst die allein angemessene wäre.

Letztendlich sollten sich Pfarrer oder Gottesdienstleiter, die die Einbeziehung sozialer Medien in den Gottesdienst befürworten, die Frage stellen: *Inwiefern dient das dem Evangelium?* Wenn „das Evangelium weitertragen“ nichts anderes hieße als Informationen über Jesus zu verbreiten, dann würde so etwas Sinn ergeben. Aber wir müssen begreifen, dass es, um ein Jünger Jesu zu sein, notwendig ist, sich *formen* zu lassen – und nicht nur, sich *informieren* zu lassen. In diesem Sinne wirken soziale Medien wie ein stürmischer Wind, der verhindert, dass die Saat des Evangeliums im Ackerboden der Seele Wurzeln schlägt.

Dinge mit den Händen tun

Mehr als ein Jahrzehnt lang war mein Freund Andrew Sullivan einer der produktivsten und einflussreichsten Blogger im Internet. Dann, eines Tages im Jahr 2013, auf dem Höhepunkt seiner Berühmtheit und seines Erfolgs, stieg er plötzlich aus und verschwand vom Radar.

Ein paar Monate später, als wir zufällig gerade beide in Boston waren, trafen Andrew und ich uns auf einen Kaffee. Ich konnte kaum glauben, wie gut er aussah. Er war glänzend in Form und strahlte ein verblüffendes Maß an heiterer Gelassenheit aus. Andrew erzählte mir, das sei die Frucht seines Ausstiegs aus dem Internet.

Ein Jahr darauf erläuterte Andrew sein dramatisches Offenbarungserlebnis in einem Essay für die *New York Times*:

> „In jeder Minute, die ich mit virtuellen Interaktionen verbrachte, beteiligte ich mich nicht an echten menschlichen Begegnungen. Jede Sekunde, in der ich von irgendwelchen Trivialitäten gefesselt war, ließ mir eine Sekunde weniger Zeit für Reflexion, Ruhe oder Spiritualität. ‚Multitasking' erwies sich als Illusion. Es war ein Nullsummenspiel. Entweder lebte ich als eine Stimme in der Online-Welt, oder ich lebte als Mensch in *der* Welt, in der die Menschen seit Anbeginn der Zeit gelebt haben. Und so beschloss ich nach 15 Jahren, wieder in der Realität zu leben."[114]

Für die meisten von uns dürfte es schlicht nicht machbar sein, ganz und gar auf das Internet zu verzichten. Aber zumindest können wir uns eine ähnliche Disziplin auferlegen wie die Benediktinermönche, die gemäß ihrer Ordensregel bestimmte Tätigkeiten strikt auf bestimmte Zeiten des Tages beschränken.

Außerdem können wir mehr Dinge mit unseren Händen tun. Das mag in dieser Formulierung fast kindisch klingen, aber es steckt etwas Ernsthaftes dahinter. Technologie ermöglicht es uns, die Interaktion mit der materiellen Welt – mit Menschen, Orten und Dingen – auf eine abstrakte Ebene zu verlagern. Uns – sozusagen – *die Hände schmutzig zu machen*, sei es durch Gartenarbeit, Kochen, Nähen, Sport oder dergleichen, ist ein dringend notwendiger Weg, das Empfinden unserer Verbundenheit mit der realen Welt wiederherzustellen.

Dasselbe gilt dafür, Dinge Auge in Auge mit anderen Menschen zu tun.

Es erfordert harte Arbeit, die Technologie, die unser Leben so sehr erleichtert, zurückzudrängen, damit wir als Menschen in der realen Welt leben können. Bruder Francis aus Norcia sagt, in seinem Kloster schwere Getreidesäcke zu schleppen, tue ihm gut, „denn es ruft mir ins Bewusstsein, dass die menschliche Person Körper *und* Geist umfasst, nicht nur den Geist".

Den Fortschritt hinterfragen

Auf der anderen Seite der Gleichung ist der menschliche Körper nicht einfach nur „*Wetware*"[115], eine biologische Form des Computers. Die Angewohnheit, den Körper in mechanistischen Kategorien wahrzunehmen, verführt uns dazu, in unserer ethisch-moralischen Wachsamkeit nachzulassen. Technologischer Fortschritt ist nicht dasselbe wie moralischer Fortschritt – von Fall zu Fall kann er sogar dessen Gegenteil sein.

In einer angespannten Diskussion über Bioethik sagte ein bekannter medizinischer Forscher und Christ zu mir: „Was uns in den nächsten zehn Jahren oder so bevorsteht, ist schockierend für das Gewissen. – Aber meine Kollegen sehen das nicht", fügte er mit Blick auf die Wissenschaftler, mit denen er zusammenarbeitet, hinzu. „Die meisten sind keine Christen, aber selbst von den Christen unter ihnen ernte ich nur leere Blicke, wenn ich sie auf dieses Thema anspreche."

Es handelt sich hier um Wissenschaftler, deren Denken von der Technologie vereinnahmt und entwaffnet worden ist. Technologie konditioniert uns dazu, uns selbst unter instrumentellen Gesichtspunkten zu betrachten. Im frühen 20. Jahrhundert begeisterten sich die fortschrittlichsten Denker des etablierten Wissenschaftsbetriebs für Eugenik, eine Pseudowissenschaft, die darauf abzielte, die Menschheit durch kontrollierte Fortpflanzung zu optimieren. Selbst führende Kirchenvertreter begrüßten solche Konzepte als eine Möglichkeit, die Gesellschaft durch angewandte Wissenschaft zu verbessern. Es blieb Katholiken und „fundamentalistischen" Protestanten überlassen, im Namen der Menschenwürde Einspruch gegen die Eugenik zu erheben.

Nachdem die rassenideologisch motivierten Gräueltaten der Nazis weltweit bekannt geworden waren, galt die Eugenik als diskreditiert. Heute, im 21. Jahrhundert, erlebt sie ein Comeback – dank des rapiden Fortschritts der Biotechnologie, die Eltern verspricht, sie könnten Designerbabys zur Welt bringen. Werden die Christen von heute ihre prophetische Stimme finden? Nicht wenn sie ihr Denken dem technologischen Imperativ unterworfen haben.

Der Zusammenhang zwischen einer von der Technologie vorangetriebenen dystopischen Zukunft und einer vorstädtischen Einkaufspassage ist enger, als man denken könnte. Wie wir in Kapitel 1 gesehen haben, hat der Soziologe Christian Smith herausgefunden, dass nur neun Prozent der befragten jungen Erwachsenen der Meinung sind, ihr Konsumverhalten habe ernstzunehmende moralische Implikationen. In den Augen der meisten US-Amerikaner rechtfertigen Begierden sich selbst. Für Konsumenten heißt das: Wenn ich mir etwas leisten kann, wieso sollte ich es dann nicht kaufen? Für die Bürger einer Technokratie bedeutet es: Wenn eine Technologie existiert, die mir gibt, was ich will, hat keiner das Recht, Einspruch zu erheben.

Der Verstand des technologischen Menschen ist nicht in der Lage, den Begierden seines Herzens zu widerstehen, weil seine Kultur ihm antrainiert hat, sie nicht zu hinterfragen. Der technologische Mensch neigt zu dem Glauben, die Grenzen dessen, was er mit der Natur machen könne, seien wesentlich von seiner Fähigkeit abhängig, sie seinem Willen zu unterwerfen. Dagegen müssen Christen aufbegehren. Die einzige uneinnehmbare Festung ist eine metaphysische: die Überzeugung, dass Sinn etwas ist, was unser Selbst übersteigt und in Gott gründet. Es gibt Grenzen, über die wir nicht hinausgehen dürfen, wenn wir leben wollen.

Anzunehmen, die Welt, wie die Technologie sie uns vermittelt, sei die reale Welt, wäre ein fataler Irrtum. Durch die Brille der Technologie sehen wir nicht die Realität, sondern sehen nur uns selbst. Wenn wir das nicht verstehen, wenn wir nicht daran glauben, dass alle Dinge eine von uns unabhängige Existenz haben, ja, dass es eine Welt außerhalb unseres Kopfes gibt, dann haben wir keinen Grund, auf irgendetwas achtzugeben, denn dann *gibt* es schlichtweg nichts zu betrachten. Wenn Gefühl die Realität definiert, ist Kontemplation nutzlos, und Widerstand ebenso. Wenn wir so leben, als wäre Langeweile das größte Übel, werden wir nicht in der Lage sein, uns zu wehren, und wenn wir uns nicht wehren, werden unsere Maschinen die Herrschaft über uns übernehmen. Womöglich haben sie das bereits getan.

In Kapitel 1 war die Rede davon, dass das authentische Christentum von einer parasitären Form der Spiritualität namens „Moralistisch-therapeutischer Deismus" befallen worden ist, zu deren Auswirkungen es gehört, Christen zu dem Glauben zu verleiten, Gott segne unterschiedslos alles, was ihnen Freude macht. Dadurch wird Technologie zu einer Art von Theologie. Es ist eine vielgestaltige, sich stets verändernde Theologie, denn der Gott, von dem sie Zeugnis ablegt, ist das wankelmütige Ich, das nach Befreiung von allen Beschränkungen und nicht selbst gewählten Verpflichtungen strebt.

Immer wenn die Kirche einer neuen Modeerscheinung nachläuft, insbesondere solchen Trends, die den Gottesdienst in ein elektronisches Spektakel verwandeln, verliert sie einen immer größeren Teil ihrer Seele an diese falsche Theologie. Über kurz oder lang – und stellenweise mag es schon heute so weit sein – wird die Kirche ganz und gar vom Geist dieser Welt besessen. Authentisches, rechtgläubiges Christentum kann in keiner Weise mit dem Zeitgeist in Einklang gebracht werden. In dem Maße, wie Kirchen der technologischen Mentalität erlauben, sich in ihnen breit zu machen, schwinden die Existenzbedingungen des Christentums dahin.

Der zentrale Grund hierfür ist, dass wir, wenn wir in die Technologie eintauchen, unser kollektives Gedächtnis verlieren. Ohne Gedächtnis wissen wir nicht, wer wir sind, und wenn wir nicht wissen, wer wir sind, werden wir zu dem, was unsere flüchtigen Leidenschaften aus uns machen wollen.

Keine Diktatur versucht uns unser kulturelles Gedächtnis und unsere christliche Identität zu stehlen. Wir geben sie freiwillig auf. Neil Postman empfahl eine Strategie des Widerstands und sagte: „Ein Widerstandskämpfer begreift, dass man die Technik niemals als Bestandteil der natürlichen Ordnung der Dinge einfach hinnehmen darf"[116]. Andernfalls ist der Kampf vorbei.

*

Wenn wir heutigen Christen nicht fest auf dem Felsen der geheiligten Ordnung stehen, wie unsere heilige Tradition sie offenbart – eine Ordnung des Denkens, Redens und Handelns, die das Christliche in der Kultur verkörpert und von Generation zu Generation weiterträgt –, dann haben wir überhaupt keinen Boden mehr unter den Füßen. Wenn wir nicht Praktiken in unser tägliches Leben einbeziehen, die sicherstellen, dass diese geheiligte Ordnung uns, unseren Familien und Gemeinschaften stets präsent bleibt, werden wir sie verlieren. Und wenn wir sie verlieren, laufen wir Gefahr, Ihn aus den Augen zu verlieren, auf den alles in dieser geheiligten Ordnung hinweist wie eine göttliche Schatzkarte.

Dies ist die zentrale These dieses Buches. Ich habe auf diesen Seiten versucht, eine Alarmglocke für die konservativen Christen in der westlichen Welt zu läuten – sie zu warnen, dass die größte Gefahr, der wir heute ausgesetzt sind, nicht von aggressiven Kräften der politischen Linken ausgeht und auch nicht vom radikalen Islam, wie viele zu glauben scheinen. Das sind die Gefahren, die unseren christlichen Brüdern und Schwestern in China, Nigeria und im Nahen Osten drohen. Für uns geht die größte Gefahr von der liberalen, säkularen Ordnung selbst aus. Und gerade der Umstand, dass wir *das* nicht verstehen, hält uns in unserer kulturellen Geiselhaft fest und fördert die unaufhaltsam scheinende Assimilation der nächsten Generation.

Die Benedikt-Option ist keine Technik, um die politischen und sonstigen Niederlagen, die Christen erlitten haben, rückgängig zu machen. Sie ist auch keine Strategie dafür, die Uhr zu einem imaginären Goldenen Zeitalter zurückzudrehen. Und erst recht ist sie kein Plan für den Aufbau einer Gemeinschaft der Reinen, abgeschlossen von der realen Welt.

Im Gegenteil, die Benedikt-Option ist ein Aufruf dazu, die viel Geduld und Ausdauer erfordernde Aufgabe in Angriff zu nehmen, die reale Welt zurückzuerobern, von der Künstlichkeit, Entfremdung und Vereinzelung des modernen Lebens zu befreien. Sie ist eine Sichtweise auf die Welt und eine Lebensweise *in* der Welt, die die große Lüge der Moderne unterhöhlt: dass Menschen nichts als Geister in einer Maschine seien, und dass es uns frei stehe, nach Belieben an den Einstellungen der Maschine herumzumanipulieren.

„Ich kann mir unschwer vorstellen, dass die nächste große Spaltung der Welt zwischen Menschen, die als Geschöpfe leben wollen, und Menschen, die als Maschinen leben wollen, verlaufen wird“, schreibt Wendell Berry. Stellen wir uns auf die Seite der Geschöpfe – und des Schöpfers.

FAZIT

Die Benedikt-Entscheidung

> Anstelle einer festen Burg mitten im Land sollten
> wir uns eine Armee von Sternen vorstellen,
> die an den Himmel geworfen wurden.
> *Jacques Maritain, über die Kirche in der Moderne.*

An einem kalten Abend im Januar saß ich in einer gemütlichen Kneipe in Virginia mit Pastor Greg Thompson zusammen, und wir nippten an heißem Grog und diskutierten über die Benedikt-Option. Thompson war zu dieser Zeit leitender Pastor einer presbyterianischen Gemeinde in Charlottesville, und er steht dem Projekt skeptisch gegenüber, denn er sorgt sich, dass amerikanische Christen sich aus *Furcht* davon angezogen fühlen könnten. Zwar sei Furcht im Angesicht unserer turbulenten Zeiten eine verständliche Reaktion, sagte Thompson; aber letztlich müsse es bei der Benedikt-Option um *Liebe* gehen. „Sobald sich die Benedikt-Option um etwas anderes dreht als um die Gemeinschaft mit Christus und darum, in Liebe mit seinen Nachbarn zusammenzuleben, hört sie auf, benediktinisch zu sein", betonte er. „Sie darf weder eine Strategie zur Selbstoptimierung sein, noch darf sie es darauf anlegen, die Kirche – oder die Welt – zu retten."

Thompsons Anmerkungen weisen auf eine zentrale Herausforderung hin, der sich Christen, die im Sinne der Benedikt-Option vorangehen wollen, stellen müssen: Wie können wir in Freude und Zuversicht leben, während um uns herum die Welt zu zerfallen scheint? Wie steuern wir die Archen, die wir bauen, sicher zwischen den Klippen des falschen Optimismus auf der einen und der übertriebenen Furcht auf der anderen Seite hindurch?

Das Bild der Kirche als Arche, die auf stürmischen, zerstörerischen Wassern dahintreibt, hat in der Geschichte des christlichen Glaubens eine lange Tradition. Dieses ikonische Konzept des Selbstverständnis der Kirche gilt es mit Nachdruck wiederzubeleben.

Doch es gibt noch eine andere biblisch fundierte Perspektive auf das Motiv der Wasser, die die Erde überfluten, und diese ist für die Benedikt-Option ebenso wichtig wie die Geschichte der Arche Noah.

Während des Babylonischen Exils der Hebräer gewährte Gott dem Propheten Ezechiel eine Vision der wiederhergestellten Heiligen Stadt Jerusalem. In dieser Vision führt ein geheimnisvoller Mann den Propheten in den wiedererrichteten Tempel. Ezechiel sieht einen Wasserstrom unterhalb des Altars entspringen und aus dem Tempel hinaus in die Welt fließen. Der Strom wird tiefer und breiter, je weiter er vom Tempel aus ins Land hinein fließt, bis er schließlich zu einem Fluss wird, den man nicht mehr durchschreiten kann. Und überall, wohin der Fluss gelangt, breitet sich blühendes Leben aus.

Die traditionelle christliche Deutung dieser Vision Ezechiels besagt, dass sie sich an Pfingsten erfüllt habe, als Gott den Heiligen Geist über die versammelten Jünger ausgoss und so mit der Geburt der Kirche ein neues Zeitalter eröffnete.

Durch die Kirche – den erneuerten Tempel – sollten fortan die lebendigen Wasser der heiligmachenden Gnade in die Welt hinaus strömen.

Die Kirche ist demnach zugleich Arche *und* Wasserquelle – und Christen müssen in beiden Wirklichkeiten leben. Gott gab uns die Kirche als Arche, um uns vor dem Ertrinken in der reißenden Flut zu bewahren. Aber Er gab uns die Kirche auch als Wasserstrom, in dem wir unser altes Selbst durch die Taufe symbolisch ertränken und durch den wir zu einem neuen Leben heranwachsen können, genährt durch die nie versiegenden Ströme Seiner Gnade. Man kann die Benedikt-Option nicht ausleben, wenn man nicht beide Visionen zugleich vor Augen hat.

Liebe ist der einzige Weg, das, was vor uns liegt, durchzustehen und zu überwinden. Aber Liebe in diesem Sinne ist keine romantische Verzücktheit. Vielmehr muss es eine Form der Liebe sein, die durch regelmäßiges Gebet, Fasten, Buße und – für viele Christen – den Empfang der Heiligen Sakramente der Kirche verfeinert und gestärkt worden ist. Und es muss eine Liebe sein, die durch Leiden geläutert ist. Einen anderen Weg gibt es nicht.

Während meiner Reisen auf der Suche nach der Benedikt-Option habe ich keine vollkommenere Verwirklichung dieser Idee gefunden als die *Tipi Loschi*, jene energisch rechtgläubige, freudig gegenkulturelle Gemeinschaft in Italien, die Pater Cassian aus Norcia mir empfohlen hatte. Während einer Autofahrt mit Marco Sermarini, dem Leiter der *Tipi Loschi*, durch die Hügel oberhalb seiner Heimatstadt fragte ich ihn, wie wir anderen das finden könnten, was diese Gemeinschaft entdeckt hat.

Der erste Schritt ist, das Leben als Christ ernst zu nehmen, erwiderte er. Das bedeutet, sich darüber klar zu werden, dass es keinen Mittelweg gibt. Die *Tipi Loschi* begannen als eine Gruppe junger Katholiken, die mehr aus ihrem Glauben machen wollten als moralistisch-therapeutischen Deismus.

„Das war einmal mein Leben", sagte Marco. „Mir war nicht klar, dass die Lehren Jesu Christi dazu gedacht waren, mein *ganzes* Leben zu betreffen und nicht bloß den ‚religiösen' Teil davon. Wenn man erkennt und anerkennt, dass Er der Herr über Alles ist, dann wird man sein Leben radikal anders ausrichten."

Zu ihrer eigenen großen Überraschung entdeckten Marco und seine Freunde schließlich, dass alles, was sie brauchten, um in Treue zum Glauben zusammen zu leben, die ganze Zeit direkt vor ihnen gelegen hatte. „Wir haben nichts erfunden", sagte er mir. „Wir haben nichts Neues entdeckt. Wir haben bloß eine Überlieferung wiederentdeckt, die in einen alten Pappkarton verräumt und vergessen worden war."

Wir fuhren durch schmerzlich schöne Städtchen und Felder mit Blick auf die Adria, und dann hielt Marco seinen Geländewagen am Rand einer schmalen Landstraße an und führte mich zu Fuß an einen steil abfallenden Hang, der mit Olivenbäumen bedeckt war. Das war der Olivenhain der Familie Sermarini. Als Junge hatte Marcos jetzt 91-jähriger Großvater seinem eigenen Vater geholfen, Oliven von diesen Bäumen zu ernten. Marco war genauso aufgewachsen, und nun pflücken er und seine Kinder Jahr für Jahr Oliven und pressen daraus Öl für den Eigenbedarf der Familie.

Das, sagte ich zu ihm, ist Beständigkeit, ist benediktinische *stabilitas*.

Marco zuckte mit den Schultern und ließ seinen Blick nachdenklich über seine Bäume schweifen.

„Ich weiß nicht, was in diesem Leben als nächstes passiert, aber in der Zwischenzeit müssen wir für das Gute kämpfen", erklärte er. „Die Chance, das Gute in der Welt zu bewahren, ist nicht mehr als eben nur eine *Chance*. Wir müssen die Gelegenheit nutzen, die wir haben, um einen Felsen in die Erde zu pflanzen und dafür zu sorgen, dass dieser Felsen fest an seinem Platz steht."

Wir gingen zurück zum Auto, stiegen ein und fuhren weiter, und mein Freund fuhr fort, über Beständigkeit in einer von ständigem Wandel geprägten Welt zu philosophieren.

„Nichts, was wir in diesem Leben tun, wird ewig Bestand haben, und trotzdem müssen wir Dinge so bauen, als wären sie für die Ewigkeit", sagte er. „Das ist es, was Gott will. Wenn du einer Frau lebenslange Treue versprichst, dann ist das eine Art, die Ewigkeit in unsere Zeit hineinzutragen und sichtbar zu machen."

Wir müssen in der Zuversicht voranschreiten, dass die kleinen Dinge, die wir tun, im Laufe der Zeit möglicherweise zu etwas Großem heranwachsen, fuhr er fort. Es liegt in Gottes Hand. Alles, was wir tun können, ist, unser Möglichstes zu tun, um Ihm zu dienen.

Manchmal liegt Marco nachts wach und macht sich Sorgen, dass seine Bemühungen und die seiner kleinen christlichen Gemeinschaft angesichts so starker gegnerischer Kräfte nicht viel ausrichten können. Es beunruhigt ihn, dass die Strömung zu stark werden könnte, um ihr zu widerstehen, und alles auseinanderreißen könnte.

„Die Olivenbäume haben mich gelehrt, dass es in manchen Jahren eine große Ernte gibt, und in anderen bekommen wir nur geringen Ertrag", erklärte er mir. „Als die Mönche vor tausend Jahren die Landwirtschaft in diese Gegend brachten, lehrten sie unsere Vorfahren, dass es Zeiten gibt, in denen wir Saatgut zurückbehalten müssen. Das ist der Grund, weshalb ich glaube, dass wir diesen Weg des Hl. Benedikt einschlagen müssen, diese Benedikt-Option. Dies ist eine Zeit, Saatgut zurückzubehalten. Wenn wir das jetzt nicht tun, werden wir in künftigen Jahren keine Ernte haben."

Es war schon spät am Nachmittag, und ich befürchtete, ich könnte meinen Bus verpassen, der mich zum Flughafen in Rom bringen sollte. Sollten wir nicht aufbrechen?, fragte ich.

„*Grande* Rod, mach dir keine Sorgen, mein Freund!", lachte Marco. „Du machst dir viel zu viele Sorgen. Du wirst es schaffen!" Und so schossen wir die gewundene Straße in Richtung Meer entlang.

Als die Sonne am westlichen Himmel unterging, sprachen wir einmal mehr über die Herausforderungen, die den rechtgläubigen Christen im Westen bevorstehen, und wie entmutigend die Aussichten zu sein scheinen. Marco gab mir die folgenden unvergesslichen Sätze mit auf den Weg.

„In Italien haben wir eine Redensart: Wenn man kein Pferd hat, kann auch ein Esel gute Arbeit leisten. Ich sehe mich als kleinen Esel", sagte er. „Es gibt so viele reinrassige Pferde, die nirgendwohin laufen, aber dieser alte Esel erledigt seine Arbeit. Du und ich, lass uns diese Aufgabe angehen wie kleine Esel. Vergiss nicht, es war ein Esel, der Jesus Christus nach Jerusalem trug."

Grande! Also traben wir kleinen Esel weiter, folgen unserem Pilgerweg auf den Spuren Benedikts, hinaus aus der in Trümmern liegenden imperialen Stadt, an einen Ort des Friedens, wo wir zur Ruhe kommen und die Stimme unseres Herrn hören können. Wir finden andere, die so sind wie wir, und bauen Gemeinschaften auf, Schulen für den Dienst des Herrn. Wir tun das nicht, um die Welt zu retten, sondern aus keinem anderen Grund als dem, dass wir Ihn lieben und wissen, dass es eine Gemeinschaft und eine geordnete Lebensweise braucht, um Ihm voll und ganz zu dienen.

*

Wir leben liturgisch, tragen unsere geheiligte Überlieferung in Anbetung und Gesang weiter. Wir fasten und wir feiern. Wir heiraten und geben unsere Kinder in die Ehe, und obwohl wir im Exil leben, „suchen wir der Stadt Bestes“[117]. Wir begrüßen unsere Neugeborenen und begraben unsere Toten. Wir lesen die Bibel und erzählen unseren Kindern von den Heiligen. Und wir erzählen ihnen auch – im Obstgarten und am Lagerfeuer – von Odysseus, Achill und Aeneas, von Dante und Don Quixote, von Frodo und Gandalf, und all die Geschichten, die überliefern, was es bedeutet, Männer und Frauen der westlichen Welt zu sein.

Wir arbeiten, wir beten, wir bekennen unsere Sünden, wir üben Barmherzigkeit, wir heißen Fremde willkommen und halten die Gebote. Wenn wir Leid erfahren, insbesondere wenn es um Christi willen geschieht, sagen wir Dank dafür, denn das ist es, was Christen tun. Wer kann wissen, was Gott im Gegenzug mit unserem Glauben bewirken will? Es ist nicht an uns, das vorauszusagen. Unser Auftrag ist, in den Worten W.H. Audens, „voll Freude vorwärts zu stolpern“.

Die Benediktinermönche von Norcia sind auf eine Weise zum Zeichen für die Welt geworden, die ich nicht vorhersehen konnte, als ich begann, dieses Buch zu schreiben. Im August 2016 erschütterte ein verheerendes Erdbeben die Region. Das Beben schlug mitten in der Nacht zu, aber die Mönche waren wach, um die Matutin zu beten. Sie verließen das Kloster fluchtartig und brachten sich auf der offenen *Piazza* des Ortes in Sicherheit.

Rückblickend merkte Pater Cassian an, das Erdbeben könne als Symbol für den Zusammenbruch der christlichen Kultur im Westen gesehen werden, aber es habe in jener Nacht noch ein zweites, hoffnungsvoll stimmendes Symbol gegeben. „Dieses zweite Symbol war die Versammlung der Menschen rund um die Statue des Hl. Benedikt auf der *Piazza* und ihr gemeinsames Gebet", schrieb er an Unterstützer. „Das ist der einzige Weg zum Wiederaufbau."

Infolge der Erdstöße war die Basilika zu instabil, um noch für den Gottesdienst genutzt zu werden, und große Teile des Klosters waren unbewohnbar. Die Mönche verließen die Stadt und ließen sich auf einem zum Kloster gehörenden Stück Land in den Bergen ein wenig außerhalb der Mauern von Norcia nieder. In den Ruinen eines früheren Klosters schlugen sie Zelte auf und setzten dort ihr vom Gebet geprägtes Leben fort, das sie nur für kurze Besuche in der Stadt unterbrachen, um deren Einwohner seelsorgerisch zu betreuen.

In ihrem Exil empfingen die Mönche hohen Besuch, unter anderem vom damaligen italienischen Ministerpräsidenten Matteo Renzi und von Kardinal Robert Sarah, dem Präfekten der vatikanischen Kongregation für den Gottesdienst und die Sakramentenordnung. Kardinal Sarah segnete die provisorischen Unterkünfte der Mönche und zelebrierte die Messe mit ihnen; er sagte, dieses Kloster aus Zelten erinnere ihn „an Bethlehem, wo alles begann."

Weiter sagte der Kardinal: „Ich bin überzeugt, dass die Zukunft der Kirche in den Klöstern liegt, denn wo Gebet ist, da ist Zukunft."

Fünf Tage später wurde Norcia von erneuten Erdbeben erschüttert. Das Kreuz an der Spitze der Fassade der Basilika stürzte zu Boden. Dann, früh am Morgen des 30. Oktober 2016, eines Sonntags, schlug das stärkste Erdbeben zu, das Italien in dreißig Jahren erlebt hatte. Das Epizentrum lag nur ein kleines Stück nördlich der Stadt. Die im 14. Jahrhundert erbaute Basilika des Hl. Benedikt, des Schutzpatrons Europas, brach krachend zusammen. Nur die Fassade blieb stehen. Keine einzige Kirche in Norcia blieb intakt.

Während noch der Staub aus den Trümmern aufstieg, kniete Pater Basil auf dem Steinpflaster der *Piazza*, sein Gesicht der zerstörten Basilika zugewandt, und betete – gemeinsam mit einigen Nonnen und älteren Einwohnern Norcias, einer davon im Rollstuhl. Später erschien auf *YouTube* ein Amateurvideo, das zeigte, wie Pater Basil, Pater Benedict und Pater Martin durch die mit Trümmern übersäten Straßen der Stadt liefen und nach Sterbenden suchten, die die Sterbesakramente benötigten. Aber dank der Barmherzigkeit Gottes gab es keine.

Daheim in Amerika schrieb Richard Cipolla, ein katholischer Priester in Connecticut und alter Freund von Pater Benedict, dem Subprior eine E-Mail, als er von den neuesten Beben hörte. „Wurde etwas zerstört? Was ist bei euch los?"

„Ja, sehr schlimme Zerstörungen", antwortete Pater Benedict. „Aber wir sind wohlauf. Es gibt viel zu erzählen, aber bete einfach. Mir geht es gut, und Gott fährt fort, uns zu läutern und gute Gaben zu bringen."

Am nächsten Morgen, als die Sonne über Norcia aufging, schickte Pater Benedict – der bald darauf Pater Cassian im Amt des Priors ablöste – den Freunden des Klosters in aller Welt eine Nachricht. Er berichtete, es habe unter den Einwohnern Norcias keine Todesopfer gegeben, weil alle die Warnungen durch die vorangegangenen Erdstößen ernst genommen und die Stadt verlassen hatten. „[Gott] hat uns zwei Monate lang auf die vollständige Zerstörung der Kirche unseres Ordenspatrons vorbereitet, und als es schließlich geschah, beobachteten wir es – mit Entsetzen, aber in Sicherheit – von oberhalb der Stadt", schrieb der Priester und Mönch.

Pater Benedict fügte hinzu: „Dies sind Mysterien, die man nicht in Tagen oder Monaten, sondern erst in Jahren verstehen wird."

Das ist sicherlich wahr. Monate zuvor, als ich aus Norcia abgereist war, hatte ich die Mönche tatsächlich um die Sicherheit ihrer Bergfestung beneidet. Aber das hatte sich als Irrtum erwiesen. Es gibt keinen Ort auf dieser Erde, an dem man vor Katastrophen völlig sicher wäre. Als die Erde zitterte, stürzte die Basilika des Hl. Benedikt zusammen, die doch jahrhundertelang fest gestanden hatte. Nur die Fassade, der bloße Anschein einer Kirche, blieb stehen. Doch auffällig ist: Die Mönche überlebten, weil sie schon nach dem August-Erdbeben in die Berge aufgebrochen waren. Gott bewahrte sie in der heiligen Armut ihres Zelttuch-Bethlehems, wo sie weiter in altüberlieferter Weise nach ihrer Ordensregel lebten, einschließlich des Singens der lateinischen Messe. Nun können sie inmitten der Ruinen mit dem Wiederaufbau beginnen, und ihr widerstandsfähiger benediktinischer Glaube lehrt sie, diese Katastrophe als einen Aufruf zu noch tieferer Heiligung und Opfergesinnung anzunehmen. So Gott will, wird eines Tages neues Leben aus den Trümmern sprießen.

Weil sie die Benedikt-Option in den guten Zeiten gelebt haben, haben sie in sich die Beständigkeit und Widerstandskraft herausgebildet, die sie in die Lage versetzen, die schlimmste Zeit durchzustehen – und neu anzufangen, nach Gottes Zeitmaß.

„Wir beten und schauen von den Bergen auf die Stadt, und dabei denken wir an die drei langen Jahre, die der Hl. Benedikt in der Höhle verbrachte, bevor Gott ihn rief, ein Licht für die Welt zu werden", schrieb Pater Benedict. „*Fiat. Fiat.*"

Möge es geschehen. Möge es geschehen.

Wer Ohren hat, der höre, was der Geist den Gemeinden sagt.[118]

Danksagung

Dieses Buch hat eine lange Zeit der Vorbereitung hinter sich; es ist die Frucht von Gesprächen mit Freunden aus dem ganzen Land über einen Zeitraum von mehr als einem Jahrzehnt. All diesen Freunden möchte ich danken – insbesondere Patrick Deneen, Caleb Stegall, Jake Meador, Frederica Mathewes-Green, Michael Hanby, Ryan Booth, Philip Bess, Leroy Huizenga, Kale Zelden, Ross Douthat, Michael Brendan Dougherty, Denny Burk, Andrew T. Walker, Andy Crouch, Chris Roberts, Marco Sermarini, Russell Arben Fox, Becky El der, James Card, Ralph C. Wood, Lance Kinzer, Conor Dugan, Jeff Polet, Mark T. Mitchell, Robert Duncan, Caleb Bernacchio, Matthew Lee Anderson, Alan Jacobs, Gabe Lyons, Jason McCrory, Joe Hartman, Mark Meador, Matt Bonzo, James Matthew Wilson, Christopher Roberts und dem verstorbenen Roger Pfau.

Ein besonderer Dank gilt Ken Myers, dem fröhlichen Genie des *Mars Hill Audio Journal* – eines christlichen Hörfunkprogramms, das mein Denken als Christ, der aus unserer nachchristlichen Kultur schlau zu werden versucht, so stark beeinflusst hat wie nichts anderes. Dieses Buch ist im Grunde nichts anderes als eine Reihe von Fußnoten zu der Arbeit, die Ken seit Jahren leistet. Wenn ich damit nichts anderes erreiche, als eine größere Zahl nachdenklicher Christen auf die Reichtümer von Kens Audio-Journal aufmerksam zu machen, dann bin ich schon vollauf zufrieden.

Dank geht an Clint Barron, Ryan T. Anderson und andere, die frühe Versionen meines Manuskripts gelesen haben, sowie an die Gemeinschaften rund um die Buchhandlung *Eighth*

Day Books in Wichita und das Clear Creek-Kloster im ländlichen Oklahoma für ihre warmherzige Gastfreundschaft und ihr Zeugnis. Und auch auf die Gefahr hin, größenwahnsinnig zu wirken, möchte ich meine Dankbarkeit für das Leben und Werk Joseph Ratzingers – Papst Benedikts XVI. – ausdrücken, den ich als den zweiten Benedikt der Benedikt-Option betrachte.

Mein Literaturagent Gary Morris ist ein Agent, wie ein Autor ihn sich nur wünschen kann, und was er geleistet hat, um dieses und meine anderen Bücher möglich zu machen, werde ich ihm niemals vergelten können. Der Lektorin dieses Buches, Bria Sanford, danke ich für die Freude der Zusammenarbeit mit ihr und vor allem dafür, dass sie mich gelehrt hat, wie ich all die auf Mönchtum und Klosterleben bezogenen Inhalte dieses Buches für Evangelikale wie sie verständlich machen kann. Viele Ideen dieses Buches sind in Diskussionen mit Lesern meines Blogs auf der Website des Magazins *The American Conservative* gereift. Ich danke meinen dortigen Lesern für ihre Ermutigung und konstruktive Kritik. Auch meinen Chefs bei *The American Conservative,* besonders Jeremy Beer und Daniel McCarthy, möchte ich für ihre unermüdliche Unterstützung danken, und Howard und Roberta Ahmanson bin ich zutiefst dankbar für ihre fortgesetzte Großzügigkeit. Ich danke meiner Frau Julie und meinen Kindern Matthew, Lucas und Nora für ihre unendliche Geduld. Es ist nicht leicht, einen Autor in der Familie zu haben, aber ich hoffe, eines Tages werden meine Kinder verstehen, dass es in diesem Buch um ihre Zukunft geht.

Zu guter Letzt kann ich kaum in Worte fassen, wie dankbar ich den Mönchen von Norcia bin, dass sie mir ihre Herzen und ihr Kloster geöffnet haben. Keiner von uns hätte ahnen können, dass zu dem Zeitpunkt, als ich dieses Buch vollendet hatte, ihre Basilika und ihr Kloster in Trümmern liegen würden. Diese Männer Gottes leben jetzt den Weg des Kreuzes, aber ich bin zuversichtlich, dass Gott sie auf besondere Weise dazu gebrauchen will, Sein Licht in die Welt zu tragen. Inmitten allen Leids, aller Verwirrung und aller Schmerzen der Welt erinnern mich die Mönche von Norcia und ihre hobbit-artigen Freunde, die *Tipi Loschi*, an die Worte des Ältesten in der Offenbarung des Johannes: „Weine nicht! Gesiegt hat der Löwe aus dem Stamm Juda, der Spross aus der Wurzel Davids" (Offb 5,5). Weil *sie* daran glauben und danach leben, kann auch ich daran glauben und danach leben. Wir alle können es.

Quellenangaben

1 Alasdair MacIntyre, „Der Verlust der Tugend. Zur moralischen Krise der Gegenwart." Aus dem Englischen von Wolfgang Rhiel. Frankfurt a.M./New York: Campus, 1987. S. 350

2 Ephraim Radner: „*No Safe Place Except Hope: The Anthropocene Epoch*". In: *Living Church*, 28.07.2016. http://livingchurch.org/covenant/2016/07/28/no-safe-place-except-hope-the-anthropocene-epoch/. (Übersetzung: T.K.)

3 Michael Lipka: „*Millennials Increasingly Are Driving the Growth of ‚Nones'*". Pew Research Center, 12.05.2015. http://www.pewresearch.org/fact-tank/2015/05/12/millennials-increasingly-are-driving-growth-of-nones/.

4 Christian Smith / Melinda Lundquist Denton: „*Soul Searching: The Religious and Spiritual Lives of American Teenagers*". New York: Oxford University Press 2005.

5 Christian Smith / Patricia Snell: „*Lost in Transition: The Dark Side of Emerging Adulthood*". New York: Oxford University Press 2011, 86.

6 MacIntyre, „*Der Verlust der Tugend*", S. 334.

7 MacIntyre, „*Der Verlust der Tugend*", S. 349f. (Hervorhebung im Original).

8 Robert Rector: „*Marriage: America's Greatest Weapon Against Child Poverty*". *Heritage Foundation Special Report* #117, 05.09.2012. Unter Berufung auf Statistiken der US-Regierung stellt der Bericht zudem fest, dass das Armutsrisiko von Kindern um 82% sinkt, wenn die Eltern verheiratet sind. Vgl. http://www.heritage.org/poverty-and-inequality/report/marriage-americas-greatest-weapon-against-child-poverty

9 Charles Taylor, „*Ein säkulares Zeitalter*". Aus dem Englischen von Joachim Schulte. Frankfurt a. M.: Suhrkamp 2009. S. 58 u. ö.

10 Taylor, „*Ein säkulares Zeitalter*", S. 30.

11 C. S. Lewis: „*The Discarded Image: An Introduction to Medieval and Renaissance Literature*". New York: Cambridge University Press 2012. S. 203. (Übersetzung: T.K.)

12 David Bentley Hart: „*The Experience Of God: Being, Consciousness, Bliss*". New Haven, CT: Yale University Press 2013, Kindle Edition, S. 62. (Übersetzung: T.K.)

13 Thomas von Aquin, Summa theologiae, Prima pars, Quaestio 2, Articulus 1 (Übersetzung: T.K.)

14 Vgl. Christian Morgensterns Gedicht „Scholastikerprobleme" (Anm. d. Übers.).

15 Lewis, „*The Discarded Image*", S. 222. (Übersetzung: T.K.)

16 Brad S. Gregory: „*The Unintended Reformation: How a Religious Revolution Secularized Society*". Cambridge, MA: Belknap Press of Harvard University Press 2012. S. 99. (Übersetzung: T.K.)

17 John Adams, „*Letter to the Massachusetts Militia*", 11.10.1798. In: U.S. National Archives, http://founders.archives.gov/documents/Ada ms/99-02-02-3102 (Übersetzung: T.K.)

18 Dies gilt allerdings für die deutsche Romantik nicht im selben Maße wie für die englischsprachige. Wenngleich man das Verhältnis vieler führender deutscher Romantiker zum Christentum wohl als mehr oder weniger heterodox bezeichnen muss, spielte eine Idealisierung des christlichen Mittelalters in der deutschen Romantik eine durchaus prominente Rolle; im Gegensatz dazu waren einige Hauptvertreter der englischen Romantik entschiedene Atheisten (Anm. d. Übers.).

19 Alexis de Tocqueville: „*Über die Demokratie in Amerika*". Beide Teile in einem Band. Vollständige Ausgabe. Aufgrund der französischen historisch-kritischen Ausgabe hg. von Jacob P. Mayer in Gemeinschaft mit Theodor Eschenburg und Hans Zbinden. Aus dem Französischen übertragen von Hans Zbinden. München: dtv, 1976.

20 Vgl. Zygmunt Bauman: „*Flüchtige Moderne*". Aus dem Englischen von Reinhard Kreissl. Frankfurt a.M.: Suhrkamp 2003.

21 Philip Rieff: „*The Triumph of the Therapeutic: Uses of Faith After Freud*". 40th Anniversary Edition. Wilmington, DE: ISI Books 2006. S. 19. (Übersetzung: T.K.)

22 Stephen L. Gardner: „*The Eros and Ambitions of Psychological Man*". In: Rieff, „*The Triumph of the Therapeutic*", S. 244. (Übersetzung: T.K.)

23 Charles Taylor, „*Das Unbehagen an der Moderne*". Übers. von Joachim Schulte. Frankfurt a.M.: Suhrkamp 1995, S. 20f.

24 Taylor, „*Das Unbehagen an der Moderne*", S. 24.

25 Taylor, „*Ein säkulares Zeitalter*", S. 980.

26 Ursula K. Le Guin, „*Der Magier der Erdsee*". In: dies., „*Erdsee*". 4 Romane in einem Band. Aus dem Amerikanischen von Margot Paronis und Hilde Linnert. München: Piper, 2004. S.7-236, Zitat von S. 65.

27 Esther de Waal: „*Seeking God: The Way of St. Benedict*". Collegeville, MN: Liturgical Press 2001, S. 15. (Übersetzung: T.K.)

28 Alle in diesem Buch verwendeten Zitate aus der Benediktsregel folgen der von der Salzburger Äbtekonferenz des Benediktinerordens approbierten deutschen Übersetzung auf der Website http://www.benediktiner.de/index.php/die-ordensregel-des-hl-benedikt. (Anm. d. Übers.)

29 Romano Guardini, „*Das Ende der Neuzeit / Die Macht*". Mainz: Grünewald / Paderborn: Schöningh 1986, S. 177.

30 Guardini, a.a.O., S. 172.

31 Zygmunt Bauman: „*From Pilgrim to Tourist, or, A Short History of Identity*". In: Stuart Hall / Paul du Gay (Hg.):„*Questions of Cultural Identity*". Thousand Oaks, CA: SAGE Publications 1996. S. 24. (Übersetzung: T.K.)

32 Dietrich Bonhoeffer: „*Gemeinsames Leben*". Gütersloh: Kaiser, 24. Aufl. 1993. S. 19f.

33 Léon Bloy, zit. n. Peter Kreeft, „*Prayer for Beginners*". San Francisco: Ignatius Press 2000, S. 39. (Übersetzung: T.K.)

34 Yuval Levin: „*The Fractured Republic: Renewing America's Social Contract in the Age of Individualism*". New York: Basic Books 2016. S. 178. (Übersetzung: T.K.)

35 Tocqueville, a.a.O., S. 816

36 Tocqueville, a.a.O., S. 505

37 Tocqueville, a.a.O., S. 636

38 Patrick J. Deneen: „*Conserving America? Essays on Present Discontents*". South Bend, IN.: St. Augustine's Press 2016.

39 Deneen, a.a.O., S. 3. (Übersetzung: T.K.)

40 Scott H. Moore: „*The Limits of Liberal Democracy: Politics and Religion at the End of Modernity*". Downers Grove, IL: IVP Academic 2009. S 15. (Übersetzung: T.K.)

41 Václav Havel: „*Versuch, in der Wahrheit zu leben*". Aus dem Tschechischen von Gabriel Laub. Reinbek bei Hamburg: Rowohlt, 1990 (42.-48. Tsd.).

42 Havel, a.a.O., S. 15

43 Havel, a.a.O., S. 28. Hervorhebung im Original.

44 Ebd.; Hervorhebung im Original.

45 Havel, a.a.O., S. 42; Hervorhebung Rod Dreher.

46 Havel, a.a.O., S. 73

47 Václav Benda, „*The Meaning, Context and Legacy of the Parallel Polis*", zit. n. F. Flagg Taylor IV (Hg.): „*The Long Night of the Watchman: Essays by Václav Benda, 1978-1989*". South Bend/IN.: St. Augustine's Press 2017. Engl. Übers. Paul Wilson; dt. Übers. T.K.

48 Havel, a.a.O., S. 82.

49 Václav Havel: „*Über Macht und Manipulation*". Ansprache zur Verleihung der Ehrendoktorwürde der Universität Toulouse am 14.05.1984. Deutsche Übersetzung von Joachim Bruss. In: Václav Havel: „*Gewissen und Politik. Reden und Ansprachen 1984-1990*". Hg. v. Otfrid Pustejovsky und Franz Olbert. München: Institutum Bohemicum 1990, S. 11-32; Zitat von S. 29.

50 Robert Louis Wilken, „*The Church as Culture*". In: *First Things*, April 2004. https://www.firstthings.com/article/2004/04/the-church-as-culture. (Übersetzung: T.K.)

51 Russell Moore: „*Onward: Engaging the Culture Without Losing the Gospel*". Nashville, TN: B&H Books 2015. S 27. (Übersetzung: T.K.)

52 Ralph C. Wood: „Contending for the Faith: The Church's Engagement with Culture". Waco, TX: Baylor University Press 2003. S. 2. (Übersetzung: T.K.)

53 James K. A. Smith: „*Desiring the Kingdom: Worship, Worldview, and Cultural Formation*". Grand Rapids, MI: Baker Academic 2009.

54 Robert Inchausti: „*Subversive Orthodoxy: Outlaws, Revolutionaries, and Other Christians in Disguise*". Grand Rapids, MI: Brazos Press 2005. S. 143. (Übersetzung: T.K.)

55 Paul Connerton: „*How Societies Remember*". New York: Cambridge University Press 1989. S. 72. (Übersetzung: T.K.)

56 Simon Chan: „*Liturgical Theology: The Church as Worshiping Community*". Downers Grove, IL: InterVarsity Press, 2006. S. 159. (Übersetzung: T.K.)

57 Chan, a.a.O., S. 149. (Übersetzung: T.K.)

58 Stanley Hauerwas / William H. Willimon: *„Resident Aliens“*. Nashville, TN: Abingdon Press, 2014. S. 78. (Übersetzung: T.K.)

59 Wendell Berry: *„Sex, Economy, Freedom, and Community: Eight Essays“*. New York: Pantheon 1994. S. 108. (Übersetzung: T.K.)

60 Matthew Crawford: *„The World Beyond Your Head: On Becoming an Individual in an Age of Distraction“*. New York: Farrar, Straus, and Giroux 2015. S. 257. (Übersetzung: T.K.)

61 Robert Louis Wilken: *„Evangelism in the Early Church“*. Interview in *Christian History* 57/1998. http://www.christianitytoday.com/history/issues/issue-57/evangelism-in-early-church-christian-history-interview.html

62 Richard Wurmbrand, *„In Gottes Untergrund. Mit Christus 14 Jahre in kommunistischen Gefängnissen“*. Berghausen: Evangelisationsverlag o.J., S.66.

63 Der Soziologe Richard Nisbet, die Werke des jüdischen Philosophen Martin Buber, des katholischen Philosophen Jacques Maritain, der protestantischen Theologen Emil Brunner und Reinhold Niebuhr sowie des anglikanischen Theologen und Priesters Vigo Auguste Demant untersuchte, stellte fest: „‚Wenn die Beziehung zwischen Mensch und Gott subjektiv ist, verinnerlicht wie bei Luther oder von zeitlosem Handeln und Logik bestimmt wie bei Calvin, wird die schlechthinnige Abhängigkeit des Menschen von Gott nicht durch die konkreten Tatsachen des Lebens in der Geschichte vemittelt‘, schreibt Kanonikus Demant. Und wenn sie nicht auf solche Weise vermittelt wird, wird die Beziehung zu Gott dürftig, gestaltlos und unhaltbar.“ (Richard Nisbet: „The Quest for Community. Wilmington, DE: ISI Books 2010, S. 11. Übersetzung: T.K.)

64 Nisbet, a.a.O., S. 223 (Übersetzung: T.K.)

65 Judith Rich Harris: *„Ist Erziehung sinnlos? Warum Kinder so werden, wie sie sind“*. Deutsch von Wiebke Schmaltz. Reinbek bei Hamburg: Rowohlt 2002, S. 266.

66 Harris, a.a.O., S. 287.

67 Harris, a.a.O., S. 297.

68 Harris, a.a.O., S. 303.

69 Vgl. Apostelgeschichte 17,28 (Anm. d. Übers.)

70 Charles J. Chaput: *„Yeshiva Lessons“*. In: *First Things* August 2012. https://www.firstthings.com/article/2012/08/ yeshiva-lessons. (Übersetzung: T.K.)

71 Patrick J. Deneen: *„How a Generation Lost Its Common Culture“*. In: *Minding the Campus* 02.02.2016. http://www .mindingthecampus.org/2016/02/how-a-generation-lost-its-common-culture/. (Übersetzung: T.K.)

72 Philip Rieff: *„Fellow Teachers“*. New York: Harper & Row 1973. Zit. n. Jeremy Beer, *„Pieties of Silence“*, in: *The American Conservative* 23.10.2006. http://www.theamericanconservative.com/articles/pieties-of-silence/. (Übersetzung: T.K.)

73 Angaben laut *National Center for Health Statistics*, Washington: U.S. Government Printing Office, 2016, Tafel 51, S. 194–96, sowie *Centers for Disease Control and Prevention*, MMWR Surveillance Summaries 65, Nr. 6 (10.06.2016), Tafel 69, S. 119.

74 Harris, a.a.O., S. 310.

75 Als „Ave-Maria-Pass“ (engl. „Hail Mary Pass“) bezeichnet man einen aus nahezu aussichtsloser Position gespielten, wenig erfolgversprechenden Spielzug im American Football (Anm. d. Übers.).

76 In Deutschland wurde Heimunterricht durch das Reichsschulpflichtgesetz vom 6. Juli 1938 verboten und ist bis heute nur in Ausnahmefällen erlaubt. Eine Klage gegen die Schulpflicht in Deutschland, die es in vielen anderen Ländern in dieser Form nicht gibt, wird derzeit am Europäischen Gerichtshof für Menschenrechte verhandelt, der die deutsche Schulpflicht allerdings in einem ähnlichen Verfahren bereits 2006 für rechtmäßig erklärt hat (Anm. d. Übers.).

77 Terence P. Jeffrey: *„1,773,000: Homeschooled Children Up 61.8% in 10 Years“*. In: *CNSNews.com* 19.05.2015. http://www.cnsnews.com/news/article/terence-p-jeffrey/1773000-homeschooled-children-618-10-years.

78 Peter Jesserer Smith: *„Keeping the Faith on College Campuses“*. In: *National Catholic Register* 15.04.2013. http://www.ncregister.com/dail y-news/keeping-the-faith-on-college-campuses#ixzz2QjYl1hb9. (Übersetzung: T.K.)

79 William Perkins: *„A Treatise on the Vocations“*. Zit. n. Patrick J. Deneen, *„Conserving America?“*, S. 33. (Übersetzung: T.K.)

80 Deneen, *„Conserving America?“*, S. 34 (Übersetzung: T.K.)

81 Vgl. Offenbarung 13,17 (Anm. d. Übers.)

82 David Gushee: *„On LGBT Equality, Middle Ground Is Disappearing“*. In: *Religion News Service* 22.08.2016. http://religionnews.

com/2016/08/22/on-lgbt-equality-middle-ground-is-disappearing/. (Übersetzung: T.K.)

83 Wendell Berry: *„What Is Sex For?"*. Interview in *Modern Reformation* Nov./Dez. 2001, S. 38–41. http://allsaintsaustin.typepad.com/files/what-is-sex-for-1.pdf. (Übersetzung: T.K.)

84 Wendell Berry: *„Sex, Economy, Freedom, and Community"*, S. 133. (Übersetzung: T.K.)

85 Philip Rieff, *„The Triumph of the Therapeutic"*, S. 12. (Übersetzung: T.K.)

86 Sarah Ruden: *„Paul Among the People: The Apostle Reinterpreted and Reimagined in His Own Time"*. New York: Pantheon 2010.

87 Peter Brown, *„The Body and Society: Men, Women, and Sexual Renunciation in Early Christianity"*. New York: Columbia University Press 2008, S. xlv–xlvi. (Übersetzung: T.K.; in der deutschen Ausgabe des Buches – *„Die Keuschheit der Engel. Sexuelle Entsagung, Askese und Körperlichkeit am Anfang des Christentums"*. Aus dem Englischen von Martin Pfeiffer. München/Wien: Hanser, 1991 – ist das Einführungskapitel, aus dem das Zitat stammt, nicht enthalten.)

88 Christopher C. Roberts: *„Creation and Covenant: The Significance of Sexual Difference in the Moral Theology of Marriage"*. New York: T&T Clark International 2007, S. 213. (Übersetzung: T.K.)

89 Justin McCarthy: *„Record-High 60% of Americans Support Same-Sex Marriage"*. In: *Gallup.com* 19.05.2015. http://news.gallup.com/poll/183272/record-high-americans-support-sex-marriage.aspx

90 Andrew Kopkind: *„The Gay Moment"*. In: *The Nation* 03.05.1993. (Übersetzung: T.K.)

91 Taylor, *„Ein säkulares Zeitalter"*, S. 980.

92 Jean Twenge: *„The Paradox of Millennial Sex: More Casual Hookups, Fewer Partners"*. In: *Los Angeles Times* 09.05.2015. http://www.latimes.com/science/sciencenow/la-sci-sn-millennials-sex-attitudes-20150508-story.html

93 Benedikt XVI., Enzyklika *„Deus Caritas est"* (25.12.2005), Nr. 11.

94 Ron Belgau: *„Spiritual Friendship in 300 Words"*. In: *Spirituafriendship.org* 29.08.2012. https://spiritualfriendship.org/2012/08/29/spiritual-friendship-in-300-words/. (Übersetzung: T.K.)

95 *„Pornography Use Among Self-Identified Christians Largely Mirrors National Average, Survey Finds“.* *CNSNews.com* 27.08.2015. http://www.cnsnews.com/news/article/penny-starr/pornography-use-among-self-identified-christians-largely-mirrors-national.

96 Belinda Luscombe: *„Porn and the Threat to Virility“*. In: *Time* 31.03.2016; zit. n. Conor Friedersdorf: *„Is Porn Culture to Be Feared?“* In: *Atlantic* 07.04.2016, http://www.theatlantic.com/politics/archive/2016/04/porn-culture/477099/. (Übersetzung: T.K.)

97 Wendell Berry: *„Life Is a Miracle: An Essay Against Modern Superstition“*. Washington, DC: Counterpoint 2001, S. 55. (Übersetzung: T.K.)

98 *„Cell Phone Ownership Hits 91 Percent Adults“*. Studie des *Pew Research Center*, veröffentlicht 06.06.2013. http://www.pewresearch.org/fact-tank/2013/06/06/cell-phone-ownership-hits-91-o

99 *„U.S. Smartphone Use in 2015“*. Studie des *Pew Research Center*, veröffentlicht 01.04.2015. http://www.pewinternet.org/2015/04/01/us-smartphone-use-in-2015/. (Übersetzung: T.K.)

100 Michael Hanby: *„The Truth Shall Set You Free: Liberal Order and the Future of Christian Freedom“*. Ansprache am St. Charles Borromeo Seminary, Philadelphia, 07.12.2015; der Text wurde dem Autor von Hanby zur Verfügung gestellt. (Übersetzung: T.K.)

101 Heather Mason Keifer: *„Gallup Brain: The Birth of In Vitro Fertilization“*. In: *Gallup.com* 05.08.2003. http://www.gallup.com/poll/8983/gallup-brain-birth-vitro-fertilization.aspx

102 *„Abortion Viewed in Moral Terms: Fewer See Stem Cell Research and IVF as Moral Issues“*. Studie des *Pew Research Center*, veröffentlicht 15.08.2013. http://www.pewforum.org/2013/08/15/abortion-viewed-in-moral-terms/.

103 *„Industry's Growth Leads to Leftover Embryos, and Painful Choices“*. In: *New York Times* 17.06.2015. http://www.nytimes.com/2015/06/18/us/embryos-egg-donors-difficult-issues.html. (Übersetzung: T.K.)

104 Andrew Hough: *„1.7 Million Human Embryos Created for IVF Thrown Away“*. In: *Daily Telegraph* 31.12.2013. http://www.telegraph.co.uk/news/health/news/9772233/1.7-million-human-embryos-created-for-IVF-thrown-away.html.

105 *„Three-quarters Say Longmont Attack Is Murder“*. In: *YouGov.com* 07.04.2015. https://today.yougov.com/news/2015/04/07/three-quar ters-say-longmont-attack-murder/.

106 Nicholas Carr: „*Wer bin ich, wenn ich online bin... und was macht mein Gehirn solange?*“. Aus dem amerikanischen Englisch von Henning Dedekind. München: Blessing 2010, S. 23.

107 Carr, a.a.O., S. 184

108 Tim Wu: „*The Attention Merchants: The Epic Scramble to Get Inside Our Heads*“. New York: Knopf 2016. S. 344. – Wus Anmerkungen darüber, wie das klösterliche Leben die Aufmerksamkeit fokussiert, während das Leben in der modernen Welt sie zerstreut, wären ein eigenes Buch wert.

109 Alexander Schmemann: „Die Große Fastenzeit. Askese und Liturgie in der Orthodoxen Kirche.“ Aus dem Englischen von Elmar Kalthoff. 2., verbesserte Auflage. St. Ottilien: EOS 2007, S. 11.

110 Vgl. Neil Postman, „*Das Technopol. Die Macht der Technologien und die Entmündigung der Gesellschaft*“. Aus dem Amerikanischen von Reinhard Kaiser. Frankfurt a.M.: S. Fischer 1992. S. 82f.

111 Carr, a,a,O., S. 344.

112 Nick Bilton: „*Parenting in the Age of Online Pornography*“. In: *New York Times* 07.01.2015. http://www.nytimes.com/2015/01/08/style/parenting-in-the-age-of-online-porn.html?_r=0.

113 Nick Bilton: „*Steve Jobs Was a Low-Tech Parent*“. In: *New York Times* 10.09.2014. http://www.nytimes.com/2014/09/11/fashion/steve-jobs-apple-was-a-low-tech-parent.html.

114 Andrew Sullivan: „*I Used to Be a Human Being*“. In: *New York Magazine* 18.09.2016. http://nymag.com/selectall/2016/09/andrew-sullivan-technology-almost-killed- me.html.

115 Ein Begriff für die Materie des Gehirns bzw. des Nervensystems, der an die aus der Computertechnik stammende Unterscheidung zwischen „Hardware“ und „Software“ angelehnt ist. (Anm. d. Übers.)

116 Postman, a.a.O., S. 197.

117 Vgl. Jeremia 29,3 (Anm. d. Übers.).

118 Wiederkehrender Vers in den Sendschreiben an die sieben Gemeinden in Kleinasien in der Offenbarung des Johannes: Offb 2,7.11.17.29 / 3,6.13.22 (Anm. d.Übers.).